根据《国际贸易术语解释通则2020》最新修订

对外经济贸易大学国际贸易教材编写组

经济管理类课程教材·国际贸易系列

人大芸窗
RENDAYUNCHUANG

数字教材版

国际贸易实务

第三版

冷柏军 主 编

中国人民大学出版社
·北京·

总　序

在经济全球一体化的大背景之下，尽快培养出我国国际贸易的专业化、国际化人才，已经成为当前市场经济发展迫在眉睫的任务。

本着加强国际贸易学科建设、努力培养适应社会需要的贸易人才的理念，由对外经济贸易大学牵头，中国人民大学等校鼎力合作，并经过联合攻关，编写了这套适应新时期教学需要的国际贸易教材。

纵观本套教材，其特点主要有三：

第一，内容前瞻新颖。本套教材立足于市场经济发展的前沿，借鉴了国际领先水平的贸易工作经验，具有新结构、新内容、新观点、新方法，并紧跟时代发展的步伐。

第二，知识丰富实用。本套教材对国际贸易工作从理论到操作的方方面面做了介绍，它以实务为中心，将应掌握的知识和技能贯穿于每一个案例中，使学生明确在工作中应做什么，怎样才能做好以及怎样不断提高工作效率。

第三，架构系统全面。该系列是由多本教材组成的相互关联、衔接有序的动态系统，囊括了国际贸易的全部内容。

总之，我们在教材的先进性、实用性、规范性等方面做了集思广益的工作。真诚地期待广大师生和其他读者提出宝贵的意见和建议。

对外经济贸易大学国际贸易教材编写组

第三版前言

冷柏军：对外经济贸易大学国际经济贸易学院教授，信息学院院长，对外经济贸易大学国际商务研究中心执行主任，中国国际品牌战略研究中心执行主任。1997年在英国曼彻斯特商学院做访问学者，2000年至2003年在中国驻丹麦使馆经商处担任一等秘书。公开出版了数十部（篇）有关国际经济贸易的专著、教材和论文等，曾获得国家及省部级教学与科研奖励十余项。作为主讲教师，“国际贸易实务”课程获得2004年国家级精品课程；作为主持人之一，“国际贸易实务课程建设和教学实践”项目获得2005年高等教育国家级教学成果奖二等奖；作为负责人，国际贸易实务教学团队获得2007年北京市优秀教学团队。

当前国际贸易惯例和我国涉外经济贸易法规、条例有了新的发展和变化，这其中最重要的是国际商会于2020年实施的《国际贸易术语解释通则2020》（简称Incoterms® 2020）。为了适应国际贸易的快速发展和国际贸易实践领域发生的新变化，以及贸易数字化及电子商务在进出口业务中被世界各国商人广泛运用，并与《联合国国际货物销售合同公约》进一步关联，国际商会于2016年发起对《国际贸易术语解释通则2010》进行修改的动议，最终版本《国际贸易术语解释通则2020》于2019年9月10日公开对外发布，并于2020年1月1日起正式生效。

本书的第三版是在2012年第二版的基础上，进行了更新与补充。特别是根据《国际贸易术语解释通则2020》的最新规定，重新编写了国际贸易术语的内容；同时，也对相关运输规则、eUCP2.0、银行保函、商务谈判环境等内容进行了补充，修改了部分专栏及练习题，并增加了跨境电商等章节，使本书既能反映国际贸易实务的最新发展动态，又便于广大读者熟悉新的国际贸易惯例与规则。

本书第三版仍由对外经济贸易大学国际经济贸易学院冷柏军教授主编，新疆财经大学国际经贸学院柴利教授参与了本书的编写工作。此外，中国人民大学出版社对本书的写作和出版给予了支持与帮助，在此一并表示感谢。同时，我们也期盼得到学术界同行们的斧正。

冷柏军

第一版前言

国际贸易实务的研究对象是国际商品交换的具体运作过程，它涉及交易前的准备、交易磋商、合同履行的各个环节、操作方法和技能，以及交易所运用的各种传统和现代的国际贸易方式。

改革开放以来，中国的对外经济贸易得到了突飞猛进的发展。2006 年，我国进出口贸易总额已经达到 1.76 万亿美元，其中出口总额为 9 691 亿美元，进口总额为 7 916 亿美元，在世界各国贸易排名中稳居第三位，我国已经成为名副其实的世界贸易大国。在加速发展国际贸易的同时，一方面，由于国内外有关政策法规及国际贸易惯例的修订与调整，我国将有越来越多的企业直接从事进出口业务；另一方面，我国也将面临着更加复杂和难以防范的各种进出口贸易风险。为了适应当前国际经济贸易形势发展的需要，提高从事国际商务人员熟悉国际贸易规则和掌握从事进出口贸易的业务水平，我们编写了《国际贸易实务》这本突出实用性的教材。本书反映了当前国际贸易实务的最新做法和国际贸易惯例的最新发展，特别是补充了国际商会《跟单信用证统一惯例》2007 年第 600 号出版物(UCP 600）的内容，选取的典型案例大都是近二十年在国际经济贸易领域发生的。此外，本书采取了统一的写作格式和体例，结构新颖，构思巧妙，富有时代气息。

本书由对外经济贸易大学国际经济贸易学院冷柏军教授担任主编，副主编是对外经济贸易大学国际经济贸易学院孙芳副教授和李洋博士。沈阳职业技术学院冷玉琴和中国银行总行国际结算部陈霞也参加了部分章节的写作与讨论。具体章节写作分工如下：冷柏军（导论、第六章、第七章第一节和第三节、第八章、第九章、第十章、第十一章、第十二章第一节和第二节）；孙芳（第一章、第四章、第七章第二节、第十一章、第十二章第三节）；李洋（第三章、第五章）；冷玉琴（第二章）。此外，本书在写作和出版过程中，得到了中国人民大学出版社王克方老师和本书编辑的大力支持和热情帮助。在此，对上述所有人员表示感谢。

在编写过程中，部分案例参考和引用了国内外关于国际贸易实务方面的各类权威性书籍报刊的有关资料，在此谨致谢忱。

本书既可作为高等院校经济类、管理类各专业学生和老师学习和教学的通用教材或辅导书，也可供从事外贸、运输、保险、银行、海关商检、商会等部门工作的专业人员学习与参考。

由于编者学识和写作水平有限，不妥之处在所难免，敬请斧正。

冷柏军

目　录

导　论

国际贸易实务是以国际贸易的货物买卖为主要对象，研究国际货物交换的具体过程，并具有涉外活动特点的实践性很强的综合性应用科学的课程，它涉及国际贸易理论与政策、国际贸易法律与惯例、国际金融、国际运输与国际保险等学科的基本原理与基本知识，并在此基础上综合运用。

为了更好地学习、理解和掌握这门课程的知识，我们首先介绍以下几个关于国际贸易实务的问题。

一、国际贸易的特点

国际贸易（International Trade）是指从国际范围来看一国或地区与别国或地区进行货物和服务交换的活动。国际贸易在交易环境、交易条件、贸易做法等方面所涉及的问题，远比国内贸易复杂，其主要特点表现如下：

1. 国际贸易属跨国交易，情况错综复杂

国际贸易的交易双方身处不同的国家或地区，在交易洽商和履约过程中，涉及各自不同的政策措施、法律规定、贸易惯例和习惯做法，情况千差万别。

2. 国际贸易线长面广，中间环节多

在国际贸易中，交易双方相距甚远，包括许多中间环节，涉及面很广，除了买卖双方、批发商、代理商外，还涉及仓储、运输、保险、银行、港口、海关等部门，若其中一个环节出现问题，就会影响整笔交易的正常进行。

3. 国际贸易风险大，不稳定性强

国际贸易易受国际政治、经济形势和各国政策及其他客观条件变化的影响，交易的商品通常需要经过长途运输。在远距离的运输过程中，可能遇到各种外来风险，加之国际市场情况复杂，变幻莫测，从而更加大了国际贸易的风险程度。

4. 国际市场商战不止，竞争激烈

在国际贸易中，存在着争夺市场的激烈竞争，其表现形式为商品竞争、技术竞争、服务竞争、市场竞争以及人才竞争等，因此，必须提高外经贸人员的整体素质，增强竞争能力。

二、国际货物买卖合同

（一）国际货物买卖合同的含义

按照1980年《联合国国际货物销售合同公约》（以下简称《公约》）的规定，国际货物买卖合同是指营业地处于不同国家的当事人所订立的货物买卖合同。货物买卖合同是指卖方为了取得货款而把货物的所有权移交给买方的一种双务合同。所谓双务合同（Bilateral Contract）是指合同当事人双方互相享有权利、负有义务的合同。例如，买卖合同的卖方负有将出卖的物品交付给买方的义务，同时享有请求买方支付价款的权利；买方负有向卖方支付价款的义务，同时享有请求卖方交付出卖物归其所有的权利。

（二）国际货物买卖合同的特点

1. 交易具有国际性

国际货物买卖与国内货物买卖的基本区别就在于其具有国际性。国际性通常采用的衡量标准有：交易双方当事人的营业地处于不同的国家，或者当事人具有不同的国籍，或者订立合同的行为完成于不同的国家，或者货物经由一国运往另一国。但究竟采用哪一种标准，各国均有不同的情况。按照我国的有关法律规定，国际性的衡量标准采用交易双方当事人的营业地必须处于不同的国家。

2. 交易的标的物是货物

货物买卖合同的标的物是货物，这是毋庸置疑的，但究竟什么是货物，或者货物是如何确定的，国际组织对此也曾长期探讨。《公约》则采取了排除法，即将下列产品排除在《公约》的适用范围之外：供私人、家属或家庭使用而进行的购买；经由拍卖方式进行的买卖；根据法律执行应进行的买卖；各种债券或者货币的买卖；船舶、气垫船或飞机的买卖；电力的买卖。也就是说，交易上述货物时买卖双方不能用《公约》来规范，而可以使用相关的专门法律。

3. 交易的性质为买卖

按照《英国货物买卖法》的规定，买卖合同是指由卖方将货物的所有权转移给买方，以换取买方的金钱作为对价。

（三）国际货物买卖合同遵循的原则

订立与履行合同，应当遵循有关国际公约和当事人选择的合同法的基本原则。这些基本原则包括：

1. 平等原则

平等原则是指地位平等的合同当事人，在权利义务对等的基础上，经充分协商达成一致，以实现互利互惠的经济利益目的的原则。

2. 自愿原则

自愿原则是合同法的重要基本原则，合同当事人通过协商，自愿决定和调整相互之间的权利义务关系。合同当事人从事何种经济交易，是否订立合同，与谁订立合同，都是当事人自己的事。

3. 公平原则

公平原则主要是指合同当事人对经济活动所带来的预期利益，不能存在显失公平的情形。它要求合同双方当事人之间的权利义务要公平合理，强调一方给付与对方给付之间的等值性，以及合同上的负担和风险的合理分配。

4. 诚实信用原则

诚实信用原则要求当事人在订立、履行合同，以及合同终止后的全过程中，都要诚实，讲信用，相互协作。

5. 合法和尊重社会公德的原则

合法和尊重社会公德的原则主要指合同当事人的主体资格要合法，合同内容要合法，履行合同要合法。如果违反合法原则，合同就失去了法律效力，失去了合同存在的基础，也就得不到法律的保护。

（四）国际货物买卖合同的形式

合同的形式是交易双方当事人就确立、变更、终止民事权利义务关系达成一致的方式，是合同当事人内在意思的外在表现形式。根据《公约》和《中华人民共和国合同法》的有关规定，当事人订立合同，有书面形式、口头形式和其他形式。合同的上述形式均具有相同的法律效力，都是合同的法定形式。当事人通常可以根据需要进行选择。

（五）国际货物买卖合同的内容

合同的内容，又称合同条款，是确定合同双方当事人权利与义务关系的重要依据，同时也是判断合同是否有效的客观依据。根据《中华人民共和国合同法》和其他国家民商法的规定，合同的内容由双方当事人约定，一般包括以下条款：当事人的名称或者姓名和住所、标的、数量、质量、价款或报酬、履行期限、地点和方式、违约责任、解决争议的方法。

需要指出的是，以上合同条款是合同中通常包括的内容，并不是必须包含所有条款，合同才成立、有效。买卖双方当事人可根据交易货物的特点和实际需要，对合同的内容条款作出增加或减少的约定。

三、国际贸易的基本流程

国际贸易是处于不同国家的买卖双方当事人所进行的经济交换活动，它涉及的面广线长，各个环节之间具有密切的内在联系。为使国际贸易能够顺利进行，了解国际贸易的基本流程是非常必要的。

（一）出口贸易的基本流程

出口贸易的基本流程在通常情况下可分为出口交易前的准备工作阶段、交易磋商和签订合同阶段，以及出口合同履行阶段三大环节。

1. 出口交易前的准备工作阶段

为了做好国际贸易这项艰难复杂而又十分重要的工作，必须事先做好充分准备。出口交易前需要准备的事项很多，主要包括下列工作：选配参加谈判的人员、选择目标市场、选择交易对象、制定出口商品经营方案、做好出口商品商标的国外注册工作等。

2. 交易磋商和签订合同阶段

交易磋商的目的是买卖双方通过磋商能够取得一致意见，达成交易。交易磋商具有高度的政策性、策略性和技术性，只有真正做到知己知彼，使自己尽可能处于主动地位，方能稳操胜券。交易的一般程序应包括邀请发盘、发盘、还盘、接受和签订合同等环节，其中发盘和接受是交易成立的基本环节，也是合同成立的必要条件。

3. 出口合同履行阶段

在国际贸易中，买卖合同一经依法有效成立，有关当事人必须履行合同规定的义务。目前绝大多数出口合同为 CIF 合同，并且一般都采用信用证付款方式，在履行这类合同时，必须切实做好各个环节的工作。在这些环节中，以货（备货）、证（审证和改证）、船（租船订舱与保险）、款（制单结汇）四个环节的工作最为重要。

（二）进口贸易的基本流程

与出口贸易类似，进口贸易的基本流程也包括三个阶段，但在具体内容上与出口贸易又有所不同。进口贸易的基本流程一般分为：进口交易前的准备工作阶段、交易磋商与签订进口合同阶段、进口合同的履行阶段。

1. 进口交易前的准备工作阶段

进口交易前的准备工作主要有编制进口计划、填制进口订货卡片、选择目标市场和交易对象、制定进口商品经营方案及灵活选择交易条件与贸易方式等。

2. 交易磋商与签订进口合同阶段

进口交易磋商与出口交易磋商的程序基本相同。但在实际业务中，进口交易磋商还应注意的问题有：不要向同一地区过多询盘，防止国外商人乘机抬价；对不同国家或地区的报价要仔细综合比较，做好“货比三家”的工作。

3. 进口合同的履行阶段

进口货物大多数是按 FOB 条件并采用信用证方式成交，按此条件签订的进口合同，其履行的一般程序包括：开立信用证、租船订舱、接运货物、办理货运保险、审单付款、报关提货、验收与拨交货物以及办理进口索赔等。

四、国际贸易适用的法律法规

由于国际贸易具有不同于国内贸易的许多特点，远比国内贸易复杂，因此，争议也就容易产生。为保证国际贸易能够顺利进行，使国际贸易得到法律的承认与保护，国际贸易业务必须符合法律规范。但由于国际贸易的当事人一般身处不同的国家或地区，具有不同的法律和制度，因此，国际贸易适用的法律法规有较大的不同。概括起来，国际贸易适用的法律法规主要有国际条约、国内法、国际贸易惯例等。

（一）国际条约

国际条约（International Treaty）是指两个或两个以上的主权国家为确定彼此的政治、经济、贸易、文化、军事等方面的权利和义务而缔结的诸如公约、协定的议定书等各种协议的总称。国际条约依法缔结生效后，即对当事各方具有拘束力，必须由当事各方善意地履行。对此，国际法上有一项“条约必须遵守”的基本原则，即缔结条约以后，各方必须按照条约规定，行使自己的权利，履行自己的义务，不得违反。因此，国际条约是国际贸易所应遵守的重要法律之一。

目前，国际商事中的主要国际条约有：

1. 关于国际货物买卖的公约

（1）《国际货物买卖统一法公约》（海牙，1964 年）；

（2）《联合国国际货物销售合同公约》（维也纳，1980 年）；

（3）《联合国国际货物买卖时效期限公约》（纽约，1974 年）。

2. 关于国际货物运输的公约

（1）《统一提单的若干法律规则的国际公约》（简称《海牙规则》，布鲁塞尔，1924 年）；

（2）《关于修改统一提单若干法律规则的国际公约议定书》（简称《维斯比规则》，维斯比，1968 年）；

（3）《联合国海上货物运输公约》（简称《汉堡规则》，汉堡，1978 年）；

（4）《联合国全程或部分海上国际货物运输合同公约》（简称《鹿特丹规则》，鹿特丹，2009 年）；

（5）《统一国际航空运输某些规则的公约》（简称《华沙公约》，华沙，1929 年）；

（6）《修改 1929 年 10 月 12 日在华沙签订的统一国际航空运输某些规则的公约的议定书》（简称《海牙议定书》，海牙，1955 年）；

（7）《国际铁路货物联运协定》（简称《国际货协》，华沙，1951 年）；

（8）《国际铁路货物运输公约》（简称《国际货约》，伯尔尼，1961 年）；

（9）《联合国国际货物多式联运公约》（日内瓦，1980 年）。

3. 关于国际支付的公约

（1）《汇票和本票统一法公约》（日内瓦，1930 年）；

（2）《解决汇票及本票若干法律冲突公约》（日内瓦，1930 年）；

（3）《统一支票法公约》（日内瓦，1931 年）；

（4）《解决支票若干法律冲突公约》（日内瓦，1931 年）；

（5）《联合国国际汇票和国际本票公约》（纽约，1988 年）。

4. 关于对外贸易管理的公约

《马拉喀什建立世界贸易组织协定》（马拉喀什，1994 年）。

5. 关于贸易争端解决的公约

(1)《承认及执行外国仲裁裁决公约》(纽约，1958 年)；

(2)《关于争端解决规则和程序的谅解》(马拉喀什，1994 年)。

6. 关于知识产权的公约

(1)《保护工业产权巴黎公约》(巴黎，1883 年；1980 年修订)；

(2)《商标国际注册马德里协定》(马德里，1891 年)；

(3)《商标国际注册马德里协定有关议定书》(马德里，1989 年)；

(4)《保护文学和艺术作品伯尔尼公约》(伯尔尼，1886 年；1971 年修订)；

(5)《世界版权公约》(日内瓦，1952 年；1971 年修订于巴黎)。

(二) 国内法

国内法（Domestic Law）是指由某一国家制定或认可，并在本国主权管辖内生效的法律。

由于国际条约和国际贸易惯例并不能包括国际贸易各个领域中的一切问题，而且个人或企业在从事超越国境的国际贸易活动时，也可能选择某一国家的国内法作为准则，因此，国内法在国际贸易活动中仍占有一定的重要地位。

目前，我国的国内法中，涉及国际贸易的主要法律有：

(1) 关于适用于国际货物买卖的国内立法：《中华人民共和国合同法》；

(2) 关于适用于国际货物运输与保险的国内立法：《中华人民共和国海商法》；

(3) 关于适用于国际货款收付的国内立法：《中华人民共和国票据法》；

(4) 关于适用于对外贸易管理的国内立法：《中华人民共和国对外贸易法》《中华人民共和国海关法》《中华人民共和国进出口商品检验法》；

(5) 关于适用于国际商事仲裁的国内立法：《中华人民共和国仲裁法》。

(三) 国际贸易惯例

国际贸易惯例（International Trade Practice）一般是指在国际贸易业务中，经过反复实践形成的，并经过国际组织加以解释和编纂的一些行为规范和习惯做法。

目前，在国际贸易领域常见的国际贸易惯例有：

1. 国际贸易术语方面

(1) 国际商会制定的《国际贸易术语解释通则 2020》；

(2) 国际法协会制定的《1932 年华沙—牛津规则》；

(3) 美国全国对外贸易协会制定的《1990 年美国对外贸易定义修订本》。

2. 国际货款的收付方面

(1) 国际商会制定的《跟单信用证统一惯例》2007 年修订本（国际商会第 600 号出版物）；

(2) 国际商会制定的《托收统一规则》1995 年修订本（国际商会第 522 号出版物）。

3. 运输与保险方面

(1) 英国伦敦保险协会制定的《伦敦保险协会货物保险条款》；

（2）中国人民保险公司制定的《中国保险条款》；

（3）国际海事委员会制定的《约克—安特卫普规则》。

4. 国际仲裁方面

联合国国际贸易法委员会制定的《联合国国际贸易法委员会仲裁规则》。

5. 国际担保方面

（1）国际商会制定的《国际备用证惯例》（ISP98）；

（2）国际商会制定的《见索即付保函统一规则》2010 年修订本（URDG758）。

应该指出，随着国际经济与贸易的快速发展，国际贸易惯例的作用越来越明显。这主要表现在以下几个方面：

首先，国际贸易惯例有利于买卖合同的顺利磋商和订立。因为国际贸易惯例可以简化进出口交易的相关手续，节省费用开支，缩短商务谈判的时间，从而在国际贸易的发展方面发挥重要的作用。

其次，通过理解和掌握国际贸易惯例，可以帮助解决履行合同中的争议与纠纷。当订立某些国际贸易合同时，由于考虑不严谨，法律适用不明确，使履约当中的争议与纠纷不能依照合同的规定得到很好的解决。

最后，通过国际贸易惯例的运用，有利于国际贸易中的各个环节相互衔接，从而促进国际贸易正常有序地进行和确保其持续发展。

本章思考题

1. 国际贸易业务有哪些特点？了解这些特点对我国企业从事国际商务活动有何实际意义？

2. 进出口贸易业务的基本流程包括哪些环节？在各个环节中应注意哪些事项？

3. 了解国际货物交易过程中所适用的法律和国际贸易惯例对从事国际贸易有何作用？

4. 在我国现行的法律中涉及国际贸易的国内法较多，请简要作一介绍。

5. 如何正确理解国际贸易惯例？它与国际贸易条约有何异同点？

6. 简要介绍目前常见的国际贸易惯例。

第一章 国际贸易术语

学习目标

通过本章的学习，要求充分认识贸易术语的含义、作用及相关国际贸易惯例的性质与主要内容，特别是要了解、领会并掌握《国际贸易术语解释通则 2020》（简称《2020 通则》）中主要贸易术语项下买卖双方的义务，以便为将来的商务运作打下基础。

第一节 贸易术语的含义与作用

一、贸易术语的含义

和国内贸易相比，国际贸易的复杂性显而易见。货物的运输距离长，交易涉及面广，货物遭遇自然灾害或意外事故而导致损坏或灭失的风险更大。当事人在洽商交易、订立合同时，要考虑的问题必然更多，主要包括以下几个重要问题：卖方在什么地方，以什么方式办理交货；风险何时由卖方转移给买方；由谁负责办理货物的运输、保险以及检验、通关过境的手续；由谁负责取得进出口的许可证和其他官方许可，由谁来负责办理进口、出口海关手续；由谁承担办理上述事项时所需的各种费用；买卖双方需要交接哪些有关的单据等。

如果每笔交易双方都要将上述问题进行磋商，势必要耗费大量的时间和精力，降低国际贸易的效率，最终阻碍国际贸易的发展。所以，经过长期的国际贸易实践，逐渐形成了许多的贸易术语（Trade Term），即用英文字母的缩写或代号表明交货地点、划分双方责任与费用、明确风险转移的界限的专门用语。如在 FOB 术语下，买方需要租船订舱，而卖方要在约定的装运港将货物装到买方指定的船上，并负责办理出口通关手续；而在 CIF 术语下，卖方要负责租船订舱、支付货物运至目的港的运费，同时还要负责办理海上运输保险等。因此，弄清楚每一个术语的具体含义对买卖双方有着至关重要的意义。

由于在不同的贸易术语项下，买卖双方在交接货物时各自承担的风险、责任和费用各不相同，这直接影响双方的经济利益，最终反映在价格上。所以，贸易术语又叫价格术语，在买卖合同中，贸易术语也是价格的一个重要组成部分，如某商品的价格为每公吨2 000美元 CIF NEW YORK，其中 CIF 就是贸易术语。

二、贸易术语的作用

贸易术语在国际贸易中的作用，主要表现在以下几个方面：

（一）简化交易手续，缩短洽商时间

每种贸易术语都有特定的含义，而且一些国际组织对各种贸易术语也做了统一的解释和规定，形成了有关的国际贸易惯例。经过数十年的推广和使用，这些惯例已经在国际上被广泛接受。因此，在进行交易磋商时，买卖双方只要商定按何种贸易术语成交，即可明确双方在货物交接方面所应承担的风险、责任和费用，而不必逐条磋商，从而缩短洽商时间，降低交易成本。

（二）有利于双方进行价格比较和加强成本核算

对买卖双方来说，不同的贸易术语意味着承担不同的风险、责任和费用。所以，对一方报出的每一个价格，另一方都能知道自己所要承担的风险、责任和费用，从而较准确地计算出自己的成本。

（三）有利于妥善解决贸易争端

买卖双方在商订合同时，可能对某些问题规定得不明确，致使履约中产生的争议不能依据合同的规定解决。在这种情况下，法院和仲裁机构可以援引有关贸易术语的一般解释来处理。

第二节　有关贸易术语的国际贸易惯例

贸易术语的使用本来是为了简化交易手续，缩短洽商时间，促进贸易发展的，但在相当长的时间内，在国际上没有形成对各种贸易术语的统一解释。在 20 世纪 20 年代，国际商会对一些重要的贸易术语的解释做了一项调查，发现不同的国家有不同的解释。合同当事人之间互不了解对方国家的贸易习惯的情况时常出现，这就会引起当事人之间的误解、争议和诉讼，从而浪费时间和金钱，也影响了国际贸易的发展。为了解决这一问题，国际组织以及美国一些著名商业团体经过长期的努力，分别制定了解释国际贸易术语的规则，这些规则在国际上被广泛采用，因而形成了一般的国际贸易惯例。

有关贸易术语的国际贸易惯例主要有三种，即《1932 年华沙—牛津规则》、《1990 年美国对外贸易定义修订本》和《国际贸易术语解释通则 2020》。

一、《1932 年华沙—牛津规则》

正如其前言中所指出的，该规则是为了对那些愿意按 CIF 条款进行货物买卖但目前缺乏标准合同格式或共同交易条件的人们提供一套可在 CIF 合同中易于使用的统一规则，《1932 年华沙—牛津规则》是国际法协会专门为解释 CIF 合同而制定的。

19 世纪末 20 世纪初，CIF 贸易术语开始在国际贸易中得到广泛运用，但是对使用这一术语时买卖双方需要承担的具体义务却没有统一的规定。对此，1928 年，国际法协会在波兰华沙开会，讨论并制定了有关 CIF 合同规则的《1928 年华沙规则》；其后，又在 1932 年牛津会议上对华沙规则进行了修正，同时将规则定名为《1932 年华沙—牛津规则》。该规则全文共 21 条，主要阐述了 CIF 合同下，买卖双方当事人的风险、费用和责任的划分以及货物所有权转移的方式等。由于其制定的年代久远，其中的一些规定已经很难符合现代交易的需要，因而使用的频率很低。

二、《1990 年美国对外贸易定义修订本》

早在 1919 年，美国的几个商业团体即共同制定了有关对外贸易定义的统一解释，供外贸人员参考使用，原称为《美国出口报价及其缩写条例》。后鉴于贸易做法的演变，在 1940 年美国第 27 届全国对外贸易会议上要求对原有定义进行修改。1941 年 7 月，美国商会、美国进口商协会和全国对外贸易协会所组成的联合委员会正式通过并采用了此项定义，并由全国对外贸易协会发行，此项定义定名为《1941 年美国对外贸易定义修订本》(Revised American Foreign Trade Definitions 1941)。至 1990 年，美国全国对外贸易协会又对该文本加以修订，改称《1990 年美国对外贸易定义修订本》(Revised American Foreign Trade Definitions 1990)（见表 1—1）。

表 1—1　　《1990 年美国对外贸易定义修订本》中的六种贸易术语分类

贸易术语英文名称	术语缩写	贸易术语中文名称
Ex Works	EXW	工厂交货（……指定地点）
Free On Board	FOB	在运输工具上交货（……指定装运港）
Free Along Side	FAS	在运输工具边交货（……指定装运港）
Cost and Freight	CFR	成本加运费（……指定目的港）
Cost，Insurance and Freight	CIF	成本、保险费加运费（……指定目的港）
Delivered Ex Quay	DEQ	码头交货（……指定目的港）

值得注意的是，该规则把 FOB 又细分为六种类型。其中只有第五种，即指定的装运港船上交货（FOB Vessel）才同《2020 通则》中 FOB 的含义大体相同，而其余五种 FOB 的含义则完全不同。因此，我国外贸企业同美国、加拿大以及其他美洲地区的企业商谈时，不能笼统地规定采用某种术语，还要明确所适用的国际贸易惯例及版本，否则，极易

引起误解，从而产生不必要的贸易纠纷。

三、《国际贸易术语解释通则 2020》

《国际贸易术语解释通则》(International Rules for the Interpretation of Trade Terms, Incoterms)，是国际商会为了统一对各种贸易术语的解释而制定的，也是目前在国际贸易中最流行的有关贸易术语的国际惯例。最早的版本于 1936 年颁布，随后为了适应新的贸易形势的发展以及国际货物运输方式的新发展，又分别于 1953 年、1967 年、1976 年、1980 年、1990 年、2000 年和 2010 年进行了修订。

为了适应国际贸易的快速发展和国际贸易实践领域发生的新变化，以及贸易数字化及电子商务在进出口业务中的广泛运用，并与《联合国国际货物销售合同公约》(the United Nations Convention on Contracts for the International Sale of Goods, CISG) 进一步关联，国际商会于 2016 年发起对《2010 通则》(即《国际贸易术语解释通则 2010》) 进行修改的动议，并历时三年，最终版本《2020 通则》(即《国际贸易术语解释通则 2020》, Incoterms® 2020) 于 2019 年 9 月 10 日公开对外发布，并于 2020 年 1 月 1 日起正式生效。

与《2010 通则》相比，《2020 通则》进一步明晰地向用户展示各条术语所规定的买卖双方的权利与义务，包括产品运输，进出口清关责任，谁支付费用，谁对运输过程中不同地点的产品状况承担风险等方面，从而更便于买卖双方在签订合同时选择合适的术语。同时，《2020 通则》引言中指出，当将特定的术语纳入买卖合同时，无须加注其中的商标符号。

值得注意的是，《2020 通则》实施之后，《2010 通则》并非自动作废。国际贸易惯例在适用的时间效力上并不存在“新法取代旧法”的说法，因此，当事人在订立贸易合同时仍然可以选择适用《2010 通则》甚至《2000 通则》，关键是要标注所使用的通则版本。此外，《2020 通则》不涉及产品责任、违反销售合同的救济方式、不可抗力、知识产权、解决争议的方法等相关内容。

《2020 通则》是在《2010 通则》的基础上修正和补充而成的，其主要变化如下：

1. 引言内容的变化

《2020 通则》对引言进行了重新编排，将其分为十部分内容，即《2020 通则》规定什么和不规定什么，如何将《2020 通则》最佳地并入合同，术语中的交货、风险与费用，术语与承运人的关系，术语的正确选用，术语的排序以及术语的变形提示等。每一部分项下包括若干条具体说明。总之，引言为《2020 通则》的使用者提供了原则性指南，这种做法提高了引言内容的针对性，避免了在查用具体术语时忽略与使用术语相关的重要内容，更便于使用者更准确地选择合适的术语。

2. 买卖双方义务的表述方式的变化

每个术语对于买卖双方义务的规定方法在《2020 通则》中得到进一步的明确与条理化。由过去的在同一标题下的罗列式变成了现在的分为两个标题的镜像对照式，即将各个术语当事人的相关义务编列为 10 个标题，卖方义务的每个标题下对应着有关同一事项的买方义务，一目了然，便于比较和对照（见表 1—2)。

表 1—2　《2020 通则》中买卖双方义务的表述形式

序号	《2020 通则》	序号	《2020 通则》
A1/B1	一般义务	A6/B6	交货/运输单据
A2/B2	交货/提货	A7/B7	出口/进口清关
A3/B3	风险转移	A8/B8	查验/包装/标记
A4/B4	运输	A9/B9	费用划分
A5/B5	保险	A10/B10	通知

3. 贸易术语数量与分类的变化

《2020 通则》维持了《2010 通则》中按照适用的运输方式不同分为两类的 11 种贸易术语，但《2020 通则》对 DAT 和 DAP 进行了两处修订。首先，将二者的顺序颠倒过来，将卖方无须卸货交付的 DAP 排在卖方需要卸货交付的 DAT 之前；其次，将 DAT 术语修改为 DPU，强调目的地可以是任何地方，而不仅仅是“运输终端”。值得注意的是，DPU 是《2020 通则》中唯一要求卖方在目的地卸货的术语，因此，卖方应确保能在指定地点组织卸货。

第一类包括那些适用于任一或者多种运输方式的七种术语，即 EXW、FCA、CPT、CIP、DAP、DPU 和 DDP 术语。第二类实际上包含了比较传统的只适用于海运或内河水运的四种术语。这类术语条件下，卖方交货点和货物运至买方的地点均是港口，FAS、FOB、CFR 和 CIF 均属于此类术语。《2020 通则》分类可见表 1—3。

表 1—3　《2020 通则》中的 11 种贸易术语分类

术语种类	《2020 通则》
适用于任一或多种运输方式的贸易术语	EXW（Ex Works）：工厂交货 FCA（Free Carrier）：货交承运人 CPT（Carriage Paid To）：运费付至 CIP（Carriage and Insurance Paid To）：运费和保险费付至 DAP（Delivered At Place）：目的地交货 DPU（Delivered At Place Unloaded）：目的地卸货后交货 DDP（Delivered Duty Paid）：完税后交货
适用于海洋和内河水运的贸易术语	FAS（Free Alongside Ship）：船边交货 FOB（Free On Broad）：船上交货 CFR（Cost and Freight）：成本加运费 CIF（Cost，Insurance and Freight）：成本、保险费加运费

4. 贸易术语中可以使用自己的运输工具安排运输

按照《2010 通则》规定，货物从卖方运输到买方，通常由第三方承运人负责运输。但在当今的实际业务中，货物可以在完全不需要任何第三方承运人参与的情况下进行运输。因此，《2020 通则》规定，在 FCA、DAP、DPU、DDP 四个术语下进行进出口业务时，买卖双方不仅可以自行订立运输合同，而且允许自行安排必要的运输。例如，在使用 FCA 术语时，不再推定使用第三方承运人进行运输，买方可以使用自有运输工具；而在使用 DAP、DPU、DDP 术语时，卖方则可以使用自有运输工具运送货物。

专栏 1—1

《2000 通则》中的 13 种贸易术语分类

组别	术语缩写	术语英文名称	术语中文名称
E组（启运）	EXW	Ex Works	工厂交货（……指定地点）
F组（主要运费未付）	FCA	Free Carrier	货交承运人（……指定地点）
	FAS	Free Alongside Ship	船边交货（……指定装运港）
	FOB	Free On Board	船上交货（……指定装运港）
C组（主要运费已付）	CFR	Cost and Freight	成本加运费（……指定目的港）
	CIF	Cost，Insurance and Freight	成本、保险费加运费（……指定目的港）
	CPT	Carriage Paid To	运费付至（……指定目的港）
	CIP	Carriage and Insurance Paid To	运费、保险费付至（……指定目的地）
D组（到达）	DAF	Delivered at Frontier	边境交货（……指定地点）
	DES	Delivered Ex Ship	船上交货（……指定目的港）
	DEQ	Delivered Ex Quay	码头交货（……指定目的港）
	DDU	Delivered Duty Unpaid	未完税交货（……指定目的地）
	DDP	Delivered Duty Paid	完税后交货（……指定目的地）

5. 关于“链式销售”的相关内容

在《2010 通则》中的贸易术语增加了交货风险转移界限，即卖方将货物在指定地点交付给买方或者取得已经如此交付的货物。例如，CIF 术语是指卖方将货物在船上交付给买方或者取得已经如此交付的货物。这里的“取得”一词适用于交易链中的多层销售（链式销售），在大宗商品交易中尤其常见。《2020 通则》延续了《2010 通则》的提法，同时也与《联合国国际货物销售合同公约》中关于运输途中销售的货物的相关规定相符合。

必须注意，上述各项国际贸易惯例并不具有普遍的约束力，双方当事人可以采用，也可以不采用，完全由当事人决定。如双方当事人在合同中采用了某种贸易惯例，它对当事人就具有约束力。

以上三种关于贸易术语的国际贸易惯例中，《2020 通则》中的贸易术语在世界范围内被广泛认可和使用，所以，我们下面分别介绍《2020 通则》中的 11 种贸易术语。

第三节 EXW 和 FAS 术语

一、EXW 术语精解

EXW，全称为 Ex Works (insert named place of delivery) Incoterms® 2020，意为工

厂交货（填入指定交货地点），其后应注明《2020 通则》。具体用法如："Per dozen USD 160.00 EXW Qingdao 15 Zhongshan Road Incoterms® 2020"。该术语是指当卖方在其所在地或其他指定地点（如工厂、矿山或仓库等）将货物交由买方处置时，即完成交货，卖方不办理出口清关手续，也无须将货物装上前来接货的任何运输工具。该术语是卖方承担风险最小的术语，买方必须承担在卖方所在地受领货物的全部费用和风险。该术语适合于任何一种或多种运输方式。

（一）买卖双方的基本义务

1. 卖方义务

（1）在合同规定的时间、地点将符合合同要求的货物交给买方处置，此时风险和费用由卖方转移给买方。

（2）提供纸质或电子形式的商业发票、货物以及与合同相符的相关证明（一般为检验检疫证书）。

（3）通知买方具体的交货时间和地点。

2. 买方义务

（1）承担在卖方所在地或约定地点受领货物的全部费用和风险。

（2）自负风险和费用办理货物的出口、进口许可证或其他官方证件。

（3）将货物从交货地点运至最终目的地。

（4）通知卖方在有效期内提货，否则承担期满后货物的一切风险和费用。

专栏 1—2

EXW 案例

出口商 B 与进口商 A 签订出口女式上衣的合同。合同规定 EXW 汕头，纸箱包装，6 月 15 日前交货。6 月 10 日，B 通知 A，货物已经备妥，并单独存放于某仓库，随时可供提取。11 日，A 派代表前来验收，该批货物全部验收合格。该代表向 B 提出将货物暂存该仓库，等办妥有关事宜后再来提货。B 表示同意。但该代表 12 日表示：要到 14 日上午才能安排车来提货。不料，在 14 日凌晨，该仓库突遭火灾，全部厂房及物资均化为乌有。A 拒付货款，理由是他并未提货，货物被焚应由 B 负责。

分析：卖方 B 在 11 日已经完成了交货义务，是在合同规定日期内，在指定的交货地点，而且货物符合买方的要求。买方自工厂点收货物后即应承担货物灭失和损坏的一切风险，而不是等到其将货物提走之后。

（二）使用 EXW 术语应注意的问题

1. 装运的规定

尽管在 EXW 术语项下，卖方无须承担货物的运输工作，但有时会帮助买方将货物装上买方指定的运输工具，如果需要卖方负责装载货物并承担有关的风险及费用，必须在合同中加以明确。例如，"在 EXW 下，卖方承担将货物装上买方的运输工具的额外义务"。

2. 进出口通关的规定

在 EXW 术语项下，进出口通关的工作均由买方负责，并承担办理货物出口通关所需的费用。如果卖方参与出口清关，也仅限于协助获取买方为出口货物可能需要的文件和信息，并不承担相关的风险与费用。因此，如果买方不能直接或间接完成出口通关的工作，则不应采用该术语，最好选择 FCA 术语。

3. 交货地点的规定

以 EXW 术语报价或订约时，交货地点非常重要。根据《2020 通则》的规定，EXW 的交货地点一般在商品的产地或所在地，包括工厂、农场、矿山、其他生产地点或仓库。因此，双方最好尽可能明确指定交货地点内的准确地点。如果双方没有指明交货地点，则通常将选择“最适合的交货地点”的权力留给了卖方，并在此点完成交货义务。

4. 在国内贸易中的应用

根据 EXW 术语的规定，卖方在出口国境内指定地点交货，随之风险和相应的责任也转移给买方，最重要的是由买方负责办理货物出口的一切进出口通关手续并缴纳有关的税费。因此，EXW 术语是 11 种贸易术语中卖方责任最小、买方责任最大的术语。目前，国内的一些生产性企业由于不熟悉货物出口的有关手续，经常采用 EXW 术语将货物卖给国内出口商，再由国内出口商以其他贸易术语将该批货物转卖给国外的进口商。因此，就卖方来说，业务流程与一般的内销并无多大区别，EXW 实际上是一种在出口国境内的国内贸易术语，通常由卖方所在国的法律来规范交易中所产生的各种关系。但从货物位移的角度来说，货物最终的目的地是国外，运输过程跨越了国境，因此从这个意义上来说又属于国际贸易术语的范畴。

二、FAS 术语精解

FAS，全称为 Free Alongside Ship (insert named port of shipment) Incoterms® 2020，意为船边交货（填入指定装运港），其后应注明《2020 通则》。具体用法如：“Per ton USD 1 690.00 FAS Pier 17 San Francisco Incoterms® 2020”。该术语是指卖方在指定的装运港将货物交到船边（例如，置于码头或驳船上）或者当卖方取得已经如此交付的货物时，即完成交货。买方必须承担自那时起货物损坏或灭失的一切风险。该术语仅适用于海运或内河水运。在大宗货物的贸易中，特别是小麦、棉花、大豆、矿石等初级产品贸易中，出口商通常采用该术语。

（一）买卖双方的基本义务

1. 卖方义务

（1）负责将货物按规定的期限交到指定的装运港买方所指派的船边。

（2）负责办理货物的出口手续，包括装船前检验，并承担出口清关的费用。

（3）承担自货物在指定地点交由买方船边为止的一切风险和费用。

（4）提供纸质或电子形式的商业发票、货物以及与合同相符的相关证明（如检验检疫证书）。

2. 买方义务

（1）接受卖方提供的有关单据，受领货物，并按合同规定支付货款。

（2）承担货物在指定地点交由船边之后的风险和费用。

（3）自负风险和费用，取得进口许可证或其他官方批准的证件，并且办理货物进口所需海关手续，包括如何过境安检，支付关税及其他有关费用。

（二）使用 FAS 术语应注意的问题

1. 船边的含义

FAS 术语项下，船边通常是指船舶装卸设备的吊货机或岸上装卸工具可触及的范围。但由于各个国家和地区的港口做法可能会有所不同，建议双方尽可能清楚地约定指定装运港内的交货点。此外，当装货港口拥挤或大船无法靠近时，卖方征得买方同意可将交货条件改为"驳船上交货"（Free On Lighter），此时，卖方的责任仅在货物越过驳船的船舷时为止，驳船费用及其风险可由买方承担。

2. 装运通知的重要性

在 FAS 术语项下，当买方没有及时向卖方发出关于装运船舶、装运地以及交货时间等通知，或所指定的船舶没有按时抵达装运港，或船舶按时抵达却无法完成装货工作或提前停止装货时，在货物完成特定化后，风险和费用可提前转移。

3. 在《1990 年美国对外贸易定义修订本》中的特殊含义

《2020 通则》中的 FAS 术语与《1990 年美国对外贸易定义修订本》中的 FAS 术语的规定有较大的差别。按照美国术语的解释，FAS 的全称是 Free Along Side，即指货交各种运输工具的旁边，包括陆运在内均适用。因此，在对美国及加拿大等国家出口时，则需要在 FAS 之后加上 Vessel 字样才表示《2020 通则》中 FAS 的含义。

第四节　FOB、CFR 和 CIF 术语

一、FOB 术语精解

FOB，全称为 Free On Board (insert named port of shipment) Incoterms® 2020，意为船上交货（填入指定装运港），其后应注明《2020 通则》。具体用法如："Per set USD 205.00 FOB Tianjin China Incoterms® 2020"。该术语是国际贸易中最常用的术语之一，指卖方已在合同规定的装运港和规定的期限内，将货物装上买方指派的船只，或者当卖方取得已经如此交付的货物时，即完成交货。买方则应承担自那时起货物损坏或灭失的一切风险和费用。其中"取得"一词主要适用于国际国内贸易中链式销售的方式，即出口商——中间商（可以是多个）——进口商的方式。该术语仅适用于海运或内河水运。值得注意的是，该术语不适合货物在上船前已经交给承运人的情况，如集装箱运输；在此类情

况下，应该使用FCA术语。

(一) 买卖双方的基本义务

1. 卖方义务

(1) 在合同规定的装运港、日期或期间内，将符合合同规定的货物交至买方指派的船上，并及时通知买方。

(2) 自负风险和费用，取得出口许可证或其他官方批准的证件，并负责办理货物出口所需的一切海关手续，包括装船前检验。

(3) 承担货物在装运港交到买方所派船只的船上之前的一切费用和风险。

(4) 负责提供商业发票和证明卖方已按规定交货的清洁单据，如果买卖双方约定采用电子通信，则所有单据均可被具有同等效力的电子信息代替。

2. 买方义务

(1) 根据买卖合同的规定受领货物并支付货款。

(2) 负责租船或定舱、支付运费，并将船名、装船地点和交货时间及时通知卖方。

(3) 自负风险和费用，取得进口许可证或其他官方批准的证件，并负责办理货物进口所需的一切海关手续，包括过境安检。

(4) 负担货物在装运港交到买方所派船只的船上之后的一切费用和风险。

专栏1—3

案例：卖方需承担装船后的风险？

买卖双方按照FOB条件签订了一笔化工原料的买卖合同，装船前检验时，货物的品质良好，符合合同的规定。货到目的港，买方提货后检验发现部分货物结块，品质发生了变化。经调查确认原因是货物包装不良，在运输途中吸收空气中的水分导致原颗粒状的原料结成硬块。于是，买方向卖方提起索赔，但卖方指出，货物装船前是合格的，品质变化是在运输途中发生的，也就是装上船之后才发生的，按照国际贸易惯例，其后果应由买方承担，因此，卖方拒绝赔偿。此争议应如何处理？并请说明理由。

分析：应由卖方负责。FOB中的风险是指意外事件，如果损失是由合同的一方没有履行自己的义务所造成的，则由责任方承担责任，而不论此时货物是否已经装上船。此案例中，货物遭受损失的原因是包装不良，而按照规定，FOB的卖方有提供适当包装的义务。所以，损失是由于卖方没有履行自己的义务造成的，应该由其承担责任。

(二) 使用FOB术语应注意的问题

1. 正确理解派船与装运的关系

按照FOB条件达成交易，买方有租船订舱、安排船只到装运港接运货物的义务；卖方则要将合同规定的货物备妥，并在装运期内将货物装上买方所派的船只。派船和装运之间存在着依存关系。为了避免在实际操作上的脱节，导致货等船或者船等货，就需要交易双方对有关派船和装运的细节问题进行认真协商，并且在合同中加以明确规定。

另外，双方当事人应加强联系，并熟悉国际惯例的相关规定。有时买方会委托卖方代为订舱。这种情况下，卖方也仅仅属于代办性质，其费用和风险均由买方承担，也就是说，运费和手续费仍由买方单独支付，而且如果卖方在租订舱位方面发生问题，后果由买方自负。

专栏 1—4

FOB 船货衔接案例

某年中国辽宁省某出口公司 A 与韩国仁川某公司 B 签订了一份大豆的购销合同。合同具体规定了水分、杂质等条件，以中国商品检验检疫部门的证明为最终依据；大豆单价为每吨 1 800 美元，FOB 天津港，麻袋装，每袋净重 100 公斤，买方须于当年 8 月派船到港接运货物。后由于各种原因，B 公司一直延误了数月后才派船来华接货。大豆装船交货，运抵目的地后，B 公司发现大豆生虫，于是委托当地检验机构进行检验，并签发了虫害证明以便向 A 公司索赔。A 公司接到对方索赔请求后，一方面拒绝赔偿，另一方面要求对方支付延误期间 A 方所支付的仓储保管费以及其他费用。另外，保存在中国商品检验检疫部门的检验货样，至争议发生后仍然完好，未发生虫害。试分析该案件应如何处理？

分析：该案涉及船货衔接及风险承担的问题。在该案例中，一方面，由于买方 B 公司没有按期到港接货，按照惯例，由此产生的一切额外费用由买方负责；另一方面，按 FOB 条件，买方承担货物自装运港装上船以后的一切风险，卖方只能保证大豆在交货时的品质规格，对运输途中所引起的大豆品质变化不承担责任，并且合同中有规定，以中国商品检验检疫部门的检验证明为最终依据，而保存在中国商检部门的货样至争议发生后仍然完好，未发生虫害，因此可以肯定卖方交货时的品质是完好的。由此可见，该案中 B 公司的索赔要求不能成立。

2. FOB 术语项下提单托运人的规定

根据我国《海商法》的解释，托运人是指：(1) 本人或委托他人以本人的名义为本人与承运人订立海上货物运输合同的人；(2) 本人或委托他人以本人的名义为本人将货物交给与海上货物运输合同有关的承运人的人。因此，FOB 合同的买方和卖方都符合条件。但最好以卖方为托运人，否则如果买方和承运人相互串通，则在没有付清货款的情况下，买方就会以托运人的身份先行将货提走。

3. 不同惯例对 FOB 的不同解释

《1990 年美国对外贸易定义修订本》根据交货地点、费用和风险的不同将 FOB 分为六种，而其中只有第 5 种的 FOB 术语与《2020 通则》中的 FOB 条件大体相同。根据《1990 年美国对外贸易定义修订本》的解释，FOB 如要表示将货物装到船上，必须在其后面加注“Vessel”字样，如“FOB Vessel New York”；如果不加“Vessel”，则意味着卖方可以把货物放在纽约城的任何一个地方。关于这一点，我们在同美国、加拿大等美洲国家的交易中要尤其注意，以免发生不必要的争议和损失。

专栏 1—5

案 例

我国某公司从美国一公司进口特制钢材 100 公吨，价格条件为 FOB Vessel San Francisco 每公吨 860 美元，采用信用证方式支付。按照规定，我方通过国内某银行开立了金额为 10 万美元的不可撤销即期信用证。然而，对方收到信用证后回电称，“贵方信用证金额不足以保证合同的履行，还应增加 1 万美元以办理出口相关手续及费用。”我方感到十分不解，认为该术语下出口手续及费用按照《2020 通则》应由卖方（美方）办理，对此，美方回复称，按其习惯做法及《1990 年美国对外贸易定义修订本》有关规定，该术语下卖方无义务办理出口清关及费用支付等，并且成交时合同并未注明受《2020 通则》约束。而此时由于我方急需该批货物，最终只好通过银行将信用证金额增至 11 万美元。试问：本案例中，美方的要求是否合理？我方应从中吸取什么教训？

分析：本案涉及相关国际贸易惯例问题，该案例中我方正是因为没有充分认识不同国家适用不同惯例这一点而遭受了损失。

4. 关于 FOB 的变形

《2020 通则》在引言中指出，有时双方当事人希望更改术语规则的内容，虽然规则并未禁止此类变更，但这样做存在一定的不确定性。因此，在使用 FOB 术语时，如果没有明确规定装货费用的负担划分，买卖双方最好在合同中就该项事宜及有关的风险和费用的承担做出明确规定，以免产生贸易纠纷。在贸易实践中，就产生了 FOB 的变形，用以说明装船费用由谁来承担。具体有以下五种：

（1）FOB Liner Terms（FOB 班轮条件）：这一变形是指装船费用按照班轮的做法处理，即由船方或买方承担。所以，采用这一变形，卖方不负担装船的有关费用。

（2）FOB Under Tackle（FOB 吊钩下交货）：这一变形是指卖方负担将货物交到买方指定船只的吊钩所及之处的费用，而吊装入舱以及其他各项费用均由买方负担。

（3）FOB Stowed（FOB 理舱费在内）：这一变形是指卖方负责将货物装入船舱并承担包括理舱费在内的装船费用。理舱费是指货物入舱后进行安置和整理的费用。

（4）FOB Trimmed（FOB 平舱费在内）：这一变形是指卖方负责将货物装入船舱并承担包括平舱费在内的装船费用。平舱费是指对装入船舱的散装货物进行平整所需的费用。

（5）FOB Stowed and Trimmed（FOBST）：这一变形是指卖方承担包括理舱费和平舱费在内的装船费用。

二、CFR 术语精解

CFR，全称为 Cost and Freight (insert named port of destination) Incoterms® 2020，意为成本加运费（填入指定目的港），其后应注明《2020 通则》。具体用法如：“Per set USD 350.00 CFR 150 Broadway New York Incoterms® 2020”。该术语是国际贸易中常用的术语之一，指卖方负责与承运人订立运输合同，承担租船订舱及支付到指定目的港的运费，在装运港船上交货，或者卖方以取得已经如此交付的货物时，即完成交货。它表示货物灭失或损坏的风险点在货物交到装运港船上时由卖方转移至买方。由此可以看到，CFR 术语的风险划分点与费用划分点不一致。

该术语仅适用于海运或内河水运。值得注意的是，该术语不适合货物在装上船前已经交给承运人的情况，如集装箱运输；在此类情况下，应该使用 CPT 术语。

（一）买卖双方的基本义务

1. 卖方义务

（1）自费订立按通常条件、惯常航线将货物运至指定目的港的运输合同，并在约定的日期或期限内，将货物交至指定装运港的船上，并给予买方已交货的充分通知。

（2）承担货物装上船之前的一切风险和费用。

（3）自负风险和费用，取得出口许可证或其他官方许可，并在需要办理海关手续时，办理货物出口所需的一切海关手续，包括装船前检验。

（4）提交商业发票，自费向买方提供在目的港提货所用的通常的运输单据，或具有同等作用的电子信息。

2. 买方义务

（1）按照销售合同的规定接受单据、受领货物并支付货款。

（2）承担货物装上船之后的一切风险和费用。

（3）自负风险和费用，取得进口许可证或其他官方许可，并在需要办理海关手续时，办理货物进口所需的一切海关手续，包括过境安检。

（二）使用 CFR 术语应注意的问题

1. 关于运输的规定

卖方要自付费用订立运输合同，并承担运费上涨的风险。若按习惯要订立几份运输合同，以便货物中途转运以抵达约定的目的地，则卖方必须支付所有的费用，包括货物从一种运输工具转到另一种运输工具而发生的费用。但若承运人依据转运合同或某类似条款的规定行使其权利以避免意外的阻碍（如冰封、港口拥塞、罢工暴动、政府禁令、战争或类似战争行为），则由此而发生的所有额外费用应由买方承担，因为卖方的义务只限于订立通常的运输合同。

专栏 1—6

案　例

合同买卖的是葡萄牙矿砂，CFR 曼彻斯特。由于第二次世界大战所带来的困难局势，运费上涨了一倍。合同中有这样一条免责条款：“如果卖方由于战争或其无法控制的原因，不能装运或出口或在正常情况下交货，本合同的装运义务须在这种障碍延续期间暂时停止。”卖方据此要求暂停合同的执行。请问卖方的要求是否合理？

分析：卖方无权要求暂停合同的执行。所谓的“不能装运或出口或在正常情况下交货”中的“不能”，是指物质上的不可能，如船只被政府征用，无法找到船来运货。本案中，卖方并不是找不到船。虽然运费增加了，但只要他愿意支付较高的价格，他还是能找到船的。而根据《国际贸易术语解释通则》，卖方必须承担运费上涨的风险。所以，法官判决：如果障碍只是来自运费增加，上述免责条款是不能适用的，因为那只意味着如果卖方履约将招致亏本而已。

2. 关于交货问题

虽然卖方要负责办理从装运港到目的港的运输事宜，但是卖方只需在约定的日期或期限内，在装运港将货物交至船上。卖方必须按时交货，避免早交和晚交。

专栏 1—7

案　例

出口商 A 与进口商 B 签订了买卖大米的合同，合同规定 CFR 纽约，装船期为某年 3—4 月。由于只能订到 2 月份的船，所以卖方于 2 月份将货物装船。请问卖方提早装船是否违约？

分析：卖方的行为是违约的。正如英国合同法专家 Cairms 勋爵所说：“它是一份贸易合同，商人们并不习惯于在他们的合同条款中加入某些没有价值及无关紧要的内容，仅此便已足够回答该疑问了。但是，若有必要进一步回答，可以从其他两种考虑中获取。十分明显，商人们订立合同以便购买大米，合同加诸他们以一定方式支付所购大米，并备好支付价款的金钱之义务，人们既想要大米在不迟于一定期间内交付给他们，也不愿在其尚未准备好资金的不方便的时候，提前送交他们（即使有钱，先付也不合算）；还有另一种解释，这些合同是为了满足和履行与他人签订的其他合同而订立。”

还要注意的是：卖方只需按时交货，而无须保证按时到货，所以，在合同中要避免订立到达时间。根据英美法的判例，如果有这种规定，可有两种解释。一是该规定改变了 CFR 是装运合同的性质而变成了到达合同，即如果货物在装运后由于意外事故而晚到，甚至灭失，卖方不能免除责任，除非有不可抗力或其他免责条款。另外一种就是让 CFR 合同的本质（Basic Nature）超越这些特别的规定。也就是把这种规定解释为，如果不发生意外，货物必须在指定日期前到达；如果发生了意外使货物不能按时到达，卖方也不负责，因为在 CFR 条件下，这种风险是由买方承担的。因为不知道法院会采用哪种解释，所以应该避免这些规定。

3. 关于装船通知问题

按照 CFR 条件达成的交易，卖方需要特别注意的问题是，货物装船后必须及时向买方发出装船通知，以便买方办理投保手续。虽然在 F 组术语下，卖方完成交货后也应向买方发出通知，但 CFR 条件下的装船通知更为重要：CFR 术语下是由卖方办理运输事宜，买方对有关运输的信息掌握得不多；而且，在 CFR 术语下，风险的转移以在装运港装上船为界，买方必须承担运输途中的风险。所以，买方需要这些信息来做好接货准备和办理保险事宜。

专栏 1—8

案　例

我国从国外A公司进口一批货物，签订“CFR上海”交易合同，货轮在海上沉没，A公司未及时向我方发出装船通知，我方未办理投保，无法向保险公司索赔。故我方要求对方承担责任，但A公司以货物已经装上船，风险已经转移给我方为由拒绝。试问：究竟由谁承担责任?

分析：应该由A公司承担。在CFR术语下，货物在装上船后，风险确实立即转移给我方。但使用该术语，A公司有义务及时向我方发出装船通知。本案例中，由于A公司没有履行该义务，使得我方未能及时投保，从而无法向保险公司索赔。因此，A公司应承担责任。

4. CFR术语的变形

与FOB的变形类似，《2020通则》在引言中指出，有时双方当事人希望更改术语规则的内容，虽然规则并未禁止此类变更，但这样做存在一定的不确定性。由于世界各港的惯例不同，对于卸货费用也有不同的规定，有的港规定船方负担，有的港规定由收货人负担。如属前者，若是大宗货物，卖方需租船运输时，船方如不愿承担卸货费，势必将卸货费转移给租船人，这样就会增加卖方的负担。为了解决有关卸货费用问题，买卖双方必须在贸易合同中明确由谁负担卸货费。实践中是在CFR贸易术语或CIF贸易术语后加附加条件来说明，由此便产生了CFR或CIF的变形。CFR或CIF的变形各有以下四种：

（1）CFR Liner Terms（CFR班轮条件）或CIF Liner Terms（CIF班轮条件）：这种变形是指卸货费用按班轮办法处理，由船方或卖方承担，即买方不负担卸货费用。

（2）CFR Landed（CFR卸到岸上）或CIF Landed（CIF卸到岸上）：指由卖方负担卸货费，包括因船不能靠岸，需将货物用驳船卸到岸上支出的驳运费在内的费用。

（3）CFR Under Ship's Tackle（CFR吊钩下交货）或CIF Under Ship's Tackle（CIF吊钩下交货）：指卖方负担将货物从船舶吊起卸到吊钩所及之处（码头上或驳船上）的费用。

（4）CFR Ex Ship's Hold（CFR舱底交货）或CIF Ex Ship's Hold（CIF舱底交货）：指货物运到目的港后，由买方自行启舱，并负担货物从舱底卸到码头上的费用。

以上变形只是为了表明在使用航次租船运输时，卸货费用由谁负责，并不改变这两种术语的交货地点及风险、责任的划分。总之，在订立航次租船合同时，应注意贸易合同中的贸易术语要与航次租船合同中的装卸费用条款相衔接。这样才能明确装卸费用及相关费用由谁负担，避免在国际货物运输中产生争议或纠纷。

三、CIF术语精解

CIF，全称为Cost，Insurance and Freight（insert named port of destination）Incoterms® 2020，意为成本、保险费和运费（填入指定目的港），其后应注明《2020通则》。

具体用法如："Per M/T USD 430.00 CIF 18 Green Ave. Seattle Incoterms® 2020"。该术语是国际贸易中最常用的术语之一，指由卖方负责与承运人订立运输合同，承担租船订舱及支付到指定目的港的运费，并负责与保险人订立保险合同及支付保险费，在装运港船上交货，或者卖方以取得已经如此交付的货物方式交货时，即完成交货。而货物灭失或损坏的风险点在货物交到装运港船上时由卖方转移至买方。由此可以看到，CIF 术语的风险划分点与费用划分点不一致。

该术语仅适用于海运或内河水运。值得注意的是，该术语不适合货物在装上船前已经交给承运人的情况，如集装箱运输；在此类情况下，应该使用 CIP 术语。

（一）买卖双方的基本义务

1. 卖方义务

（1）自费订立按通常条件、惯常航线将货物运至指定目的港的运输合同，并在约定的日期或期限内，将符合销售合同规定的货物交至指定装运港的船上，并于交货后充分通知买方。

（2）承担货物装上船之前的一切风险和费用。

（3）按照合同规定，自费办理货物水上运输保险。

（4）自负风险和费用，取得出口许可证或其他官方许可，并在需要办理海关手续时，办理货物出口所需的一切海关手续，包括装船前检验。

（5）提交商业发票，自费向买方提供在目的港提货所用的通常的运输单据，或具有同等作用的电子信息。

2. 买方义务

（1）按照销售合同的规定接受单据、受领货物并支付货款。

（2）承担货物装上船之后的一切风险和费用，及货物特定化后由于其过失所导致的风险和其他费用。

（3）自负风险和费用，取得进口许可证或其他官方许可，并在需要办理海关手续时，办理货物进口所需的一切海关手续，包括过境安检。

（二）使用 CIF 术语应注意的问题

1. 装运港和目的港

在使用 CIF 术语时，约定的装运港和目的港其实都很重要。当货物在装运港装船或采购已交付的货物交付给买方时，风险从卖方转移到买方。但是，卖方必须签订从交货地到约定目的地的货物运输合同。例如，从天津需海运到新加坡的货物，卖方需要在天津港将货物装上船以便运输到新加坡，此时风险转移给买方；但同时卖方还需订立一份从天津到新加坡的运输合同。因此，虽然 CIF 合同通常只规定一个目的港，但如果买方希望确定价格中的运费或保险费是否合理，则建议双方在合同中明确指定装运港。

2. 关于保险事宜

关于 CIF 术语的保险事宜，需要注意以下事项：

（1）卖方必须提供保险单或其他保险证据，以使买方或其他有保险利益的人可以直接向保险人索赔。保险单是投保人与保险人之间订立的正式保险合同的书面证明，是保险索赔的重要文件；而其他保险证据主要指保险凭证，是一种简化的保险单，它同正式的保险单具有相同的法律效力。

（2）卖方需与信誉良好的保险人或保险公司订立保险合同。由于是买方承担货物在运输途中的风险，所以保险主要是保障买方的利益。如果保险人或保险公司信誉不好，有可能不遵守保险合同的规定，不能及时给予赔付，则买方利益将受到损失。

（3）若无相反规定，卖方只需投保最低险别。如投保中国海洋运输货物保险条款，则只需投保平安险；如投保伦敦保险协会货物保险条款（ICC），则只需投保 ICC（C）。此外，如果买方要求加保战争、罢工、暴乱和民变险，则在买方承担风险和费用的情况下，卖方可以代办。

（4）保险金额。最低保险金额为合同规定价款加成10%，并采用合同货币。之所以要加成10%，主要是为了在货物发生损失时，使买方的预期利润能获得补偿。由于不同货物、不同地区、不同时期的预期利润不一，因此，在洽商交易时，如买方要求保险加成超过10%时，卖方也可酌情接受。如买方要求保险加成率过高，则卖方应同有关保险公司商妥后方可接受。之所以强调要采用合同货币，主要是为了避免汇率风险。

专栏1—9

案例：CIF下的投保

我国某进出口公司以CIF术语与国外A公司签订销售某货物的合同。合同中规定适用《2020通则》，但合同条款还规定：卖方投保 ICC（B），加保战争险。但在履行合同时，由于A国与B国处于战争状况，没有保险公司愿意向运往A国的货物提供战争险，卖方最终只投保了 ICC（B）。货物在靠近A国水域时因遭遇B国袭击而全部灭失。买方以卖方没有投保战争险为由要求卖方承担损失。但卖方辩称：货物已经装上船，应由买方承担责任，而且，根据《2020通则》，卖方只需投保最低险别，没有投保战争险的义务。请问卖方的说法是否合理？

分析：卖方关于《2020通则》的理解是正确的。但《2020通则》只是国际贸易惯例，并没有法律的强制力，买卖双方可以对其中的规定进行修改，以符合双方的要求。本案中，双方就修改了关于卖方保险义务的条款，并在合同中做了明确的规定。在这种情况下，应该按照合同的规定来办理。卖方没有投保战争险，即违反了合同，应承担责任。

3. 关于象征性交货问题

在贸易实践中，进出口商经常将国际贸易的交货方式分为象征性交货和实际交货，并视 CIF 为典型的象征性交货。所谓象征性交货是针对实际交货而言的。前者指卖方只要按期在约定地点完成装运，并向买方提交合同规定的包括物权凭证在内的有关单证，就算完成了交货义务，而无须保证到货。后者则是指卖方要在规定的时间和地点，将符合合同规定的货物提交给买方或其指定人，而不能以交单代替交货。可见，在象征性交货方式下，卖方是凭单交货，买方是凭单付款。只要卖方如期向买方提交了合同规定的全套合格单据（名称、内容和份数相符的单据），即使货物在运输途中损坏或灭失，买方也必须履行付款义务。反之，如果卖方提交的单据不符合要求，即使货物完好无损地运达目的地，买方仍有权拒绝付款。

但是，必须指出，按 CIF 术语成交，卖方履行其交单义务，只是得到买方付款的前提条件，除此之外，他还必须履行交货义务。如果卖方提交的货物不符合要求，买方即使已经付款，仍然可以根据合同的规定向卖方提出索赔。

专栏 1—10

案例：CIF 下的象征性交货

买卖双方按 CIF 条件签订了一笔初级产品的交易合同。在合同规定的装运期内，卖方备妥了货物，安排好了从装运港到目的港的运输事项。在装船时，卖方考虑到从装运港到目的港距离较近，且风平浪静，不会发生什么意外，因此，没有办理海运货物保险。实际上，货物也安全及时抵达目的港，但卖方所提交的单据中缺少了保险单，买方因市场行情发生了对自己不利的变化，就以卖方所交的单据不全为由，要求拒收货物，拒付货款。请问买方的要求是否合理？

分析：买方的要求合理。因为 CIF 术语是象征性交货，按照惯例，若卖方提交的单据不符合约定的要求，即使货物完好无损地运达目的地，也不算完成交货义务，买方仍有拒收货物及拒付货款的权利。

第五节 FCA、CPT 和 CIP 术语

一、FCA 术语精解

FCA，全称为 Free Carrier (insert named place of delivery) Incoterms® 2020，意为货交承运人（填入指定交货地点），其后应注明《2020 通则》。具体用法如："Per dozen USD 150.00 FCA Beijing Capital Airport Incoterms® 2020"。该术语是指卖方将合同约定的货物在指定的地点交给由买方指定的承运人，并办理出口清关手续，即完成交货。所谓承运人，是指在运输合同中，通过铁路、公路、海洋、航空、内河水运或这些方式的联合运输，承担履行运输或承担办理运输业务的任务人，既包括拥有运输工具的运输公司，也包括不掌握运输工具的运输代理人。该术语适用于各种运输方式，特别是内陆城市采用集装箱运输或多式联运。

FCA 的交货地点既可以在卖方所在地，也可以在卖方所在地之外的另一个地点。但无论选择上述哪一个交货地点，该地点就是确定卖方转移风险和费用到买方的地点。若买方请求卖方按通常条件代为订立运输合同，则由此而产生的费用和风险仍由买方承担。

(一) 买卖双方的基本义务

1. 卖方义务

(1) 在指定的时间、地点，将符合销售合同规定的货物置于买方指定的承运人控制下，并充分通知买方。

(2) 承担将货物交给承运人控制之前的一切费用和风险。

(3) 自负风险和费用，取得出口许可证或其他官方许可，并在需要办理海关手续时，办理出口所需的一切海关手续，包括装货前检验。

(4) 提交商业发票或具有同等作用的电子信息，并提供通常的交货凭证。

2. 买方义务

(1) 签订从指定地点承运货物的合同，支付相关运费，并给予卖方有关承运人名称及交货日期和地点的充分通知。

(2) 根据买卖合同的规定受领货物并支付货款。

(3) 承担受领货物后所发生的一切风险和费用。

(4) 自负风险和费用，取得进口许可证或其他官方许可，并在需要办理海关手续时，办理货物进口所需的海关手续，包括过境安检。

(二) 使用FCA术语应注意的问题

1. 关于风险转移问题

在FCA术语项下，卖方将货物交给买方指定的承运人或买方指定的承运人以外的代理人后，风险即发生转移，卖方就算完成了交货义务。此外，若买方要求，或者是商业惯例，而买方又未适时给予卖方相反指示，则卖方可按通常条件订立运输合同，费用和风险仍由买方承担。

2. 具有装船批注和FCA规则的提单

根据《2020通则》，FCA适用于任何运输方式。如货物通过FCA海运，银行在信用证中有可能显示提单上有装船批注。但根据FCA风险划分，货物在装船前已交付承运人且完成交货。根据运输合同，只有在货物实际装船后，承运人才有可能签发已装船提单，因此，这将导致卖方有可能从承运人那里得不到已装船提单。

为了迎合这种情况，在《2020通则》的FCA A6/B6中首次提供了一个可选机制，即买卖双方可以约定，买方指示其承运人在货物装船后向卖方签发已装船提单，然后卖方有义务再通过银行向买方提交该提单。但此可选机制仍有一定的缺憾，尤其是在使用跟单信用证作为结算方式时，内陆交货的日期与港口装船的日期必然有所不同，这很可能给卖方造成困难，这需要买卖双方协调好信用证相关条款。

当然，如果双方同意在合同和信用证里规定，卖方将向买方提交一份只说明货物已收到待运的提单，而不是已装船提单，那么这种可选机制就没有必要了。

3. 关于交货地点问题

按照《2020通则》的规定，卖方在约定地点的交货方式适用“管装不管运，管运不管卸”的原则。也就是说，如果交货地点在卖方所在地，卖方只负责将货物装上买方派来的运输工具，无须负责货物的运输工作；如果交货地点在卖方所在地之外，则卖方需要将货物运到指定的交货地点，但无须负责将货物从运输工具上卸下。此外，如果双方没有指定准确的交货点，则卖方有权选择“最适合的目的点”作为交货点，风险和费用从该点由卖方转移到买方。交货完成后，卖方负有发出交货通知的义务，且不得延迟。

专栏 1—11

案　例

北京 A 公司向日本 B 公司出口货物一批，共 2 000 公吨，B 公司提出按每公吨 100 美元 FOB 新港成交，而 A 公司则提出将贸易术语改为 FCA 北京。试问：该修改对 A 公司有何影响？

分析：对卖方 A 公司来说，每公吨 100 美元 FCA 北京比每公吨 100 美元 FOB 新港更有利。因为对卖方而言，使用两个术语所得到的收入是一样的，但使用第一个术语所承担的责任、费用和风险都比第二个术语小。

交货的时间和地点：使用 FCA 北京时，A 公司只需在合同约定的时间在北京将货物交给承运人即可；而使用 FOB 新港时，A 公司必须在该时间内将货物交到天津新港。

费用：使用 FCA 北京时，A 公司不必承担从北京到天津新港的运费。

风险：使用 FCA 北京时，A 公司不必承担从北京到天津新港的风险。

二、CPT 术语精解

CPT，全称为 Carriage Paid To (insert named place of destination) Incoterms® 2020，意为运费付至（填入指定目的地），其后应注明《2020 通则》。具体用法如：“Per set USD 110.00 CPT Chicago Incoterms® 2020”。该术语是指卖方将货物在双方约定地点交给其指定的承运人，或者取得已经如此交付的货物时，即完成交货义务。其间，卖方需签订运输合同并支付将货物运至指定目的地所需费用，无须保证货物完好无损地到达目的地，因为当货物交付给承运人时，风险即从卖方转移到买方。CPT 术语适用于各种运输方式，特别是内陆城市采用集装箱运输或多式联运。

（一）买卖双方的基本义务

1. 卖方义务

（1）自费订立按通常条件、通常路线及习惯方式将货物运至指定目的地约定地点的运输合同，并支付有关运费。

（2）在约定的日期或期限内，将合同规定的货物置于卖方指定承运人的控制之下，或当使用多式联运时货交第一承运人，并于交货后充分通知买方。

（3）承担自货物交至承运人控制之前的一切风险和费用。

（4）自担风险和费用，取得出口许可证或其他官方许可，并在需要办理海关手续时，办理货物出口所需的一切海关手续，包括装船前检验。

（5）提交商业发票，自费向买方提供在目的港提货所用的通常的运输单据，或具有同等作用的电子信息。

2. 买方义务

（1）按照销售合同的规定接受单据、受领货物并支付货款。

（2）承担自货物交至承运人控制之后的一切风险和费用。

（3）自担风险和费用，取得进口许可证或其他官方许可，并在需要办理海关手续时，办理货物进口所需的一切海关手续，包括过境安检等。

（二）使用 CPT 术语应注意的问题

1. 确定交货地点

CPT 术语的风险划分点与费用划分点不一致，建议双方最好在销售合同中尽可能准确地确定交货地点，这在多式联运涉及多个承运人的情况下尤其重要。如果双方当事人对具体的交货地点没有达成一致，则惯例默认为，当货物交付给第一承运人时，风险可以在卖方选择而买方不知情的地点发生转移。此外，确定、准确的交货点也是卖方签订运输合同并需承担运输成本的地点。

2. 目的地的卸货费用

CPT 要求卖方支付到达目的地的全程运费，但通常不包括卸货费。如果在使用该术语时，卖方根据运输合同产生了与卸货相关的费用，如码头操作费或集装箱作业费等，除非双方另有约定，卖方无权从买方单独收取该费用。

3. CPT 与 CFR 的差异问题

（1）适用的运输方式不同。CFR 只适用于水上运输，而 CPT 适用于任何运输方式。其实《2020 通则》对两个术语项下卖方运输义务的规定没有任何实质性不同。当然，由于 CPT 适用于一切运输方式，所以卖方所提交的运输单据取决于其所使用的运输方式，可能是可转让提单、不可转让海运单、内河运输单据、空运货运单、铁路运单、公路运单或多式联运单据。

（2）交货地点不同。CFR 的卖方是在装运港船上完成交货义务，而 CPT 的卖方则是将货物交给承运人时完成交货义务。如还有接运的承运人时，卖方将货物交给第一承运人即完成交货义务。由于风险和费用的划分也是以交货为界，所以两者在交货上的不同也就带来了风险和费用划分上的不同。

三、CIP 术语精解

CIP，全称为 Carriage and Insurance Paid to (insert named place of destination) Incoterms® 2020，意为运费和保险费付至（填入指定目的地），其后应注明《2020 通则》。具体用法如：“Per set USD 125.00 CIP 15 Massa St. Liverpool Incoterms® 2020”。该术语是指卖方将合同项下的货物在双方约定地点交给其指定的承运人，或者卖方取得已经如此交付的货物时，即完成交货义务。其间，卖方需自行签订运输合同并支付将货物运至指定目的地所需费用，以及办理货物在运输途中灭失或损坏的保险并支付保费，但无须保证货物完好无损地到达目的地，因为当货物交付给承运人时，风险即从卖方转移到买方。该术语适用于各种运输方式，特别是内陆城市采用集装箱运输或多式联运。

（一）买卖双方的基本义务

1. 卖方义务

（1）自费订立按通常条件、通常路线及习惯方式将货物运至指定目的地约定地点的运输合同。

（2）在约定的日期或期限内，将合同规定的货物置于卖方指定承运人的控制之下，或当使用多式联运时货交第一承运人，并于交货后充分通知买方。

（3）承担自货物交至承运人控制之前的一切风险和费用。

（4）按照合同规定，自费办理货物运输保险并支付保险费。

（5）自担风险和费用，取得出口许可证或其他官方许可，并在需要办理海关手续时，办理货物出口所需的一切海关手续，包括装船前检验。

（6）提交商业发票，自费向买方提供在目的港提货所用的通常的运输单据和相应的保险单据，或具有同等作用的电子信息。

2. 买方义务

（1）按照销售合同的规定接受单据、受领货物并支付货款。

（2）承担自货物交至承运人控制之后的一切风险和费用。

（3）自担风险和费用，取得进口许可证或其他官方许可，并在需要办理海关手续时，办理货物进口所需的一切海关手续，包括过境安检等。

（二）使用 CIP 术语应注意的问题

1. 保险问题

CIP 术语与 CIF 术语类似，卖方负责办理保险并支付保险费。《2010 通则》中规定，使用 CIP 术语与 CIF 术语时，卖方有义务为买方提供相当于协会货物保险条款 C 条款的保险。该保险类似我国海洋运输货物保险中平安险的保险水平。但在《2020 通则》中，CIF 保持相同的保险水平（即协会货物保险条款 C 条款），而 CIP 已将保险要求增加到协会货物保险条款 A 条款，类似我国海洋运输货物保险中一切险的保险水平。其原因是，CIF 更多地用于大宗商品贸易，而 CIP 作为多式联运术语则更多地用于制成品交易。如应买方要求，并由买方负担费用时，卖方可加保其他险别。最低保险金额应为合同金额加成 10%，即合同金额的 110%，并采用合同货币投保。

此外，卖方应选择声誉较好的保险公司签订保险合同，并应使具有可保利益的买方能直接向保险公司索赔。即便如此，双方当事人仍然可以自行约定较低的险别。

2. CIP 与 CPT 的差异

CIP 的货物风险转移时间和地点与 CPT 术语一致，即在货物交给承运人时风险由卖方转移至买方。两者的差异主要在于保险，即由于 CIP 货价中含有保险费，所以，CIP 的卖方必须自负费用签订保险合同，并提交保险单据。因此，CIP 的价格构成除了 CPT 之外还要加上保险费。

第六节 DAP、DPU 和 DDP 术语

一、DAP 术语精解

DAP，全称为 Delivered at Place（insert named place of destination）Incoterms® 2020，意为目的地交货（填入指定目的地），其后应注明《2020 通则》。具体用法如："Per set USD 150.00 DAP at Wall St. New York City Incoterms® 2020"。该术语是指卖方负责将合同规定的货物按照通常航线和惯常方式，在规定期限内将装载于到达的运输工具上准备卸载的货物交由买方处置，即完成交货，卖方负担将货物运至指定地交货点为止的一切风险。该术语的交货地和到货地是一致的，并适合于任何运输方式，包括多式联运。

（一）买卖双方的基本义务

1. 卖方义务

（1）签订将货物运往指定目的港或目的地具体交货点的运输合同，并支付运费。如果特定终点未予明确或者无法确定，卖方在指定终点港或目的地选择最适合交货的目的交货地。

（2）自负风险和费用，取得出口许可证或其他官方批准证件，并办理货物出口和交货前运输过程中所需的一切海关手续，包括装船前检验，支付关税、税款和其他出口费用等海关出口手续费用。

（3）承担将货物装载于可供卸载的运输工具上交由买方处置之前的一切风险和费用。

（4）给予买方收货以充分的通知，提交纸质或电子形式的商业发票，并自负费用向买方提供提取货物所需的运输单证，或者具有同等作用的电子信息。

2. 买方义务

（1）在卖方按照合同规定交货时受领货物，按合同规定支付价款；承担自收货时起一切关于货物损坏和灭失的风险，支付交货之时起与货物有关的一切费用。

（2）买方必须自负风险和费用办理进口安检及清关等手续，缴纳进口关税、税款及其他进口费用。

（3）买方需承担从到达的运输工具上为收取货物所需的一切卸货费用。

专栏 1—12

DAP 进口清关延迟谁承担责任？

我国出口商 A 与墨西哥进口商 B 于某年 9 月签订出售核桃仁的合同，规定 DAP 墨西哥城，12 月 10 日以前交货。A 于 10 月中旬将货物装上运往中美洲的货轮，并及时给予买

方通知。货物于 11 月下旬到目的港马萨特兰，买方根据该国海关的规定，及时备齐了所有的文件，向海关报关。但由于当时进出口数量大，海关放行速度较慢，货物直到 12 月 11 日才被放行，12 月 18 日才到达墨西哥城。买方以卖方未能按时交货为由要求损害赔偿，而卖方拒绝赔偿，卖方认为，未按时交货的原因是买方没有履行好自己进口清关的义务，海关放行速度慢所致。

分析：DAP 的买方有义务自担风险和费用，取得任何进口许可证或其他官方许可或文件，并在需要办理海关手续时办理货物进口所需的一切海关手续。本案例中，买方及时递交了所有文件，办理了货物进口所需的一切海关手续，而且海关也放行了货物。所以，买方已经按照规定履行了自己的进口清关义务，海关放行速度慢不是由于买方的原因造成的。由于使用 DAP 术语时，卖方必须在进口国内约定地点交货，所以，卖方在签订合同、规定交货期时，不仅应该考虑到运输所需花费的时间，而且要考虑到通关所需要的时间。

（二）使用 DAP 术语应注意的问题

1. 预先确定交货地点

根据《2020 通则》，术语的交货地和到货地是相同的，因此，买卖双方最好尽可能清楚地说明目的地的交货点，原因是：第一，货物灭失或损坏的风险和运输过程中的费用在具体交货点转移；第二，卖方必须订立合同或安排将货物运输到双方约定的地点或交货点，如果卖方未能这样做，则卖方违反其承担的义务，并将对买方承担由此产生的任何损失，例如，卖方将承担承运人因额外续运货物而产生的额外运输费用。

2. 卖方的风险控制问题

DAP 作为 D 组术语，对于出口方来说，存在着相对风险责任大、业务环节多、贸易情况较为复杂、交货时间难以掌控的特点。因此，选用这一术语要求出口方必须对可能产生的风险有明确的认识，并采取相应的措施进行完备的风险管理。出口方应当充分调查进口商的资信、经营状况和支付能力，掌握承运人的信誉情况，从事前控制、事中跟踪、事后反馈的角度建立健全风险控制系统，将可控风险降低到最小，最大程度地避免可能的损失。

二、DPU 术语精解

DPU，全称为 Delivered at Place Unloaded (insert named place of destination) Incoterms® 2020，意为目的地卸货后交货（填入指定目的地），其后应注明《2020 通则》。具体用法如：“Per M/T USD 900.00 DPU London Hade St. Incoterms® 2020”。该术语是《2020 通则》中唯一增加的术语，并由其取代了《2010 通则》中的 DAT。它适合于任何运输方式，包括多式联运。

DPU 是指卖方负责将合同规定的货物按照通常航线和惯常方式，在规定期限内运至目的地指定的交货点，从到达的运输工具上将货物卸载，并承担卸货费用。DPU 要求卖方承担将货物运至指定地点并在指定地点卸货所涉及的一切风险，此后风险和费用转移至买方。该术语的交付和到货地点是一致的，它是在《2020通则》中唯一要求卖方在目的地卸货的术语。因此，卖方应确保能在指定交货地点卸载货物。如果卖方不希望承担卸货的风险和费用，应避免使用DPU术语，而应选择使用DAP。

（一）买卖双方的基本义务

1. 卖方义务

（1）签订将货物运往指定目的地具体交货点的运输合同，并支付运费。如果交货点未予明确或者无法确定，卖方可以在指定目的地选择最适合交货的目的地作为交货点。

（2）自负风险和费用，取得出口许可证或其他官方批准证件，并办理货物出口和交货前运输过程中所需的一切海关手续，包括装船前检验，支付关税、税款和其他出口费用等海关出口手续费用。

（3）在合同规定的期间内，将货物运至指定目的地的交货点，并承担卸货的责任和费用，将货物置于买方的处置之下。

（4）给予买方收货以充分的通知，提交商业发票，并自负费用向买方提供提取货物所需的运输单证，或者合同约定的具有同等作用的电子信息。

2. 买方义务

（1）在卖方按照合同规定交货时受领货物，按合同规定支付价款；承担自收货后的一切关于货物损坏和灭失的风险及支付交货后的一切费用。

（2）自负风险和费用，取得进口许可证和其他官方授权，并办理一切进口清关手续，包括进口过境安检，缴纳进口所需的关税、税款和其他进口费用。

（3）应卖方请求并在卖方承担风险和费用的前提下，及时向卖方提供货物运输和出口或通过任何国家所需的文件和信息，并给予协助。

（二）使用DPU术语应注意的问题

1. 根据卖方义务选用合适的术语

卖方要负责将货物运至指定目的地具体的交货点并卸载下来、交由买方处置之前的风险和费用，其后产生的一切风险、费用均由买方承担。由于卸货的地点可以是任何地点，而这一地点又能保障卖方卸货安全与便利，因此，买卖双方应当事先达成一致，对这一地点进行尽可能详细的具体描述，谨慎地确定该交货点的具体位置。如果买卖双方约定卖方不承担货物卸载的风险和费用，则应当选择使用DAP或者DDP术语。

2. 关于DAP和DPU的差异问题

DPU是新增加的术语，它与DAP在排序上调换了位置。实际上，二者的差别并不大，主要在于卸货费的分担上。DPU术语规定卖方有义务将货物从运输工具上卸下交买方处置，而DAP术语则规定买方需履行卸货义务。因此，如果使用合同条款明确这一问题，则两个术语在使用上的区分就意义不大了。

3. 订立保险合同的有关事项

在DPU术语下，买卖双方均没有为对方订立保险合同的义务。但是，当一方提出请求，并承诺自担风险和费用的前提下，另一方则需应对方的请求，向其提供订立保险合同所需的必要信息。

专栏 1—13

关于 DPU 卸货费的案例

我国某机械进出口公司出口一批机械设备，双方在合同中规定：使用 DPU 术语，不可撤销信用证付款，某年 1 月 15 日交货，开证行凭买卖双方货到目的地经检验合格后会签的货物交接凭证付款。2 月上旬，我国机械进出口公司的机械设备装上 A 轮船驶向目的港。此时买方要求货物装船后卖方将全套提单空邮买方，以便买方及时凭以办理进口通关手续，我方随即照办。其后，由于海上风浪过大，船舶行驶缓慢，货物迟到了几天才到达目的港，遭到买方责难，并以降价相要挟，经过我方努力争取，对方才未予以追究。货物到达目的地后，由于买方指定的收货地点不具备大型设备吊装条件，需另行支付额外的场地作业费，对此笔额外的费用由谁负担的问题双方又发生了争议。最后，由我方负担卸货场地作业费。货物卸货后，买方派人检验设备，声称设备不完全符合合同规定，拒绝在货物交接凭证上签字。经我方艰难交涉，并降价 5%，买方才在货物交接凭证上签字，开证行予以付款，但我方却蒙受了不小的损失。

分析：本案例中有以下几点值得我们引以为戒：一是要充分考虑到运输过程中的不确定性，在交货期上为不确定因素留出机动空间，避免因意外状况而造成违约。DPU 术语项下，卖方必须在指定时间将货物运至指定目的地交货，运输途中的风险不仅要由卖方承担，最终能否如期到达也很难把握。因此，卖方在签订合同时，对于交货期应当更为谨慎。二是卸货费及卸货地的场地作业费等问题仍需明确。由于 DPU 术语是《2020 通则》新增加的贸易术语，贸易商对该术语并不熟悉，诸如卸货费及场地作业费等问题也较容易引起纠纷。因此，在合同中再次明确相关费用的负担也是有必要的。

三、DDP 术语精解

DDP，全称为 Delivered Duty Paid（insert named place of destination）Incoterms® 2020，意为完税后交货（填入指定目的地），其后应注明《2020 通则》。具体用法如："Per set USD 3.50 DDP No.18 Butter Ave. Rotterdam Incoterms® 2020"。该术语是指卖方在指定的目的地，办理进口清关手续，将在到达的运输工具上尚未卸下的货物交由买方处置，即为交货。卖方须承担将货物运至目的地的一切风险和费用，包括在需要办理海关手续时在目的地应缴纳的任何进口"税费"。DDP 是卖方承担责任最大的术语。该术语的交货地和到货地是一致的，可用于所有的运输方式，包括多式联运。

（一）买卖双方的基本义务

1. 卖方义务

（1）订立将货物按照惯常路线和习惯方式运至进口国内约定目的地的运输合同，并支付有关运费。

（2）在合同规定的时间、地点，将合同规定的货物置于买方处置之下，并做好卸货准备。

（3）承担在指定目的地约定地点，将货物交由买方处置之前的一切风险和费用。

（4）自负风险和费用，取得出口和进口许可证或其他官方许可，并办理货物出口和进口所需的一切海关手续，包括装船前检验及进口安检，支付关税及其他相关费用。

（5）提交商业发票和自负费用向买方提交提货单或为买方在目的港码头提取货物所需的通常的运输单据，或具有同等作用的电子信息。

2. 买方义务

（1）接受卖方提供的有关单据，在约定地点负责卸货并受领货物，按合同规定支付货款。

（2）承担在目的地约定地点受领货物之后的一切风险和费用。

（3）根据卖方的请求，并由卖方负担风险和费用的情况下，给予卖方一定协助，使其取得货物进口所需的进口许可证或其他官方许可。

（二）使用 DDP 术语应注意的问题

1. 关于保险问题

在 DDP 术语项下，卖方要承担很大的交货风险。虽然卖方没有订立保险合同的义务，但是由于 DDP 的合同是到达合同，其承担在货物到达指定目的地之前的所有风险，因此，卖方为了自身利益还是有必要订立保险合同，以避免货物在运输途中发生意外事故而带来损失。

2. 关于进口清关问题

DDP 术语是唯一由卖方负责办理进口清关手续的术语。以该术语成交，卖方服务到家，最具竞争力，但若卖方不能直接或间接地取得进口许可证或办理进口通关手续，或卖方希望买方承担进口的风险和费用，则不宜使用该术语，而应选择使用 DAP 或 DPU 术语。

本章小结

贸易术语来源于国际贸易惯例，它是在长期贸易实践的基础上发展起来的。目前国际上较有权威性的惯例主要有：《1932 年华沙—牛津规则》、《1990 年美国对外贸易定义修订本》及《国际贸易术语解释通则 2020》。其中，《2020 通则》在国际上的影响最为深远。

《2020 通则》将 11 种贸易术语分为两类：第一类包括适用于任一或者多种运输方式的七种术语，即 EXW、FCA、CPT、CIP、DAP、DPU 和 DDP 术语；第二类包含了比较传统的只适用于海运或内河水运的四种术语，即 FAS、FOB、CFR 和 CIF 术语。其中 EXW 是卖方义务最小的贸易术语；而 DDP 是卖方义务最大的贸易术语。

本章关键术语

贸易术语	国际贸易惯例	《2020 通则》
EXW	FAS	FOB

FCA	CFR	CIF
CPT	CIP	DAP
DPU	DDP	

本章思考题

1. 什么是贸易术语？简述其性质与作用。
2. 有关贸易术语的国际贸易惯例有哪些？
3. 试比较 FOB、CFR 和 CIF 三种术语的异同。
4. 试比较 FCA、CPT 和 CIP 三种术语的异同。
5. 试比较 DAP 和 DPU 的异同。

本章练习题

（一）选择题（选出一个或多个正确答案）

1. 采用 FOB 条件成交时，卖方欲不负担装船费用，可采用（　　）。

A. FOB Liner Terms　　B. FOB Stowed

C. FOB Trimmed　　D. FOBST

2. 根据《2020 通则》的解释，采用（　　）术语成交时，卖方要负责订立运输合同，但不负责货物从交货地点至目的地的风险。

A. EXW　　B. FOB

C. CPT　　D. DAP

3. 根据《2020 通则》的解释，下列贸易术语中，由买方负责办理出口通关手续并承担有关费用的是（　　）。

A. EXW　　B. CPT

C. FCA　　D. DPU

4. 下列有关 D 字头的贸易术语的说明中，与《2020 通则》的规定不符的是（　　）。

A. 采用 D 组术语成交的合同属于到达合同

B. 采用 D 组术语成交时，卖方无义务办理货运保险

C. 采用 D 组术语成交时，均由卖方办理出口通关手续

D. 采用 D 组术语成交时，均由买方办理进口通关手续

5. 按照《2020 通则》的解释，CIP、CPT 与 FCA 的相同之处表现在（　　）。

A. 交货方式相同　　B. 风险划分界限相同

C. 当事人的责任相同　　D. 适用任何运输方式相同

6. 按照《2020 通则》的解释，FOB、CFR 和 CIF 的共同点表现为（　　）。

A. 交货地点都是在装运港　　B. 均适用于水上运输方式

C. 风险划分都是以船舷为界　　D. 买卖双方承担的责任义务相同

7. 按照《2020 通则》的解释，下列贸易术语中，仅适用于水上运输方式的贸易术语是（　　）。

A. EXW　　B. FAS

C. DDP　　D. CPT

8. 按照《2020 通则》的解释，下列贸易术语中，适用于各种运输方式的是（　　）。

A. DAP　　B. FCA

C. CIF　　D. FAS

（二）判断题

1. 根据《2020 通则》，当使用 DAP 术语时，卖方没有办理保险的义务。所以，即使买卖合同中规定卖方要办理保险，卖方也可以拒绝办理。（　　）

2. 根据《2020 通则》的解释，采用 FCA 术语成交时，如果交货地点在卖方所在地，卖方要负责将货物装上买方安排的承运人的运输工具上，才算完成交货义务。（　　）

3. 在 FOB、CFR 和 CIF 之后加注的港口名称有的是装运港，有的是目的港，但其交货地点都是在装运港。（　　）

4. 买卖合同的交货条件中使用了 FOB Liner Terms，并不是要求买方安排班轮运输。（　　）

5. 根据《2020 通则》的规定，DDP 的卖方必须办理进口和出口的通关手续。（　　）

6. 根据《2020 通则》，CIF 的卖方必须办理运输事宜，所以，卖方必须承担货物在运输途中的一切风险。（　　）

7. 根据《2020 通则》，按 EXW 条件成交时，当买方在规定的时间内将货物提走后，卖方的交货任务就完成了。（　　）

8. 根据《2020 通则》，按 DPU 条件成交时，卖方除了要将货物在目的地卸下，还要自负风险和费用办理货物的进口通关手续。（　　）

9. 根据《2020 通则》，在所有的贸易术语下，出口强制检验的费用都由卖方承担。（　　）

（三）案例分析题

1. 国内某贸易公司以 FOB 条件进口一批货物。在目的港卸货时，发现有几件货物外包装破裂，并且货物有被水浸泡的痕迹。经查证，货物是在装船时因吊钩不牢掉在船甲板上摔破的，而后因包装破裂导致货物被水浸泡。试分析，该进口商能否以对方未完成交货义务为由提出索赔？

2. 我国某公司按 CIF 条件向欧洲 A 商出口某种货物，合同规定采用信用证方式支付。我方向国内某保险公司投保了海洋运输货物保险一切险，并在合同规定的期限和装运港将符合合同规定的货物装船完毕，然后凭提单等合格的单据向银行结算了货款。结款后第二天，我公司收到 A 商来电称：因装货的海轮在海上失火，出口货物全部烧毁，故要求我公司向保险公司索赔，否则要求我公司退回全部货款。你认为，A 商的要求是否合理？请阐明理由，并提出解决方案。

第二章 标的物及相关条款

学习目标

通过对本章的学习，掌握商品名称和品质的重要性，了解数量机动幅度的基本内容，熟悉商品包装的具体做法，以及认识商检和索赔工作的重要性。

第一节 合同的标的物

一、合同中列明标的物的意义

在国际贸易中的标的物（Subject Matter），是指用于换取对价的货物。一般说来，要构成买卖中的标的物必须具备三个条件：（1）必须是由卖方占有的；（2）必须是合法的；（3）必须是双方当事人一致同意的。标的物通常以商品的名称来表示。

众所周知，国际贸易在交易过程、交易条件、贸易做法和所涉及的法律问题上，都远比国内贸易复杂。因此，在国际货物买卖合同中，明确交易的标的物，规定其名称，就成为必不可少的条件。

从法律角度看，在合同中明确规定买卖标的物的具体名称，关系到买卖双方在交接货物方面的权利和义务。按照有关法律和商业惯例的规定，对交易标的物的具体描述是构成商品说明（Description）的一个主要组成部分，是买卖双方交接货物的一项基本依据。若卖方交付的货物不符合约定的品名或说明，买方有权拒收货物或撤销合同并提出损害赔偿。

从进出口业务角度看，品名的规定是交易赖以进行的基础和前提条件。只有在明确规定具体内容的前提下，卖方才能安排生产、加工或收购；买卖双方才能据此决定包装和运输方式、承保险别和支付方式，并在此基础上就价格问题进行具体的磋商，达成协议。

二、品名条款的内容

国际货物买卖中交易的标的物都是具体的商品。由于进入国际贸易领域的商品种类繁多，即使是同一种商品，亦可因品种、品质、产地、花色、外形设计、型号等不同而千差万别。

按照我国和国际上的通常做法，合同中标的物的品名条款比较简单，一般是在“商品名称”或“品名”（Name of Commodity）的标题下予以限定，列明交易双方成交商品的名称。有时为了省略起见，也可不加标题，只在合同的开头部分，列明交易双方同意买卖某种商品的文句，例如计算机、移动通信设备等。但由于成交商品的品种、型号、等级和特点不同，因此，为明确起见，亦可把有关品种或品质、产地、型号的概括性描述包括进去，作进一步限定。

专栏 2—1

《商品名称及编码协调制度的国际公约》简介

《商品名称及编码协调制度的国际公约》（International Convention for Harmonized Commodity Description and Coding System）简称协调制度（缩写为 HS），是 1983 年 6 月海关合作理事会（现改名为世界海关组织）主持制定的一部供海关、统计、进出口管理及与国际贸易有关各方共同使用的商品分类编码体系。HS 于 1988 年 1 月 1 日正式实施，每 4 年修订 1 次。世界上已有 200 多个国家和地区使用 HS，全球贸易总量 90%以上的货物都使用 HS 分类。

HS 的总体结构包括三大部分：归类规则；类、章及子目注释；按顺序编排的目与子目编码及条文。这三部分是 HS 的法律性条文，具有严格的法律效力和严密的逻辑性。HS 采用六位数编码，把全部国际贸易商品分为 21 类，97 章。章下再分目和子目。

HS 主要用于海关税则和贸易统计，其在国际贸易单证简化以及普遍优惠制税号的利用等方面，都发挥着重要的作用。

三、规定品名条款的注意事项

国际货物买卖合同中的品名条款，是合同中的主要条件。因此，在规定此项条款时，应注意下列事项。

（一）商品的品名必须做到内容明确、具体

用文字来描述和表达商品的名称，应能确切地反映商品的用途、性能和特点，切忌空泛、笼统或含糊，以免给合同的履行带来不应有的困难，从而埋下贸易纠纷的隐患。

（二）商品的品名必须实事求是，切实反映商品的实际情况

就卖方而言，品名必须是他所能生产或供应的品种和型号；就买方而言，品名必须是买方需要进口的商品。凡做不到或不必要的描述性词句，都不应列入，以免给履行合同带来困难。

（三）商品的品名要尽可能使用国际上通用的名称

目前，一部分商品的名称并不一致，在不同的地区可以有不同的称呼。为了避免误解，在签订的合同中应尽可能使用国际上通行的称呼。如果必须使用地方性的名称，交易双方应事先就其含义达成共识。对于一些新商品的定名及其译名，应力求准确、易懂，并符合国际惯例。

（四）确定品名时应恰当地选用合适的名称

如果一种商品具有不同的名称，则在确定品名时，必须注意有关国家的海关税则和进口限制的有关规定，在不影响外贸政策的前提下，从中选择有利于降低关税和方便进口的名称，作为合同的品名。

（五）确定品名时还应考虑其与运费的关系

目前通行的运送货物的班轮运费是按照商品名称规定收费标准的，但由于商品的名称不统一，存在同一商品因名称不同而收取的费率迥异的现象。从这个角度看，选择合适的品名，是节省运费开支和降低成本的一个重要方面，应予以重视。

专栏 2—2

品名条款引发的争议

韩国仁川某公司向我国山东某公司订购一批大蒜。双方在签订合同时，由于山东胶东半岛地区是大蒜的主要产区，通常我国公司都以此为大蒜货源基地，所以山东公司就按惯例在合同品名条款打上了“山东大蒜”。可是在临近履行合同时，大蒜产地由于自然灾害导致歉收，货源紧张。山东公司紧急从其他省份征购，最终按时交货。但仁川公司来电称，所交货物与合同规定不符，要求山东公司要么提供山东大蒜，要么降价，否则将撤销合同并提出贸易赔偿。

分析：本案是由于商品品名条款所引发的争议，仁川公司的要求合理。品名和品质条款是合同中的重要条件，一旦签订合同，卖方必须严格按合同的约定交货。另外，在表示商品品质的方法中，有一种是凭产地名称买卖，产地名称代表着商品的品质。不同产地同种货物的品质可能存在很大的差别，因此仁川公司要求提供山东大蒜的要求是合理的。

第二节　商品的品质

一、品质的含义及重要性

商品的品质（Quality of Goods）是指商品的内在质量和外观形态的综合。前者包括商品的物理性能、机械性能、化学成分和生物特征等自然属性；后者包括商品的外形、色泽、款式和透明度等外在属性。品质的优劣是决定商品使用效能和影响商品市场价格的重要因素，也是卖方加强对外竞销的重要手段之一。因此，必须加强对品质的全面管理，切实把好质量关。

合同中的品质条件是构成商品说明的重要组成部分，是买卖双方交接货物的依据。英国货物买卖法把品质条件作为合同的要件（Condition）。《联合国国际货物销售合同公约》规定，卖方交付货物，必须符合约定的质量。如卖方交货不符合约定的品质条件，买方有权要求损害赔偿，也可以要求修理或交付替代货物，甚至拒收货物和撤销合同，这就进一步说明了品质的重要性。

专栏 2—3

ISO 9000 与 ISO 14000 简介

ISO 9000 是指由国际标准化组织（ISO）所属的质量管理和质量保证技术委员会 ISO/TC 176 技术委员会制定并颁布的关于质量管理体系的系列标准的统称。据 ISO 90001 给出的定义，ISO 9000 系列是指“由 ISO/TC 176 技术委员会制定的所有国际标准”。目前由 ISO/TC 176 技术委员会制定并已由 ISO 正式颁布的国际标准有 19 项。对于这 19 项标准，我国已全部将其转化为我国国家标准。ISO 9000 系列标准有利于企业与世界上最先进的管理体系接轨，打破发达国家的贸易技术壁垒，适应加速化的国际竞争环境等，所有这些标准给质量管理界带来了深远的意义。

ISO 14000 系列国际标准是国际标准化组织在总结全世界环境管理科学经验基础上制定并正式发布的一套环境管理的国际标准，涉及环境管理体系、环境审核、环境标志、生命周期评价等国际环境领域内的问题，旨在指导各类组织取得和表现正确的环境行为。ISO 14000 环境管理认证被称为国际市场认可的“绿色护照”，通过了认证，无疑就获得了“国际通行证”。许多国家，尤其是发达国家纷纷宣布，没有环境管理认证的商品，将在进口时受到数量和价格的限制。

二、品质的表示方法

在国际贸易中，由于交易的商品种类繁多，特点各异，故表示品质的方法也不相同。

概括起来，包括以实物表示和凭说明约定两大类。

（一）以实物表示商品品质

以实物表示商品品质通常包括凭成交商品的实际品质和凭样品两种表示方法。前者为看货买卖；后者为凭样品买卖。

1. 看货买卖

看货买卖（Sale by Looking at Goods）是指买卖双方根据成交商品的实际品质进行交易。通常是先由买方或其代理人在卖方所在地验看货物，达成交易后，卖方即应按验看过的商品交付货物。只要卖方交付的是验看的商品，买方就不得对品质提出异议。这种做法多用于寄售、拍卖和展卖业务中。

2. 凭样品买卖

样品（Sample）通常是指从一批商品中抽取出来的或由生产、使用部门加工、设计出来的，足以反映和代表整批商品品质的少量实物。凡是以样品表示商品品质并以之作为交货依据的交易称为凭样品买卖（Sale by Sample）。

在国际贸易中，样品种类很多，根据提供方的不同可分为卖方样（Seller's Sample）、买方样（Buyer's Sample）和对等样（Counter Sample）三种。其中，对等样是指卖方根据买方提供的样品，加工复制出一个类似的样品供买方确认，有时也称为“回样”或“确认样”。

凭样买卖一般适用于一些在造型上有特殊要求或具有色、香、味方面特征的商品。目前我国出口的某些工艺品、服装、轻工业品等常采用这种方式表示其品质。

（二）凭说明约定商品品质

凡以文字、图表、相片等方式来说明商品的品质者，均属凭说明（Description）约定商品品质的范畴，具体包括以下几种：

1. 凭规格买卖

商品的规格（Specification）是指一些足以反映商品品质的主要指标，如化学成分、含量、纯度、性能、容量、长短、粗细等。用规格表示商品品质的方法具有简单易行、明确具体，而且可以根据每批货物的具体情况灵活调整的特点，所以在国际贸易中应用较广。

2. 凭等级买卖

商品的等级（Grade）是指同一类商品，按其规格上的差异，分为品质优劣各不相同的若干等级，通常是由制造商或出口商根据其长期生产和了解该项商品的经验，在掌握其品质规律的基础上制定出来的。但由于不同等级的商品具有不同的规格，为了便于履行合同和避免争议，在品质条款列明等级的同时，最好一并规定每一等级的具体规格。

3. 凭标准买卖

商品的标准（Standard）是指将商品的规格和等级予以标准化。商品的标准，有的由国家或有关政府主管部门规定，有的由同业公会、交易所或国际性的工商组织规定。在国际贸易中，有些商品习惯于凭标准买卖，将商品的标准作为说明和评定商品品质的依据。

4. 凭说明书和图样买卖

在国际贸易中，有些机器、电器和仪表等技术密集型产品，因其结构复杂、数据较多，很难用几个简单的指标来表明其品质的全貌，而且有些产品，即使其名称相同，但由于所使用的材料、设计和制造技术的某些差别，也可能导致功能上的差异。因此，对这类商品的品质，通常是以说明书并附以图样、照片、设计、图纸、分析表及各种数据来说明其具体性能和结构特点。按此方式进行交易，称为凭说明书和图样买卖（Sale by Descriptions and Illustrations）。使用这种方法时，除列入说明书的具体内容外，往往要订立卖方品质保证条款和技术服务条款。

5. 凭商标或牌号买卖

商标（Trade Mark）是指生产者或商号用来表示其所生产或出售的商品的标志，它可由一个或几个具有特色的单词、字母、数字、图形或图片等组成。牌号（Brand）是指工商企业给其制造或销售商品所冠的名称，以便与其他企业的同类产品区别开来。一个牌号可用于一种产品，也可用于一个企业的所有产品。凭商标或牌号买卖（Sale by Trade Mark or Brand），一般只适用于一些品质稳定的工业制成品或经过科学加工的初级产品。

6. 凭产地名称买卖

在国际货物买卖中，有些产品因产区的自然条件、传统加工工艺等因素的影响，在品质方面具有其他产区的产品所不具有的独特风格和特色，对于这类产品，一般也可用产地名称来表示其品质（Sale by Origin），如长白山人参、良乡板栗等。

上述表示商品品质的方法，可以单独运用，也可以根据商品的特点、市场或交易习惯，将几种方式结合运用。但要注意，在规格与样品同时使用的进出口贸易中，必须明确表明是以规格为准，还是以样品为准，因为根据国外一些法律的规定（如英国货物买卖法），凡是既凭样品又凭规格达成的交易，卖方所交货物必须既符合样品，又要与规格保持一致，否则买方有权拒收货物，并可以提出索赔要求。

专栏 2—4

品质标准确定不适致损案

我国A公司曾向B外商出售一批农产品。成交前，该公司给外商寄送过样品。签约时，在合同品质条款中规定了商品的具体规格。签约后，卖方经办人员又主动电告买方，确认“成交商品与样品相似”。在货物装运前，中国进出口商品检验检疫机构进行了检验并签发了品质规格合格证书。但该批货物运到目的地后，买方认为所交货物品质比样品低，要求减价。卖方认为，合同并未规定凭样成交，而且所交货物，经检验符合约定的规格，故不同意减价。于是买方便请当地检验机构检验，出具了交货品质比样品低7%的证明，并据此提出了索赔要求，卖方拒赔。由于合同中未规定仲裁条款，而发生争议后双方又达不成仲裁协议，买方遂请中国仲裁机构协助处理此案争议。鉴于签约前卖方给买方寄送过样品。签约后，卖方又主动确认“成交商品与样品相似”且存样已经遗失，故在仲裁机构的协调下，最后以A公司赔付了一笔差价而结案。

分析：本案是关于品质表示方法采用不当所产生的纠纷。从合同的条款来看，只规定了品质规格条款，并未规定凭样交货。但在签约前A公司寄送了样品，而签约后A公司又电报确认了货物品质与样品相似。该电报可以理解为交货与样品相似是合同中品质规格条款的补充。因此，从整个交易过程来判断，该交易不仅仅是凭规格买卖，而是既凭规格又凭样品的买卖。

三、关于品质机动幅度的规定

在国际货物买卖中，为了避免交货品质与合同稍有不符而造成违约，保证交易的顺利进行，可以在合同条款中作出某些变通规定，即允许交付的货物的品质可以在一定范围内高于或低于合同规定。

（一）公差条款

公差条款（Quality Tolerance）是指工业制成品由于科技水平或生产水平所限而产生的公认的误差。在国际贸易中，卖方所交付的商品品质只要在合同规定的品质幅度内，买方不得拒收货物，也不得要求调整价格。公差条款可以由买卖双方共同议定，也可以采用国际同行业所公认的误差。它有两种做法：一是只作出笼统规定，例如，“质地、重量、尺寸、颜色均允许合理差异”；另一种做法是明确规定一定幅度的公差，例如，“尺码或重量允许有±3%～5%的合理公差”。

（二）品质机动幅度

品质机动幅度（Quality Latitude）是指对某些初级产品，由于卖方所交货物品质难以完全与合同规定的品质相符，为便于卖方交货，往往在规定的品质指标外，加订一定的允许幅度。卖方所交货物品质只要在允许的幅度内，买方就无权拒收，但可根据合同规定调整价格，这就是在进出口业务中所谓的“品质增减价条款”。例如，合同中规定：“货物到达目的地时，如发现与样品不符，但货未发现质变，或货物仍可销售，买方仍应照常提货，但合同价将可酌减，其数额由双方协定。未得卖方同意，不得退货。”（Should the goods be found，on their arrival at destination，to be different from the sample，if by that difference their character is not altered，or if they are in merchantable condition though inferior in quality to the sample，the buyer shall take delivery of the goods on condition that a reasonable allowance to be made on the contract price by subsequent mutual negotiation. Goods must not by return except by permission of the seller.）

四、品质条款的内容

在买卖合同中，品质条款的内容有繁有简，一般视不同商品和不同表示品质的方法而定，包括商品的品名、规格、等级、品牌、标准以及交付货物的品质依据等。订立品质条款应注意下列问题：

（一）应根据不同的商品特点，正确使用表示商品品质的方法

在国际贸易中，表示商品品质的各种方法（或品质依据）都有其特殊的含义和范围，哪些商品适于凭样品买卖，哪些商品适于凭规格、等级、标准等买卖，都有行业习惯可循。另外，还应防止把品质指标订得过于烦琐，以免顾此失彼，难以兼备，影响合同的正常履行。

（二）要从国内的生产实际出发，实事求是地规定适当的品质指标

确定品质条款时，既要考虑国外客户的具体要求，又要考虑我国生产的实际情况，恰如其分地确定商品的品质。如果品质订得过高，把不可能达到或者很难达到的指标贸然列为品质条件，则势必会给生产和履行合同带来困难。例如，在买卖工业原料烧碱的合同中，不可把“白色晶体略带微蓝色阴影”这一过高的技术指标列入品质条件。当然，对于烧碱的外观指标，规定为“白色晶体”是合理的，但是加列“微蓝色阴影”，对它的使用价值没有影响，因为它并非用于生产装饰品。在实际业务中，要求大批量的烧碱具有珠光宝气的色彩是不可能的。如果在合同中作了上述规定，只会给卖方履约带来极大的困难，在交货时，极有可能发生品质索赔的纠纷。当然，如果品质指标订得过低，则会影响成交商品的售价、销路及商品的声誉，甚至降低出口商品的信誉，使对方产生疑虑而不敢成交。

（三）品质条件应明确、具体

为了便于检验和明确责任，在规定品质条件时，应力求明确、具体，不宜采用诸如“大约”“左右”“合理误差”之类的笼统字眼，以免在交货品质问题上引起争议。但是，也不宜把品质条件订得过死，要有一定的灵活性，以利于合同的履行。

第三节　商品的数量

在进出口业务中，数量的掌握运用得当，可以促进交易的达成，还有利于正确地掌握成交价格。

一、商品数量的重要性

商品数量是制定单价和计算总金额的重要依据。合同中的数量条款涉及成交数量的确定、计量单位和计量方法的规定，以及数量机动幅度的掌握等内容。买卖双方约定的数量是交接货物的依据，卖方所交货物的数量如与合同不符，买方有权提出索赔，甚至拒收货物。

根据《联合国国际货物销售合同公约》的规定，买方可以收取也可以拒绝收取全部多交货物或部分多交货物；但如果卖方短交，可允许卖方在规定交货期届满之前补齐，但不

得使买方遭受不合理的不便或承担不合理的开支，即使如此，买方也保留要求损害赔偿的权利。

二、数量的计量单位

在国际贸易中，任何商品都与一定的数量联系在一起。任何数量都与一定的计量单位相联系。国际贸易中所使用的常见计量单位有以下几种：

（一）按重量计算

重量（Weight）是目前国际贸易中使用最多的一种计量方法。大宗农、副产品，矿产品以及一部分工业制成品，习惯于采用按重量计量。计算重量时，可根据各种商品的具体情况，分别按公吨、千克、克、磅、英担、美担等。

（二）按个数计算

大多数工业制成品，尤其是日用消费品、轻工业品、机械产品以及一部分土特产品，习惯于按个数（Number）进行买卖。常见的有件（Piece）、双（Pair）、套（Set）、打（Dozen）、罗（Gross）、令（Ream），以及袋（Bag）、桶（Drum）、包（Bale）、卷（Roll）等。

（三）按长度计算

长度（Length）单位多用于金属绳索、布匹、绸缎等类商品的买卖。常见的计量单位有米（Meter）、英尺（Foot）、码（Yard）等。

（四）按面积计算

有些商品，例如玻璃、地毯、皮革等，习惯于以面积（Area）作为计量单位。常见的有平方米（Square Meter）、平方英尺（Square Feet）、平方码（Square Yard）等。

（五）按体积计算

按体积（Volume）成交的商品不多，仅用于木材、天然气以及化学气体的买卖。常用的计量单位有立方米（Cubic Meter）、立方码（Cubic Yard）等。

（六）按容积计算

容积（Capacity）常见的计量单位有公升（Litre）、加仑（Gallon）、蒲式耳（Bushel）等。

由于各国度量衡制度不同，所使用的计量单位也有差异。度量衡制度关系到货物的计价基础和卖方交货数量的准确性等问题。所以，了解和熟悉不同度量衡制度之间的折算方法是非常重要的。

目前，国际贸易中通常使用的有公制（Metric System）、英制（British System）、美制（US System）以及在公制基础上发展起来的在 1960 年第 11 届国际计量大会上颁布的国际单位制（International System of Units，简称 SI）。所以，在与外商洽谈交易和签订合同时，必须明确规定采用哪一种度量衡制度，避免因此造成误会和引起纠纷。

专栏 2—5

国际单位制中的基本单位

量	单位
长度，l	米，m
质量，m	千克，kg
时间，t	秒，s
电流，I	安培，A
热力学温度，T	开尔文，K
物质的量，n	摩尔，mol
发光强度，I_V	坎德拉，cd

三、重量的计算方法

在国际贸易中，采用按重量计算的商品有很多。根据有关法律规定，在买卖合同中未规定按毛重和净重计算商品价格的情况下，应按照净重计价。在计算重量时，通常有以下几种方法。

（一）毛重

毛重（Gross Weight）是商品本身的重量加包装重量。它在多数情况下只作为搬运及装卸等场合的计重。这种计量方法一般适用于价值较低的交易。

（二）净重

净重（Net Weight）是指商品本身的实际重量，不包括包装（皮重）的重量，即净重等于毛重减去皮重。在国际贸易中，对以重量计量的商品，大部分都按净重计价，这是最常见的计量方法。但是，有些商品因包装本身不便分别计量（如卷筒白报纸），或因包装材料与商品价格差不多（如粮谷、饲料等价值较低的农副产品），采用按毛重计价，即习惯上称为“以毛作净”（Gross for Net）。

（三）公量

有些商品有较强的吸湿性，其重量也就很不稳定，因而国际上有一种专门计算此类商品重量的方法，即用科学的方法除去其所含的实际水分，再加上国际公认的标准含水量，称为公量（Conditioned Weight），即“公定重量”。这种计算重量的方法，比较适合经济价值较高、含水量又极不稳定的商品，如生丝、羊毛和棉花等。公量的计算公式为：

公量＝干量＋标准含水量

＝实际重量×(1＋标准回潮率)/(1＋实际回潮率)

回潮率是指水分与干量之比。标准回潮率是交易双方商定的商品中的水分与干量的百分比，如生丝、羊毛在国际上公认的标准回潮率均为11％。实际回潮率是指商品中的实际水分与干量的百分比。

例如，某公司出口羊毛10公吨，买卖双方约定标准回潮率为11％，其实际回潮率则从10公吨货物中抽取部分样品进行测算。假设抽取10千克，然后用科学方法去掉10千克羊毛中的水分，若净剩8千克干羊毛，则实际回潮率＝2/8＝25％。将两种不同的回潮率代入上述公式，得公量为：

10×(1＋11％)/(1＋25％)＝8.88(公吨)

（四）理论重量

对于一些按固定规格形状和尺寸所生产和买卖的商品，如马口铁、钢板等，只要其规格和重量一致、尺寸大小一致，则每件商品的重量大体是相同的，所以一般从其件数就能推算出总重量，称为理论重量（Theoretical Weight）。它一般只作为计算实际重量的参考。例如，假设某出口公司与客户成交薄形钢板1万张，每张重100千克，尺寸均为5×4平方米。根据上述描述，可以推出该批钢板的理论重量为100千克×10 000＝1 000 000千克。

（五）法定重量和实物净重

按照一些国家海关法的规定，在征收从量税时，商品的重量是以法定重量计算的。所谓法定重量（Legal Weight）是商品重量加上直接接触商品的包装物料（如销售包装等）的重量。而扣除这部分重量所表示的纯商品的重量，则称为实物净重（Net Net Weight）。此方法大多用于海关征税。

专栏2—6

商品数量多装受损案

某年，我国某进出口A公司出口一批牛肉到韩国共50公吨，合同规定，“该批货物应装于1 500个箱子，每箱净重33.2千克。如按规定装货，则总重量应为49.8公吨，余下200千克可以不再补交。”当货物运抵釜山港后，韩国海关在抽查该批货物时，发现每箱净重不是33.2千克而是40千克，即每箱多装了6.8千克。但在所有单据上都注明装了49.8公吨。议付货款时亦按49.8公吨计算，白送了10公吨牛肉给客户，造成A方损失。

分析：本案中由于A方的失误，给自己造成损失并带来麻烦。究其原因，主要是由于工作中各个环节没有衔接好。加工部门收到加工通知单后，仍按常规每箱装了40千克牛肉。而在出口货物报关、装船时，又没有将每箱净重和箱数相乘，仅凭申报的重量49.8公吨办理有关手续，而不知实际已经装了60公吨货物。

四、关于数量机动幅度的规定

在进出口贸易实际履约过程中，由于商品特性、生产条件、运输工具的承载能力以及包装方式的限制，卖方要做到严格按量交货的确有一定的困难。例如，买卖双方成交煤炭1万公吨，卖方在装船交货时，要想做到分毫不差，一般是不可能的。

为了避免因卖方实际交货不足或超过合同规定而引起的法律责任，方便合同的履行，对于一些数量难以严格限定的商品，如大宗农副产品、矿产品、煤炭以及一些工业制成品，通常在合同中规定，允许交货数量有一定机动幅度，并明确溢短装部分由谁选择和作价原则，这种条款称为溢短装条款（More or Less Clause）。凡是作出这类规定的合同，卖方的交货数量只要在增减幅度范围之内，即为按合同规定交货，买方不得以交货数量与合同不符为由而提出拒收或索取损失赔偿。

（一）规定机动幅度的方法

数量的机动幅度是指卖方可按买卖双方约定的某一具体数量多交或少交若干幅度。在出口业务中，关于交货的机动幅度大致有以下几种规定方法。

1. 合同中明确具体地规定数量的机动幅度

这种做法是在合同中具体规定允许交货数量有一定范围的机动，一般仅适用于矿产品、煤炭、粮谷、化肥等大宗交易。它可以有两种订法：第一种只简单地规定机动幅度，例如，数量1 000公吨，2%伸缩；第二种是在规定上述幅度的同时，还约定由谁行使这种选择权以及溢短装部分如何计价等，例如，“数量1 000公吨，为适应船舱容量需要，卖方有权多装或少装5%，超过或不足部分按合同价格计算”。

2. 合同中未明确规定数量机动幅度，但在交易数量前加上“约”字

为使装货数量可以有所机动，合同中对数量规定为“约”数，但在进出口合同中，一般不宜采用大约、近似、左右等带伸缩性的字眼来说明，成交数量只是一个约量。由于各国和各行业对这类词语的解释不一，有的理解为2%的伸缩，也有的理解为5%，甚至10%的伸缩，因此，容易引起争议。值得注意的是，如果合同中采用信用证支付方式，根据《跟单信用证统一惯例》国际商会第600号出版物第30条a款的规定，“约”或“大约”用于信用证金额或信用证规定的数量或单价时，应解释为允许有关金额或数量或单价有不超过10%的增减幅度。

3. 合同中未明确规定数量机动幅度

在合同中没有明确规定机动幅度的情况下，卖方交货的数量原则上应与合同规定的数量完全一致。但在采用信用证支付方式时，根据《跟单信用证统一惯例》国际商会第600号出版物第30条b款的规定，“在信用证未以包装单位件数或货物自身件数的方式规定货

物数量时，货物数量允许有5%的增减幅度，只要总支取金额不超过信用证金额”。据此，以信用证支付方式进行散装货物的买卖，交货的数量可有增减5%的机动幅度。

（二）机动幅度的选择权

在合同规定有机动幅度的条件下，一般是由卖方行使多交或少交的选择权，有时也可由买方选择。如果涉及海洋运输，由于交货量与承载货物船只的舱容关系非常密切，交货的机动幅度一般由安排舱容和装载货物的一方，根据具体情况作出选择。例如，采用FOB条件成交，由买方负责签订运输合同，安排租船订舱，则数量的机动幅度一般就由买方和船方共同协商予以确认；如果采用CIF或CFR条件成交，由卖方负责安排租船订舱，故数量的机动幅度一般由卖方和船方来决定。

（三）溢装、短装数量的计价方法

目前，对在机动幅度范围内超出或低于合同数量的多装或少装部分，一般是按合同价格计价结算。但是，由于在数量上的多装或少装，在一定条件下关系到买卖双方的利益，因此，根据《联合国国际货物销售合同公约》规定，卖方多交货物后，买方若收取了超出部分，则要按合同规定支付相应的价款。在国际货物买卖中，尤其是大宗货物，买卖双方从签订合同开始到实际履行合同，需要相当长一段时间。买卖双方所约定的商品价格可能会发生较大的波动，尤其是那些商品价格较敏感或季节性较强的商品更是如此。为了防止有权选择溢短装的当事人利用行市的变化，有意多装或少装，以获取额外的好处，有的合同规定，多装或少装部分不按合同价格计算，而代之以按装船日的行市或目的地的市场价格计算；如果双方未能就装船日或到货日，或是市场价格订立协议，则可交由仲裁机构解决。

第四节　商品的包装

一、包装的重要性及约定包装条件的意义

商品的包装是实现商品价值和使用价值的重要手段之一，是商品生产和消费之间的桥梁。绝大多数商品只有通过适当的包装，才能进入流通领域进行销售，以实现其使用价值和价值。

按照《中华人民共和国国家标准：物流术语》(2007) 的规定，所谓包装 (Package)，指为在流通过程中保护产品、方便储运、促进销售，按一定技术方法而采用的容器、材料及辅助物等的总体名称，也指为了达到上述目的而采用容器、材料和辅助物的过程中施加一定技术方法等的操作活动。

在国际贸易中，除少数商品由于本身的特点，可以散装或裸装外，大多数商品都需要有一定的包装。包装费用属于生产性质的费用，追加在包装上的费用，可以通过提高售价来得到补偿。从这个意义上看，包装又是促使商品增值的一种手段。

包装不仅能起到保护商品和美化商品的作用，而且包装本身还是货物说明的组成部分。因此，凡买卖需要包装的商品，交易双方必须在合同中对包装条款作出明确规定。按照一些国家的法律解释，如果一方违反了所约定的包装条件，另一方有权提出索赔，甚至可以拒收货物。例如，我国某公司出口一批货物，合同中约定的包装条件是用毛皮纸包装，但在合同履行时，卖方没有找到足够的包装材料，于是就用价格较贵的塑料纸代替，货物完好无损地抵达了目的地，此时适逢该商品市场价格暴跌，对方在检查货物后，以我方违反包装条件为理由，拒收该批货物，从而使我方蒙受了较大的损失。当然，在该例中对方是完全有理由拒收货物的，因为我方违反了合同对包装材料的规定。由此可见，包装条件是国际货物买卖合同中的重要交易条件。

二、包装的种类

商品的包装，按其在流通领域中所起作用的不同，分为运输包装和销售包装。此外，还有中性包装与定牌等。

（一）运输包装

运输包装（Shipping Package），又称大包装或外包装，也叫工业包装，是指以方便运输、仓储运作，保护货物为目的的包装。

运输包装的方式和造型多种多样，包装材料和质地各不相同，包装程度也有差异，这就导致运输包装具有多样性。

（1）按包装方式不同，可分为单件运输包装和集合运输包装。前者是指货物在运输过程中作为一个计件单位的包装；后者则指将若干个单件运输包装组合成一件大包装，以便更有效地保护商品，提高装卸效率和节省运输费用。在国际贸易中，常见的集合运输包装有集装包和集装袋。

（2）按包装造型不同，可分为箱、袋、桶和捆等不同的包装。

（3）按包装材料不同，可分为纸制包装、金属包装、木制包装、塑料包装、麻制品包装、玻璃制品包装、陶瓷制品包装以及竹、柳、草制品包装等。

（4）按包装质地不同，可分为软性包装、半硬性包装和硬性包装。

（5）按包装程度不同，可分为全部包装和局部包装。

专栏2—7

成组化包装

当前，外包装或运输包装中出现了成组化包装的趋势，又称为单元化或集装化包装。成组化包装利用机械完成装卸、搬运作业，大大降低了装卸作业的劳动强度，提高了装卸效率，缩短装卸时间，减少货损、货差。同时，大型单元化包装的强度和防护能力也大大提高，对货物的保护更加充分。

单元化包装的形式很多，主要有：

- 托盘。典型的是平托盘、滚轮箱式托盘、折叠式托盘、薄板托盘、装运桶罐专用托盘等。载重量一般可分为 1 公吨～2 公吨。
- 集装箱。最典型的是普通干货集装箱，其他的有罐式集装箱、台架式集装箱、平台集装箱、折叠式集装箱等，多为长方形，可装卸 5 公吨～40 公吨商品。
- 集装容器。典型的是集装袋，其变形体有集装罐、集装桶等。大多是由聚丙烯、聚乙烯等聚酯纤维纺织而成的塑料编织袋包装。其容量一般为 1 公吨～5 公吨，适用于装运粉粒状、颗粒状商品。

（二）销售包装

销售包装（Sale Package）是指直接盛装商品，并同商品一起出售给消费者的包装，又称小包装或零售包装，也称内包装。

为了使销售包装能更好地适应国际市场的需要，在设计和制作销售包装时，应体现以下要求：（1）便于陈列展销，以吸引顾客并供消费者选购；（2）便于识别商品，以便消费者了解、看货成交；（3）便于携带和使用，为消费者提供方便；（4）要有艺术吸引力，以便吸引顾客、提高售价和扩大销路。如中高档烟酒、化妆品通过别致考究的包装彰显品牌独特而华贵的形象，而低档的文具、日用品，如仅仅用不厚的纸套环绕灯泡，通过简单、实用的包装传递物美价廉的信息。

销售包装可采用不同的包装材料和不同的结构造型与式样，这就导致销售包装的多样性。常见的销售包装有以下几种：挂式包装、携带式包装、堆叠式包装、喷雾式包装、礼品式包装、透明式包装以及易开式包装等。

专栏 2—8

实例说明出口包装的重要性

某年我国某粮油进出口公司出口到加拿大一批货物，交货期为当年 9 月 20 日之前，目的港为魁北克。合同规定用塑料袋包装，每件要使用英、法两种文字的唛头。但我公司实际交货改用牛皮纸包装代替，并仍使用只有英文的唛头，加拿大商人为了适应当地市场的销售要求，不得不雇人重新更换包装和唛头，而后向我方提出索赔。

分析：从本案来看，卖方未严格按照合同规定的包装条件履行交货义务，应视为违反合同。具体来说，卖方的错误有二，一是擅自更换包装材料；二是未按合同规定使用唛头。目前许多国家对于在市场上销售的商品规定了有关包装和标签的管理条例，进口商品必须符合这些规定，否则不准进口或禁止在市场上出售。由于加拿大部分地区属于法语区，为此，销售产品除英文外常还要求加注法文。总之，为了顺利出口，必须了解和适应不同国家的特殊要求，以减少不必要的麻烦。

（三）中性包装

中性包装（Neutral Packing）是指既不标明生产国别、地名和厂商名称，也不标明商标或品牌的包装，即在出口商品包装的内外都没有产地和厂商的标记。

中性包装的做法是国际贸易中常见的方式。采用中性包装，其目的是为了规避某些进口国家与地区的关税和非关税壁垒，以及适应交易的特殊需要（如转口销售等），它是出口国家厂商加强对外竞销和扩大出口的一种手段。

值得注意的是，采用中性包装的出口商品，如因故转为内销时，必须重新拆开包装，分别在产品及包装上按照我国有关产品质量方面的法律要求，附上产品的质量检验合格证、中文书写的产品名称、规格型号、生产厂家、厂址、生产日期等。

三、条形码

商品包装上的条形码（Bar Code）是一组按特定编码规则排列起来的，粗细不等、黑白相间的平行线条，可以利用专用的光电扫描读码装置转换为一定的脉冲信号，并解读为一定的数字或字母，标示生产国、制造商、商品名称、生产日期、图书分类号、邮件起止地点、类别、日期等各种信息的特殊代码语言。

条形码技术产生于美国，自 1949 年问世后，被广泛应用于各种生产和流通领域，通过零售渠道直接销售给最终用户的商品几乎都适合采用条形码。此外，条形码还广泛应用于储运包装上，以实现运输、仓储、发货、收货等业务的自动化管理。最常见的条形码是零售店中印制在各种商品销售包装上的条形码，是由反射率相差很大的黑条（简称条）和白条（简称空）组成的，条形码的宽度和排列顺序遵循一定的规则（见图 2—1）。

6 901234 567892

图 2—1 条形码

目前，世界上许多国家都在商品包装上使用条形码，只要将条形码对准光电扫描器，计算机就能自动地识别条形码的信息，确定品名、品种、数量、生产日期、制造厂商、产地等，并据此在数据库中查询其单价，同时进行货款结算，打出购货清单，这就有效地提高了结算的效率和准确性，也方便了顾客。采用条形码技术，还有利于提高国际贸易信息传递的准确性，并使交易双方能及时了解对方商品的有关资料和本国商品在对方的销售情况。

目前，许多国家的超级市场都使用条形码技术进行自动扫描结算，如果商品包装上没有条形码，即使是名优商品，也不能进入超级市场，只能当作低档商品进入廉价商店，有些国家还不准包装上无条形码标志的某些商品进口。

条形码自问世以来，为适应多种需要，产生了众多的编码系统，其中影响力较大的是：

（1）EAN码。这是当今世界上最广为使用的商品条形码。1974年，欧盟组建了专门机构，经过多年的探讨和协调，开发了欧洲商品编码系统（European Article Numbering System），简称EAN码。目前，许多零售商店安装了条形码扫描销售管理系统（简称POS系统），实现了商店的自动化管理。EAN条形码由13位数字构成，其结构如下："P1P2P3，M1M2M3M4，I1I2I3I4I5，C"，它们分别代表国别代码、厂商代码、商品项目代码和校验码，其中P1～P3是国家或地区代码；M1～M4为厂商代码；I1～I5为商品项目代码，用以表示具体的商品项目；C为校验码，用以校验编码的正误，以提高条形码的可靠性。

（2）UPC码。该条形码主要用于北美地区。1973年，美国统一代码委员会确立了通用产品代码系统（Universal Product Code），简称UPC码，主要在美国和加拿大使用，用于工业、医药、仓储等部门。在我国从北美进口的一些商品中可以见到。

（3）Codabar码。该条形码主要用于医疗卫生、图书情报等领域的自动识别系统中。

（4）ISBN码。该条形码用于全球出版系统。

我国于1991年加入国际物品编码协会，该协会分配给我国的国别号为690。目前，在市场上，凡标有"690～699"条形码的商品，即表示是中国出产的商品。

四、包装标志

包装标志（Package Mark）就是在商品包装的外部印制、粘贴或书写的图形、文字和数字等标识，内容包括商品的名称、品牌、规格、等级、数量、体积等。它是识别商品的重要依据，其中，销售包装的标志主要是为销售服务，运输包装的标志则与物流运作息息相关。

（一）销售包装标志

在销售包装上，一般都附有装潢画面和文字说明的标志。在设计和制作销售包装标志时，应做好以下方面的工作。

1. 包装的装潢画面

销售包装的装潢画面要美观大方，富有艺术上的吸引力，并突出商品的特点，其图案和色彩要适应有关国家的民族习惯和爱好，以利于扩大出口。

2. 包装上的文字说明

销售包装上应有必要的文字说明，如商标、品牌、品名、产地、数量、规格、成分、用途和使用方法等。文字说明应与装潢画面紧密配合、互相衬托、彼此补充，以达到宣传和促销的目的，使用的文字还须简明扼要，并能让销售市场的顾客看懂，必要时也可以中外文同时使用。

3. 包装上的标签

标签是指附在商品或包装上用以简介生产国别、制造厂商、货物名称、商品成分、品质特点、使用方法等内容的标志。在销售包装上制作标签时，应注意有关国家的标签管理条例的规定。一些发达国家常以这些规章制度作为限制国外进口的一种手段，对此应引起足够的重视。以欧盟为例，欧盟在商品标签方面有一系列规定，基本内容就是商品本身或外包装上必须带有内容全面、可读、可理解、正确的标签。

（二）运输包装标志

运输包装标志的作用是为了便于运输、仓储、商检和验关工作的进行，以及发货人与承运人和承运人与收货人之间的货物交接，避免错发错运。根据其作用、用途的不同，分为以下几种：

1. 运输标志

运输标志又被称为“唛头”，是区别一批货物与其他同类货物的依据，主要内容包括目的地信息、收货人信息、件数/批号等，还有的包含货物的名称、规格、型号、毛重、装箱尺码、出厂时间等。按照贸易惯例，运输标志可以由卖方提供，而且不必在合同中作具体规定。若买方要求由其指定唛头时，卖方也可接受，但必须在合同中规定提出唛头后通知卖方的日期，以免影响备货、出运和结汇等工作。运输包装标志请参见图 2—2。

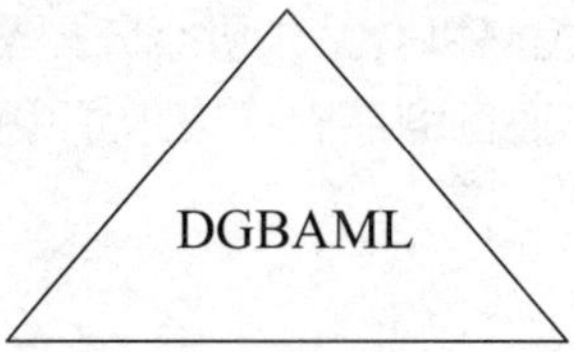

MADE IN CHINA
NOS．18 / 25
GW：100 KG
NW：98 KG
TW：2 KG
V：20 cm × 30 cm × 40 cm

图 2—2　运输包装标志

鉴于运输标志的内容比较多，加之各个国家和各种运输方式之间对运输标志的要求差异较大，不利于计算机在运输和单证流转方面的应用，为此，联合国欧洲经济委员会简化国际贸易程序工作组在国际标准化组织和国际货物装卸协调协会的支持下，制定了标准运输标志，向各国推荐使用。

标准化的运输标志完全由数字和字母信息组成，不包括几何图形，也不加任何广告性宣传及图形，主要内容包括：

（1）收货人或买方的英文名称缩写或简称，如 ABCD；

（2）参照号，如运单号、合同号或发票号，如 1234；

（3）目的地，如 NEW YORK；

（4）件数号码，如 1/25。

2. 指示性标志

指示性标志是用于提示人们在装卸、运输和保管过程中需要注意的事项，一般都是以简单、醒目的图形和文字在包装上标出，故又称其为注意标志。2008 年 4 月，中华人民共和国国家质量监督检验检疫总局和中国国家标准化管理委员会发布了《包装储运图示标志》（Packaging-Pictorial Marking for Handling of Goods）强制性国家标准，并于 2008 年 10 月 1 日开始实施。

根据《包装储运图示标志》的规定，一些指示性标志见表 2—1：

表 2—1　　　　　　　　　　　　**包装储运图示标志**

1. 易碎物品 表明运输包装件内装易碎品，搬运时应小心轻放。		2. 禁用手钩 表明搬运运输包装件时禁用手钩。	
3. 向上 表明运输包装件的正确位置是竖直向上。		4. 怕晒 表明运输包装件不能直接照射。	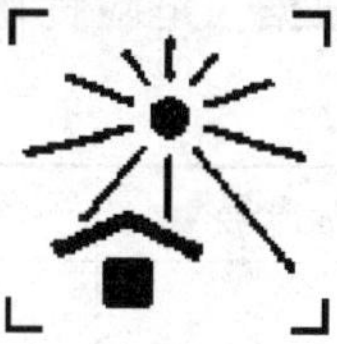
5. 怕辐射 表明包装物品一旦受辐射会变质或损坏。		6. 怕雨 表明包装件怕雨淋。	
7. 重心 表明一个单元货物的重心。	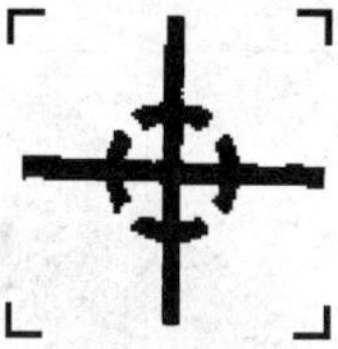	8. 禁止翻滚 表明搬运时不能翻滚该运输包装件。	
9. 此面禁用手推车 表明搬运货物时此面禁止放在手推车上。		10. 堆码层数极限 表明相同包装的最大堆码层数，n 表示层数极限。	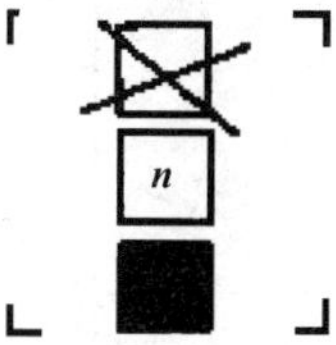
11. 堆码重量极限 表明该运输包装件所能承受的最大重量极限。		12. 禁止堆码 表明该包装件不能堆码并且其上也不能放置其他负载。	

3. 警告性标志

警告性标志又称危险货物包装标志。凡在运输包装内装有爆炸品、易燃物品、有毒物品、腐蚀物品、氧化剂和放射性物资等危险货物时，都必须在运输包装上标明用于各种危险品的标志，以示警告，使装卸、运输和保管人员按货物特性采取相应的防护措施，以保护物资和人身的安全。2009 年，我国国家质量监督检验检疫总局和国家标准化管理委员会发布了《危险货物包装标志》(Packing Symbol of Dangerous Goods)，并于 2010 年 5 月 1 日正式实施。本标准规定了危险货物包装图示标志（以下简称标志）的分类图形、尺寸、颜色及使用方法等。该标准中标志分为标记和标签，标记 4 个，标签 26 个，其图形分别标示了 9 类危险货物的主要特性。

根据《危险货物包装标志》的规定，表 2—2 为在运输包装上标打的主要警告性标志：

表 2—2　危险货物包装标志

标志号	标志名称	标志图形
标志 1	爆炸品	 （符号：黑色，底色：橙红色）
标志 2	易燃气体	 （符号：黑色或白色，底色：正红色）
标志 3	有毒气体	 （符号：黑色，底色：白色）

续前表

标志号	标志名称	标志图形
标志 4	易燃液体	 （符号：黑色或白色，底色：正红色）
标志 5	易燃固体	 （符号：黑色，底色：白色红条）
标志 6	自燃物品	 （符号：黑色，底色：上白下红）
标志 7	遇湿易燃物品	 （符号：黑色或白色，底色：蓝色）

续前表

标志号	标志名称	标志图形
标志 8	氧化剂	 （符号：黑色，底色：柠檬黄色）
标志 9	剧毒品	 （符号：黑色，底色：白色）
标志 10	有害品(远离食品)	 （符号：黑色，底色：白色）
标志 11	感染性物品	 （符号：黑色，底色：白色）

续前表

标志号	标志名称	标志图形
标志 12	放射性物品	 （符号：黑色，底色：上黄下白，附一条红竖条）
标志 13	腐蚀品	 （符号：上黑下白，底色：上白下黑）
标志 14	杂类	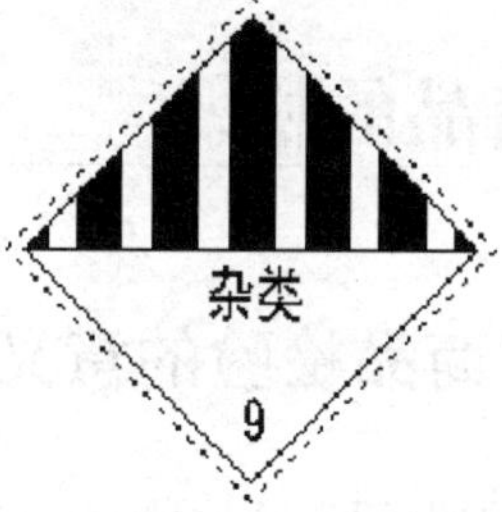 （符号：黑色，底色：白色）

上述运输包装上的各类标志，都必须按有关规定标打在运输包装上的明显部位，标志的颜色要符合有关规定的要求，防止褪色、脱落，使人一目了然，容易辨认。

此外，联合国政府间海事协商组织也规定了一套《国际海运危险品标志》，这套规定已被许多国家采用，有的国家进口危险品时，要求在运输包装上标打该组织规定的危险品标志，否则不准靠岸卸货。因此，在我国出口危险货物的运输包装上，要标打我国和国际海运所规定的两套危险品标志。

五、合同中的包装条款

交易合同中的包装条款主要包括包装材料、包装方式、包装规格、包装标志，有时也包括包装费用等内容。根据《联合国国际货物销售合同公约》的规定："卖方交付的货物必须与合同所规定的数量、质量和规格相符，并须按照合同所规定的方式装箱或包装。除双方当事人业已另有协议外，货物除非符合以下规定，否则即为与合同不符：……货物按照同类货物通用的方式装箱或包装，如果没有此种通用方式，则按照足以保全和保护货物的方式装箱或包装。"因此，对合同中的包装条款的订立应慎重。

（一）对包装的要求应当明确具体

明确规定包装材料、造型和规格。例如，"木箱包装，每箱 50 纸盒，每盒一打"。除了传统商品，不宜采用"按惯常方式包装"（Customary Packing）、"适合海洋运输包装"（Sea Worthy Packing）或"卖方习惯包装"（Seller Usual Packing）等含糊的包装术语。

（二）应订明包装费用由何方负担

按照国际贸易惯例，包装费用一般都包括在货价之内，不另计价，在包装条款中无须另行订明。但在有些情况下，如买方坚持要求的特殊包装使产品成本增加，则需要在包装条款中订明包装费用由何方负担。

（三）明确由何方提供运输标志

按照国际贸易习惯，运输标志可以由买方提供，也可由卖方决定。如果由卖方决定，可不订入合同中，或只订明"卖方标志"，由卖方设计后通知买方。

第五节　商品的检验

一、约定商品检验的意义

国际货物买卖中的商品检验（Commodity Inspection），简称商检，是指商品检验机构对卖方拟交付货物或已交付货物的品质、数量、包装、卫生、安全等项目所进行的检验、鉴定和管理工作。

商品检验是国际贸易发展的产物，它随着国际贸易的发展而成为商品买卖的一个重要环节和买卖合同中不可缺少的一项内容。有的国家把买方检验货物的权利以立法的形式予以支持和保护。但应该指出，买方对货物的检验权并不是强制性的，不是接收货物的前提条件。若买方没有利用合理的机会检验货物，即表示放弃了检验权，从而丧失了因此拒收货物的权利。另外，如果合同中的检验条款规定，以卖方的检验为准，此时，就排除了买方对货物的检验权。

二、检验时间和地点

检验时间和地点是指在何时、何地行使对货物的检验权。所谓检验权，是指买方或卖方有权对所交易的货物进行检验，其检验结果作为其交付或受领的货物状况的依据。规定检验时间和地点，是关系到买卖双方切身利益的重要问题，是交易双方洽商检验条款的核心。

(一) 有关检验时间和地点的规定办法

1. 在出口国检验

(1) 产地（或工厂）检验。由出口国的产地检验机构（或工厂的检验人员），或按照合约规定会同买方验收人员于货物在产地或工厂发运前进行检验并出具检验证书。

(2) 装运港（地）检验。装运港（地）检验又称“离岸品质，离岸重量”（Shipping Quality and Weight)，是指出口货物在装运港装船前，以双方约定的装运港检验机构验货并出具检验证书。

当合同中规定在出口国检验时，如果在出口国出具的检验证书证明所交货物符合合同要求，则即使买方在货物到达目的港或目的地后自行委托检验机构对货物进行复验，也无权对商品的品质等检验内容向卖方提出任何异议，除非买方能证明货到目的地时的变质或短量是由于卖方未能履行合同的品质、数量、包装等条款，或因货物固有的瑕疵，或买方能提出反证，证明卖方提交的检验证书有错误，货物当时并不符合合同规定。

2. 在进口国检验

(1) 目的港（地）检验。目的港（地）检验又称为“到岸品质，到岸重量”（Landed Quality and Weight)，是指货到目的港（地）卸离运输工具后，由双方约定的目的港（地）商检机构验货并出具检验证明作为所交货物状况的最后依据。如发现货物的品质或重量与合同规定的不符而责任属于卖方时，买方可以提出索赔或按双方事先的约定处理。

(2) 最终用户检验。对于精密包装的货物，或规格复杂、精密度高的货物，不能在使用之前拆开包装检验，或目的港（地）不具备必要的检验条件和检验设备检验时，可将货物运至买方营业处所或最终用户所在地进行检验。由那里的检验机构出具的检验证明作为所交货物状况的最后依据。

3. 出口国检验，进口国复验

出口国商检机构验货后出具的检验证书作为卖方向银行议付或托收货款的单据之一，而不作为最后依据。货到目的港（地）后允许买方以双方约定的检验机构在规定的时间内复验，如发现货物的品质或数量与合同规定的不符而责任属于卖方时，买方可以根据检验机构出具的复验证明，向卖方提出异议，并作为索赔的依据。

这种检验办法对买卖双方都有好处，且比较公平合理，符合国际贸易习惯和法律规则，因而在进出口业务中应用广泛，在我国国际贸易业务中也最为常用。

4. 装运港（地）检验重量、目的港（地）检验品质

装运港（地）检验重量、目的港（地）检验品质是以装运港检验机构验货后出具的重量证书作为所交货物重量的最后依据，以目的港（地）检验机构出具的品质证书作为所交货物品质的最后依据。它被习惯称为“离岸重量，到岸品质”（Shipping Weight and Landed Quality)。这种做法多用于大宗商品交易的检验，以调和买卖双方在检验问题上存在的矛盾。

专栏 2—9

国际贸易商品检验典型案例

某年2月，我国XM公司与日本DZ公司签订一份外贸合同，由DZ公司按CIF大连港为交货条件将合同项下的55 000台扫描仪按时交予XM公司。货到后，XM公司在试用时发现扫描仪存在质量问题。后经双方协商，同意由中国商检机构进行品质检验，经检验证明，扫描仪确实存在较大质量缺陷。XM公司随即与DZ公司交涉并达成索赔协议。协议规定：(1) XM公司对已收货物中已使用的部分扫描仪暂不退还DZ公司；(2) DZ公司应该在3个月内将符合质量要求的50 000台扫描仪发运给XM公司；(3) 更换的货物运到后，XM公司将抽样检测，不合格率如大于15%，则整批退货。结果，DZ公司交来的货物仍不符合质量要求。双方再次协商，XM公司提出，DZ公司可更换应该提供的扫描仪的品牌。DZ公司表示同意按照XM公司的要求提供货物，并将此作为索赔协议的一部分。后由于新品牌供货商的原因，DZ公司仍然未能履行义务。当年12月，XM公司决定向国内某仲裁机构提起仲裁。

分析：本案说明了进口商检的重要性。在本案中，该批进口货物经过中国商检机构进行品质检验，存在较大质量缺陷，说明DZ公司违反了质量担保义务，且在达成进一步协议后再次违约，从而构成了根本违反合同。进口商XM公司有权要求解除合同并向出口商DZ公司索赔。

（二）影响进出口检验时间和地点的因素

买卖双方在确定检验时间和地点时需要考虑以下因素：

1. 贸易术语

提供符合合同要求的货物是卖方最基本的义务，而进行商品检验的一个重要目的也就是要保证卖方履行了这一基本义务。但卖方并不是要保证货物在目的地时是符合合同要求的，而只要保证其在交货时，货物是符合合同要求的。在第一章中，我们提到过，买卖双方风险的转移是以交货点为界的，即卖方必须承担交货以前的所有风险，而买方承担在此之后的所有风险。也就是说，如果货物在交货前存在问题，责任在卖方；如果货物在此之后有问题，卖方不承担责任，除非造成货物损失的原因是卖方没有履行义务造成的。所以，商品的检验工作最好在货物交接时进行，如果在交接时货物合格，卖方不再承担货物发生品质、数量等变化的责任，因为此后的风险由买方承担，除非造成损失的责任在卖方。所以，如果采用EXW，检验时间和地点最好定为在工厂检验；如果采用D组术语，检验时间和地点最好定为在进口国检验。如果采用C组或F组术语，风险的划分点在出口国，如果可能，应由买方委托人协同卖方在出口地检验，如果不能，也不妨定为出口国检验，进口国复验。

2. 商品的特性

如前所述，对于一些使用前不便拆开包装的货物，通常是在买方营业处所或最终用户所在地进行检验。

3. 检测手段

一些商品（如精密仪器等）的检验可能需要特殊的设备才能进行，则在规定检验时间和地点时必须将此考虑在内，否则无法进行检验。

4. 进出口国家的法律、法规

一些国家有专门的法律来管理进出口货物的检验，如果货物不在规定的时间和地点进行检验，则无法完成进出口报关的手续，无法进出口。如《中华人民共和国进出口商品检验法》规定，必须经商检机构检验的进口商品的收货人或者其代理人，应当在商检机构规定的地点和期限内，接受商检机构对进口商品的检验。

三、检验机构

国际贸易中的商品检验工作，一般是由专业性的检验部门或检验企业来完成。检验机构的选择，一般与检验的时间、地点联系在一起。在实际交易中，选用哪类检验机构，取决于各国的规章制度、商品性质以及交易条件等。

在国际贸易中，从事商品检验的机构大致有下述几类：官方机构，即由国家设立的检验机构；半官方检验机构，即一些有一定权威的、由国家政府授权、代表政府行使某项商品检验或某一方面检验管理工作的民间机构；非官方检验机构，即由私人创办的，具有专业检验、鉴定技术能力的公证行或检验公司。此外，世界上许多国家和地区都有由商会、协会、同业公会或私人设立的民间商品检验机构，担负着国际贸易货物的检验和鉴定工作。由于民间商品检验机构承担的民事责任有别于官方商品检验机构承担的行政责任，所以，在国际贸易中更易被买卖双方所接受。目前在国际上比较具有权威性的民间商品检验机构有：瑞士通用公证行（SGS）、英国英之杰检验集团（IITS）、日本海外货物检查株式会社（OMIC）、美国安全试验所（UL）、美国材料与试验学会（ASTM）、加拿大标准协会（CSA）、国际羊毛局（IWS）、中国检验认证集团（CCIC）等。

专栏 2—10

进口商品安全质量许可制度

根据我国相关法律规定，国家对涉及安全、卫生和环保要求的进口商品实施进口商品安全质量许可制度，并由国家有关主管部门公布了《实施安全质量许可制度的进口商品目录》。列入目录的商品须获得国家海关部门签发的进口商品安全质量许可证书并被批准在商品上使用安全标志后，方能进入中国。目前已实施安全质量许可制度的进口商品共 47 类 191 种，其范围包括汽车、摩托车、摩托车发动机、电冰箱、电冰箱压缩机、空调器、空调器压缩机、电视机和显像管、家用电动洗衣机、真空吸尘器、皮肤及毛发护理器具、电热水器、电烤箱类、微波炉、电饭锅、电熨斗、电灶类、电动食品加工机、液体加热器类、录像机、音响设备、个人计算机、显示器、开关电源、打印机、电动工具等。

四、检验证书

检验证书（Inspection Certificate）是检验机构对进出口商品进行检验、鉴定后签发的书面证明文件。国际贸易商品检验证书的种类有品质检验证书、重量或数量检验证书、兽医检验证书、卫生/健康证书、消毒检验证书、熏蒸证书等。

在货物实施检验后，商检机构将针对不同商品的不同检验项目出具不同的检验证书，但它们所起的作用基本相同，其主要作用包括：

1. 检验证书是证明卖方所交货物的品质、数量、包装以及卫生条件等方面是否符合合同规定的依据

如检验证书中所列结果与合同不符，可以证明卖方所交货物不符合合同规定。

2. 检验证书是办理索赔和理赔的依据

如果买方所收到的货物经指定的商检机构检验与合同规定不符，买方可以在合同规定的索赔有效期内，凭指定的商检机构签发的检验证书向有关责任方提出索赔。

3. 检验证书是海关验关放行的依据

凡属法定检验范围的商品，必须向海关提供商检机构签发的检验证书。否则，海关不予放行。

4. 检验证书是卖方办理货款结算的依据

当规定在出口国检验、进口国复验时，一般都规定卖方在向银行办理货款结算时，在所提交的单据中，必须包括检验证书。

在我国，检验证书通常是由国家海关总署及其下属机构（出入境检验检疫职能于2018年划入海关总署）签发，也可由中国国际贸易促进委员会或中国检验认证总公司出具。值得一提的是，出口商品经检验后，如果较长时期不出口，商品的质量就有可能发生变化，原来检验的结果可能就不能完全反映商品的实际情况。因此，各种重要的出口商品，特别是出口预验的商品必须规定适当的检验有效期，自验讫日期起开始计算，凡超过检验有效期的，原发的预验合格证单应即失效，不能据以办理出口换证，该批商品如仍需出口时，必须重新办理报验。

本章小结

品名是买卖双方交接货物的重要依据。品质是决定商品价格高低的重要因素。在国际贸易中，表示品质的方法有两大类：以实物表示品质和以说明表示品质。为了便于交货，可加列公差条款或品质机动幅度条款。

数量条件是买卖双方交接货物的依据。统一度量衡制度对买卖双方非常重要。为了便于交货，对于某些商品，在合同中应加订数量的机动幅度，即溢短装条款。商品包装是商品生产的继续。包装根据其在流通领域中的作用可分为运输包装和销售包装。而条形码更是进入国外超级市场的必要条件。运输包装上的标志可分为运输标志、指示性标志和警告性标志。

商品检验是进出口商品交接过程中不可缺少的环节，其内容包括商品的质量、规格、

数量、重量、包装及是否安全、卫生等。而检验时间和地点可归纳为出口国检验、进口国检验和出口国检验进口国复验等。

本章关键术语

标的物	品质	凭样品买卖
公量	溢短装条款	运输包装
销售包装	中性包装	条形码
运输包装标志	离岸品质，离岸重量	到岸品质，到岸重量
检验证书		

本章思考题

1. 在买卖合同中为什么要规定商品名称？规定品名条款时应注意哪些事项？
2. 表示商品品质的方法有哪些？试从法律角度说明品质条款的重要性。
3. 从法律角度说明合同数量条款的重要性。
4. 什么叫溢短装条款？为什么在某些商品的买卖合同中要规定溢短装条款？
5. 什么叫条形码？在包装上采用条形码有何意义？
6. 在国际货物买卖合同中，关于进出口商品的检验时间和地点通常有哪几种规定办法？

本章练习题

(一) 不定项选择题

1. 在国际贸易中，造型上有特殊要求或具有色香味方面特征的商品适合于(　　)。

A. 凭样品买卖　　B. 凭规格买卖
C. 凭等级买卖　　D. 凭产地名称买卖

2. 我国现行的法定计量单位是(　　)。

A. 公制　　B. 国际单位制
C. 英制　　D. 美制

3. 根据《跟单信用证统一惯例》规定，合同中使用“大约”“近似”等约量字眼，可解释为交货数量的增减幅度为(　　)。

A. 不超过5%　　B. 不超过10%
C. 不超过15%　　D. 由卖方自行决定

4. 凡货样难以达到完全一致的，不宜采用(　　)。

A. 凭说明买卖　　B. 凭样品买卖
C. 凭等级买卖　　D. 凭规格买卖

5. 包装标志按其用途，可分为(　　)。

A. 运输标志　　B. 指示性标志
C. 警告性标志　　D. 识别标志
E. 条形码标志

6. 在众多检验商品品质的方法中，最常用的是(　　)。

A. 装运港检验　　B. 目的港检验

C. 出口国检验，进口国复验　　D. 装运港检验重量，目的港检验品质

7. 表示品质方法的分类是(　　)。

A. 凭样品表示商品的品质　　B. 凭实物表示商品的品质

C. 凭说明表示商品的品质　　D. 凭商标表示商品的品质

8.“离岸重量，到岸品质”是指(　　)。

A. 装运港检验　　B. 目的港检验

C. 出口国检验，进口国复验　　D. 装运港检验重量，目的港检验品质

(二) 判断题

1. 在出口贸易中，表示品质的方法多种多样，为了明确责任，最好采用既凭样品又凭规格买卖的方法。(　　)

2. 在约定的品质机动幅度或品质公差范围内的品质差异，除非另有规定，一般不另行增减价格。(　　)

3. 运输包装上的标志就是指运输标志，也就是通常所说的唛头。(　　)

4. 进出口商品包装上的包装标志，都要在运输单据上标明。(　　)

5. 根据各国法律和有关公约的规定，买方对货物具有强制性的检验权。(　　)

6. 在使用 EXW 和 DAP 贸易术语时，买方一般在出口地检验货物。(　　)

(三) 案例分析题

1. 买卖双方签订的贸易合同规定成交货物为不需包装的散装货，而卖方在交货时采用麻袋包装，但净重与合同规定完全相符，且不要求另外加收麻袋包装费。货到后，买方索赔，该索赔是否合理?

2. A 公司按凭样品成交的方式，从国外 B 公司进口作为饲料的谷物，由于 B 交货品质太好，A 公司的国家海关误以为是供人食用的谷物而课以重税，使 A 公司增加了税收负担。因此，A 要求 B 赔偿因交货品质与样品不同而造成的关税差额损失。请评析此案。

3. 某公司与外商签订了一份出口某商品的合同，合同中规定的出口数量为1 000公吨。在溢短装条款中规定，允许卖方交货的数量增减 5%，但未对多交部分应如何作价予以规定。事后卖方依合同规定多交了 40 公吨。根据《联合国国际货物销售合同公约》的规定，卖方这样做是否可以? 如可以，该 40 公吨货物应如何作价?

第三章

国际货物运输

学习目标

通过本章学习，了解国际货物运输的主要方式，特别是海洋运输的相关知识，熟悉国际货物运输合同中装运条款的内容，特别是分批装运和转运条款，掌握海运提单的种类和作用。

第一节 运输方式

在国际货物运输中，使用的运输方式有多种，包括海、陆、空、江、邮等运输方式。为了合理地选择运输方式，必须对各种运输方式的特点及其运营的有关知识有所了解。

一、海上运输

海上运输（Ocean Transportation）是指以船舶为工具，通过海上航道运送旅客或货物的一种运输方式。海上运输历史悠久，发展也极为迅速，尤其是在第二次世界大战以后，国际海上货运量迅速增加。从总体上看，无论是现在还是将来，海上货物运输在对外贸易中都将占据绝对的主导地位。目前，世界外贸海运量在国际货物运输总量中占80%以上。

（一）海上运输的特点

海上运输之所以被如此广泛地采用，是因为它与其他国际货物运输方式相比，主要有下列明显的优点：

1. 通过能力强

海洋占地球表面积约70%以上，海上运输是利用四通八达的天然航道完成的。它不像汽车和火车受道路和轨道的限制。在遇到政治、经济及自然条件发生变化的时候，可随时改选最有利的航线来完成运输任务。

2. 货运量大

随着世界新技术革命的发展，造船也广泛采用新技术，船舶日趋大型化。目前的超巨型油轮装载能力已达 60 万吨。第六代集装箱船的载箱能力已超过 1 万个标准集装箱（TEU）。

3. 投资少，运费低廉

海上运输运用天然航道，不需大量投资修建航路，加之船舶运载量大，航程远，单位运输成本低，因而运费低。

4. 对货物适应性强

海上货物运输船舶种类繁多，可适应多种货物运输的要求。

海上运输在具有上述优点的同时，也存在不足之处。例如，由于船舶体积大，水流阻力大造成运输速度慢；海上运输会受到气候和自然条件的影响，遇险的可能性较大，船舶航行日期也不易准确预计，因而风险系数较高。

尽管海上运输存在速度慢、风险大等不利因素，但由于其运输量大、运费低等优越性，在国际贸易中所占的地位和所起的作用，以及由此而形成的重要性仍然大大超过其他几种运输方式。

专栏 3—1

物流的来历

“物流”（Logistics）一词最早出现于美国，是第二次世界大战时期美国军事部门为解决军需品的供应问题，运用当时新兴的运筹学方法与电子计算机技术对军需品供应、运输线路、库存量等进行科学规划而形成的系统管理方法，当时称为“后勤学”。20 世纪 50 年代，各工商企业逐渐引入这种军事中全面管理的策略，并借用该词，将企业的物流称为“工业后勤”或“企业后勤”。1965 年，日本在政府文件中正式采用“物的流通”这一术语，简称为“物流”。而国际物流（International Logistics）就是“不同国家（地区）之间的物流”。

进入 21 世纪，随着现代通信技术的快速发展，网络技术、电子商务的推动，物流业以前所未有的速度向前发展、寻求变革，并得到更广泛的运用，尤其在运输领域发挥了更大的作用。

（二）海上运输经营方式

按照传统的经营方式，国际贸易海上运输主要有班轮运输和租船运输两种。

1. 班轮运输

班轮运输（Liner Transportation），又称定期船运输，是指船舶在固定的航线上和港口间按事先公布的船期表航行，从事客货运输业务并按事先公布的费率收取运费。

班轮运输有以下特点：

（1）“四固定”，即航线固定、港口固定、船期固定和费率的相对固定。这是班轮的基本特点。

（2）不规定货物的装卸时间。由于班轮须按船期表规定的时间到港和离港，运价内已包括装卸费用，货物由承运人负责配载、装卸，承运人和托运人双方不计算滞期费和速遣费。

（3）在班轮运输业务中，承运人和托运人双方的权利、义务、责任、豁免均以船公司按照国际公约和有关国内法规签发的提单条款为依据。

班轮运输特别适合一般杂货和小额贸易货物的运输需要。由于班轮公司派出的船舶一般技术性能好，设备齐全，质量较好，船员技术水平也较高，且在班轮停靠的港口班轮公司一般都有自己的专用码头、仓库和装卸设备，因此能够提供较高的运输质量。班轮承运人一般采取码头仓库交接货物的做法，并负责办理货物的装卸作业和全部费用，因此手续简便，为货方提供了诸多便利。而且由于班轮运输“四固定”特点，为买卖双方洽谈运输条件提供了必要的依据，使买卖双方有可能事先根据班轮船期表，商定交货期、装运期以及装运港口，并且根据班轮运费表事先核算运费和附加费用，从而比较准确地进行比价和核算货物价格，促进了国际贸易的发展。

专栏 3—2

班轮公会

班轮公会（Freight Conference），又称航运工会，俗称水脚工会，是由两个或两个以上在同一航线上经营班轮运输的轮船公司，为避免相互竞争，维护共同利益，通过在运价和其他经营活动方面签订协议而组成的国际航运垄断组织。班轮公会是一种国际卡特尔组织，是海运竞争激化的产物。班轮公会的主要任务就是消除会员的内部竞争和共同抵制外来的竞争，并对两者采取不同的保护和对策。

世界上最早的班轮公会是 1875 年由经营英国与印度港之间货运的七家英国航运公司组成的加尔各答班轮公会（Calcutta Conference），此后随着航运资本的集中和垄断程度的加深，班轮公会获得了巨大的发展，最多时世界上有 200 多个班轮公会。

班轮运费（Freight Charge）是班轮承运人为承运货物收取的报酬，而计算运费的单价（或费率）则称班轮运价。班轮运价具有相对稳定性，即在一定时期（如半年、一年或更长时期）内保持不变。

班轮运价表（Liner Freight Tariff）也称班轮费率表，是班轮公司收取运费、货方支付运费的计算依据。运价表一般由船方制定。

班轮运价一般是由基本费率（Basic Freight Rate）和多种附加费（Additionals or Surcharges）两部分构成。

基本费率即班轮航线内基本港之间对每种货物规定的必须收取的费率，包括各航线等级费率、从价费率、冷藏费率、活牲畜费率及议价费率等。

基本运费是按班轮运价表规定的标准计算收取的。在班轮运价表中，根据不同的商品，对运费的计收标准通常采取下列几种：

（1）按货物毛重计收，也称重量吨（Weight Ton）。在运价表内用“W”表示。一般以一公吨为计算单位重量吨的实际依据，公吨以下取两位小数。

（2）按货物的体积计收，也称尺码吨（Measurement Ton）。在运价表中用“M”表示。一般以一立方米为计算单位或40立方英尺为一尺码吨计算。

（3）按货物的毛重或体积计收运费，计收时取其数量较高者。在运价表中以“W/M”表示。按惯例，凡一重量吨货物的体积超过一立方米或40立方英尺者即按体积收费；一重量吨货物其体积不足一立方米或40立方英尺者，按毛重计收。

（4）按货物的价格计收运费，又称从价运费。一般按商品FOB货价的一定百分比(0.1%～5%不等）计算运费。运价表内用“A. V.”或“Ad. Val.”表示。高值货物较多使用该标准计收。

（5）按货物重量或体积或价值三者中最高的一种计收，在运价表中用“W/M or Ad. Val.”表示。也有按货物重量或体积计收，再加收一定百分比的从价运费，在运价表中以“W/M plus Ad. Val.”表示。

（6）按货物的件数计收，如活牲畜按头、车辆按辆计费。

（7）大宗低值货物按议价计收运费。如粮食、豆类、煤炭、矿砂等。上述大宗货物一般在班轮费率表内未规定具体费率。在订舱时，由托运人和船公司临时洽商议定。议价运费比按等级运价计算的运费低。

（8）起码费率（Minimum Rate），是指按每一提单上所列的重量或体积所计算出的运费，尚未达到运价表中规定的最低运费额时，则按最低运费计收。

应当注意的是，如果不同商品混装在同一包装内，则全部运费按其中较高者计收。同一种商品如包装不同，其计费标准及等级也不同。托运人应按不同包装分列毛重及体积，才能分别计收运费，否则全部货物均按较高者收取运费。同一提单内如有两种或两种以上不同货名，托运人应分别列出不同货名的毛重或体积，否则全部将按较高者收取运费。

附加费是对一些需要特殊处理的货物或由于客观情况的变化使运输费用大幅度增加，班轮公司为弥补损失而额外加收的费用。附加费的种类很多，而且随着客观情况的变化而变化。以下为几种常见的附加费：超重附加费（Over Weight Surcharge），超长附加费(Over Length Surcharge)，燃油附加费（Bunker Surcharge or Bunker Adjustment Factor, BAF)，港口附加费（Port Surcharge），港口拥挤附加费（Port Congestion Surcharge），货币贬值附加费（Devaluation Surcharge or Currency Adjustment Factor），绕航附加费(Deviation Surcharge)，转船附加费（Transshipment Surcharge），直航附加费（Direct Additional）等。各种附加费的计算方法主要有两种：一种是以百分比表示，即在基本费率的基础上增加一个百分比；另一种是用绝对数表示，即每运费吨增加若干金额，可以与基本费率直接相加计算。

在计算班轮运费时应按照以下步骤：

（1）选择相关的船公司运价表；

（2）根据货物名称，在货物分级表中查出相应的运费计算标准（Basis）和等级(Class)；

（3）在等级费率表的基本费率部分，找到相应的航线、启运港和目的港，按等级查到基本运价；

(4) 再从附加费部分查出所有应收（付）的附加费项目和数额（或百分比）及货币种类；

(5) 根据基本运价和附加费算出实际运价；

(6) 总运费＝实际运价×运费吨。

根据上述步骤，总结出班轮运费的计算公式为：$F=F_b\times(1+\sum s)\times Q$，其中，$F$ 为班轮运费；F_b 为基本运费率；$\sum s$ 为附加费率之和；Q 为总货运量。

专栏 3—3

班轮运费计算实例说明

广东 A 公司与法国 B 公司签订某商品出口合同。商品总重 10 公吨，400 箱装，每箱毛重 25 千克，体积 20 厘米×30 厘米×40 厘米，单价 CFR 马赛，每箱 55 美元。查表知该货为 8 级，计费标准为 W/M，每运费吨运费 80 美元，另征收转船附加费 20%，燃油附加费 10%。试计算应收总运费。

分析：该案例主要涉及班轮运费的计算。由于计费标准为 W/M，根据已知条件，可求出积载因数大于 1，故按重量计算运费。该批货物的运费为：

每公吨的单位运价为：80×(1＋20%＋10%)＝104(美元)。

因此，该货物的总运费为：104×10＝1 040(美元)。

2. 租船运输

租船运输（Shipping by Chartering）又称不定期船（Tramp）运输。它和班轮运输不同，船舶没有预订的船期表、航线及港口。船期、航线及港口均按租船人（Charterer）和船东（Ship Owner）双方签订的租船合同（Charter Party）规定的条款行事。也就是说，根据租船合同，船东将船舶出租给租船人使用，以完成特定的货运任务，并按商定的运价收取运费。租船运输通常适用于大宗货物的运输。

目前，国际租船运输包括定程租船（Voyage Charter）、定期租船（Time Charter）和光船租船（Bare Boat Charter）。

(1) 定程租船。定程租船又称航次租船，是以航次为基础的租船方式。在这种方式下，船方必须按租船合同规定的条件，按时抵达装货港口，装上一定数量的指名货物，在卸货港卸下货物，完成整个航程的运输任务，并负责船舶的经营管理。在定程租船条件下，除了少数几项费用，如货物装卸费、隔离费、平舱费等通常由租船人负担外，其他运输费用，如船员工资、港口使用费、港口代理费、船用燃料、隔垫物料费等费用都由船东承担，租船人按约定支付运费。

定程租船运费的计算方法有两种，一种是按规定运费率（Rate Freight），即按每单位重量或单位体积规定的运费额计算；另一种是规定整船包价（Lump-sum Freight），费率的高低主要取决于租船市场的供求关系，但也与运输距离、货物种类、装卸率、港口使用、装卸费用划分和佣金高低有关。合同中对运费按照装船重量（Taken Quantity）或卸船重量（Delivered Quantity）计算，运费是预付或到付，需要在合同中订明。特别要注意的是，应付运费时间是指船主收到运费的日期，而不是租船人付出运费的日期。

定程租船装卸费用的划分方法有以下几种：

① 船方负担装货费和卸货费条件（Gross Terms，Liner Terms，Berth Terms），又称“班轮条件”。

② 船方管装不管卸条件（Free Out，FO）。

③ 船方管卸不管装条件（Free In，FI）。

④ 船方不负担装货费和卸货费条件（Free In and Out，FIO）。采用这一条件时，还要明确理舱费和平舱费由谁负担。一般都规定由租船人负担，即船方不负担装卸、理舱和平舱费条件（Free In and Out，Stowed and Trimmed，FIOST）。

（2）定期租船。定期租船简称期租船。它是由船舶出租人将船舶出租给租船人使用一定期限，并在规定的期限内由租船人自行调度和经营管理。租金按月（或 30 天）、按日（一般每半个月预付一次）或按每载重吨（DWT）的若干金额计算。

（3）光船租船。光船租船也称船壳租船。船东只负责提供空船，不负责提供船员，由租方自行配备船员，提供工资给养，负责船舶的经营管理和航行各项事宜。在租期内，租船人实际上对船舶有着支配权和占有权。由于雇用和管理船员的工作十分复杂，因此，光船租船在租船市场上很少采用。

专栏 3—4

航次租船合同案例

某外运公司 A 与某国际运输公司 M 就从日本承运 50 部日产汽车和 12 辆日野汽车到天津新港的业务签订了航次租船合同。合同约定由 M 公司负责将共计 62 辆汽车，由日本横滨港运至天津新港，受载期为 6 月 18—25 日。6 月 24 日，由于日方备货出现问题，A 公司提出增加名古屋港。双方经协商后决定由 A 公司支付 M 公司 9 000 美元作为货轮靠泊名古屋港的港口使用费和船期损失费。6 月 30 日，该轮抵横滨港锚地，7 月 1 日靠横滨港装 12 辆大客车，7 月 2 日靠名古屋港开始装运其余 50 辆中巴车。该轮费尽力气虽已达到最佳积载，但仅装下 50 辆中巴车中的 14 辆，其余 36 辆中巴车因货轮舱高及舱容不够，未能装下。货轮载 12 辆大客车和 14 辆中巴车于 7 月 11 日靠天津新港，后将上述车辆 26 辆安全卸下。A 公司就滞留在名古屋的其余 36 部未运车辆多次与 M 公司协商未果后，于 7 月 11 日向当地海事法院起诉。

分析：该案例涉及航次租船合同纠纷。在该合同下，托运人是 A 公司，承运人为 M 公司。由于 M 公司提供的承运船舶舱高及舱容不够，未能全部装载约定的货物，导致该租船合同未能完全履行。因此，M 公司应赔偿 A 公司人民币 22 万元损失及利息。

二、其他运输方式

除海上运输外，国际贸易中常用的运输方式还包括铁路运输，航空货物运输，集装箱运输，国际多式联运，公路、内河、大陆桥运输以及邮包运输等，下面就对这些运输方式分别进行介绍。

（一）铁路运输

铁路是国民经济的大动脉，铁路运输是现代化运输业的主要运输方式之一。与其他运输方式相比，铁路运输具有准确性和连续性强、速度比较快、安全可靠等特点。但同时，铁路运输也有建设初期投资大、建路工程艰巨复杂等缺点。

铁路运输可以分为国际铁路货物联运和国内铁路货物运输。

1. 国际铁路货物联运

国际铁路货物联运是指使用一份统一的国际联运票据，由铁路负责经过两个或两个以上国家铁路的全程运输，并由一国铁路向另一国铁路移交货物时，不需要发货人和收货人参加的运输方式。

采用国际铁路货物联运，有关当事国事先必须有书面的约定。目前，国际铁路运输业务主要集中在欧洲和亚洲两大片，分属不同的两个公约管辖。欧洲片国家在国际铁路运输领域通常遵循《国际铁路货物运输公约》(Convention Concerning International Carriage of Goods by Rail)，简称《国际货约》；亚洲片国家则通常遵循《国际铁路货物联运协定》(Agreement On International Railroad through Transport of Goods)，简称《国际货协》。这两个公约是协调参加国之间铁路货物运输的主要法律依据。

通过国际铁路货物联运出口货物的一般程序如下：

(1) 托运与承运。发货人在托运货物时，向车站提交货物运单和运单副本，车站接到运单后，审核通过，即签证车站在运单上签证表示受理托运。发货人按指定的日期将货物运送到指定的货位，装车完毕，车站在货物运单上加盖承运日期，即为承运。

(2) 发运。即货物进站、请车、拨车、装车、加固和密封。

(3) 取得运单和运单副本。运单是发收货人与铁路之间的运输契约，运单副本是贸易双方结算货款的依据。二者不能互相替代。

参加国际货协各国铁路间运送费用的核算主要依据《国际铁路货物联运统一过境运价规程》(简称《统一货价》）和《铁路货物运价规则》(简称《价规》）。运费计算的原则为：

(1) 发送国铁路的运送费用，按承运当日发送国国内的现行规定核收，并以发送国货币，在发站向发货人核收；

(2) 到达国铁路的运送费用，按承运当日到达国国内的现行规定核收，并以到达国货币，在到站向收货人核收；

(3) 过境铁路的运送费用，均按《统一货价》分为在发站向发货人或在到站向收货人核收。

如果在参加国际货协的国家和未参加国际货协的国家之间运送货物，则发送国或到达国铁路的运送费用，按其国内规定计算；参加国际货协的国家各过境运送费用，按《统一货价》计算；而未参加国际货协国家铁路的运送费用，按这些铁路参加的另一种国际联运协定计算。

2. 国内铁路运输

国内铁路运输是指仅在本国范围内按《铁路货物运输规程》的规定办理的货物运输。

我国出口货物经铁路运输至港口装船及进口货物卸船后经铁路运往各地，均属国内铁路运输的范畴。

对港澳地区的铁路运输按国内运输办理，但又不同于一般的国内运输。货物由内地各发站装车后，经深圳直接过轨至香港九龙车站。发货人在内地车站填写国内铁路运单，办理发货地至深圳北站的国内运段运送，以深圳外运分公司为收货人。深圳外运分公司作为发货人的代理，在口岸与铁路办理货物运送票据的交接，并向铁路部门租车，然后向海关办理出口申报手续，经联检部门，如海关、边防等，查验放行后，过轨至香港九龙车站。货车过轨后，由深圳外运分公司在香港的代理——香港中旅货运有限公司，向香港九龙铁路公司重新起票办理港段铁路运送。因此，对香港地区的铁路运输的特点是：租车方式，两票运输。澳门与内地没有铁路直通，因此内地各省市运往澳门的货物，先由铁路部门办理国内运输运至广州南站，之后再转水运至澳门。

（二）航空货物运输

航空货物运输作为一种新兴的现代化运输方式，具有许多其他运输方式无可比拟的优越性，如运输速度快，不受地面条件影响，安全准确，可以节约包装、保险、利息等费用。

航空货物运输方式主要分为以下几种：

1. 班机运输

班机运输（Scheduled Airline）有固定的航线、固定的停靠港、固定的航期，因此使用班机运输方式来运送货物，特别是国际货物流通，能够保证货物安全迅速地到达世界上各通航地点，便于收发货人确切掌握货物起运和到达时间，这对贵重物品、市场上急需的商品、鲜活易腐货物的运送是非常重要的。班机运输在一定时间内有相对固定的收费标准，便于进出口商在贸易合同签署之前核算运费成本，在一定程度上保障了合同的履行，因此成为多数贸易商的首选航空货运形式。

2. 包机运输

通常情况下，包机运输（Chartered Carrier）可分为整机包机和部分包机两种形式。

整机包机是指航空公司或包机代理公司按照合同中双方事先约定的条件和运价将整架飞机租给包机人，从一个或几个航空站装运货物至指定目的地的运输方式。部分包机则是指几家航空货运代理公司或发货人联合包租一架飞机，或者是由包机公司把一架飞机的舱位分别卖给几家航空货运代理公司的货物运输形式。一公吨以上但货量不足整机的货物，适合采用部分包机运输。

包机运输的运费一般为一次一议，并随着国际市场供求情况的变化而变化。包机运输原则上是按每一飞行公里的固定费率核收费用。如果是单程运输，则要按每飞行公里费用的80%收取空载费。因此，采用包机运输方式，最好争取来回程都有货载，这样才能降低单位运输成本。在整机包机这种运输方式下，包机人一般要在货物装运前一个月与航空公司联系，以便公司安排运载和向相关机场及政府有关部门申请办理过境或入境的有关手续。

3. 集中托运

集中托运（Consolidation）指航空货运代理公司将若干批单独发运的货物组成一整

批，由航空公司办理托运，采用一份航空总运单集中发运到同一目的站，由集中托运人在目的地指定的代理人收货，再根据集中托运人签发的航空分运单分拨给各实际收货人的运输方式。目前这种运输方式是航空货物运输中开展得最为普遍的一种运输方式。集中托运可以采用班机或包机运输方式。集中托运具有运价低廉、服务质量高、加速资金周转等优势，但是也有一定的局限性，如集中托运只适合办理普通货物，且货物的出运时间不能确定，因此不适合运送贵重物品、特殊商品以及鲜活易腐货物、市场上急需的货物或其他对时间要求高的货物，而且只有目的地相同或临近才能办理集中托运。

4. 航空快递业务

航空快递业务（Air Express Service）是指具有独立法人资格的企业将进出境的货物或物品从发件人所在地，通过自身或代理的网络运送到收件人的一种快速运输方式。其中采用这种运输方式进出境的货物、物品被称为"快件"。快件业务又可分为快件文件和快件包裹两大类。快件文件主要指商务文件、资料等无商业价值的印刷品，也包括银行单证、合同、照片、机票等。快件包裹指一些贸易成交的小型样品、返修零配件及采用快件运送方式运送的一些进出口货物和物品。

目前，国际航空货物运输有影响力的公约有：《华沙公约》（1929 年）、《海牙议定书》（1955 年）、《瓜达拉哈拉公约》（1961 年）、《危地马拉议定书》（1971 年）、《蒙特利尔第一号附加议定书》（1975 年）等。其中，以《华沙公约》（Warsaw Convention，即《关于统一国际航空运输某些规则的公约》）的使用范围最为广泛，已为世界大多数国家所认可。

专栏 3—5

航空运输的重货与轻泡货

按照国际航运业务惯例，凡货物积载因数小于 1.132 8 立方米/公吨或 40 立方英尺/公吨的货物，称为重货（Deadweight Cargo or Heavy Goods）；凡货物积载因数大于 1.132 8 立方米/公吨或 40 立方英尺/公吨的货物，称为轻泡货（Measurement Cargo or Light Goods）。我国现行规定，凡每立方米货物的重量大于 1 公吨的为重货；小于 1 公吨的为轻泡货。就空运来说，用体积乘以 167，将得数和货物的实际重量比较，若重量大则为重货，重量小则为轻泡货。货物积载因数（Stowage Factor）是指各种货物每一公吨在货舱中正常堆积时所占的空间（立方米或立方英尺），用于计算一定重量的某种货物需占多少货舱容积，或一定的货舱容积能装载多少公吨某种货物等，其计算公式为：货物积载因数=货物正常堆积时占舱位容积（立方米）/货物重量（公吨）。

（三）集装箱运输

1. 集装箱

集装箱（Container）是指具有一定强度、刚度和规格，专供周转使用的大型装货容器。运输货物用的集装箱种类繁多，海上运输中常见的国际货运集装箱类型按用途可分为通用干货集装箱、保温集装箱、罐式集装箱、散货集装箱、台架式集装箱、平台集装箱、敞顶集装箱、汽车集装箱、动物集装箱等。按箱体材料分为钢集装箱、铝集装箱、玻璃钢集装箱和不锈钢集装箱四大类。按外部尺寸，目前国际标准集装箱的宽度均为 8 英尺，高度有 8 英尺、8 英尺 6 英寸和小于 8 英尺三种，长度有 40 英尺、30 英尺、20 英尺和 10 英尺四种。使用集装箱转运货物，可直接在发货人的仓库装货，运到收货人的仓库卸货，中途更换车船时，无须将货物从箱内取出换装。

集装箱运输（Container Transportation）是以集装箱作为包装和运输单位进行货物运输的现代化运输方式。它因高效、快速、廉价、安全而被世界许多国家和地区广泛采用和推广。目前，集装箱运输已成为国际上普遍采用的一种重要的运输方式，适用于海上运输、铁路运输及国际多式联运。

2. 集装箱货物的装箱方式

集装箱货物的装箱方式有两种：

（1）整箱货（Full Container Load，FCL）。整箱货是由发货人负责装箱、计数、积载并加铅封的货运。整箱货的拆箱一般由收货人办理，但也可以委托承运人在货运站拆箱，可是承运人不负责箱内的货损、货差，除非货方举证确属承运人责任事故的损害，承运人才负责赔偿。承运人对整箱货，以箱为交接单位。只要集装箱外表与收箱时相似和铅封完整，承运人就完成了承运责任。整箱货货运提单上，要加上“委托人装箱、计数并加铅封”的条款。

（2）拼箱货（Less Than Container Load，LCL）。拼箱货指装不满一整箱的小票货物。这种货物通常是由承运人分别揽货并在集装箱货运站或内陆站集中，而后将两票或两票以上的货物拼装在一个集装箱内，同样要在目的地的集装箱货运站或内陆站拆箱分别交货。对于这种货物，承运人要负担装箱与拆箱作业，装拆箱费用仍向货方收取。承运人对拼箱货的责任，基本上与传统杂货运输相同。

3. 集装箱货物的交接方式

在集装箱运输中，整箱货和拼箱货在船货双方之间的交接方式有以下几种：

（1）门到门（Door to Door）。由托运人负责装载的集装箱，在其货仓或工厂仓库交承运人验收后，负责全程运输，直到收货人的货仓或工厂仓库交箱为止。这种全程连线运输，称为“门到门”运输。

（2）门到场（Door to CY）。由发货人货仓或工厂仓库至目的地或卸箱港的集装箱装卸区堆场。

（3）门到站（Door to CFS）。由发货人货仓或工厂仓库至目的地或卸箱港的集装箱货运站。

（4）场到门（CY to Door）。由起运地或装箱港的集装箱装卸区堆场至收货人的货仓或工厂仓库。

（5）场到场（CY to CY）。由起运地或装箱港的集装箱装卸区堆场至目的地或卸箱港的集装箱装卸区堆场。

（6）场到站（CY to CFS）。由起运地或装箱港的集装箱装卸区堆场至目的地或卸箱港的集装箱货运站。

（7）站到门（CFS to Door）。由起运地或装箱港的集装箱货运站至收货人的货仓或工厂仓库。

(8) 站到场 (CFS to CY)。由起运地或装箱港的集装箱货运站至目的地或卸箱港的集装箱装卸区堆场。

(9) 站到站 (CFS to CFS)。由起运地或装箱港的集装箱货运站至目的地或卸箱港的集装箱货运站。

(四) 国际多式联运

1. 国际多式联运的含义

国际多式联运 (International Multimodal Transportation, International Combined Transport) 是在集装箱运输的基础上产生并发展起来的新型运输方式，也是近年来在国际运输上发展较快的一种综合连贯运输方式，它是由多式联运经营人按照多式联运合同，以至少两种不同的运输方式，由多式联运经营人将货物从一国境内接管货物的地点运至另一国境内指定的交付货物地点的一种运输方式。

2. 构成国际多式联运的条件

构成国际多式联运的条件主要有：

(1) 必须有一个多式联运合同，合同中明确规定多式联运经营人和托运人之间的权利、义务、责任和豁免。多式联运合同 (Multimodal Transportation Contract) 是指多式联运经营人与托运人之间订立的凭以收取运费、负责完成或组织完成国际多式联运的合同。

(2) 必须是国家间两种或两种以上不同运输方式的连贯运输。国际多式联运简化了手续，减少了中间环节，加快了货运速度，降低了运输成本，并提高了货运质量。货物的交接地点也可以做到门到门、门到站、站到站、站到门等。

(3) 必须使用一份包括全程的多式联运单据，并由多式联运经营人对全程运输负总的责任。多式联运经营人 (Multimodal Transportation Operator) 是指本人或通过其代表订立多式联运合同的任何人，多式联运经营人是事主，而不是发货人的代理人或代表或参加多式联运的承运人的代理人或代表，并且负有履行合同的责任。他可以充任实际承运人，办理全程或部分运输业务，也可以是无船承运人，即将全程运输交由各段实际承运人来履行。

3.《联合国国际货物多式联运公约》

《联合国国际货物多式联运公约》(United Nations Convention on International Multimodal Transport of Goods) 是世界上第一个关于多式联运的公约，它是在联合国贸发会议的主持下起草，于 1980 年 5 月在日内瓦召开的联合国国际多式联运公约会议上，经参加会议的 84 个贸发会议成员国一致通过的。我国参加了公约的起草并在最后文件上签字。该公约全文共有 40 条和 1 个附件，其结构上分为总则、单据、联运人的赔偿责任、发货人的赔偿责任、索赔和诉讼、补充规定、海关事项和最后条款等 8 个部分。《联合国国际货物多式联运公约》旨在调整多式联运经营人和托运人之间的权利、义务关系以及国家对多式联运的管理。

(五) 公路、内河、大陆桥运输

1. 公路运输

公路运输 (Road Transportation) 是一种现代化的运输方式，它既是一个独立的运输体系，也是铁路车站、港口和机场集散物资的重要手段。

目前，世界各国的公路运输一般以汽车为运载工具，所以它实质上主要是汽车运输。公路运输是一种机动灵活、简捷方便的运输方式，在短途货物集散运转上，它比铁路、航空运输具有更大的优越性，尤其是在“门到门”的运输中，其重要性更为显著。公路运输是连接铁路、水运、航空运输的起端和末端不可缺少的条件，是沟通生产和消费的桥梁和纽带。没有公路的货物集散运输的配合，铁路、水路、航空运输就不能正常进行。但公路运输也有一定的不足，如载重量小，不适宜装载重件、大件货物，不适宜长途运输，车辆运行中震动较大易造成货损货差事故，且运价也较水运和铁路运输高。

目前关于公路货物运输的国际公约主要是《国际公路货物运输合同公约》(Convention on the Contract for the International Carriage of Goods by Road，简称CMR)。该公约于1956年5月在日内瓦通过，并于1961年7月2日起生效，其宗旨是统一公路运输所使用的单证和承运人的责任。该公约共8章51条，主要内容包括：序言、适用范围、承运人负责的对象、运输合同的签订和履行、承运人的责任、索赔和诉讼、连续承运人履行运输合同的规定、违反公约的规定无效以及最终条款。值得注意的是，该公约中“公路车辆”是指机动车、拖挂车、拖车和半拖车等。此外，有关货物的灭失、残损或延迟，对公路承运人的诉讼时效为1年。

2. 内河运输

内河运输（Inland Water Transportation）是水上运输的重要组成部分，是指船舶在江河航线之间经营客运和货运业务。内河运输是连接内陆腹地与沿海地区的纽带，在运输和集散进出口货物中起着重要的作用。

内河运输与沿海运输和远洋运输相比，船舶吨位较小，但是运量大、投资少、成本低、耗能小，不像海上运输那样涉及面广，风险也相对较低，对一个国家的国民经济和工业布局起着重要的作用。

我国拥有四通八达的内河航运网，长江、珠江等主要河流中的一些港口已对外开放，与一些邻国还有国际河流相通，为我国进出口货物通过河流运输和集散提供了十分有利的条件。

3. 大陆桥运输

大陆桥运输（Land Bridge Transportation）是指使用横贯大陆的铁路（公路）运输系统作为中间桥梁，把大陆两端的海洋连接起来的集装箱连贯运输方式。世界上最大的三条大陆桥运输路线是西伯利亚大陆桥、新亚欧大陆桥和北美大陆桥。

西伯利亚大陆桥是利用俄罗斯西伯利亚铁路作为桥梁，把太平洋远东地区与波罗的海和黑海沿岸以及西欧大西洋口岸连接起来，它是目前世界上最长的大陆桥运输线。新亚欧大陆桥于1990年9月正式通车，此条运输线东起我国连云港，西至荷兰鹿特丹，跨亚欧两大洲，连接太平洋和大西洋，穿越中国、哈萨克斯坦、俄罗斯，与第一条运输线重合。经白俄罗斯、波兰、德国到荷兰，辐射20多个国家和地区，全长1.08万公里，在我国境内全长4 134公里。北美大陆桥包括两条路线，一条是从西部太平洋口岸至东部大西洋口岸的铁路（或公路）运输系统；另一条是西部太平洋沿岸至南部墨西哥湾口岸的铁路（或公路）运输系统。

（六）邮包运输

邮包运输（Parcel Post Transportation）是一种较简便的运输方式。各国邮政部门之间订有协定和合约，通过这些协定和合约，各国的邮件包裹可以互相传递，从而形成国际邮包运输网。近年来，网上跨境电子商务发展，针对消费者的小额国际贸易开始出现，使得邮包运输业务迅速发展。

由于国际邮包运输具有国际多式联运和“门到门”运输的性质，托运人只需按邮局章程一次托运、一次付清足额邮资，取得邮政包裹收据（Parcel Post Receipt），交付手续即告成功。邮件到达目的地后，收件人可凭邮局到件通知向邮局提取。所以，邮包运输适用于重量轻、体积小的货物的传递。邮包运输手续简便，费用不高，故其成为国际贸易中普遍采用的运输方式之一。

专栏 3—6

万国邮政联盟组织简介

万国邮政联盟组织（Universal Postal Union）简称邮联。其宗旨是根据邮联组织法规定，组成一个国际邮政领域，以便相互交换邮件；组织和改善国际邮政业务，以利于国际合作的发展；推广先进经验，给予会员国邮政技术援助。

我国于 1914 年 3 月加入邮联组织，中华人民共和国成立后，邮联通过信函投票方式，于 1951 年非法剥夺我国在邮联的合法席位，对此我国政府向邮联提出强烈抗议，并与之断绝了一切往来，到 1972 年 4 月 13 日，根据联合国大会意见，由邮联 66 个会员赞同，承认中华人民共和国为邮联唯一合法代表，并致函我国外交部，经我国国务院批准，于 1972 年恢复参加邮联的活动。

第二节 装运条款

装运条款的内容及其具体订立与合同的性质和运输方式有着密切的关系。因此，装运时间、装卸港、转运与分批装运、装运通知，以及滞期与速遣条款等内容都应包括在装运条款中。

一、装运时间

装运时间又称装运期（Time of Shipment），是指卖方将合同规定的货物装上运输工具或交给承运人的期限。装运时间是买卖合同的主要条件，如违反这一条件，买方有权撤销合同，或要求卖方赔偿损失。但在规定装运时间内，应注意它与交货时间（Time of Delivery）的区别。

随着国际贸易和运输方式的发展，国际惯例对装运时间的最新解释是：装船

(Loading on Board Vessel)、发运（Despatch）、收妥待运（Accepted for Carriage）、邮局收据日期（Date of Post Receipt）、收货日期（Date of Pick-up）以及在多式联运方式下承运人的接受监管（Taking in Charge）均可理解为装运日期。

装运时间的规定方法主要有：(1) 规定明确、具体的装运时间；(2) 规定收到信用证后若干天装运；(3) 规定近期装运术语。

例如，“5 月份装运”（Shipment during May），“装运不迟于 7 月 31 日”（Shipment not later than July 31），“收到信用证后 30 天内装运”（Shipment within 30 days after receipt of L/C），“尽快装运”（Shipment as soon as possible）等。

专栏 3—7

关于装运期的案例思考

我国内地粮油 A 公司出口一批商品。A 公司在 10 月 4 日收到从通知行转来的信用证，信用证条款中规定：“……数量允许增减 5%，立即装运至 G 港。”A 公司根据信用证，立即安排装运出口。但据船方代理公司称，至 G 港最早的船期是 11 月 6 日。A 公司于 11 月 7 日将货装运出口，并取得 11 月 7 日签发的已装船提单，随后备妥信用证项下所需的其他单据向议付行交单办理议付。议付行经审单发现单证不符，不同意议付，因为议付金额比信用证规定的总金额要大。A 公司认为其不符点不成立，即向议付行申述：信用证规定装运数量可允许增减 5%，而实际仅增装了 3%，其总金额也是信用证允许的。11 月 10 日外商来电称：“货物要求必须立即装运，而你方实际却拖延至 11 月 7 日才装运，你方没有执行立即装运的条款，应负担因此而引起我方的损失。”双方引发纠纷。

分析：按照国际惯例，如规定“立即装运”“即期装运”“尽快装运”等术语，银行将不予置理。而信用证虽然规定货量允许增减 5%，但总金额并未允许增减。在本案例中，由于买方对“立即装运”和数量机动幅度的不合理理解而导致损失。

二、装运港和目的港

装运港（Port of Shipment）是指货物起始装运的港口。目的港（Port of Destination）是指最终卸货的港口。在国际贸易中，装运港（地）一般由卖方提出，经买方同意后确认；目的港（地）一般由买方提出，经卖方同意后确认。

在买卖合同中，装运港和目的港的规定方法有以下几种：

(1) 在一般情况下，装运港和目的港各规定一个。

例如，装运港：上海（Port of Shipment：Shanghai）；目的港：伦敦（Port of Destination：London）。

(2) 有时按实际业务的需要，也可以分别规定两个或两个以上的装运港或目的港。

例如，装运港：新港/上海（Xingang/Shanghai）；大连/青岛/上海（Dalian/Qingdao/Shanghai）。目的港：伦敦/利物浦（London/Liverpool）。

(3) 在磋商交易时，如明确规定装运港和目的港有困难，可以采用选择港的办法。

规定选择港有两种方式：一种是在两个或两个以上港口中选择一个，如CIF伦敦，选择港汉堡或鹿特丹（CIF London，Optional Hamburg/Rotterdam）；另一种是笼统规定某一航区为装运港或目的港，如“地中海主要港口”，即最后交货时选择地中海的一个主要港口为目的港。

三、分批装运和转运

（一）分批装运

分批装运（Partial Shipment）又称分期装运（Shipment by Installment），是指一个合同项下的货物分若干批或若干期装运。在大宗货物或成交数量较大的交易中，买卖双方根据交货数量、运输条件和市场等因素，可在合同中规定分批装运条款。

根据《跟单信用证统一惯例》规定，除非信用证另有规定，应允许分批装运。因此，为了避免不必要的争议和防止交货时发生困难，除非买方坚持不允许分批装运，原则上应明确在出口合同中规定“允许分批装运”（Partial shipment to be allowed）。

《跟单信用证统一惯例》规定：“运输单据表面上注明货物是使用同一运输单据装运并经同一路线运输的，即使每套运输单据注明的装运日期不同，以及/或装运港、接受监管地不同，只要运输单据注明的目的地相同，也不视为分批装运。”该惯例对定期、定量分批装运还规定：“信用证规定在指定时期内分期付款/或装运，其中任何一期未按期付款/或装运，除非信用证另有规定，则信用证对该期及以后各期均告失效。”

（二）转运

转运（Transshipment）包括运输过程中的转船、转机以及从一种运输工具上卸下再装上另一种运输工具的行为。卖方在交货时，如驶往目的港没有直达船或船期不定或航次间隔时间太长，为了便于装运，则应在合同中订明“允许转船”（Transshipment to be allowed）。

按照《跟单信用证统一惯例》规定，“转运”一词在不同运输方式下有不同的含义，应根据具体情况进行分析。另外，除非信用证另有规定，可允许转运。为了明确责任和便于安排装运，买卖双方是否同意转运以及有关转运的办法和转运费用的负担等问题，应在买卖合同中明确作出规定。

专栏3—8

分批装运的案例思考

我国某进出口总公司与非洲国家某进口商签订了出口10 000公吨大米的合同，合同中规定进口商须开出可转让信用证。不久，我方即收到进口商所在地银行开来的可转让信用证，但规定不得分批装运。总公司随之将信用证全部转让给沿海5家分公司使用。这5家分公司按照来证规定的装运期在各自口岸，通过同一条班轮按质按量完成了交货任务，并在各自当地银行就地议付，取得了货款。但货到目的港后，因市场发生了变化，大米价格下跌，进口商不想接受货物。为了达到这一目的，进口商借口交货地点不同，装运期不同，认为我方违反了信用证的规定，对货物进行了“分批装运”，所以要求退还货款。我方坚持认为没有违反信用证要求。双方产生争议。

分析：该案例说的是分批装运例外的一种情况。本案中5家分公司作为第二受益人各自执行交货任务。根据《跟单信用证统一惯例》规定，提单表面上注明货物是用同一运输单据装运并经同一路线运输的，即使注明的装运日期不同，以及装运港不同，只要提单上注明的目的地相同，也不视为分批装运。因此，我方并未构成违约。

四、装运通知

装运通知（Shipping Advice）是在采用租船运输大宗进出口货物的情况下，在合同中加以约定的条款。规定装运通知条款的目的在于明确买卖双方的责任，促使买卖双方互相合作，共同做好船货衔接工作。

如按照FOB、CFR和CIF术语签订的合同，卖方应在货物装船后，按约定的时间，将合同、货物名称、数量、重量、发票金额、船名及装船日期等项内容电告买方；如按FCA、CPT和CIP术语签订的合同，卖方应在把货物交付承运人接管后，将交付货物的具体情况及交付日期电告买方，以便买方办理保险并做好接卸货物的准备，及时办理进口报关手续。一般要求出口商在货物离开起运地后两个工作日内向进口商发出装船通知。

五、装卸时间、装卸率、滞期费和速遣费

（一）装卸时间

装卸时间（Lay Time）是指允许完成装卸任务所约定的时间，它一般以天数或小时数来表示。装卸时间要注意其规定方法、起始和终止时间的规定等问题。

（二）装卸率

装卸率（Loading/Discharging Rate）即指每日装卸货物的数量。装卸率的具体确定，一般应按照习惯的正常装卸速度，掌握实事求是的原则。装卸率的高低关系到完成装卸任务的时间和运费水平，装卸率规定过高或过低都不合适。规定过高，完不成装卸任务，要承担滞期费的损失；反之，规定过低，虽能提前完成装卸任务，可得到船方的速遣费，但船方会因装卸率低，船舶在港时间长而增加运费，致使租船人得不偿失。因此，装卸率的规定应适当。

（三）滞期费和速遣费

滞期费和速遣费一般是航次租船合同中的条款。滞期费（Demurrage）是指并非船东

原因，承租人未能在租船合同中约定的装卸时间内将货物全部装完或卸完，对因此产生的船期延误，向船东支付的费用。滞期费按船舶滞期时间乘以合同规定的滞期费率计算，滞期时间为实际装卸时间与合同规定的装卸时间之差。

反之，速遣费（Despatch Money）是指当承租人在合同约定的时间之前将货物全部装卸完毕，对于提前的时间应由船东向承租人支付的约定金额，是对承租人能够缩短船舶在港时间的奖励。速遣费按船舶速遣时间乘以合同规定的速遣费率计算，速遣费率通常为滞期费率的一半。

第三节　运输单据

运输单据是承运人收到承运货物后签发给出口商的重要单据。不同的运输方式使用的运输单据也各有不同，主要有海运提单、海运单、铁路运输单据、航空运单、多式联运单据和邮包收据等。

一、海运提单

（一）定义、性质与作用

海运提单（Bill of Lading，或 B/L），简称提单，是指由船长或船公司或其代理人签发的，证明已收到特定货物，允诺将货物运到特定目的地并交付给收货人的凭证。

海运提单的性质和作用可以概括为以下三个方面：

1. 海上货物运输合同的证明

提单是承运人与托运人之间订立运输契约的证明。提单条款明确规定了承运人和托运人之间的权利、义务与责任豁免，一旦发生争议，双方据此进行解决。

2. 货物接收或装船的收据

提单是承运人或其代理人签发的货物收据，证明承运人已经收到或接管提单上所列的货物。

3. 物权凭证

提单是一种货物所有权的凭证，在法律上具有物权证书的作用，船货抵达目的港后，承运人应向提单的合法持有人交付货物。提单可以通过背书转让，从而转让货物的所有权。

专栏 3—9

关于海运提单的案例思考

我国 ST 贸易公司委托 S 海运公司运输一批农产品。3 月 13 日，S 海运公司的 Y 轮在 XX 港装载了 ST 贸易公司的 8 000 包花生，后发现这批货物有 20%霉烂变质。3 月 24 日，

Y轮大副在收货单上对此作了批注。4月5日，因信用证即将过期，ST贸易公司为能及时出口货物及结汇货款，就出具保函要求开出清洁提单。S海运公司接受了保函，并签发了清洁提单。Y轮于5月6日到达东非港口蒙巴萨。收货人以花生有霉烂为由，向当地法院申请裁定对Y轮扣押18天。6月7日，S海运公司赔付收货人后，收货人遂撤回起诉。7月8日，S海运公司向ST贸易公司提出赔偿。试评析该案。

分析：本案中，S海运公司为避免承担责任，欲开出不清洁提单，以对抗收货人可能提出的索赔。而ST贸易公司向S海运公司出具保函换取清洁提单，并非为了隐瞒货物本身的缺陷，而是为了避免货物发生变质。S海运公司接受ST贸易公司的保函而签发清洁提单，也无欺诈收货人的意图。因此可以认定双方之间的保函具有效力，对承托双方具有法律约束力。承运人因保函事项遭受的经济损失，应通过保函从托运人处得到补偿。

（二）海运提单的种类

海运提单的种类繁多，可以从不同角度分为不同的种类。以下是主要的几种：

1. 根据货物是否已装船，可分为已装船提单和备运提单

（1）已装船提单（On Board B/L，Shipped B/L）是指整票货物已经全部装进货舱或装在甲板（如集装箱）后，船长或承运人或其授权的代理人凭大副收据所签发的提单。这种提单除载明一般事项外，通常还必须注明装载货物的船舶名称和装船日期，即提单项下货物的装船日期。这种提单在国际贸易中被广泛使用。

（2）备运提单（Received for Shipment B/L），又称收妥待运提单，是指承运人在接管托运人送交的货物后，在装船之前，应托运人的要求签发的提单。银行结汇一般不接受备运提单。

2. 根据提单有无批注条款，可分为清洁提单和不清洁提单

（1）清洁提单（Clean B/L）是指在装船时，货物的外表状况良好，承运人在签发提单时，未在提单上加注任何有关货物残损、包装不良、件数、重量和体积，或其他妨碍结汇的批注的提单。在国际贸易实践中，使用清洁提单非常重要，买方要想收到完好无损的货物，首先必须要求卖方在装船时保持货物外观良好，并要求卖方提供清洁提单。清洁提单是国际贸易中广泛采用的提单。

（2）不清洁提单（Unclean B/L，Foul B/L）是指承运人明确地在提单上对有关货物表面状况或包装上加有不良或存在缺陷等批注的提单。承运人签发不清洁提单，目的是对抗收货人可能提出的索赔。

3. 根据提单的不同抬头，可分为记名提单、不记名提单和指示提单

（1）记名提单（Straight B/L）是指提单上的收货人栏内具体填写某一特定的人或公司名称的提单。这种提单只能由该特定收货人提货，因此原则上记名提单不能流通转让。记名提单在国际贸易中使用并不多，一般只在运输展览品或贵重物品时使用。

（2）不记名提单（Bearer B/L）是指提单上的收货人一栏内未写明收货人，只填写“持有人”（Bearer）字样，即货交提单持有人，或收货人一栏为空白。这种提单转让手续非常简

便，流通性极强，因此风险很大，目前在实际业务中极少使用。

（3）指示提单（Order B/L）是指在提单正面收货人一栏内填上“凭指示”（To Order）或“凭××指示”（To Order of ××）字样的提单。指示提单是一种可转让提单。提单的持有人可以通过背书的方式把它转让给第三者，而不须经过承运人认可，所以这种提单为买方所欢迎。在国际贸易中，指示提单被广泛使用。我国在出口业务中大多使用凭指示空白背书的提单，习惯上称为“空白抬头”“空白背书”提单。

4. 根据运输方式，可分为直达提单、转船提单和联运提单

（1）直达提单（Direct B/L）是指货物从装运港装船后，中途不换船直接运到目的港而使用的提单。直达提单上仅列有装运港和目的港的港口名称。装直达船可节省费用、减少风险并及早提货。

（2）转船提单（Transshipment B/L）是指货物须经中途转船才能到达目的港而由承运人在装运港签发的全程提单。转船提单在现实生活中应用得并不广泛，多为挂靠港船只较少或航次间隔时间长，通过转船可加快货物到港时间时采用。

（3）联运提单（Through B/L）是指承运人对经由两种或两种以上运输方式（海/海、海/陆、陆/海）联运的货物所出具的覆盖全程的提单。转船、海陆、海空等联合运输均可签发联运提单。

5. 根据提单的签发日期，可以分为过期提单、倒签提单和预借提单

（1）过期提单（Stale B/L）。有两种情况可以构成过期提单：第一种是指由于航线较短或银行流转速度过慢，以致货物到达目的港时，收货人尚未收到提单，造成提货受阻；第二种则是由于出口商在取得提单后未能及时到银行议付形成过期提单。对于第一种情况，目前的解决办法是采用非转让的海运单或应用电子提单来替代目前的提单，以加快货物的流转。对于第二种情况，则根据国际商会《跟单信用证统一惯例》的规定，“在不迟于发运日之后的 21 天内交单”，银行一般都拒收过期提单。

（2）倒签提单（Anti-dated B/L）是指货物装船完毕后，承运人应托运人的要求，在货物的实际装船日期迟于信用证或合同规定的装运期限时，倒签日期以符合装运期限的一种提单。倒签提单是一种既违约又违法的行为，在许多国家都被视为卖方和船方的共同欺诈，一经发现，承运人将不得不与托运人共同赔偿收货人因此而遭受的损失。

（3）预借提单（Advanced B/L）是指货物在装船前或装船完毕前，托运人为及时结汇向承运人预先借用的提单。与倒签提单相比，预借提单的风险性更大。

6. 根据提单内容的繁简，可分为全式提单和略式提单

（1）全式或繁式提单（Long Form B/L）是指在提单上列有承运人和托运人权利、义务、责任和豁免等详细条款的提单。由于提单正反面均列有烦琐的条款，所以又有繁式提单之称。这是一种在实际业务中应用较广的提单格式。

（2）略式或简式提单（Short Form B/L）是指仅保留提单正面的必要记载事项，而无背面详细条款的提单。这种提单一般都列有“本提单货物的收受、保管、运输和运费等项，均按本公司全式提单内所印的条款为准”的字样。租船合同项下所签发的提单通常是简式提单。

专栏 3—10

关于集装箱清洁提单的案例

某国际货运S代理属于无船承运人，经营国际集装箱拼箱业务。某年9月15日，其在韩国釜山港货运站将分别属于五个不同发货人的拼箱货装入一个20英尺的集装箱，然后向L船务公司托运。该集装箱于9月18日装船，L公司向S签发了MASTER B/L一套；然后S向不同的发货人分别签发了HOUSE B/L共六套，均为清洁提单。9月23日，载货船舶抵达提单上记载的卸货港。S从L公司提取了外表状况良好和铅封完整的集装箱（货物），并在卸货港自己拆箱，拆箱时发现两件货物损坏。9月25日，收货人凭S签发的提单前来提货，发现货物损坏。请问：（1）S公司是否要承担责任？（2）如果S向L提出集装箱货物损坏赔偿，L是否要承担责任？

分析：在整箱货交接情况下，承运人承担在箱体完好和封志完整的状况下接受并在相同的状况下交付整箱货的责任。即交货时，只要集装箱外表与收箱时相似和铅封完整，承运人就完成了承运责任。承运人不负责箱内的货损货差。此外，在拼箱货交接情况下，承运人负责在箱内每件货物外表状况明显良好的情况下接受并在相同状况下交付拼箱货物。

（三）提单的内容

海运提单包括班轮提单和租船合同项下的提单两种。前者除提单正面列有有关货物与运费等记载事项外，背面还有印就的涉及承运人与托运人，承运人与收货人之间的权利、义务与责任豁免的条款；后者仅在提单正面列有简单的记载事项，而提单背面则无印就的条款。

1. 提单正面的内容

提单正面的内容通常包括：托运人（Shipper），收货人（Consignee），被通知人（Notify Party），提单号码（B/L No.），船名（Name of Vessel），装货港（Port of Loading），卸货港（Port of Discharge），货名（Discription of Goods），件数和包装种类（Number and Kind of Packages），唛头（Shipping Marks），重量和尺码（Gross Weight，Measurement），运费和费用（Freight and Charges），提单的签发，日期和份数等。

2. 提单背面的内容

提单背面的内容通常包括：定义条款（Definition Clause），管辖权条款（Jurisdiction Clause），责任期限条款（Duration of Liability），运费和其他费用（Freight and Other Charges），自由转船条款（Transshipment Clause），错误申报（Inaccuracy in Particulars Furnished by Shipper），承运人责任限额（Limit of Liability），共同海损（General Average），美国条款（American Clause），舱面货、活动物和植物（On Deck Cargo，Live Animals and Plants）等。

（四）关于海运提单的国际公约

目前，有关海上货物运输的国际公约主要有：

1.《统一提单的若干法律规则的国际公约》

在国际法协会海事法律委员会的推动下，欧美主要海运国于1924年8月在布鲁塞尔签订了第一部有关提单的国际公约，即《统一提单的若干法律规则的国际公约》，又称《海牙规则》。目前，它是海上货物运输领域影响最为广泛的国际公约。

2.《关于修改统一提单若干法律规则的国际公约议定书》

1968年，国际海事委员会在第12届海洋法外交会议上通过了《关于修改统一提单若干法律规则的国际公约议定书》，又称《维斯比规则》。该公约于1977年生效，也是目前国际海上货物运输方面的重要公约。

3.《联合国海上货物运输公约》

1978年，联合国海上货物运输会议在德国汉堡召开，会上通过了《联合国海上货物运输公约》，又名《汉堡规则》。该公约于1992年11月生效。《汉堡规则》对《维斯比规则》作了全面、实质的修改，扩大了承运人的责任范围，对货方和承运人的权益都作了较为公平合理的调整。

4.《联合国全程或部分海上国际货物运输合同公约》

联合国国际贸易法律委员会经过6年的艰巨工作，制定了《联合国全程或部分海上国际货物运输合同公约》（UN Convention on Contract for the International Carriage of Goods Wholly or Partly by Sea），经2008年12月联合国大会审议通过，并将该公约命名为《鹿特丹规则》（The Rotterdam Rules），决定于2009年9月23日在荷兰鹿特丹开放签署。该公约共有九十六条，其制定的主要目的，是取代现有的《海牙规则》、《维斯比规则》以及《汉堡规则》，以真正实现海上货物运输规则的国际统一，换言之，若《鹿特丹规则》生效，其他三个公约将废止，并将对国际航运、国际贸易实务和惯例等产生重大影响。

二、海运单

海运单（Sea Waybill，Ocean Waybill）是证明海上运输合同和货物由承运人接管或装船，以及承运人保证据以将货物交付给单证所载明的收货人的一种不可流通的单证，因此又称“不可转让海运单”（Non-negotiable Sea Waybill）。海运单具有三个基本作用：

（1）承运人收到由其照管的货物的收据；

（2）运输契约的证明；

（3）在解决经济纠纷时作为货物担保的基础。

在国际贸易业务中，海运单一般适用于下列货物运输：中途不被转售的制成品货物的班轮运输；出售给跨国公司的一家分公司或一家联营公司、相关公司之间的贸易；以记账贷款为基础的买卖；结算方式为直接汇付、往来账户、现金的贸易；其他不需要信用证的贸易。

鉴于海运单有一定的用途，为规范其使用，国际海事委员会于1990年6月在第34届大会上通过了《国际海事委员会海运单统一规则》。该规则共8条，分别为适用范围、定义、代理、承运人的权利和责任、货物的说明、支配权、交付和效力等。

三、铁路运输单据

我国对外贸易铁路运输，按营运方式分为国际铁路联运和国内铁路运输。前者使用国际铁路联运单据，后者使用承运货物收据。

1. 国际铁路联运单据

国际铁路联运单据（International Through Rail Waybill）是国际铁路联运的主要运输单据，它是参加联运的发送国铁路与发货人之间订立的运输契约，对收发货人和铁路都具有法律约束力。运单正本随同货物到达终点站，并交给收货人，它既是铁路承运货物出具的凭证，也是铁路与货主交接货物、核收运杂费和处理索赔与理赔的依据。运单副本于运输合同缔结后交给发货人，是卖方凭以向收货人结算货款的主要证件。

2. 承运货物收据

承运货物收据（Cargo Receipt）是港澳铁路运输中使用的一种结汇单据。该收据包括内地段和港澳段两段运输，是代办运输的外运公司向出口人签发的货物收据，也是承运人与托运人之间的运输契约，同时还是出口人办理结汇手续的凭证。

四、航空运单

航空运单（Airway Bill）与海运提单有很大不同，与国际铁路运单相似。它是由承运人或其代理人签发的重要货物运输单据，是承托双方的运输合同，其内容对双方均具有约束力。航空运单不可转让，持有航空运单也并不能说明可以对货物要求所有权。

航空运单的正本一式三份，每份都印有背面条款，其中一份交发货人，是承运人或其代理人接收货物的依据；第二份由承运人留存，作为记账凭证；最后一份随货同行，在货物到达目的地，交付给收货人时作为核收货物的依据。

五、多式联运单据

多式联运单据（Multimodal Transportation Documents，MTD）是证明多式联运合同以及证明多式联运经营人接管货物并负责按照合同条款交付货物的单据。

多式联运单据与联运提单在形式上有相同之处，但在性质上不同。

1. 提单的签发人不同

多式联运单据由多式联运经营人签发，而且可以是完全不掌握运输工具的“无船承运人”，全程运输均安排各分承运人负责。联运提单由承运人或其代理人签发。

2. 签发人的责任不同

多式联运单据的签发人对全程运输负责。而联运提单的签发人仅对第一程运输负责。

3. 运输方式不同

多式联运提单的运输既可用于海运与其他方式的联运，也可用于不包括海运的其他运输方式的联运。联运提单的运输仅限于海运与其他运输方式的联合运输。

六、邮包收据

邮包收据（Parcel Post Receipt）是邮包运输的主要单据，它既是邮局收到寄件人的邮包后所签发的凭证，也是收件人凭以提取邮件的凭证，它还可以作为索赔和理赔的依据，但邮包收据不是物权凭证。

根据《跟单信用证统一惯例》规定，如信用证要求邮包收据或邮寄证明，银行将接收的邮包收据或邮寄证明表面上有信用证规定的寄发地盖戳并加注日期，该日期即为装运或发运日期；如信用证要求专递或快递机构出具的单据，银行将接收快递单据的表面注明专递或快递机构的名称并盖章、签字并经证实，表明取件或收件日期，此日期即为装运日期或发运日期。这种专递和快递采用先进的运输工具和方式，实行门对门和桌到桌的服务，所以银行接收这种快递单据。

本章小结

国际货物运输是国际贸易不可缺少的重要环节。海洋运输是运用最广泛的一种运输方式，其经营方式有班轮运输和租船运输两种。除海运外，国际贸易中常用的运输方式还包括铁路运输，航空货物运输，集装箱运输，国际多式联运，公路、内河、大陆桥运输以及邮包运输等。

在国际货物买卖合同中，买卖双方必须就交货时间、装运地和目的地、能否分批装运和转运等问题在合同中作出明确规定。明确、合理地规定装运条款，是保证进出口合同顺利履行的重要条件。

运输单据是承运人收到承运货物签发给出口商的证明文件，它是交接货物、处理索赔与理赔以及向银行结算货款或进行议付的重要单据。运输单据主要有海运提单、海运单、铁路运单、邮包收据、航空运单和多式联运单据等。

本章关键术语

班轮运输	租船运输	国际铁路货物联运	国际多式联运
装运期	装卸港	分批装运和转运	滞期费
速遣费	海运提单	多式联运单据	

本章思考题

1. 何谓班轮运输？班轮运输有哪些特点？班轮运输的计费标准有哪些？试举例说明班轮运费的计算方法。

2. 装运期在合同中的法律地位如何？规定装运期的方法有哪些？

3. 在选择进出口货物的运输方式时，应考虑哪些因素？

4. 在合同中规定装运期时，规定在收到信用证后若干天装运，这种办法适用于什么情况？有何利弊？

5. 提单的性质和作用是什么？何谓清洁提单、记名提单、不记名提单、指示提单？这些提单在国际贸易中的使用情况如何？

本章练习题

（一）不定项选择题

1. 在班轮运价表中用字母“M”表示的计收标准为（　　）。

A. 按货物毛重计收　　B. 按货物体积计收

C. 按商品价格计收　　D. 按货物件数计收

2. 在国际买卖合同中，使用较普遍的装运期规定办法是（　　）。

A. 明确规定具体的装运时间

B. 规定收到信用证后若干天装运

C. 收到信汇、电汇或票汇后若干天装运

D. 笼统规定近期装运

3. 在进出口业务中，经过背书能够转让的单据有（　　）。

A. 铁路运单　　B. 海运提单

C. 航空运单　　D. 邮包收据

4. 我国内地经由铁路供应港澳地区的货物，向银行收汇的凭证是（　　）。

A. 国际铁路联运单　　B. 国内铁路联运单

C. 承运货物收据　　D. 多式联运单

5. 在定程租船方式下，对装卸费的收取办法有（　　）。

A. 船方不负担装卸费　　B. 船方负担装卸费

C. 船方只负担装货费，而不负担卸货费

D. 船方只负担卸货费，而不负担装货费

E. 船方只负担租期内一定时期的装卸费

6. 在国际贸易中，开展以集装箱运输的国际多式联运，有利于（　　）。

A. 简化发运手续　　B. 加快货运速度

C. 降低运输成本　　D. 节省运杂费用

E. 提高运输费用

7. 为了统一提单背面条款的内容，国际上先后签署的国际公约有（　　）。

A.《海牙规则》　　B.《维斯比规则》

C.《汉堡规则》　　D.《跟单信用证统一惯例》

E.《国际货约》

（二）判断题

1. 在班轮运费中包括装卸货，船货双方不计滞期费和速遣费。（　　）

2. 装运期就是交货期。（　　）

3. 航空运费通常按重量或体积计算，以其中收费较高者为准。（　　）

4. 国际商会修订的《跟单信用证统一惯例》规定，可以使用“迅速”装运、“立即”装运等类似词语，银行对此应给予结汇。（　　）

5. 一般来说，允许分批装运和转运对卖方来说较主动。（　　）

6.《跟单信用证统一惯例》规定，在分批装运中任何一批未按规定装运，则本批及以后各批均告失效。（　　）

7. 记名提单比不记名提单风险大，故很少使用。（　　）

8. 多式联运单据依发货人选择可以转让，转让后，签发这种单据的多式联运经营人即不对下一程运输负责。（　　）

（三）案例分析题

1. 我国某公司出口货物共 5 000 箱，对外报价为每箱 275 美元 CFR 伦敦。几天后，国外商人要求将价格改报为 FOB 天津。已知该批货物每箱的体积为 45 厘米×35 厘米×25 厘米，毛重为 38 千克，净重为 32 千克，商品计费标准为 W/M，基本运费为每运费吨 100 美元，到伦敦港需加收燃油附加费 20%，货币贬值附加费 10%，港口拥挤附加费 20%。试求 FOB 天津价为多少？

2. 某年 3 月 20 日，我国某进口商 B 公司与巴西某出口商 A 公司签订一份购销货物合同，合同规定交货期为 6 月 10 日，付款方式原为信用证，之后 A 公司擅自变更为托收方式付款。B 公司于 6 月 8 日收到装船电报通知，注明货物已于 6 月 7 日运往中国上海港，并注明合同号和信用证号。6 月 14 日，B 公司接到提货通知和随船提单一份，提单上的装船日期为 6 月 11 日。为此，B 公司以 A 公司违约为由拒绝提货并拒绝付款，同时提出双方解除合同。试分析，B 公司以 A 公司违约为由提出的要求符合法律规定吗？

第四章 国际货物运输保险

学习目标

通过本章的学习，了解国际货物运输所面临的各种风险及由此可能产生的各种损失和费用，熟悉我国海运货物保险的条款以及陆运、空运与邮包运输货物保险条款，掌握进出口货物运输的保险实务。

第一节 保险的基本概念与基本原则

现代国际贸易总量的80%是通过海上运输完成的。海上运输的一个缺点就是风险太大，货物在运输过程中遭到损失的可能性较其他方式要大。这种不确定性会对企业的经营产生不良影响，可能因此阻碍贸易的发展。通过保险，被保险人支付一定的保险费，保险公司对被保险人的货物遭受保险事故造成的损失和产生的责任负责赔偿。这样将可能发生的损失变为固定的费用，在货物遭受承保范围内的损失时，可以从有关保险公司及时得到经济上的补偿，从而有效地促进国际贸易的发展。

保险分为很多种类，本章主要讲授海上货物运输保险。

一、保险的基本概念

（一）保险人与被保险人

保险人又叫承保人，是指经营海上保险业务的组织和个人。它是保险合同的一方，有权收取保险费，但应对被保险人将来可能遭受的某些损失按照合同规定承担经济赔偿责任。保险人一般以法人为主，通常是股份有限公司。但英国的劳合社允许自然人作为承保人经营保险业务。被保险人是指与保险人签订保险合同并缴纳保险费的人。被保险人也是受保险合同保障、有权享受保险利益的人。被保险人在保险事故发生，造成保险标的损失时，有权根据保险合同的规定，向保险公司请求赔偿。被保险人在保险标的发生损失时必须对保险标的具有经济上的利害关系，即可保利益，否则无权获得赔偿。

（二）保险标的与保险合同的标的

保险标的是指保险所要保障的对象，可以是有形物，如货物；也可以是无形的利益，如利润；也可以是责任，如产品责任；还可以是信用，如进口商的信用。

被保险人在保险合同中要求获得保障的不是特定的标的，而是在特定标的中所具有的经济利益，即可保利益。可保利益是指投保人或被保险人对于保险标的因有利害关系而产生的为法律所承认的、可以投保的经济利益。我们投保海上货物运输保险，保险标的是货物，但我们并不是要保险公司保证这些货物完好无损。我们要求的是，如果货物发生损失，使我们的经济利益受到损害，保险公司要给予赔偿，使我们的经济利益不因货物损失而受损。

（三）保险价值

保险价值是指被保险人与保险人共同约定记载于保险合同中的保险标的的价值，不一定等于保险标的的实际价值。根据我国《海商法》的规定：货物的保险价值，是保险责任开始时货物在起运地的发票价格或者非贸易商品在起运地的实际价值以及运费和保险费的总和。

（四）保险金额

被保险人对保险标的的实际投保金额，是保险人计算保险费的依据。根据我国《海商法》的规定：保险金额不得超过保险价值；超过保险价值的，超过部分无效。保险金额也是保险人承担损失赔偿责任的最高限额。根据我国《海商法》的规定：保险人赔偿保险事故造成的损失，以保险金额为限。保险金额低于保险价值的，在保险标的发生部分损失时，保险人按照保险金额与保险价值的比例负赔偿责任。

（五）保险费

保险费简称保费，是保险人因承担特定的赔偿或给付责任而向被保险人收取的费用。保费等于保险金额乘以费率。

二、保险的基本原则

保险的基本原则是被保险人和保险人签订保险合同、履行各自义务，以及办理索赔和理赔工作所必须遵守的原则。保险的基本原则主要有：可保利益原则、最大诚信原则、补偿原则、重复保险分摊原则等。

（一）可保利益原则

可保利益原则（Principle of Insurable Interest）是指被保险人在保险标的发生损失时

必须对保险标的具有经济上的利害关系，即可保利益，否则无权获得赔偿。

作为保险合同客体的可保利益必须具有以下三个条件：

第一，可保利益必须是合法的利益，而不应是违反法律规定、通过不正当的手段获得的。如果是属于违法行为所获得的利益，如海上走私，或者是属于违反国家利益或社会公共利益而产生的利益，都不能作为可保利益而订立保险合同。

第二，可保利益必须是一种确定的、可实现的利益，而不是仅仅凭主观臆测、推断可能获得的利益。

第三，可保利益必须是可以用货币计算的经济利益，而不是恢复原样或物质补偿。当发生保险事故造成损失时，需要保险人保障的是投保人或被保险人在经济利益上的损失。

专栏 4—1

没有保险利益，保险公司拒赔

有一份FOB合同，货物在装船后，卖方向买方发出装船通知，买方向保险公司投保了海洋运输货物保险“仓至仓条款一切险”(All Risks with Warehouse to Warehouse Clause)，但货物在从卖方仓库运往码头的途中，被暴风雨淋湿了10%的货物。事后卖方以保险单含有仓至仓条款为由，要求保险公司赔偿此项损失，但遭到保险公司拒绝。后来卖方又请求买方以投保人名义凭保险单向保险公司索赔，也遭到保险公司拒绝。试问，保险公司能否拒赔?

分析：本案例考察了保险中的可保利益原则。在FOB条件下，买方投保的海运保险是自货物在装运港装上船之后才生效的；在货物装上船之前买方尚未承担风险，因此，对货物没有可保利益。卖方也无权从保险公司得到赔偿，因为他不是被保险人。在本案中，保险公司拒赔是有道理的。

（二）最大诚信原则

最大诚信原则（Principle of Utmost Good Faith）是海上保险合同的重要原则之一。对被保险人来说，最大诚信原则意味着他必须如实告知、正确陈述和遵守保证。

1. 告知

告知（Disclosure）是指合同订立前，被保险人应当将其知道的或者在通常业务中应当知道的有关影响保险人据以确定保险费率或者确定是否同意承保的重要情况，如实告知保险人。保险人知道或者在通常业务中应当知道的情况，保险人没有询问的，被保险人无须告知。若投保时被保险人对重要事项故意隐瞒，即构成不告知（Non-disclosure）。

2. 陈述

根据英国1906年《海上保险法》的规定，被保险人除了要向保险人如实告知重要情况外，还要对一些事实或期望进行正确的陈述（Representation）。如果所做的陈述不真实，即为错误陈述（Misrepresentation）。在《中华人民共和国保险法》（简称《保险法》）和《中华人民共和国海商法》（简称《海商法》）关于最大诚信原则的规定中，没有“陈述”这个概念。

3. 保证

保证（Warranty），也称担保，一般是指被保险人在保险合同中所作的保证要做或不做某种事情；保证某种情况的存在或不存在；保证履行某一项条件等。对于保险合同中的保证条件，不论其重要性如何，被保险人均须严格遵守。根据我国《海商法》的规定，被保险人违反合同约定的保证条款时，应当立即书面通知保险人。保险人收到通知后，可以解除合同，也可以要求修改承保条件、增加保险费。被保险人即使在损失发生之前已对违反的保证进行了弥补，也不能以此为由为其违反保证的事实提出辩护，保险人仍可按违反保证处理。

（三）补偿原则

保险的补偿原则（Principle of Indemnity）是指当保险标的发生保险责任范围内的损失时，保险人应按照合同条款的规定履行赔偿责任。保险的补偿原则体现在以下几个方面：一是保险人的赔偿金额不能超过保单上的保险金额，因为保险人是按照保险金额来收取保险费的，其赔偿责任也不应超过这一限额；二是被保险人在保险事故发生时必须具有可保利益，而且赔偿金额也以被保险人在保险标的中所具有的可保利益金额为限，因为可保利益是其可能遭受的损失的最大额；三是保险人的赔偿金额也不能超过被保险人遭受的实际损失，也就是说，保险人的赔偿不应使被保险人因保险赔偿而获得额外利益，否则容易引发道德风险。如果实际损失是 50 元，而可以从保险公司获得 60 元赔偿，则被保险人就会发现，如果发生保险事故，他就可以获得 10 元的额外利益。如果被保险人道德品质不好，他可能故意放松对保险标的的看管或故意制造保险事故，以获得保险赔偿。

代位追偿原则是保险补偿原则派生出来的一项原则。当保险标的发生了保险责任范围内的由第三者责任造成的损失，保险人向被保险人履行了损失赔偿的责任后，有权在其已赔付的金额限度内取得被保险人在该项损失中向第三责任方要求索赔的权利，保险人取得该权利后，即可以被保险人的身份向责任方进行追偿。因为如果被保险人从保险公司处得到了赔偿，又从第三方处得到赔偿，他就因为保险而获得了额外收益，违反了补偿性原则。

专栏 4—2

案例说明保险的代位追偿原则

我国某运输公司的货船宇宙号在驶往目的地澳大利亚佩思港的途中，为避免某一外轮违章行驶而造成碰船的发生，偏离航线触礁并引起火灾。宇宙号货船在启程前以自己的名义投保了一切险。根据有关法律和惯例的规定，试问：(1) 宇宙号在上述情况下是否具有灭火的义务？为什么？(2) 宇宙号从保险公司获得赔偿后能否对已从保险公司获得的赔偿部分再向外轮请求赔偿？为什么？

分析：根据保险法律的规定，被保险人有义务对遭受承保风险的货物，采取合理和必要的措施，以避免或减少损失，因此，宇宙号在上述情况下具有灭火的义务。根据代位追偿原则，宇宙号货轮从保险公司获得赔偿后不能对已从保险公司获得的赔偿部分再向外轮请求赔偿。

（四）重复保险分摊原则

重复保险分摊原则（Principle of Contribution of Double Insurance）是保险补偿原则派生出来的又一项原则。重复保险（Double Insurance），亦称“双重保险”，是指被保险人对同一保险标的或其中的一部分就同一风险订立了两张或多张保险单，而且总保险金额超过了法律所允许的赔偿金额。在出现重复保险的情况下，当保险标的发生损失时，按照保险补偿原则，被保险人是不能从保险人那里获得超过保险标的受损价值的补偿的。为了防止被保险人从所受损失中获得多重赔偿，把保险标的的损失赔偿责任在各保险人之间进行分摊，便是重复保险的分摊原则。根据我国《海商法》的规定：被保险人对同一保险标的就同一保险事故向几个保险人重复订立合同，而使该保险标的的保险金额总和超过保险标的价值的，除合同另有约定外，被保险人可以向任何保险人提出赔偿请求。被保险人获得的赔偿金额总和不得超过保险标的的受损价值。各保险人按照其承保的保险金额与保险金额总和的比例承担赔偿责任，任何一个保险人支付的赔偿金额超过其应当承担的赔偿责任的，有权向未按照其应当承担赔偿责任支付赔偿金额的保险人追偿。

专栏 4—3

实例计算分摊金额

某保险标的的实际价值是 10 万元，投保人分别向甲保险公司投保 4 万元，乙保险公司投保 6 万元，丙保险公司投保 2 万元。若保险事故发生后，该保险标的的实际损失为 6 万元，则三个保险人的分担金额分别为多少？

分析：该例涉及重复保险分摊原则及其金额计算。按照比例分摊责任法，在保险标的发生损失时，各保险人按各自保险单中所承担的保险金额与总保险金额的比例来承担保险赔偿责任，因此计算过程如下：

甲保险公司的赔偿金额＝4÷12×6＝2（万元）

乙保险公司的赔偿金额＝6÷12×6＝3（万元）

丙保险公司的赔偿金额＝2÷12×6＝1（万元）

第二节　海运货物保险保障的风险、损失和费用

一、海运货物保险保障的风险

（一）海上风险

海上风险是指船舶或货物在海上航行中或随附海上运输所发生的风险。在现代海上保

险业务中，保险人所承保的海上风险是有特定范围的：一方面，它并不包括在海上发生的一切风险；另一方面，它又不局限于航海中所发生的风险，还包括发生在与海上航运相关联的内陆、内河、内湖运输过程中的一些风险。海上风险一般包括自然灾害和意外事故两种。按照国际保险市场的一般解释，这些风险所指的内容大致如下：

1. 海上自然灾害

自然灾害（Natural Calamities）是指由于自然界的变异引起破坏力量所造成的灾害。在海运货物保险中，自然灾害仅指恶劣气候、雷电、海啸、地震、洪水、火山爆发等人力不可抗拒的灾害。

2. 海上意外事故

意外事故（Accident）是指由于意料不到的原因所造成的事故。在海运货物保险中，意外事故仅指搁浅、触礁、沉没、碰撞、火灾、爆炸、失踪、倾覆等。

（二）外来风险

外来风险是指海上风险以外由于其他各种外来的原因所造成的风险，外来风险包括下列三种类型：

1. 一般外来风险

一般外来风险是指偷窃、提货不着，淡水雨淋，短量，混杂、沾污，渗漏，破损、破碎，串味，受潮受热，钩损，包装破裂，锈损等外来风险。它们分别由 11 种对应的一般附加险承保。

2. 特殊外来风险

特殊外来风险主要是指由于军事、政治、国家政策法令和行政措施等原因所致的风险损失，如战争和罢工等。

3. 特别外来风险

特别外来风险主要是指六种外来风险，分别由舱面险、进口关税险、拒收险、黄曲霉素险、交货不到险和货物出口到香港（包括九龙）或澳门存仓火险责任扩展条款承保。

二、海运货物保险保障的损失

被保险货物因遭受海洋运输中的风险所导致的损失称为海上损失，或简称为海损（Average）。海损按损失程度的不同，可分为全部损失和部分损失。而海上损失按性质又可分为共同海损和单独海损。

（一）全部损失与部分损失

1. 全部损失

全部损失简称全损，可以分为实际全损（Total Loss）和推定全损（Constructive Total Loss）。

（1）实际全损。根据我国《海商法》的规定，保险标的发生保险事故后灭失，或者受到严重损坏完全失去原有形体、效用，或者不能再归保险人所拥有的，为实际全损。船舶在合理时间内未从被获知最后消息的地点抵达目的地，除合同另有约定外，满两个月后仍没有消息的，为船舶失踪。船舶失踪视为实际全损。

当保险标的发生实际全损时，保险公司赔偿实际全损后，以被保险人的名义进行任何法律活动的权利就自动转移给了保险人。被保险人和保险人往往签署一个“代位追偿书”。

（2）推定全损。根据我国《海商法》的规定，货物发生保险事故后，认为实际全损已经不可避免，或者为避免发生实际全损所需支付的费用与继续将货物运抵目的地的费用之和超过保险价值的，为推定全损。

当保险标的发生推定全损时，被保险人有两个选择：一是按照推定全损向保险人索赔全部损失赔偿。但被保险人必须向保险人发出委付通知（Abandonment），即向保险人声明愿意将保险标的的一切权益，包括财产权及一切由此而产生的权利与义务转让给保险人，而要求保险人按全损给予赔偿的一种行为。保险人可以接受委付，也可以不接受委付，但是应当在合理的时间内将接受委付或者不接受委付的决定通知被保险人。保险人接受委付的，被保险人对委付财产的全部权利和义务转移给保险人。二是被保险人保留标的，而向保险人要求部分损失的赔偿，此时无须发出委付通知。

2. 部分损失

不属于实际全损和推定全损的损失，为部分损失。根据我国《海商法》的规定，保险金额低于保险价值的，在保险标的发生部分损失时，保险人按照保险金额与保险价值的比例承担赔偿责任。当然，当保险金额等于保险价值时，被保险人的部分损失可以全部从保险人处得到赔偿。

（二）共同海损与单独海损

1. 共同海损

共同海损（General Average），是指在同一海上航程中，船舶、货物和其他财产遭遇共同危险，为了共同安全，有意地、合理地采取措施所直接造成的特殊牺牲、支付的特殊费用。共同海损应当由受益方按照各自分摊价值的比例分摊。

构成共同海损的条件是：

（1）共同海损的危险必须是实际存在的，或者是不可避免的，而非主观臆测的。因为不是所有的海上灾难、事故都会引起共同海损。

（2）必须是自愿地和有意识地采取合理措施所造成的损失或发生的费用。

（3）必须是为船货共同安全所采取的谨慎行为或措施时所做的牺牲或引起的特殊费用。

（4）必须是属于非常性质的牺牲或发生的费用，并且是以脱险为目的。

如果在保单的有效期内，发生了承保的风险造成的共同海损事故，因而引起的保险财产的共同海损牺牲和被保险人支付的共同海损费用，都可以根据保险单条款的规定，从保险公司取得相应的赔偿，而保险人在赔偿共同海损损失和费用后可取得代位追偿权；如果被保险人向其他利害关系方支付了共同海损分摊金额，被保险人可以根据保险合同，向保险公司索赔。

2. 单独海损

单独海损（Particular Average）是指保险标的在海上遭受风险所造成的，除共同海损以外的部分损失。这些损失只能由标的物的所有人单独负担。当然，如果损失是由承保风险所引起的，被保险人可以向保险人索赔。

3. 共同海损和单独海损的区别

共同海损与单独海损的主要区别表现在：

（1）在造成损失的原因上，共同海损是为了解除或减轻承保风险人为造成的一种损失；而单独海损是由承保风险所直接造成的船、货损失。

（2）在损失的承担上，共同海损行为所作出的牺牲或引起的特殊费用，都是为使船主、货主和承运方不遭受损失而支出的，因此，不管其大小如何，都应由船主、货主和承运各方按获救的价值，以一定的比例分摊。这种分摊叫共同海损的分摊。

专栏 4—4

案例：如何区分共同海损和单独海损

某货轮从天津新港驶往新加坡，在航行途中船舶货舱起火，大火蔓延到机舱，船长为了船货的共同安全，决定采取紧急措施，往舱中灌水灭火。火虽被扑灭，但由于主机受损，无法继续航行。于是船长决定雇用拖轮将货船拖回新港修理。检修后重新驶往新加坡。事后调查，这次事件造成的损失有：（1）1 500 箱货物被火烧毁；（2）800 箱货物由于灌水灭火受损；（3）主机和部分甲板被烧坏；（4）拖船费用；（5）额外增加的燃料和船长、船员工资。试分析：以上损失中哪些属于共同海损？哪些属于单独海损？为什么？

分析：（1）和（3）是由意外事故所造成的损失，显然属于单独海损；而其余三项是为了解除由于火灾造成的共同危险而采取的措施造成的特殊牺牲和费用，所以属于共同海损。

三、海运货物保险保障的费用

保险人不仅对由于承保风险而造成的损失，按照保险合同的规定负赔偿责任，而且承担施救费用和救助费用。

（一）施救费用

施救费用（Sue&Labour Charge），也称为诉讼及营救费用，或损害防止费用，是指被保险货物在遭遇承保责任范围内的灾害事故时，被保险人（或其代理人、雇佣人员或受让人）为了避免或减少货物损失，采取各种抢救与防护措施所支出的合理费用。

（二）救助费用

救助费用（Salvage Charge）是指海上保险财产在遭遇承保范围内的灾害事故时，由保险人和被保险人以外的第三者采取救助措施并获成功，由被救方支付给救助方的一种报酬。

救助费用一般都可以列为共同海损的费用项目，因为通常它是在船货各方遭遇共同危难的情况下，为了共同安全由其他船舶前来救助而支出的费用。在各国保险法或保险公司的保险条款中，一般都列有保险人对救助费用负赔偿责任的规定。

（三）施救费用与救助费用的区别

施救费用与救助费用的区别主要有以下几点：

1. 采取行为的主体不同

施救是由被保险人及其代理人等采取的行为，而救助是保险人和被保险人以外的第三者进行的。

2. 给付报酬的原则不同

施救费用是施救不论有无效果，都予以赔偿，而救助则是"无效果，无报酬"。

3. 保险人的赔偿责任不同

施救费用可在保险货物本身的保额以外，再赔一个保额；而保险人对救助费用的赔偿责任是以不超过获救财产的价值为限。

第三节　中国海洋运输货物保险

现行的中国人民财产保险公司海洋运输货物保险条款是在 1981 年 1 月 1 日修订的，其主要内容介绍如下。

一、基本险别

中国海洋运输货物保险可以分为基本险别和附加险别，其中基本险别是指可以单独投保的险别。基本险别分为平安险（Free from Particular Average，FPA）、水渍险（With Average or With Particular Average，WA or WPA）和一切险（All Risks）三种。下面介绍这三种险别的责任范围、除外责任、责任起讫、被保险人的义务和索赔期限。这三种险别的责任范围各不相同，所以，我们将一一介绍三种险别的责任范围。但这三种险别在除外责任、责任起讫、被保险人的义务和索赔期限方面的规定完全相同，我们就只做统一的介绍。

（一）责任范围

1. 平安险

平安险是三种险别中责任范围最小的险种。该险负责赔偿项目如下：

（1）被保险货物在运输途中由于恶劣气候、雷电、海啸、地震、洪水等自然灾害造成整批货物的全部损失或推定全损。当被保险人要求赔付推定全损时，须将受损货物及其权利委付给保险公司。被保险货物用驳船运往或运离海轮的，每一驳船所装货物可视作一个整批。推定全损是指被保险货物的实际全损已经不可避免，或者恢复、修复受损货物以及运送货物到原定目的地的费用超过该目的地的货物价值。

（2）由于运输工具遭受搁浅、触礁、沉没、互撞、电与流冰或其他物体碰撞以及失火、爆炸等意外事故造成货物的全部或部分损失。

（3）在运输工具已经发生搁浅、触礁、沉没、焚毁等意外事故的情况下，货物在此前后又在海上遭受恶劣气候、雷电、海啸等自然灾害所造成的部分损失。

（4）在装卸或转运时由于一件或数件的整件货物落海造成的全部或部分损失。

（5）被保险人对遭受承保责任范围内危险的货物采取抢救、防止或减少货损的措施而支付的合理费用，但以不超过该批被救货物的保险金额为限。

（6）运输工具遭遇海难后，在避难港由于卸货所引起的损失以及在中途港、避难港由于卸货、存仓以及运送货物所产生的特别费用。

（7）共同海损的牺牲、分摊和救助费用。

（8）运输契约包含“双方有责碰撞”条款，根据该条款规定应由货方偿还船方的损失。

2. 水渍险

水渍险的责任范围比平安险大，但比一切险小。

除包括上述平安险的各项责任外，水渍险还负责被保险货物由于恶劣气候、雷电、海啸、地震、洪水等自然灾害所造成的部分损失。

3. 一切险

一切险是三种基本险中责任范围最大的险种。

除包括上述平安险和水渍险的各项责任外，一切险还负责被保险货物在运输途中由于外来原因所致的全部或部分损失。这些外来原因所致的损失是由 11 种一般外来风险对应的附加险所承保的。

（二）除外责任

我国的海洋运输货物保险对下列损失不负赔偿责任：

（1）被保险人的故意行为或过失所造成的损失。

（2）属于发货人责任所引起的损失。

（3）在保险责任开始前，被保险货物已存在的品质不良或数量短差所造成的损失。

（4）被保险货物的自然损耗、本质缺陷、特性以及市价跌落、运输延迟所引起的损失或费用。

（5）海洋运输货物战争险条款和货物运输罢工险条款规定的责任范围和除外责任。

专栏 4—5

保险公司除外责任的案例

国内某地进出口公司以 CIF 价格出口欧洲某地鲜桔一批，投保一切险加战争险。由于载货轮船逾龄，机器设备陈旧，速度慢，以致在途时间长。抵目的港后，收货人发现这批鲜桔已腐烂 35%。轮船超龄速慢是客观存在，不能构成船方过失，而且该批货物已投保一切险。试问，这一损失是否由保险公司负责赔偿？

分析：根据免责条款，我国的海洋运输货物保险对被保险货物的自然损耗、本质缺陷、特性以及市价跌落、运输延迟所引起的损失或费用不负赔偿责任，因此，保险公司不对上述损失承担赔偿责任。至于由谁来承担责任，应结合贸易术语进行判定，如在CIF条件下，由于卖方负责租船订舱，因此，卖方应对此损失承担责任。

（三）责任起讫

第一，基本险负“仓至仓”责任，自被保险货物运离保险单所载明的起运地仓库或储存处所开始运输时生效，包括正常运输过程中的海上、陆上、内河和驳船运输在内，直至该项货物到达保险单所载明目的地收货人的最后仓库或储存处所或被保险人用作分配、分派或非正常运输的其他储存处所为止。如未抵达上述仓库或储存处所，则以被保险货物在最后卸载港全部卸离海轮后满60天为止。如在上述60天内被保险货物需转运到非保险单所载明的目的地时，则以该项货物开始转运时终止。

第二，由于被保险人无法控制的运输延迟、绕道、被迫卸货、重新装载、转载或承运人运用运输契约赋予的权限所作的任何航海上的变更或终止运输契约，致使被保险货物运到非保险单所载明目的地时，在被保险人及时将获知的情况通知保险人，并在必要时加缴保险费的情况下，基本险仍继续有效，保险责任按下列规定终止：（1）被保险货物如在非保险单所载明的目的地出售，保险责任至交货时为止，但不论任何情况，均以被保险货物在卸载港全部卸离海轮后满60天为止；（2）被保险货物如在上述60天期限内继续运往保险单所载原目的地或其他目的地时，保险责任仍按上述第一款的规定终止。

专栏4—6

更改航线导致保险公司拒赔

国内某进出口贸易公司按FOB条件进口一批货物，目的地为厦门，向中国人民财产保险公司某分公司投保了海运“水渍险”。船到广州黄埔港后，换了用户单位，货卸广州，经铁路运往成都，途中适逢恶劣天气导致山洪暴发，货物部分受损。事后，该贸易公司向保险公司提出索赔而遭到拒绝。对此，保险公司拒赔是否合理？该如何处理？

分析：本案的分歧来源于被保险人是否尽到义务的问题。根据保险惯例，在航程变更的情况下被保险人有义务在发现后立即通知保险人进行修改，并办理必要的续保手续，否则可能会使保险责任中断。在本案中，由于贸易公司在航程发生变化的情况下，并没有履行告知义务，从而导致保险责任在货到广州黄埔港口后就终止了，因此，保险公司拒赔是有道理的。

（四）被保险人的义务

我国现行《海洋运输货物保险条款》规定了被保险人的义务，在被保险人未履行这些义务而影响保险人利益的情况下，保险人有权拒绝赔偿有关损失。被保险人的义务如下：

1. 及时提货的义务

当被保险货物运抵保险单所载明的目的港（地）后，被保险人有义务及时提货。当发现被保险货物遭受任何损失时，应立即向保险单上规定的检验、理赔代理人申请检验，并向有关当局（如海关、港务局）索取货损货差的证明。如涉及第三者责任，应以书面方式向其提出索赔，必要时还须取得延长索赔时效的凭证。

2. 施救义务

对遭受承保风险的货物，被保险人有义务采取合理和必要的措施，避免或减少损失，同时保险公司也可以采取措施避免或减少损失。但不得认为是被保险人放弃委付的表示，也不能认为是保险人接受委付的表示。保险人对被保险人因采取此项措施而发生的费用，即施救费用应予以赔偿。

3. 更正保险单内容的义务

在航程变更的情况下或者由于疏忽，被保险人向保险人申报的货物、船名或航程等保险单证内容有遗漏或错误时，被保险人有义务在发现后立即通知保险人进行更正，并在必要时加缴保险费，以维持保险单的效力，否则可能发生保险责任中断或者保险责任从未开始的严重法律后果。

4. 提供索赔单证的义务

被保险人在向保险人索赔时，应提供保险公司所要求的包括保险单正本在内的全套单证及其他必要的文件。

5. 及时通知义务

被保险人在获悉有关运输契约中“双方有责碰撞”条款的实际责任时，须及时通知保险人，从而使得保险人能够在必要时自负费用以被保险人的名义对承运人的索赔进行抗辩。如果能够证明承运人没有尽到管货责任或者船舶不适航，承运人就不能免除对本船货损的责任。

（五）索赔期限

索赔期限又称索赔时效，是被保险货物因发生保险责任范围内的风险而遭受损失时，被保险人向保险人提出索赔的有效期限。我国保险条款规定，被保险人提出保险索赔的时效为两年，从货物在最后卸载港全部卸离海轮之日算起。如果逾期，被保险人就丧失了向保险人提出保险索赔的权利。

二、附加险

附加险可以分为一般附加险、特殊附加险和特别附加险。附加险只有在投保了基本险别的基础上才可以投保。

（一）一般附加险

一般附加险共有 11 种。一切险的承保范围包括所有的一般附加险，所以在投保了一切险之后，就不用再单独投保一般附加险。而在投保了平安险或水渍险时，可以根据货物的性质投保一种或几种一般附加险。这里主要介绍一般附加险的承保范围，其除外责任、责任起讫、被保险人的义务和索赔期限的规定都与基本险一样，在此不再赘述。

1. 偷窃、提货不着险

该险别对偷窃行为所致的损失和整件提货不着导致的损失负责。

2. 淡水雨淋险

该险别对被保险货物因直接遭受雨淋或淡水所致的损失负责赔偿，但包装外部应有雨水或淡水痕迹或有其他适当证明，被保险人必须及时提货，并在提货后10天内申请检验，否则，保险公司不负赔偿责任。

3. 短量险

该险别对被保险货物在运输过程中，因外包装破裂或散装货物发生数量散失和实际重量短缺的损失负责赔偿，但正常的途耗除外。

4. 渗漏险

该险别对被保险货物在运输过程中，因容器损坏而引起的渗漏损失，或用液体储藏的货物因液体的渗漏而引起的货物腐败等损失负责赔偿。

5. 破损、破碎险

该险别对被保险货物在运输途中因震动、碰撞、受压造成的破碎和碰撞损失，负责赔偿。

6. 串味险

该险别对被保险食用物品、中药材、化妆品原料等货物在运输过程中，因受其他物品的影响而引起的串味损失，负责赔偿。

7. 受潮受热险

该险别对被保险货物在运输过程中因气温突然变化或由于船上通风设备失灵致使船舱内水汽凝结、发潮或发热所造成的损失，负责赔偿。

8. 包装破裂险

该险别对被保险货物在运输过程中因搬运或装卸不慎，包装破裂所造成的损失，以及为继续运输安全所需要对包装进行修补或调换所支付的费用，均负责赔偿。

9. 锈损险

该险别对被保险货物在运输过程中发生的锈损负责赔偿。

10. 钩损险

该险别对被保险货物在装卸过程中因遭受钩损而引起的损失，以及对包装进行修补或调换所支付的费用，均负责赔偿。

11. 混杂、沾污险

该险别对被保险货物在运输过程中，因混杂、沾污所致的损失，负责赔偿。

专栏4—7

海洋运输冷藏货物保险条款

在我国，保险条款对某些特殊商品还配备有海运冷藏货物等海运保险条款。一些货物如鲜货、水果、蔬菜等为在运输途中保持新鲜，一般都需要经过特别处理后放入货船的冷藏箱内。但有时可能会由于意外事故和自然灾害使冷却系统失灵，从而造成直接经济损失。为避免上述情况，保鲜货物一般需要投保冷藏险。海洋运输冷藏货物保险分为冷藏险和冷藏一切险。

海运冷藏货物保险责任自被保险货物运离保险单所载起运地点的冷藏仓库装入运送工具开始运输时生效，包括正常运输过程中的海上、陆上、内河和驳船运输在内，直至该项货物到达保险单所载明的最后卸载港30天内卸离海轮，并将货物存入岸上冷藏库后继续有效。但以货物全部卸离海轮时起算满10天为限。

（二）特殊附加险

特殊附加险包括战争险和罢工险。

1. 战争险

战争险（War Risk）对直接由于战争、类似战争行为和敌对行为、武装冲突或海盗行为所致的损失，以及由于上述行为引起的捕获、拘留、扣留、禁制、扣押所造成的损失，各种常规武器，包括水雷、鱼雷、炸弹所致的损失，以及由于以上原因造成的共同海损的牺牲、分摊和救助费用负赔偿责任。但对由于敌对行为使用原子或热核制造的武器所致的损失和费用以及根据执政者、当权者，或其他武装集团的扣押、拘留引起的承保航程的丧失和挫折而提出的任何索赔不负责。

战争险的责任起讫不是采用“仓至仓”，而是“水面危险”原则，也就是说战争险的责任自被保险货物装上保险单所载起运港的海轮或驳船时开始，到卸离保险单所载明的目的港的海轮或驳船时为止。如果被保险货物不卸离海轮或驳船，保险责任最长期限以海轮到达目的港的当日午夜起算满15天，海轮到达上述目的港是指海轮在该港区内的一个泊位或地点抛锚、停泊或系缆，如果没有这种泊位或地点，则指海轮在原卸货港或地点或附近第一次抛锚、停泊或系缆。

专栏4—8

战争险保险期限的案例

我国以CIF价格向中东地区出口货物一批，共5 000公吨。进口商要求我方投保一切险加保战争险，我方照办。该批货物顺利抵达对方港口，开始卸货不久，当地发生了武装冲突，船上3 000公吨货物及已经卸到岸上的2 000公吨货物被炮弹击毁。根据中国人民财产保险公司《海洋运输货物保险条款》，保险公司应该如何处理这些损失？

分析：战争险的责任起讫不采用“仓至仓”，而是仅限水面危险，因此，保险公司对于未超过15天的船上被毁的货物部分给予赔偿，而对于已卸至岸上的被毁货物不给予赔偿。

2. 罢工险

罢工险（Strike Risk）对被保险货物由于罢工者、被迫停工工人或参加工潮、暴动、民动、民众斗争的人员的行动，或任何人的恶意行为所造成的直接损失和上述行为或行为所引起的共同海损、牺牲、分摊和救助费用负赔偿责任。但对在罢工期间由于劳动力短缺或不能运用所致的保险货物的损失以及因此而引起的动力或燃料缺乏使冷藏机停止工作所致的冷藏货物的损失不负责赔偿。

值得注意的是，罢工险的责任起讫和基本险一样，是“仓至仓”而不是“水面危险”原则。在投保战争险的前提下，加保罢工险不另收费。

（三）特别附加险

特别附加险包括以下六种：

1. 舱面险

舱面险（On Deck Risk）除承保存放在舱面的货物按保险单所载条款负责的损失外，还负责被抛弃或被风浪冲击落水的损失。

2. 进口关税险

进口关税险（Import Duty Risk）承保如被保险货物到达目的港后，因遭受本保险单责任范围以内的损失，而被保险人仍须按完好货物完税时，保险公司对该项货物损失部分的进口关税负赔偿责任，但以不超过受损部分的保险价值为限。

3. 拒收险

拒收险（Rejection Risk）承保被保险货物在目的港被进口国的政府或有关当局拒绝进口或没收所造成的货物的损失。

4. 黄曲霉素险

黄曲霉素险（Aflatoxin Risk）承保对被保险货物在保险责任有效期内，在进口港或进口地经当地卫生当局的检验证明，因含有黄曲霉毒素，并且超过了进口国对该毒素的限制标准，必须拒绝进口、没收或强制改变用途时，保险公司按照被拒绝进口或被没收部分货物的保险价值或改变用途所造成的损失负责赔偿。如发生黄曲霉素险条款项下的损失，被保险人同意在保险公司需要时应尽力处理拒绝进口或强制改变用途的货物，或申请仲裁。但保险公司不负责由于其他原因所致的被有关当局拒绝进口或没收或强制改变用途的货物的损失。

5. 交货不到险

交货不到险（Failure to Deliver Risk）承保自货物装上船舶时开始，不论由于任何原因，如货物不能在预定抵达目的地的日期起六个月以内交讫，保险公司同意按全损予以赔付，但该货物的全部权益应转移给保险公司。被保险人保证已获得一切许可证，所有运输险及战争险项下应予负责的损失，概不包括在交货不到险条款责任范围之内。

6. 货物出口到香港（包括九龙）或澳门存仓火险责任扩展条款

货物出口到香港（包括九龙）或澳门存仓火险责任扩展条款（Fire Risk Extension Clause—for Storage of Cargo at Destination Hongkong，Including Kowloon or Macao）承保被保险货物到达目的地卸离运输工具后，如直接存放于保险单载明的过户银行所指定的仓库所造成的存仓火险损失，直至银行收回抵押款解除货物的权益为止或运输责任终止时期满 30 天为止。

专栏 4—9

主要出口货物包装情况及应投保的险别

商品名称	包装	投保险别名称
木材	无包装	平安险，偷窃、提货不着险，战争险
陶瓷器	箱装	平安险或水渍险，偷窃、提货不着险，破损、破碎险，战争险
药材	箱装或捆装	平安险或水渍险，淡水雨淋险，受潮受热险，包装破裂险
成药	箱装	平安险或水渍险，破损、破碎险，渗漏险，战争险
地毯	箱装	水渍险，偷窃、提货不着险，钩损险，混杂、沾污险，战争险
纺织、服装类	麻布装	水渍险，偷窃、提货不着险，淡水雨淋险，混杂、沾污险，战争险
茶叶	箱装	一切险，战争险
冻鲜肉，鱼虾，家禽	箱装	一切险，战争险，附加冷藏条款
新鲜水果	筐、箱装	平安险，偷窃、提货不着险，受潮受热险，战争险
各种罐头	箱装	平安险或水渍险，偷窃、提货不着险，包装破裂险，破损、破碎险
大豆、大米等类	散装	一切险，战争险
家用金属制品	箱装	水渍险，淡水雨淋险，锈损险，战争险
文教用品	箱装	平安险或水渍险，偷窃、提货不着险，破损、破碎险，战争险
各种矿砂	散装	平安险，短量险，战争险
粉状化工原料	袋装	一切险，战争险
各种仪器、仪表	箱装	水渍险，偷窃、提货不着险，破损、破碎险，战争险
机械配件	箱装	平安险，偷窃、提货不着险，战争险
汽车	裸装	平安险，偷窃、提货不着险，破损、破碎险，战争险

第四节　我国陆运、空运与邮包运输货物保险

陆运、空运与邮包运输货物保险是在海运货物保险的基础上发展起来的。由于陆运、空运与邮包运输货物同海运可能招致货物损失的风险种类不同，所以陆运、空运与邮包运输货物保险同海上货运保险的险别及其承保范围也有所不同，现分别简要介绍如下。

一、陆上运输货物保险

陆上运输货物保险的险别分为陆运险和陆运一切险两种，此外，还有陆上运输冷藏货物险，它也具有基本险的性质。承保的责任范围和起讫期限如下：

(一) 陆运险的责任范围

被保险货物在运输途中遭受暴风、雷电、地震、洪水等自然灾害，或由于陆上运输工具（主要是指火车、汽车）遭受碰撞、倾覆或出轨，如在驳运过程中，驳运工具搁浅、触礁、沉没或由于遭受隧道坍塌、崖崩或火灾、爆炸等意外事故所造成的全部损失或部分损失。由此可见，保险公司对陆运险的承保范围大致相当于海运货物保险中的“水渍险”。

(二) 陆运一切险的责任范围

除包括上述陆运险的责任外，保险公司对被保险货物在运输途中由于一般外来原因造成的短少、短量、偷窃、渗漏、碰损、破碎、钩损、雨淋、生锈、受潮、受热、发霉、串味、沾污等全部或部分损失，也负赔偿责任。

在陆上运输货物保险中，被保险货物在投保陆运险或陆运一切险的基础上，经过协商还可以加保陆上运输货物保险的一种或若干种附加险，如陆运战争险等。

(三) 陆上运输冷藏货物险的责任范围

陆上运输冷藏货物险是陆上运输货物险中的一种专门保险。其主要责任范围除承保陆运险所列举的自然灾害和意外事故所造成的全部或部分损失外，还负责赔偿由于冷藏机器或隔温设备在运输途中损坏所造成的被保险货物解冻融化而腐烂的损失。保险人还负责赔偿被保险人对遭受承保责任范围内危险的货物采取抢救、防止或减少货损的措施而支付的合理费用，但以该批货物的保险金额为最高限。

但对于因战争、工人罢工或运输延迟而造成的被保险货物的腐烂或损失以及被保险冷藏货物在保险责任开始时未能保持良好的状况，包括整理、包装不妥或冷冻不合规定以及骨头变质所造成的货物腐烂或损失则除外。对于被保险货物在运输途中，因未存放在有冷藏设备的仓库或运输工具中，或辅助运输工具没有隔温设备或没有贮存足够的冰块所致货物的腐烂也不负责任。前述陆运险的一般除外责任也适用本险别。

(四) 保险责任的起讫期限

保险责任的起讫期限与海洋运输货物保险的仓至仓条款基本相同，是从被保险货物运离保险单所载明的启运地发货人的仓库或储存处所开始运输时生效，包括正常陆运和有关水上驳运在内，直到该项货物送交保险单所载明的目的地收货人仓库或储存处所，或被保险人用作分配、分派或非正常运输的其他储存处所为止。但如未运抵上述仓库或储存处所，则以被保险货物到达最后卸载的车站后，保险责任以 60 天为限。

二、航空运输货物保险

我国现行航空运输货物保险的基本险别有航空运输险和航空运输一切险两种。

(一) 航空运输险和航空运输一切险的责任范围

航空运输险的承保责任范围是被保险货物在运输途中遭受雷电、火灾、爆炸或由于飞机遭受恶劣气候或其他危难事故所造成的全部或部分损失。对保险责任范围内的事故所采取的抢救、防止或减少货损的措施而支付的合理费用也负责赔偿，但以不超过被救货物的保险金额为限。本险别的承保责任范围与海运险中的“水渍险”大致相同。

航空运输一切险的承保责任范围，除包括上述航空运输险的全部责任外，还对被保险货物在运输途中由于一般外来原因造成的，包括被偷窃、短少等全部或部分损失也负赔偿责任。

此外，在投保航空运输险和航空运输一切险的基础上，经与保险人协商后可以加保航空运输货物战争险。该险种的承保责任范围包括航空运输途中由于战争、类似战争行为、敌对行为或武装冲突以及各种常规武器和炸弹所造成的货物损失。

（二）航空运输险和航空运输一切险的责任起讫

航空运输险和航空运输一切险的保险责任也采用“仓至仓”条款。航空运输货物保险的责任，是从被保险货物运离保险单所载明起运地仓库或储存处所开始时生效，在正常运输过程中继续有效，直至该项货物运抵保险单所载明目的地，交到收货人仓库或储存处所，或被保险人用作分配、分派或非正常运输的其他储存处所为止。如保险货物未到达上述仓库或储存处所，则以被保险货物在最后卸货地卸离飞机后满 30 天为止。

航空运输货物战争险的起讫责任，是自货物装上保险单所载明的起运地的飞机时开始，到卸离保险单所载明的目的地的飞机为止，但最长以飞机到达目的地当天午夜起满 15 天为限。

三、邮包运输货物保险

我国现行邮包运输货物保险的基本险别有邮包险和邮包一切险。

（一）邮包险和邮包一切险的责任范围

邮包险的保险责任范围包括被保险货物在邮运途中遭受恶劣气候、雷电、海啸、地震、洪水等自然灾害，由于运输工具遭受搁浅、触礁、沉没、碰撞、倾覆、出轨、坠落、失踪，或由于失火、爆炸等意外事故所造成的全部或部分损失。对由于保险责任范围内的事故所采取的为抢救、防止或减少货损的措施而支付的合理费用也负责赔偿，但以不超过被救货物的保险金额为限。

邮包一切险的承保责任范围，除包括上述邮包险的全部责任外，还负责赔偿被保险邮包在运输途中由于一般外来原因造成的（包括偷窃、短少在内）全部或部分损失。

（二）邮包险和邮包一切险的责任起讫

邮包险和邮包一切险的保险责任，是自被保险邮包离开保险单所载起运地点寄件人的处所运往邮局时开始生效，直至该项邮包运达保险单所载明的目的地邮局，自邮局发出到货通知给收件人的当日午夜起算，满 15 天为止。在此期限内，邮包一经递交至收件人处所，保险责任即告终止。

专栏 4—10

伦敦保险协会海运货物保险条款

在世界海上保险业中，英国是一个具有悠久历史的发达国家，英国伦敦保险协会所制定的《协会货物保险条款》（Institute Cargo Clause，ICC）对世界各国有着广泛的影响。目前，世界上许多国家在海运保险业中直接采用该条款，还有许多国家在制定本国保险条款时参考其内容。我国出口企业和保险公司对国外商人投保 ICC 的要求，一般均可接受。

英国《协会货物保险条款》最早制定于 1912 年。为了适应不同时期法律、判例、商业、贸易、航运等方面的变化和发展，《协会货物保险条款》经常进行修订和补充。2009 年 1 月 1 日，联合货物保险委员会（Joint Cargo Committee）出台了新的条款 ICC 1/1/09。与 ICC 1/1/82 相比，新的条款扩展了保险责任起讫期，对保险人援引免责条款作出了一定的限制，对条款中易产生争议的用词作出了更加明确的规定。新条款中的文字、结构等也更加简洁、严密，便于阅读和理解。新条款共有七种险别：协会货物保险条款（A）[Institute Cargo Clauses（A），ICC（A）]；协会货物保险条款（B）[Institute Cargo Clauses（B），ICC（B）]；协会货物保险条款（C）[Institute Cargo Clauses（C），ICC（C）]；协会战争险条款（货物）[Institute War Clauses（Cargo）]；协会罢工险条款（货物）[Institute Strikes Clauses（Cargo）]；恶意损害险条款（Malicious Damage Clauses）；偷窃、提货不着险条款（Institute Theft，Pilferage and Non-delivery Clauses）。

在上述七个险别中，前五个险别条款可以单独投保。而后两个险别条款属于附加险，不能单独投保。

第五节　进出口货物运输保险实务

在本节，我们主要讲述被保险人投保、签订保险合同和索赔的问题。

一、投保

被保险人如果想要得到保险保障，要做的第一件事就是投保，也就是向保险公司提出保险要求，具体行为就是填写投保单。

（一）投保单的内容

不同的保险公司有不同的投保单格式，但其内容大致相同。投保单的主要内容如下：

1. 被保险人

谁是海上货物运输保险的投保人，也就是被保险人，首先取决于买卖合同。无论使用何种贸易术语，当合同中规定了谁有义务办理保险时，这一方就必须办理保险。如果买卖合同中没有规定，则要考虑双方采用的贸易术语。如果采用 CIF 或 CIP，则卖方有义务办理保险；在使用其他术语时，买卖双方都没有义务办理保险。当然，即使没有办理保险的义务，任何一方也可以基于自身的利益而投保。

2. 标记

标记应该和提单上所载的标记符号一致，特别要与印刷在货物外包装上的实际标记符号一样，以免发生赔案时，引起检验、核赔、确定责任的混乱。

3. 包装及数量

要将包装的性质如箱、包、件、捆以及数量都写清楚，如 Packing of 10KG/Carton，300 Cartons。

4. 保险货物项目

要具体填写，如 Dried Osmund，不要笼统地写纺织品、百货、杂货等。

5. 保险金额

要写明币别和金额，如 USD 876 000.00。如果买卖合同对保险金额有具体规定，则要按照买卖合同的规定来填写。如果买卖合同没有规定，根据《2020 通则》，保险金额的币别为买卖合同中的币别，主要是为了避免外汇风险，使被保险人得到充分保障；最低保险金额为合同价款加成 10%。

6. 装载运输工具

海运需写明船名、航次，转运也需注明。例如，Beluga，Independence，V.0605E。

7. 开航日期

8. 提单号码

9. 航线

填写自 X 至 Y，如果从 X 到 Y 有不止一条航线，要写明自 X 经 Z 至 Y。

10. 投保险别

应该根据买卖合同来填写。如果买卖合同中没有规定，根据《2020 通则》，CIF 的卖方只需投保最低险别，即协会货物保险条款（C）或任何适于货物运输方式的类似条款；CIP 的卖方则需投保协会货物保险条款（A）或任何适于货物运输方式的类似条款。如有特别要求也在这一栏填写。

11. 赔款地点

除特别声明外，一般在保险目的地支付赔款。

12. 投保日期

应在开航前或运输工具开行前。

（二）投保的方式

进出口货物办理保险的方式主要有以下两种：

1. 订立预约保险合同

如果公司的进口业务较多，为防止进口货物在国外装运后因信息不畅而发生漏保，可以对进口货物的保险采用订立预约保险合同的办法，即与保险公司签订预约保险合同，规定凡属该合同规定范围内的海运进口货物，保险公司自动负责，而不必对每批货物都填写投保单。被保险人在接到装运通知后将有关内容通知保险人即可，被保险人还可以要求保险人对承保的货物签发保险凭证。

2. 逐笔投保

我国出口货物的投保一般采用逐笔投保，即被保险人对每一批货物单独向保险公司提交投保单，一旦保险人接受，保险合同即告成立。如果公司的进口业务并不是很多，一般也采用逐笔投保，即在接到对方的装船通知后，向保险公司投保。

二、签订保险合同

提交投保单是被保险人向保险人发出的要约，如果保险人决定接受，则保险合同就成立了。保险人表示接受的方式有很多种，如可以通过收取保费并出具收据来表示，可以在投保单上签字盖章表示同意，但更多的是通过出具保险单或保险凭证表示同意。

（一）保险合同的内容

根据我国《海商法》的规定，海上保险合同主要包括下列各项：保险人名称、被保险人名称、保险标的、保险价值、保险金额、保险责任和除外责任、保险期间、保险费。

保险单和保险凭证是根据投保单签发的，所以其内容和投保单没有实质性不同，不再赘述。

（二）保险合同的形式

1. 保险单

保险单俗称“大保单”或“正式保险单”，简称“保单”，是保险人和被保险人之间订立的正式保险合同的书面凭证。在海运货物保险中，保险人根据投保人逐笔投保而逐笔签发。

不同的保险公司有其固定格式的保险单。但在使用时，可以根据双方当事人的约定进行修改，以调整双方当事人的义务。这种修改一般是采取在原保险单上加贴附加条款或其他书写词句的方式，这些加贴的附加条款或其他书写词句的效力要高于原有条款。

2. 保险凭证

保险凭证俗称“小保单”，是保险人签发给被保险人的，用以证明保险合同已经生效的文件。在预约保险的情况下，经常采用保险凭证。它和保险单具有同等的作用和效力。一般在信用证中规定，保险单和保险凭证均可接受。但保险凭证是一种简化了的保单，其背面没有列入保险条款。

（三）保险合同的转让

保险合同的转让是指被保险人将保险单所赋予的损害索赔权及相应的诉讼权转让给受让人。在海上保险中，货物保险单的转让通常采用空白背书的方式进行。关于海上保险合同的转让，需要注意以下问题：

1. 海运货物保险单的转让无须经过保险人的同意

我国《保险法》规定，保险标的的转让应当通知保险人，经保险人同意继续承保之后，依法变更合同。但是货物运输保险合同和另有约定的合同除外。我国《海商法》规定：海上货物运输保险合同可以由被保险人背书或者以其他方式转让，合同的权利、义务随之转移。之所以会有如此不同的规定是由于海上货物运输有两个特别之处：一是承保的货物在海上货物运输过程中一直处于承运人控制之下，被保险人的行为对货物的安危没有任何影响，保险合同的转让也就不会给保险人增加风险；二是海运货物在运输途中，常需要以转让单据的方式来转卖货物，如果保险合同的转让需要经过保险人的同意就会影响交易的进行。

2. 保险合同的转让必须在保险标的的所有权转让之前或同时进行

因为一旦被保险人将保险标的转让给他人，就丧失了可保利益，也就无法再转让保险合同了。

3. 损失发生后仍可转让保险合同

在国际贸易中，经常通过转让单据的方式来转卖货物，所以，在货物的所有权和保单转让时，人们并不知道货物是否已经发生损失。

4. 保险合同受让人的权利不优于转让人

受让人有权以自己的名义向保险人进行诉讼，保险人也可以像对待原被保险人一样，对保险合同项下所引起的责任进行辩护。如果原被保险人有违约或违法之处，尽管受让人对此毫不知情，保险人仍可按对待原保险人的规定办理。

三、索赔

当被保险人投保的货物遭受损失后，被保险人应按照保单的规定向保险公司办理索赔手续。被保险人必须完成以下步骤：

（一）损失通知

当被保险人获悉或发现保险货物遭损，应马上通知保险人，以便保险人检验损失，提出施救意见，确定保险责任，查核发货人或承运人责任。延迟通知会耽误保险人开展有关工作，引起异议，影响索赔。损失一经通知，表示索赔行为已经开始，不再受保险索赔时效的限制。

（二）采取合理的施救、整理措施

保险货物受损后，作为货方的被保险人应该对受损货物采取措施，防止损失扩大。特别是对受损货物，被保险人需要协助保险人进行转售、修理和改变用途等工作。因为相对于保险人而言，被保险人更加熟悉货物的性能、用途，因此，原则上残货应由货方处理。这是保险合同中规定的被保险人的义务之一，如果被保险人没有履行此义务，保险人对由此而扩大的损失不负责赔偿。被保险人采取此类措施而发生的费用，即施救费用，可以从保险人处获得补偿。

（三）向承运人等有关方提出索赔

被保险人或其代理人在提货时发现货物明显受损或整件短少，除向保险公司报损外，还应立即向承运人、受托人以及海关、港务局等索取货损货差证明。当这些损失涉及承运人、受托人或其他有关方面如码头、装卸公司的责任，应立即以书面形式向其提出索赔，并保留追偿权利，必要时还要申请延长索赔时效。如果被保险人没有及时向有关责任方索赔，就可能影响保险人的代位追偿权利。所以，保险人为了保障自己的权利，要求被保险人必须向有关责任方提出索赔，并提供证明材料，否则保险人有权从赔款中作相应的扣除。

（四）准备必要的索赔单证

被保险人必须向保险公司提供以下单据：保单或保险凭证正本、运输契约，如提单、运单和邮单等；发票；装箱单、磅码单；如货损涉及第三者责任，被保险人还需提供向责任方追偿的有关函电及其他必要的单证或文件；检验报告；海事报告摘录或海事声明书；货损货差证明；索赔清单。

本章小结

保险的基本原则主要有可保利益原则、最大诚信原则、补偿原则等。国际贸易货物在海上运输过程中，可能会遭受各种不同风险，而海上货物运输保险人主要承保海上风险和外来风险所造成的损失与费用。海上损失按损失程度的不同，可分为全部损失和部分损失；按性质可分为共同海损和单独海损。海上货物保险保障的费用包括施救费用和救助费用。

在我国，进出口货物运输最常用的保险条款是中国保险条款。该条款按运输方式，可分为海洋、陆上、航空和邮包运输保险条款四大类。我国海洋货物运输保险条款包括三种基本险别，即平安险、水渍险和一切险。附加险别包括一般附加险、特殊附加险和特别附加险。

本章关键术语

可保利益原则	最大诚信原则	补偿原则	海上风险
外来风险	实际全损	推定全损	共同海损
单独海损	施救费用	救助费用	仓至仓条款

本章思考题

1. 简述保险的基本原则，并说明进出口货物为什么要投保运输险？
2. 在海运货物保险中，保险公司承担的损失和费用有哪些？
3. 何谓实际全损？何谓推定全损？二者有什么区别？
4. 共同海损与单独海损的区别是什么？
5. 我国海运货物运输保险的险别是如何规定的？仓至仓条款是如何定义的？
6. 简述我国陆运、空运与邮包运输保险对于险别和保险责任起讫的规定。

本章练习题

（一）不定项选择题

1. 一船舶搁浅时，为使船舶脱险而雇用拖驳强行脱浅所支出的费用，属于（　　）。

A. 实际全损　　　　B. 推定全损

C. 共同海损　　D. 单独海损

2. 某外贸公司出口茶叶5公吨，在海运途中遭受暴风雨，海水涌入舱内，致使一部分茶叶发霉变质，这种损失属于(　　)。

A. 实际全损　　B. 推定全损

C. 共同海损　　D. 单独海损

3. 保险公司索赔的时限，按中国人民财产保险公司《海洋运输货物保险条款》的规定，为货物在全部卸离海轮后(　　)。

A. 3年　　B. 2年

C. 60天　　D. 1年

4. 在海上保险业务中，一般属于意外事故的情况有(　　)。

A. 搁浅　　B. 触礁

C. 沉没　　D. 碰撞

E. 失踪、失火、爆炸

5. 根据英国伦敦保险协会制定的《协会货物保险条款》规定，ICC(A) 险的除外责任包括(　　)。

A. 一般除外责任　　B. 不适航、不适货除外责任

C. 战争除外责任　　D. 罢工除外责任

E. 自然灾害除外责任

6. 以下险种中，可以单独投保的是(　　)。

A. ICC(A)、ICC(B) 和 ICC(C)　　B. 协会战争险

C. 协会罢工险　　D. 恶意损害险

7. 在海上保险业务中，构成被保险货物"实际全损"的情况有(　　)。

A. 保险标的完全灭失

B. 保险标的丧失，已无法挽回

C. 保险标的发生变质，失去原有使用价值

D. 船舶失踪达到一定时期

E. 收回保险标的所有权花费的费用将超过收回后的标的价值

(二) 判断题

1. 被保险货物由于自然灾害所造成的部分损失，在任何情况下平安险都不保。(　　)

2. 战争险的责任起讫与三个基本险的责任起讫相同，都采用仓至仓条款。(　　)

3. 一切险指的是保险公司对于货物在运输途中出现的任何损失都负责赔偿。(　　)

4. 海上保险承保的海上风险是指发生在海上的风险。(　　)

5. 水渍险对货物遭受水淋所导致的损失负责。(　　)

6. 共同海损是承保风险直接造成的船货损失。(　　)

7. ICC(C) 对自然灾害造成的损失不负责。(　　)

(三) 案例分析题

1. 某公司以每箱100美元CIF悉尼出口某商品共10 000箱，货物出口前，由该公司向中国人民财产保险公司某分公司投保了水渍险、串味险及淡水雨淋险，其保险费率分别

为0.7%、0.3%和0.2%，按发票金额110%投保。试计算该批货物的投保金额和保险费各是多少？

2. 我国某S进出口公司向香港W公司出口罐头一批共3 000箱，按照CIF香港投保一切险。由于海运提单上没有注明详细地址，因此，在该批货物抵达香港后，船公司无法通知进口商到货运码头提货。于是，船公司自行决定将该批货物又运回起运港青岛港。在运回途中，由于承载轮船底部渗水，有1 050箱罐头受到海水浸泡。货到青岛港后，S公司没有将货物卸下，而只是在海运提单上补写了进口商详细地址后，又运回香港。W公司提货后发现罐头已经生锈，所以只提取了未生锈的1 950箱罐头，其余罐头又运回青岛港。S公司发现货物有锈蚀后，凭保险单向保险公司提起索赔，要求赔偿1 050箱货物的锈损，但保险公司拒绝赔偿。试分析保险公司拒绝理赔是否正当？为什么？

第五章 进出口商品的价格

学习目标

通过本章的学习，掌握进出口商品价格的制定原则和方法，了解影响商品价格的各种因素，掌握主要贸易术语的价格换算、佣金与折扣的含义及计算方法、出口换汇成本和盈亏率的计算等。

第一节 进出口商品价格的掌握

一、我国进出口商品的作价原则

我国进出口商品的作价原则是：在贯彻平等互利的原则下，根据国际市场价格水平，结合国别（地区）政策，并按照我们的购销意图确定适当的价格。

国际贸易中的商品价格受多种因素影响，进出口商品作价除了应遵循上述基本原则外，还应该考虑以下因素：

（一）国际市场商品供求变化和价格走势

国际市场价格因受到供求变化的影响而上下波动，因此，在确定成交价格时，必须考虑供求状况和价格变动的趋势。当市场商品供不应求时，国际市场价格就会呈上涨趋势；反之，当市场商品供过于求时，国际市场价格就会呈下降趋势。由此可见，切实了解国际市场供求变化状况，有利于对国际市场价格的走势作出正确判断，合理地确定进出口商品的成交价格，避免价格掌握上的盲目性。

（二）商品的质量和档次

在国际市场上，一般都贯彻按质论价的原则，即好货好价，次货次价。品质的优劣，档次的高低，包装装潢的好坏，式样的新旧，商标、牌号的知名度，都影响商品的价格。

（三）交货地点和交货条件

在国际贸易中，由于交货地点和交货条件不同，买卖双方承担的责任、费用和风险也不同，在确定进出口商品价格时，必须首先考虑这一因素。例如，在同一距离内成交的同一商品，按 CIF 条件成交与按 DES 条件成交，其价格应当不同。

（四）运输距离

国际货物买卖一般都要通过长途运输。运输距离的远近，影响运费和保险费的开支，从而影响商品的价格。因此，在确定商品价格时，必须核算运输成本，做好比价工作，以体现地区差价。

（五）成交数量

按照国际贸易的习惯做法，成交量的大小影响价格。成交量大时，在价格上应给予适当优惠，或者采用数量折扣的办法；反之，如成交量过小，甚至低于起订量时，也可以适当提高出售价格。那种不论成交量的多少，都采取同一价格成交的做法是不当的，我们应当掌握好数量方面的差价。

（六）季节性需求的变化

在国际市场上，某些节令性商品，如赶在节令前到货，就能卖上好价；过了节令的商品，其售价往往很低，甚至以低于成本的价格出售。因此，我们应充分利用季节性需求的变化，切实掌握好季节性差价。

（七）支付条件和汇率变动的风险

支付条件是否有利以及汇率变动风险的大小，都影响商品的价格。例如，同一商品在其他交易条件相同的情况下，采取预付货款和凭信用证付款方式的价格应当有所区别。同时，在确定商品价格时，一般应争取采用对自身有利的货币成交，如采用不利的货币成交时，应当把汇率变动的风险考虑在内。

另外，交货期的远近、市场销售习惯和消费者爱好的不同、产品所处生命周期阶段的不同等因素，对确定价格也有不同程度的影响。

专栏 5—1

世界“自由市场”价格和“封闭市场”价格

世界“自由市场”价格是指在不受国际垄断力量或国家垄断力量干扰的条件下，由独立经营的买者和卖者之间进行交易的价格。国际供求关系是这种价格形成的客观基础。在联合国贸易与发展会议的统计中，把美国谷物交易所的小麦价格、玉米的英国到岸价格、大米的曼谷离岸价格、咖啡的纽约港交货价格等36种初级产品的价格列为世界“自由市场”价格。

世界“封闭市场”价格主要分为三种情况：(1) 调拨价格，是跨国公司在公司内部进行商品、技术、服务交换所使用的价格；(2) 垄断价格，是指国际垄断组织利用其经济力量和市场控制力量决定的价格；(3) 区域性经济贸易集团内的价格，在区域性的经济贸易集团内部，一些产品实施区域性经济贸易集团内价格。

二、进出口商品价格核算

在确定进出口商品价格时，国际市场行情和购销意图是商品定价的最主要依据。市场行情既反映了当前的价格水平，又反映了未来价格的变动趋势。正确把握市场行情，才能以有利的价格条件成交。

（一）进口商品的价格构成

进口商品的价格构成主要包括以下部分：进口货物的FOB价、运费、保险费、进口税费、目的港码头操作费、卸货费、检验费、仓储费、国内运杂费、其他杂费、佣金和预期利润等。

（二）出口商品的价格构成

商品价格确定主要取决于两大因素——成本及费用。这两个因素是构成价格的固定因素，在此基础上，出口商还应确定一个合理的利润率，与成本及费用相加构成商品的出口成交价格。

1. 成本

对生产企业而言，成本是指其生产成本扣除出口退税（如符合出口退税的条件）后的实际成本。

实际生产成本＝生产成本－出口退税收入

出口退税收入＝FOB价格×银行外汇买入价格×退税率

对出口企业而言，成本是指从生产厂家进货的成本扣除出口退税后的实际采购成本。

实际采购成本＝出口商品购货成本(含增值税)－出口退税收入

出口退税收入＝出口商品购货成本(含增值税)÷(1＋增值税率)×退税率

专栏 5—2

出口（进口）单价指数

出口（进口）单价指数不是纯粹的价格指数，因为它的变化受价格与数量双重因素的影响，但许多国家将其作为出口/进口价格指数的替代。联合国贸易与发展会议的《统计手册》(Handbook of Statistics)，国际货币基金组织的《统计月刊》《统计年鉴》《国际贸易统计年鉴》均发布年度或季度出口（进口）单价指数。

出口（进口）单价指数大于100说明出口（进口）单价提高，小于100说明出口（进口）单价降低。出口单价提高有利于出口国，说明出口收入增加；出口单价降低不利于出口国，说明出口收入减少。

2. 费用

费用是指出口商品所发生的一切国内、国外费用。

国内费用包括商品的加工整理费用、包装费用、保管费用（包括仓租、火险等）、国内运输费用（仓至码头、车站、空港、集装箱货运站、集装箱堆场）、装船费用（装船、起吊费和驳船费等）、认证费（包括商检费、公证费、领事签证费、产地证费、许可证费、报关单费等）、银行费用（贴现利息、手续费等）、预计损耗（耗损、短损、漏损、破损、变质等）、邮电费（电报、电传、邮件等费用）、经营管理费等等，通常由各企业按进货成本的5%～10%不等的定额费率自行核定。

国外费用包括国外运费、国外保险费以及国外佣金三种。

3. 利润

利润部分通常由企业自定利润率，可按以下三种方法计算。

(1) 以生产成本或进货成本为基数：

利润＝生产成本（或进货成本）×利润率

(2) 以出口成本（生产成本或进货成本加国内费用）为基数：

利润＝出口成本×利润率

(3) 以成交价格为基数：

利润＝成交价格×利润率

实践中，通常以成交价格为利润计算基数，由此可以得出成交价格的计算公式：

出口成交价格＝(成本＋费用)÷(1－利润率)

(三) FOB、CFR、CIF贸易术语的价格构成

FOB、CFR、CIF这三种贸易术语仅适用于海上或内河运输。在价格构成中，通常包括三方面内容：进货成本、费用和净利润。其中费用的核算最为复杂，包括国内费用和国外费用。

计算公式如下：

FOB价格＝进货成本价＋国内费用＋净利润

CFR价格＝进货成本价＋国内费用＋国外运费＋净利润

CIF价格＝进货成本价＋国内费用＋国外运费＋国外保险费＋净利润

（四）FCA、CPT和CIP贸易术语的价格构成

FCA、CPT和CIP这三种贸易术语适用范围广。在价格构成中，通常包括三方面内容：进货成本、费用和净利润。

计算公式如下：

FCA价格＝进货成本价＋国内费用＋净利润
CPT价格＝进货成本价＋国内费用＋国外运费＋净利润
CIP价格＝进货成本价＋国内费用＋国外运费＋国外保险费＋净利润

专栏5—3

举例说明CIF换算成FOB价格

我国某公司对外报价为每公吨1 000美元CIF新加坡，而外商还盘为902美元，FOB中国口岸。经查该货物由中国港口运至新加坡每公吨运费为88美元，保险费率合计为0.95%。试问：单纯从价格角度讲，我方可否接受该项还盘？

分析：将我方报价CIF新加坡换算成FOB中国口岸价格，其结果是：FOB中国口岸价＝1 000－88－1 000×110%×0.95%＝901.55（美元）；而外商报价为FOB中国口岸902美元，二者相差无几，可以接受外商还盘。

三、出口商品的定价策略

（一）高价定价策略

所谓高价定价，是指通过对投放市场的新产品制定较高价位，以在短期内获得最大收益的定价方法。此外，对某些市场寿命周期比较短，需求弹性小，花色、款式翻新比较快的时尚产品，如服装、鞋帽等，在投放市场时，如能通过促销等广告宣传手段吸引消费者，使得需求量迅速扩大，也可采用高价策略，并迅速组织大批量生产，缩短新产品进入市场的时间。

（二）低价定价策略

低价定价策略是高价定价策略的反面，即有意把产品价格定得很低，必要时甚至微量亏本出售，以多销产品达到渗透市场，其目的在于提高产品知名度，迅速扩大市场占有率。

采取低价定价策略的商品一般具备两个特点：

（1）商品的需求价格弹性较大，相关的替代品较多，调低价格能促进销售量的增长。

（2）企业的商品生产能力较大，批量生产后，成本有较大的降低，具有规模效益。

（三）尾数定价策略

尾数定价策略是指企业有意将商品制定成一个与整数有一定差额的销售价格，使顾客产生心理错觉从而促使其购买的一种价格策略。

很多零售企业在销售活动中发现消费者往往喜欢带尾数的商品标价。比如同一种商品标价 29.99 元或 30.17 元，比标价 30.00 元销路要好。因为在大多数消费者看来，带有尾数的价格比较精确地反映了商品的价格，给人以货真价实的感觉，这种购买心理成为尾数定价的主要依据。

(四) 声望定价策略

根据某些消费者有声誉价格的心理，企业定价时应针对这部分商品制定一种足够排除一般消费者购买的高价，这样能给这部分消费者带来一种经济富有、社会地位高的自豪感，使其自尊得到满足。这种定价策略主要使用在具有品牌效应的商品中。

(五) 差别定价策略

差别定价策略是指销售商依据不同消费层次的顾客、地区、用途、季节变化等不同因素，对同一商品制定出若干不同价格的策略。具体分为以下几种：

1. 产品差价策略

依据同一商品的不同规格、型号以及不同需求弹性确定不同的销售价格策略。

2. 季节差价策略

对一些具有季节性特点或流行性较强的商品，在其上市前期实行高价策略，而在商品上市后期则实行低价策略的定价方式。

3. 顾客差价策略

根据客户的不同购买类型及特点，同一商品以不同的价格出售。顾客购买类型分消费者购买、批发用户购买、集团购买等。

4. 地区差价策略

根据不同地区对同一商品的不同需求弹性，确定该商品在各个地区的不同销售价格的定价方式，如对收入较低且需求弹性较大的地区实行低价策略，而对收入较高且需求弹性较小的地区实行高价策略等。

(六) 习惯定价策略

某些基本生活用品，其价值不高，但是消费者必须经常、重复地购买，因此，这类商品的价格也就“习惯成自然”地为消费者所接受。企业对这类商品定价，要充分考虑消费者的这种习惯性倾向的心理，不可随意变动价格，应比照市场上同类商品价格定价。否则，一旦破坏消费者长期形成的消费习惯，就会使之产生不满情绪，导致购买的转移。若确实需要调整价格，应预先做好宣传，让顾客充分了解调价的原因，先让价格为消费者所接受，然后再调价。

四、合同中的价格条款

(一) 价格条款的内容

合同中的价格条款一般包括商品的单价（Unit Price）和总值（Total Amount）两项

基本内容。商品的单价通常由四部分组成，即计量单位、单位价格金额、计价货币和贸易术语。在价格条款中可规定："每公吨 600 美元，CIF 纽约（USD 600 Per M/T CIF New York）"。总值是指单价与成交商品数量的乘积，即一笔交易的货款总金额。总值项下一般同时列明贸易术语，总值所使用的货币必须与单价货币名称一致。

（二）规定价格条款时，应注意下列问题

（1）合理确定商品的单价，防止定价偏高或偏低。

（2）根据经营意图和船源、货源等实际情况，在权衡利弊的基础上选用适当的贸易术语。

（3）争取选择有利的计价货币，以免遭受市值变动带来的风险，必要时可增加保值条款。

（4）灵活运用各种不同的作价办法，避免承担价格变动的风险。

（5）参照国际贸易的习惯做法，注意佣金和折扣的合理运用。

（6）如交货品质、交货数量有机动幅度或包装费另行计价时，应一并订明机动部分作价和包装费计价的具体办法。

（7）单价中涉及的计量单位、计价货币、装卸地名称，必须书写正确、清楚，以利于合同的履行。

专栏 5—4

进出口合同中的价格条款实例

（1）交易条款以《国际贸易术语解释通则 2020》的规定为准。（The trade terms shall be governed under and by the latest Incoterms® 2020.）

（2）价格以 FOB 净价计算，不包括买方佣金。双方另有规定的除外。（Prices shall be FOB net in U. S. Dollars without the buyer's commission unless otherwise stipulated or agreed upon between the parties.）

（3）FOB 新加坡每公吨 12 美元，包括理舱费和平舱费，总价 120 万美元。（USD 12. 00 per M/T FOBST Singapore，total USD 1 200 000. 00.）

第二节　进出口盈亏核算

在出口产品价格的确定上，应认真核算成本，计算盈亏，防止单纯追求成交量的现象。出口时，要掌握出口总成本、出口销售外汇（美元）净收入和人民币净收入的数据，以计算并比较出口商品的盈亏情况，加强成本效益的核算。

进出口盈亏核算通常包括出口商品盈亏率、出口商品换汇成本和出口创汇率等。此外，对外贸易成本效益核算通常都要涉及出口总成本这个因素，而我国企业在进行国际贸易时，一般要用贸易术语报价，因此，还应掌握价格之间的换算。

一、进出口盈亏核算指标

（一）出口商品盈亏率

出口商品盈亏率是指出口商品盈亏额与出口总成本的比率。

其计算公式为：

出口商品盈亏率=(出口销售人民币净收入－出口总成本)/出口总成本×100%

其中，出口盈亏额是指出口销售人民币净收入与出口总成本的差额，若前者大于后者则为盈利；反之为亏损。

出口总成本是指出口商品的进货成本（或生产成本）加上出口前的一切费用和税金，即：出口总成本=出口商品的进货成本（或生产成本）+定额费用－出口退税收入；定额费用=出口商品的进货成本（或生产成本）×费用定额率（不同的商品略有不同，通常维持在5%～20%）；出口退税收入=出口商品的进货成本（或生产成本）/(1+增值税率)×退税率。

出口销售人民币净收入是指出口商品外汇收入扣除外汇费用（如运费、保险费、码头操作费、驳船费等）的外汇净收入按照结汇银行外汇牌价的现汇买入价折成人民币的金额，即按FOB价出售所得的人民币净收入。

该公式表明，如果出口商品盈亏率大于零，则该笔出口交易有利可图；反之，若出口商品盈亏率小于零，则说明该笔出口交易亏损。

（二）出口商品换汇成本

出口商品换汇成本，又称出口商品换汇率，是指以某种商品的出口总成本与出口所得的外汇净收入之比，得出用多少人民币换回一美元。

其计算公式如下：

出口商品换汇成本=出口总成本(人民币)/出口销售外汇净收入(美元)

这里出口销售外汇净收入是指出口商品外汇收入扣除外汇费用（如运费、保险费、码头操作费、驳船费等）的外汇净收入，即按FOB价出售所得的外汇净收入。

出口商品换汇成本反映了出口商品的盈亏情况，它是考察出口企业有无经济效益的重要指标，其衡量的标准是人民币对美元的汇价。该公式表明，如果出口商品换汇成本高于银行外汇牌价的现汇买入价，则出口亏损；反之，则说明出口有盈利。因此，为了避免亏损，必须准确测算换汇成本。

准确测算出口商品换汇成本除了应正确计算运费、保险费及保险免赔外，还应正确估算正常的银行费用，尤其是信用证项下的费用。在一般情况下，信用证结算发生的正常费用主要包括信用证通知费、保兑费、议付费、寄单费、单据处理费、电报费、偿付费等。由于信用证金额不同、内容条款不同、开证国家不同、各银行收取费用的标准不同、优惠项目不同，由此信用证结算产生的费用各不相同，因此，在测算换汇成本时，就需要根据不同国家和不同银行的费用水平，再结合合同规定的条款来全面地测算银行费用。

（三）出口创汇率

出口创汇率，又称外汇增值率，是指加工后成品出口的外汇净收入与原料外汇成本的比率。该指标主要用于计算用国外原材料或国产原材料加工再出口的业务。

其计算公式如下：

出口创汇率＝(成品出口外汇净收入－原材料外汇成本)/原材料外汇成本×100%

需要说明的是，如果原材料为国内产品，其外汇成本可按原材料的 FOB 出口价计算。如果原材料是进口的，则按该原材料的 CIF 价计算。通过出口的外汇净收入和原材料外汇成本的对比，则可以看出成品出口的创汇情况，从而确定出口成品是否有利。特别是在进料加工的情况下，核算出口创汇率这一项指标更有必要。

专栏 5—5

实例说明换汇成本和盈亏率的计算

某公司按 CIF 价出口某种商品，出口总成本为人民币 81 000 元，扣除各种费用后的外汇净收入为 12 500 美元。问：该笔出口的换汇成本是多少？该公司此项业务是否盈利？盈亏率是多少？（当时中国银行的外汇牌价为 100 美元兑换人民币 695 元。）

分析：

出口换汇成本＝81 000/12 500＝6.48(元/美元)

出口销售人民币净收入＝12 500×6.95＝86 875(元)

出口盈亏额＝出口销售人民币净收入－出口总成本＝86 875－81 000＝5 875(元)

出口盈亏率＝(5 875/81 000)×100%＝7.25%

所以，该公司此笔业务是盈利的，盈亏率为 7.25%。

二、出口商品价格的换算

在国际贸易业务中，买卖双方在洽商交易时，经常会出现一方当事人以某种贸易术语报价后，另一方当事人不同意而要求用其他贸易术语进行改报，这就涉及出口商品价格换算的问题。下面就国际贸易中最常见的三种贸易术语即 FOB、CFR 及 CIF 的换算方法介绍如下：

保险费＝(CIF＋CIF×加成率)×保险费率

　　　＝CIF×(1＋加成率)×保险费率

1. FOB 价换算为其他价

FOB＝CFR－国外运费

　　＝CIF×[1－(1＋加成率)×保险费率]－国外运费

2. CFR 价换算为其他价

CFR＝CIF－保险费＝CIF－CIF×（1＋加成率）×保险费率

＝CIF×［1－（1＋加成率）×保险费率］

＝FOB＋国外运费

3. CIF 价换算为其他价

CIF＝CFR/［1－（1＋加成率）×保险费率］

＝（FOB＋国外运费）/［1－（1＋加成率）×保险费率］

CIF 的价格构成为：FOB＋国外运费＋国外保险费。需要特别注意的是，国外保险费是以 CIF 价格为基础计算的，所以，如果写明保险费的计算办法，则为：

CIF＝FOB＋CIF×（1＋加成率）×保险费率＋国外运费

第三节　进出口商品的作价方法

在国际贸易中，进出口商品价格的确定是买卖双方最关心的一个重要问题。因此，买卖双方在洽商交易和订立合同时，都非常重视商品的作价问题。

在国际贸易中，作价办法很多，归纳起来有固定价格和非固定价格两类。

一、固定价格

我国的进出口合同绝大部分都是在双方协商一致的基础上明确地规定具体价格，这也是国际上常见的做法。

按照各国法律的规定，合同价格一经确定，就必须严格执行，任何一方都不得擅自更改。在合同中规定固定价格具有明确、具体、肯定和便于核算的特点。但是商品市场行情多变而且价格涨落不定，因此在国际货物买卖合同中规定固定价格，就意味着买卖双方要承担从订约到交货付款以至转售时价格变动的风险。而且如果行市变动过于剧烈，这种做法还可能影响合同的顺利执行。一些不守信用的商人很可能为逃避巨额损失，而寻找各种借口撕毁合同。因此为了降低价格风险，在采用固定价格时，首先必须对影响商品供需的各种因素进行仔细的研究，并在此基础上对价格的前景作出判断，以此作为决定合同价格的依据；其次，要对客户的资信进行了解和研究，慎重选择订约的对象。

二、非固定价格

（一）非固定价格的种类

从我国进出口合同的实际做法看，非固定价格即一般业务上所说的“活价”，大体上可分为下述几种：

(1) 只规定作价方式而具体价格留待以后确定。

(2) 暂定价。即在合同中先订立一个初步价格，作为开立信用证和初步付款的依据，待双方确定最后价格后再进行最后清算，多退少补。

(3) 部分固定价格、部分非固定价格。有时为了照顾双方的利益，解决双方在采用固定价格或非固定价格方面的分歧，也可采用部分固定价格、部分非固定价格的做法，或是分批作价的办法，交货期近的价格在订约时固定下来，余者在交货前的一定期限内作价。

(二) 非固定价格的优缺点

非固定价格是一种变通做法，在行情变动剧烈或双方未能就价格取得一致意见时，采用这种做法有一定的好处。表现在：

(1) 有助于暂时解决双方在价格方面的分歧，先就其他条款达成协议，早日签约。

(2) 解除客户对价格风险的顾虑，使之敢于签订交货期长的合同。数量、交货期的早日确定，不但有利于巩固和扩大出口市场，也有利于生产、收购和出口计划的安排。

(3) 对进出口双方，虽不能完全排除价格风险，但对出口方来说，可以不失时机地做成生意；对进口方来说，可以保证一定的转售利润。

但应看到，这种做法是先订约后作价，合同的关键条款——价格是在订约之后由双方按一定的方式确定的。这就不可避免地给合同带来较大的不确定性，存在双方在作价时不能取得一致意见，而使合同无法执行的可能；或由于合同作价条款规定不当，而使合同失去法律效力的危险。因此，当采用非固定价格条款时，应注意以下问题：

(1) 应明确作价标准和依据。

根据不同商品可分别采取不同的规定办法。以某日有代表性的某商品交易所公布的价格为准，并进一步明确取最高价、最低价还是平均价；以国际市场价格为准，并进一步明确以哪一个主要商品集散地市场价格为准；以国际市场结合销售地市场价格为准，并进一步明确所包含的地区、品质、条款等方面的差价。

(2) 应明确作价时间。

通常有以下做法：装船前作价，一般规定在签订合同后若干天或装船前若干天作价；装船时作价，一般是指按提单日期的市场价格或装船月份的平均市场价作价；装船后作价，一般是指在装船后若干天，甚至在船到目的港后再作价。

(三) 非固定价格对合同成立的影响

在采用非固定价格的情况下，由于双方当事人未就合同的价格条件取得一致，因此就存在着按这种方式签订的合同是否有效的问题。目前，世界上绝大多数国家的相关法律都认为，合同只要规定作价办法，就是有效的；有的国家法律甚至认为合同价格可留待以后由买卖双方所确立的习惯交易方式来确定。《联合国国际货物销售合同公约》允许合同只规定"如何确定价格"，但对"如何确定价格"却没有具体规定或作进一步的解释。为了避免争议的产生以及保证合同的顺利履行，在采用非固定价格条款时，建议应尽可能将作价时间、地点、标准和办法等内容作出明确具体的规定。

专栏 5—6

价格调整条款

在国际货物买卖中，特别是加工周期较长的机器设备合同，都普遍采用所谓“价格调整条款”（Price Adjustment Clause），要求在订约时只规定初步价格（Initial Price），同时规定如果原料价格、工资发生变化，卖方保留调整价格的权利。其公式为：

$$P=P_0\times(A+B\times M/M_0+C\times W/W_0)$$

其中，P 代表商品交货时的最后价格；P_0 代表签订合同时约定的初步价格；M 代表计算最后价格时引用的有关原料的平均价格或指数；M_0 代表签订合同时引用的有关原料的平均价格或指数；W 代表计算最后价格时引用的有关工资的平均数或指数；W_0 代表签订合同时引用的工资平均数或指数；A 代表经营管理费用和利润在价格中所占的比重；B 代表原料在价格中所占的比重；C 代表工资在价格中所占的比重；A、B、C 分别代表的比例在签订合同时确定后固定不变。

第四节　计价货币与支付货币的选择

一、规定计价货币与支付货币的意义

计价货币（Money of Account）是指合同中规定用来计算价格的货币。如果合同中的价格是用一种双方当事人约定的货币（如欧元）来表示的，没有规定以其他货币支付，则合同中规定的货币，既是计价货币，又是支付货币（Money of Payment）。如果在计价货币之外，还规定了其他货币，如日元支付，则日元就是支付货币。

专栏 5—7

国际商品计价货币的新贵——欧元

欧元（英文是 Euro，货币符号是“€”），是在 2002 年 1 月 1 日开始进入流通领域的，同年 7 月欧元成为欧元区唯一的法定货币。这是第二次世界大战后美元取代英镑成为全球最重要货币以来国际金融中最重大的进展，同时也将打破美元在国际金融体系中的垄断地位，深深影响着 21 世纪的国际金融体系。欧元现钞包括欧元纸币和硬币。纸币共分七种面值，正面图案由象征合作精神的门和窗组成，背面图案的含义为联系纽带的桥梁。欧元硬币共分八种面值，硬币的正面是代表欧盟国家之间凝聚力的欧盟地图和条形图案，背面图案由成员国选择各自的国家标志。目前欧元是欧盟中 19 个国家的货币，总部位于德国法兰克福的欧洲中央银行有独立制定货币政策的权力。在国际能源合约和交易中更多使用欧元支付，用欧元标价将会消除欧洲能源贸易对于欧元兑美元汇率的依赖性。

根据国际贸易的特点，用来计价的货币，可以是出口国家货币，也可以是进口国家货币或双方同意的第三国货币，由买卖双方协商确定。由于世界各国的货币价值不是一成不变的，特别是在世界许多国家普遍实行浮动汇率的条件下，通常被用来计价的各种主要货币的币值更是严重不稳定。国际货物买卖通常的交货期都比较长，从订约到履行合同，往往需要一个过程。在此期间，计价货币的币值是要发生变化的，甚至会出现大幅度的波动，其结果必然直接影响进出口双方的经济利益。因此，如何选择合同的计价货币就具有重大的经济意义，是买卖双方在确定价格时必须注意的问题。

二、汇率制度对国际贸易实务的影响

汇率制度，又称汇率安排，是指一国货币当局对本国汇率变动的基本方式所作的一系列安排或规定。传统上，按照汇率变动的幅度，汇率制度被分为两大类型，即固定汇率制和浮动汇率制。

专栏 5—8

固定汇率制和浮动汇率制

固定汇率制是货币当局把本国货币对其他货币的汇率加以固定，波动幅度限制在一定的范围之内。浮动汇率制是指两国货币之间的汇率不由货币当局规定，而是由外汇市场的供求状况自发决定。

西方发达国家采取浮动汇率制是名义上的，实际上它们都在极力避免本国货币的剧烈波动，因此在不断地进行市场干预，所以，就出现了浮动的两种区分：(1) 自由浮动汇率制度，又称不干预浮动汇率制度，是指货币当局对汇率上下浮动不采取任何干预措施，完全听任外汇市场的供求变化自由涨落的一种浮动汇率制度；(2) 管理浮动汇率制度，又称干预浮动汇率制度，是指货币当局采取各种方式干预外汇市场，使汇率水平与货币当局的目标保持一致的一种浮动汇率制度。两者的区别在于货币当局是否干预汇率水平。

在国际贸易实践中，浮动汇率存在一定的风险，会对贸易实务产生一定的影响。但只要掌握其运行规律与发展趋势，在成交中正确选择计价货币，做好对外报价，就能降低进口成本，增加外汇收入，具体做法如下：

(一) 掌握外币浮动规律，选定进出口计价货币

例如，某进口商从日本进口一批钢材，每公吨价格 300 美元，从成交到支付需半年时间，计价货币可采用美元、日元或港元。但是否采用美元，需要看它的浮动趋势。如果到 2005 年底，美元兑港元汇率为 1 美元＝8 港元；到了 2006 年初，美元下浮，汇率调整为 1 美元＝7.7 港元；2006 年下半年美元上浮，汇率又调整为 1 美元＝8.1 港元。那么在 2005 年底，这个进口商进口钢材选择港元计价，2006 年初，货到内地时每公吨钢材需支付 300×8＝2 400（港元）。假如该进口商预见到美元可能下浮，而采用美元计价，则到货时，每公吨钢材只需支付 300×7.7＝2 310（港元），从而每公吨可少支付 2 400－2 310＝90（港元）。

若该进口商未考虑浮动因素，也未估计到下半年美元会上浮，又签订在该年后期进口钢材，以美元计价，那么，货到内地时，由于美元上浮，每公吨钢材要支付 300×8.1＝2 430（港元），比按港元计价每公吨多付 2 430－2 310＝120（港元）。所以，在进口时要选择具有下浮趋势的货币作为计价货币；相反，在出口时应选择具有上浮趋势的货币作为计价货币。

（二）根据外币浮动情况，确定出口价格的计算标准

出口商应进口商的要求，在发出本币报价的同时，发出外币报价。不能将本币底价简单地折算成外币，应保持本币报价的上调或下调幅度与外币报价的上调或下调幅度一致，否则就要吃亏。例如，某出口商出口羊绒，在 2007 年春对外报价为每千克 39 元本币，当时美元处于下浮期，按牌价折合每千克 20.27 美元。当年秋，出口商羊绒价格仍为每千克 39 元本币，若按当时牌价折合每千克 19.89 美元。从春到秋，该出口商若按本币计算，其产品升值 5.4%，但折成美元报价，反而降低了 1.9%。因此，该出口商在 2007 年秋以美元报价时，应在当年春每千克 20.27 美元的基础上，提高 5%～6%，即对外报价每千克 21.28～21.49 美元，这样才不至于遭受损失。

（三）根据不同货币的浮动情况，调整对外报价

1. 以本币报价

在一定时期内，出口商品的本币底价未变，但本币的汇率上浮了，如仍以本币对外报价，则应适当降价，否则会削弱出口商品的竞争能力；如果本币的汇率下浮了，在不影响成交的情况下，可适当提高本币的对外报价。

2. 以外币报价

有些国家的外汇储备只有软币，所以，只能以软币向出口商进行支付。如果不影响成交，出口商也可以该种软币对外报价，但要在货价上加一些幅度（即从成交到支付时该货币的下浮幅度），以弥补汇率下跌的损失。如果用具有上浮趋势的货币对外报价，结合市场情况与出口商的库存情况可以不降价或适当降价。

三、选择计价货币应考虑的因素

正确选择计价货币，有着重要的经济意义。在拟订合同时，对计价货币的选择应考虑如下因素：

第一，尽可能选择汇率比较稳定的可自由兑换的货币。

第二，从理论上讲，对于出口交易，采用硬币比较有利，而进口合同采用软币计价比较合算。

第三，为了避免可能发生的经济损失，双方当事人在签订合同时可以订立考虑汇率变动的附加条款。一般采用下列办法：

（1）黄金条款。这是国际贸易中常见的一种保值方法，即买卖双方的货款支付按签订合同时黄金的价值计算。在合同中明确约定该种货币的法定含金量或黄金平价，并约定在交货付款时，该法定含金量或黄金平价如有变化，合同价格也必须按比例相应调整。

（2）汇率风险。即在签订合同时，明确订明计价货币与另一种货币的汇率，付款时，该汇率如有变动，则按比例调整合同价格。

（3）使用欧元计价。欧元是欧盟的联合货币单位，与其他货币相比，具有相对的稳定性，在货币市场剧烈波动的情况下，由于这种货币具有相对稳定性而逐步被扩大使用。为规避汇率风险，可以在合同中写明以欧元计价，结汇时再折成美元或其他货币收汇或付汇。

第五节　佣金和折扣

在合同价格条款中所规定的价格，可分为包含佣金或折扣的价格和不包含的净价（Net Price）。包含佣金的价格，通常称为“含佣价”。正确运用佣金和折扣，可以加强对外竞争，调动外商经营我国商品的积极性。

一、佣金

（一）佣金的含义

佣金（Commission），是代理人或经纪人为委托人进行交易而收取的报酬。在货物买卖中，往往表现为出口商支付给销售代理人或进口商支付给购买代理人的酬金。因此它适用于与代理人或佣金商签订的合同。凡在合同价格条款中，明确规定佣金的百分比，叫做“明佣”。不标明佣金的百分比，甚至连“佣金”字样也不标示出来，有关佣金的问题由当事人另行约定，这种暗中约定佣金的做法，叫做“暗佣”。佣金直接关系到商品的价格，货价中是否包括佣金和佣金的比例，都影响商品的价格。显然，含佣价比净价要高。正确运用佣金，有利于调动中间商的积极性和扩大交易。

（二）佣金的规定办法

在商品价格中包括佣金时，通常应以文字进行说明。例如，“每公吨 600 美元 CIF 香港，包括 2%佣金（USD 600 per M/T CIF HK including 2% Commission）”。也可在贸易术语上加注佣金的缩写英文字母“C”和佣金的百分比来表示。例如：“每公吨 600 美元 CIFC 2%香港（USD 600 per M/T CIFC 2% HK）”。商品价格中所包含的佣金，除用百分比表示外，也可以用绝对数来表示。例如：“每公吨支付佣金 40 美元”。如中间商为了从买卖双方获取“双头佣金”或为了逃税，有时要求在合同中不规定佣金，而另按双方暗中达成的协议支付。佣金的规定应合理，其比率一般掌握在 1%和 5%之间，不宜偏高。

（三）佣金的计算与支付

1. 佣金的计算

在国际贸易中，计算佣金的方法不一，有的按成交金额约定的百分比计算，也有的按成交商品的数量来计算，即按每一单位数量收取若干佣金计算。在我国进出口业务中，计算方法也不一致，按成交金额和成交商品的数量计算的都有。在按成交金额计算时，有的以发票总金额作为计算佣金的基数，有的则以 FOB 总值为基数来计算佣金。如按 CIF 成交，而以 FOB 值为基数计算佣金时，则应从 CIF 价中减去运费和保险费，求出 FOB 值，然后以 FOB 值乘以佣金率，即得出佣金额。

关于佣金的计算公式如下：

单位货物佣金额＝含佣价×佣金率

净价＝含佣价－单位货物佣金额

上述公式也可写成：

净价＝含佣价×(1－佣金率)

假如已知净价，则含佣价的计算公式应为：

含佣价＝净价/(1－佣金率)

在这里，值得注意的是，如在洽商交易时，我方报价为 200 美元，对方要求 2%的佣金，在这种情况下，我方改报含佣价，按上述公式算出应为 204.1 美元，这样才能保证实收 200 美元。

2. 佣金的支付

佣金的支付一般有两种做法：一种是由中间代理商直接从货价中扣除佣金；另一种是在委托人收清货款之后，再按事先约定的期限和佣金比率，另行支付给中间代理商。在支付佣金时，应防止错付、漏付和重付等事故发生。

按照一般惯例，在独家代理情况下，如委托人与约定地区的其他客户达成交易，即使未经独家代理过手，也要按约定的比率向其支付佣金。

专栏 5—9

实例说明含佣价的计算

我国某外贸公司对外报价 USD1 000/MT CIF 香港，外商要求改报含佣价 CFR 香港含 4%佣金价。在保障我方外汇收入不变的情况下，我方应报价多少？（设保险费率合计为 0.85%，投保加成率为 10%。）

分析：

CFR＝CIF×[1－(1＋加成率)×保险费率]

＝1 000×[1－(1＋10%)×0.85%]＝990.65(美元)

含佣价＝净价/(1－佣金率)＝990.65/(1－4%)

＝1 031.93(美元)

因此，我方报价应为 CFRC4%每公吨 1 031.93 美元。

二、折扣

（一）折扣的含义

折扣是指卖方按原价给予买方一定比例的减让，即在价格上给予适当的优惠。国际贸易中使用的折扣，名目很多，除一般折扣外，还有为扩大销售而使用的数量折扣（Quantity Discount），为实现某种特殊目的而给予的特别折扣（Special Discount）以及年终回扣（Turnover Bonus）等。凡用文字明确表示折扣多少的，称作“明扣”；如交易双方已就折扣达成协议，但在合同价格条款中未明确表示，称为“暗扣”。折扣直接关系到商品的价格，货价中是否包括折扣和折扣率的大小，都影响商品价格；折扣率越高，则价格越低。折扣如同佣金一样，都是市场经济的必然产物，正确运用折扣，有利于调动采购商的积极性和扩大销路；在国际贸易中，它是加强对外竞销的一种手段。

（二）折扣的规定办法

在国际贸易中，折扣通常在合同价格条款中用文字明确表示出来。例如，“CIF 旧金山每公吨 350 美元，折扣 2%（USD 350 per M/T CIF San Francisco including 2% Discount）”。也可表示为，“CIF 旧金山每公吨 350 美元，减 2%折扣（USD 350 per M/T CIF San Francisco Less 2% Discount）”。此外，折扣也可以用绝对数来表示。例如，“每公吨折扣 4 美元”。

在实际业务中，也用“CIFD”或“CIFR”来表示 CIF 价格中包含折扣。这里的“D”和“R”是“Discount”和“Rebate”的缩写。鉴于在贸易往来中加注的“D”或“R”含义不清，可能引起误解，故最好不使用此缩写语。

交易双方采取暗扣的做法时，则在合同价格条款中不予规定。有关折扣的问题，按交易双方暗中达成的协议处理。这种做法属于不公平竞争。公职人员或企业雇佣人员拿“暗扣”，属于贪污受贿行为。

（三）折扣的计算与支付方法

折扣一般是在买方支付货款时预先予以扣除，也有的折扣金额不直接从货价中扣除，而按暗中达成的协议另行支付给买方。折扣通常是以成交额或发票金额为基础计算出来的。

其计算方法如下：

单位货物折扣额＝原价(或含折扣价)×折扣率

卖方实际净收入＝原价－单位货物折扣额

本章小结

由于价格构成因素不同，影响价格变化的因素也多种多样。因此，在确定进出口商品价格时，必须充分考虑影响价格的种种因素，并注意同一商品在不同情况下应有合理的差价。合同中的价格条款一般包括商品的单价和总值两项基本内容。商品的单价通常由四部分组成，即计量单位、单位价格金额、计价货币和贸易术语。总值是指单价与成交商品数量的乘积，即一笔交易的货款总金额。对外贸易效益成本核算通常包括出口商品盈亏率、出口商品换汇成本和出口创汇率等。佣金是代理人或经纪人为委托人进行交易而收取的报酬。折扣是指卖方按原价给予买方一定比例的减让。根据国际贸易的特点，用来计价的货币，可以是出口国家货币，也可以是进口国家货币或双方同意的第三国货币，由买卖双方协商确定。

本章关键术语

进出口商品的作价原则　差价　出口商品盈亏率　出口商品换汇成本
出口销售外汇净收入　出口创汇率　价格调整条款　计价货币
佣金　折扣

本章思考题

1. 我国出口商品的作价原则是什么？
2. 影响商品成交价格的因素有哪些？
3. 采用固定价格的优缺点是什么？在实际业务中，使用固定价格时应注意哪些问题？
4. 采用非固定价格有哪些利弊？作价时应注意哪些问题？
5. 采用非固定价格时可选择的作价标准有几种？作价时间的确定方法有几种？
6. 如何在合同中规定佣金和折扣？

本章练习题

（一）不定项选择题

1. 商品出口总成本与出口所得的外汇净收入之比，是(　　)。

A. 出口商品盈亏额　B. 出口商品盈亏率
C. 出口换汇成本　D. 出口创汇率

2. 某买卖合同中规定："如果卖方因国内原材料价格指数上升1%，对本合同未执行的数量，双方协商调整价格。"这是(　　)。

A. 固定价格　B. 非固定价格
C. 暂定价格　D. 价格调整条款

3. 某合同价格条款规定为"每公吨 CIF 大阪 100 美元"，这种价格是(　　)。

A. 净价　B. 含佣价
C. 离岸价　D. 成本价

4. 下列单价条款对佣金描述正确的有(　　)。

A. 每公吨 150 美元 CIF 上海，包括 20%的佣金
B. 每公吨 150 美元 CIF 上海，每公吨支付佣金 3 美元
C. 每公吨 150 美元 CIFC2%上海
D. 每公吨 150 美元 CIF 上海，包含佣金

E. 每公吨 150 美元 CIF 上海

5. 合同中的单价条款包括(　　)。

A. 总值　　　　B. 计量单位

C. 单位价格金额　　　　D. 计价货币

E. 贸易术语

(二) 判断题

1. CIF 价不包括国外保险费。(　　)

2. 在采用价格调整条款时，合同价格的调整是有条件的。(　　)

3. 在合同中选择固定价格是最佳的做法。(　　)

4. 出口成本价格就是出口成交价格。(　　)

5. 佣金是卖方给买方的价格减让。(　　)

(三) 案例分析题

1. 某公司向加拿大出口某商品，外销价为每公吨 500 美元 CIF 温哥华，运费为 70 美元，保险费为 6.5 美元。如果该公司收购该商品的收购价为每公吨2 096元人民币，且国内直接费用和间接费用为 17%，试计算该商品的出口总成本、出口销售外汇净收入和出口换汇成本。假如当期银行外汇牌价为 1 美元=6.3 元人民币，试计算该笔出口的盈亏率。

2. 我国某公司按 CFRC5%的价格条件出售一批货物，合同总金额为 52 500 美元。外商开来的信用证金额为 49 875 美元，并注明“议付时扣 5%系给某中间商的佣金”。由于卖方审单时，忽视核对信用证金额，故在缮制发票和汇票时，都以合同金额 52 500 美元为准。议付时，中国银行扣除 5%的佣金，即按 49 875 美元借记开证行北京账户。开证行接单后，以发票金额超过信用证金额为由拒付。后经与开证行及中间商多次交涉无效，只好在信用证有效期内另行按信用证金额 49 875 美元，再扣除 5%佣金，赶制发票与汇票，结果重复支付了一笔佣金。试评析本案。

第六章 国际贸易货款的结算

学习目标

通过本章的学习，掌握各种票据的定义、种类及其流通程序，理解汇付和托收的当事人及流程，熟练掌握信用证的种类、支付程序及特点，了解国际保理业务的特点和作用，并学会在不同条件下选择适当的支付方式。

第一节 支付工具

一、票据概述

（一）票据的含义

广义的票据泛指商业上的权利凭证（Document of Title），即凡赋予持有人一定权利的凭证（如提单、存单、股票、债券等）都是票据。狭义的票据是指以支付一定数额的金钱为目的、用于清偿债权债务的凭证，即由出票人在票据上签名，无条件地规定自己或他人支付确定金额的、可流通的证券。

国际贸易结算中通常所说的票据即指狭义的票据。

（二）票据种类及票据行为

国际贸易结算中使用的票据包括汇票、本票和支票，其中以汇票为主。我国票据法也只包括汇票、本票和支票三种。

票据行为（Acts under a Bill）是指以票据上规定的权利和义务所确立的法律行为。根据票据法的一般规则，每个票据行为不因其他票据行为的不合法而受到影响。

票据行为可以分为主票据行为和从票据行为。前者为出票，是制作票据的原始行为；后者为提示、承兑、背书、参加承兑、保证、付款、参加付款等。汇票、本票和支票常见的票据行为的基本原理和法律规则基本一致。

（三）票据的作用

1. 结算作用

国际结算的基本方式是非现金结算。在非现金结算条件下，要结清国际债权债务就必须使用一定的支付工具。票据就是一种能起到货币的支付功能和结算作用的支付工具。

2. 信用作用

票据是建立在信用基础上的书面支付凭证。出票人在票据上立下书面的支付信用保证，经受票人签认，同意执行出票人无条件的命令，即按照票面规定履行付款义务。

3. 流通作用

票据可经过交付或背书转让给他人，并能连续多次转让，使得票据在市场上广泛地流通，成为一种流通工具，既节约了现金的使用，又扩大了流通手段。

二、汇票

（一）汇票的概念和内容

汇票（Bill of Exchange，简称 Draft 或 Bill），是国际贸易结算中使用最为广泛的主要票据。根据《中华人民共和国票据法》（简称《票据法》）的规定，汇票是出票人签发的，委托付款人在见票时或者在指定日期无条件支付确定的金额给收款人或者持票人的票据。

汇票是一种要式证券，所以必须要式齐全。所谓要式齐全，就是必须具备法定的形式要件，必须载明必要的法定事项，才能成为完整的汇票，从而具有票据的效力。但是，各国法律对此要求并不完全一致。

根据我国《票据法》的明确规定，汇票必须记载下列事项：（1）表明“汇票”字样；（2）无条件支付的委托；（3）确定的金额；（4）付款人名称；（5）收款人名称；（6）出票日期；（7）出票人签章。

未记载规定事项之一的，汇票无效。

专栏 6—1

汇票实例

Bill of Exchange

No. ______________________（汇票号码）

Exchange for ___________（汇票金额）Beijing，China ___________（出票地点）

At（见票）______________________ Sight of this FIRST of Exchange（Second of

Exchange being unpaid）（付一不付二）
Pay to the order of（收款人）＿＿＿＿＿＿＿＿＿＿＿＿
the sum of（金额）＿＿＿＿＿＿＿＿＿＿＿＿
Drawn under（出票依据）＿＿＿＿＿＿＿＿＿＿＿＿
To（致付款人）＿＿＿＿＿＿＿＿＿＿＿＿

＿＿＿＿＿＿＿＿（出票人）
（Signature）

（二）汇票的种类

汇票可以按照各种不同的标准来分类。

1. 按出票人不同，汇票可分为银行汇票和商业汇票

银行汇票（Banker's Draft）是指由银行签发的汇票，是一家银行向另一家银行发出的书面支付命令，出票人和付款人都是银行。

商业汇票（Trade Bill）是指由企业或个人签发的汇票。商业汇票的付款人可以是企业、个人或银行。

2. 按承兑人不同，汇票可分为银行承兑汇票和商业承兑汇票

银行承兑汇票（Banker's Acceptance Bill）是以银行为承兑人的远期汇票。

商业承兑汇票（Trader's Acceptance Bill）是以银行以外的任何商号或个人为承兑人的远期汇票。

3. 按有无附属单据，汇票可分为光票和跟单汇票

光票（Clean Bill）是由出票人开立的不附任何单据的汇票。银行汇票多为光票。光票还常在国际贸易中支付佣金、待垫费用，以及收取货款尾数时开立。

跟单汇票（Documentary Bill）是指附带有关单据的汇票，附带单据如发票、提单等。商业汇票多为跟单汇票。

4. 按付款时间不同，汇票可分为即期汇票和远期汇票

即期汇票（Sight Bill，Demand Draft）是指持票人向付款人提示后对方立即付款，又称“见票即付”汇票。

远期汇票（Time Bill，Usance Bill）是指在出票一定期限后或特定日期付款的汇票。远期汇票的付款时间，有以下几种规定办法：

（1）见票后若干天付款（At × days after sight）；

（2）出票后若干天付款（At × days after date）；

（3）提单签发日后若干天付款（At × days after date of Bill of Lading）；

（4）指定日期付款（Fixed date）。

（三）汇票的使用

汇票的使用，也称汇票的票据行为，是以行为人在票据上进行必备事项的记载、完成

签名并交付为要件，以发生或转移票据权利、负担票据债务为目的的法律行为。汇票的票据行为一般包括出票、提示、背书、承兑、付款等。值得注意的是，汇票的基本原理和法律规则同样适用于本票和支票。

1. 出票

出票（Issue），即汇票的签发，是指出票人出具汇票经签字后交付给收款人的票据行为。可见，出票由两个部分组成，一是由出票人出具汇票并在汇票上签字；二是出票人将汇票交付给收款人。只有经过交付，汇票才开始生效。

2. 提示

提示（Presentation）是指收款人或持票人将汇票提交付款人要求付款或承兑的行为。提示分为两种：

（1）承兑提示（Presentation for Acceptance）。承兑提示是指远期汇票的持票人向付款人出示汇票，要求付款人承诺到期付款的行为。

（2）付款提示（Presentation for Payment）。付款提示是指汇票的持票人向付款人或承兑人出示汇票要求付款的行为。

承兑提示和付款提示均应在法定期限内进行。根据我国《票据法》的规定，见票即付和见票后定期付款汇票自出票日后一个月向付款人提示承兑；定日付款或出票日后定期付款汇票应在汇票到期日前向付款人提示承兑。对于已经承兑的远期汇票的付款提示期限，则规定为自到期日起10日内。

3. 背书

背书（Endorsement）是指持票人在汇票的背面记载背书文句、签名，并把汇票交付给被背书人的行为。经过背书，汇票的权利由背书人转移给被背书人，被背书人获得票据所有权。背书人对被背书人负有担保汇票必然会被承兑或付款的责任。通常，汇票可经过再次背书在市场上继续转让。

背书通常有三种方式：

（1）记名背书。记名背书（Special Endorsement）又称特别背书，背书人先作被背书人的记载，再签字。例如，“支付给 Smith 或其指定人”（Pay to Smith or order）。经过记名背书的汇票，被背书人可以再作背书，转让给他人。

（2）空白背书。空白背书（Blank Endorsement）又称不记名背书，背书人在汇票背面签字，但不记载被背书人的名称。当然，受让人也可以将空白背书转变为记名背书，具体做法是在空白背书上加上自己的名字；当空白背书转化为记名背书之后，被背书人可以再作空白背书或记名背书来转让票据权利。

（3）限制性背书。限制性背书（Restrictive Endorsement）是指背书人在背书中加注限制汇票继续流通的文字，如，支付给B公司，不可流通（Pay to B not negotiable）。

根据我国《票据法》的规定，持票人转让汇票时应当背书并交付汇票。在国际贸易结算中，限制性背书用得较少。

4. 承兑

承兑（Acceptance）是指汇票付款人承诺在汇票到期日支付汇票金额的票据行为。我国《票据法》规定，付款人承兑汇票后，应当承担到期付款的责任。承兑的具体手续是由付款人在汇票正面写上“承兑”字样，注明承兑的日期，并由付款人签名，交还收款人或其他持票人。汇票一经承兑，付款人就成为承兑人，并成为汇票的主债务人。

5. 付款

付款（Payment）是指付款人向持票人按汇票金额支付票款的行为。无论是即期汇票，还是远期汇票，当持票人做付款提示时，付款人均应立即付款。即期汇票在付款人见票时即付；远期汇票在到期日于持票人做付款提示时支付。付款后，汇票上的一切债权债务即告终止。

6. 拒付

持票人的汇票要求承兑时，遭到拒绝承兑，或持票人提示汇票要求付款时，遭到拒绝付款均称拒付（Dishonor），也称退票。除了拒绝承兑和拒绝付款外，付款人拒不见票、死亡或宣告破产，以致付款事实上已不可能时，也称拒付。

7. 追索

如汇票在合理时间内提示，遭到拒绝承兑，或在到期日提示，遭到拒绝付款，对持票人立即产生追索权，他有权向背书人和出票人追索票款。持票人为了行使追索权应及时作出拒付证书。所谓追索权（Right of Recourse）是指汇票遭到拒付时，持票人对其前手（背书人、出票人）有请求偿还汇票金额及费用的权利。拒付证书是由付款地的法定公证人或其他依法有权作出证书的机构如法院、银行、公会、邮局等，作出证明拒付事实的文件，它是持票人凭以向其“前手”进行追索的法律依据。如果拒付的汇票已经承兑，出票人可凭此向法院起诉，要求汇票的承兑人付款。

专栏 6—2

交易的商品出现瑕疵，能否构成票据拒付的理由？

A 公司（卖方）与 B 公司（买方）订立一份买卖合同，将其进口的一批电脑出售给 B 公司，价值为 50 万元人民币，B 公司向 A 公司签发了一张以其开户银行 C 银行为付款人的远期汇票，收款人为 A 公司。A 公司取得汇票后要求 C 银行办理承兑手续，后因 A 公司向 D 公司购买建筑材料，便将汇票背书后转让给 D 公司。不久后，B 公司得知因 A 公司进口的电脑是走私的，在运输途中被海关查获并没收，即通知 C 银行拒付。问：C 银行可否对 D 公司行使拒付权？若 D 公司被拒付，应如何维护自身的合法权益？

分析：C 银行不得对 D 公司行使拒付权。票据权利一经成立，便与其基础关系相分离，票据产生的原因有效与否，与票据权利的存在无关。在本案中，虽然汇票原因关系有缺陷，但由于汇票本身与其基础关系相分离，所以对于持票人 D 公司而言，不必证明汇票的原因，仅凭汇票文字的记载，即可要求汇票的债务人 C 银行支付汇票规定的金额，C 银行不能对 D 公司行使拒付权。我国《票据法》第 61 条规定，汇票到期被拒绝付款的，持票人可以对背书人、出票人以及汇票的其他债务人行使追索权。所以，若 D 公司被拒付，可对 A 公司和 B 公司行使追索权。

三、本票

(一) 本票概述

根据《中华人民共和国票据法》第73条,“本票是出票人签发的,承诺自己在见票时无条件支付确定的金额给收款人或者持票人的票据。本法所称本票,是指银行本票。”本票是出票人自己的无条件承诺,故无须提示承兑。

本票的基本当事人只有两个:出票人和收款人。本票的付款人就是出票人本人。根据我国《票据法》,在持票人提示见票时,本票的出票人必须承担付款责任。

各国票据法对本票应当具备的内容的规定大同小异。我国《票据法》规定本票必须记载下列事项:(1)标有“本票”字样;(2)无条件支付的承诺;(3)确定的金额;(4)收款人的名称;(5)出票日期;(6)出票人签章。

专栏 6—3

本票实例

PROMISSORY NOTE

(本票金额) USD 10 000.00　　Tokyo,5th July,2020(出票日期、地点)

On the 15th June,2018 fixed by the Promissory Note(付款日期)

We promise to pay to the order of Dajiang Trading Co. Ltd

the sum of(金额)US DOLLARS TEN THOUSAND ONLY.

HSBC Bank (出票人)

(Signed)

(二) 本票的种类

按照《汇票和本票统一法公约》和《英国票据法》,根据出票人身份的不同,本票可分为商业本票和银行本票。商业本票的出票人是工商企业或个人,因此又称一般本票,它可分为即期商业本票和远期商业本票;而银行本票都是即期的。由于银行本票建立在银行信用的基础上,因此在国际贸易结算业务中被广泛使用。

我国《票据法》规定,本票仅限于银行本票,且开立自出票日起,付款时间不能超过两个月。工商企业和个人不能签发本票。

(三) 本票的票据行为

在本票的票据行为中,对于出票、背书、付款等与汇票类似,但是本票还有一些特殊的规定。例如,我国《票据法》规定,本票只能由银行或其他金融机构签发;出票人必须具有支付本票金额的可靠资金来源;本票自出票之日起,付款期限最长不得超过两个月;

本票持票人未按规定期限提示见票的，丧失对出票人以外的前手的追索权。

四、支票

（一）支票的含义和内容

《中华人民共和国票据法》第 81 条规定："支票是出票人签发的，委托办理支票存款业务的银行或者其他金融机构在见票时无条件支付确定的金额给收款人或持票人的票据。"简而言之，支票是以银行为受票人的凭票即付的汇票。

支票的基本当事人和汇票一样，有三个：出票人、付款人和收款人。出票人就是支票的签发人，他在银行已经开设存款账户并且订有支票协议。付款人是出票人的开户银行。收款人可以在支票上注明，也可以不注明。

需要注意的是，支票的出票人所签发的支票金额不得超过其付款时在付款人处实有的存款金额。出票人签发的支票金额超过其付款时在付款人处实有的存款金额的，称为空头支票。各国法律一般都禁止签发空头支票。按照票据法的一般规则，出票人必须按照签发的支票金额承担保证向正当持票人付款的责任。出票人在付款人处的存款足以支付支票金额的，付款人应在当日足额付款。

（二）支票的内容

根据我国《票据法》的规定，支票必须记载以下事项：（1）表明"支票"字样；（2）无条件支付的委托；（3）确定的金额；（4）付款人的名称；（5）出票日期；（6）出票人签字。未记载以上事项之一的，支票无效。

专栏 6—4

支票实例

THE BANK OF COMMUNICATION（账户行）

13652（支票号码）

（支票金额）USD 5 000.00　　Beijing，3rd. May，2020（出票时间、地点）

Pay against this Check to the order of（收款人）STK Trading Co. Ltd

the sum of（大写金额）US DOLLARS FIVE THOUSAND ONLY.

DSG Co. Ltd　（出票人）

(Signed)

（三）支票的种类

支票大致可以分为以下几种：

1. 记名支票

记名支票（Check Payable to Order）是在支票的收款人一栏，写明收款人的姓名，如“支付某某人或指定人”（Pay sb. or Order）；取款时须有收款人签章，方可支取。

2. 不记名支票

不记名支票（Check Payable to Bearer），又称空白支票。支票上不记载收款人姓名，只写“付来人”（Pay Bearer）。取款时持票人无须在支票背后签章即可支取。

3. 划线支票

划线支票（Crossed Check）是在支票正面划两道平行线的支票。划线支票不同于一般支票。一般支票可委托银行收款入账，也可由持票人自行提取现款。而划线支票只能委托银行代收票款入账。使用划线支票的目的是防止支票遗失，被人冒领时，还有可能通过银行代收的线索追回票款。

4. 保付支票

保付支票（Certified Check）是由付款银行在支票上加盖“保付”戳记，支票一经保付，付款责任由银行承担，支票的可靠性随之提高，因而有利于流通。

（四）支票的票据行为

在支票的票据行为中，对于出票、背书、付款行为和追索权的行使，适用票据法中对于汇票的相应行为和权利行使的规定，但对支票的特定规定除外。例如，禁止签发空头支票。另外，根据我国《票据法》，支票的提示期限是自出票日起 10 天；异地使用的支票，其提示期限按中国人民银行的规定。超过提示付款期限的，付款人可以不予付款，但出票人仍应对持票人承担票据责任。

专栏 6—5

关于票据的两则案例

（一）A 承担对 B 的债务 2 万元，同时 C 承担对 A 的债务 2 万元，C 作为债务人签发了一张以 A 为债权人的票据，A 通过背书将对 C 的债权转让给 B，B 持票提示 C 付款，C 能拒付吗?

分析：根据票据的流通转让性，持票人仅凭交付或背书即可完成票据的转让，无须通知债务人，债务人被提示票据时，应对受让人承担付款的义务，而不能以不知票据转让为由拒绝承担票据的付款责任。所以，当 B 持票提示 C 付款时，C 不能拒绝。

（二）A 贸易公司承兑了一张见票 30 日付款的汇票。出票人 B 公司交付汇票给收款人时，加注“无追索权”字样。汇票提示时，A 贸易公司破产倒闭。试问：谁应该对汇票承担责任?

分析：根据票据法，因为出票人是汇票的基本债务人，签发无追索权的汇票无效。故出票人应当承担付款义务。

第二节　汇付与托收

汇付和托收是国际贸易中常用的货款结算方式。按照资金的流向和结算工具的方向划分，国际贸易结算方式可以分成顺汇和逆汇两大类。

顺汇（Direct Remittance）是由债务人主动将款项交给本国银行，委托银行使用某种结算工具，汇付给国外债权人或收款人。因为结算工具（票据、电报、邮寄支付凭证等）的传送方向与资金的流动方向相同，所以称为顺汇。汇付就属于顺汇的范畴。

逆汇（Reverse Remittance）是由债务人以出具票据的方式，委托本国银行向国外债务人收取款项的结算方式。因为结算工具的传送方向与资金的流动方向相反，所以称为逆汇。在贸易业务中，信用证项下的押汇、跟单托收以及非贸易中的支票托收都属于逆汇。

一、汇付

（一）汇付方式及其当事人

汇付（Remittance），又称汇款，是最简单的国际贸易结算方式，指付款人通过银行，使用各种结算工具将货款汇交收款人的一种结算方式。汇付属于商业信用。

汇付业务涉及的当事人有四个：

（1）汇款人（Remitter），指委托银行汇出款项的人，即付款方。

（2）收款人或受益人（Payee or Beneficiary），指收取款项的人，即收款方。

（3）汇出行（Remitting Bank），指受汇款人委托，汇出款项的银行。汇出行所办理的汇款业务叫做汇出汇款。

（4）汇入行（Paying Bank），又称解付行，指受汇出行的委托解付汇款的银行。汇入行所办理的汇款业务叫做汇入汇款。

其中，汇款人与汇出行之间订有合约关系，汇出行与汇入行（汇出行的代理行）之间订有代理合约关系。

在办理汇付业务时，需要由汇款人向汇出行填交汇款申请书，汇出行有义务按照汇款申请书的指示通知汇入行；汇入行收到通知后，有义务向收款人（通常为出口商）解付货款。但汇出行和汇入行对不属于自身过失而造成的损失（如付款委托书在邮递途中遗失或延误等致使收款人无法或逾期收到货款）不承担责任，而且汇出行对汇入行工作上的过失也不承担责任。

（二）汇付的种类

由于使用的结算工具不同，汇付通常可以分为电汇、信汇和票汇三种。

1. 电汇

电汇（Telegraphic Transfer，简称T/T）是指应汇款人的申请，由汇出行拍发加押电报、电传或 SWIFT（MT 100）电文等给其国外的分行或代理行（即汇入行），指示其解付一定金额给收款人的一种结算方式。

专栏 6—6

电汇（T/T）结算业务流程图

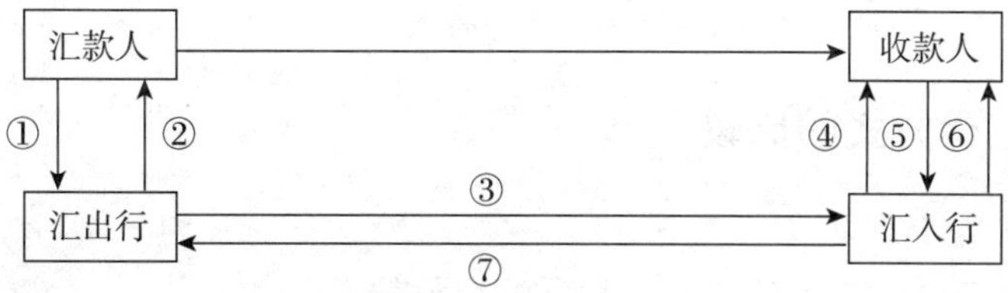

① 汇款人递交电汇申请书并交款、付费。

② 汇出行发给汇款人电汇回执。

③ 汇出行发出电报或电传。

④ 汇入行缮制电汇通知书，通知收款人取款。

⑤ 收款人持通知书一式两联向汇入行取款，并在收款人收据上签章。

⑥ 汇入行解付汇款。

⑦ 汇入行向汇出行寄送付讫借记通知书并索偿。

2. 信汇

信汇（Mail Transfer，简称 M/T）是指汇出行应汇款人的申请，将信汇委托书或支付委托书邮寄给汇入行，授权其解付一定金额给收款人的一种结算方式。信汇结算的程序和电汇相同。

3. 票汇

票汇（Remittance by Banker's Demand Draft，简称 D/D）是指汇出行应汇款人的申请，代汇款人开立以其分行或代理行为汇入行的银行即期汇票，列明收款人的姓名、汇款金额等，交由汇款人自行寄送给收款人或亲自携带出国，以凭票取款的一种汇款方式。

专栏 6—7

票汇（D/D）结算业务流程图

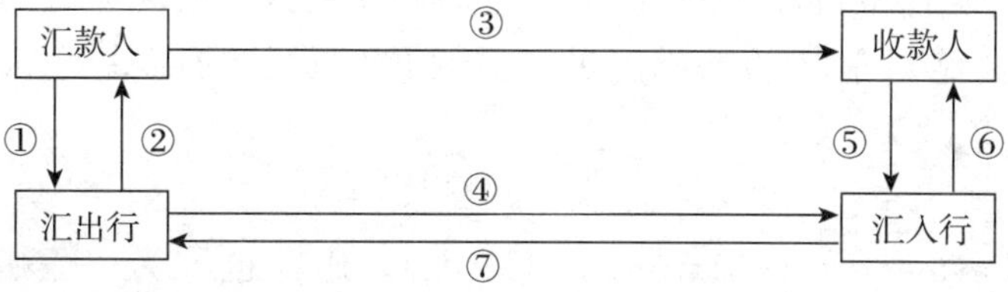

① 汇款人填写票汇申请书并交款、付费。

② 汇出行开出即期汇票给汇款人。

③ 汇款人将即期汇票自行邮寄给收款人。

④ 汇出行将汇款通知书和汇票票根寄给汇入行。

⑤ 收款人持汇票向汇入行取款。

⑥ 汇入行核对无误后付款。

⑦ 汇入行向汇出行寄送付讫借记通知书并索偿。

（三）三种汇付方式的比较

1. 相同点

（1）都是汇出行应汇款人的要求将款项汇交收款人。

（2）都属于顺汇范畴。

（3）都有四个当事人。

2. 不同点

（1）使用的结算工具不同。电汇使用的是电报、电传、SWIFT；信汇使用的是邮件；票汇使用的是汇票。

（2）判定真实性的方法不同。电汇通过密押来判定；信汇通过有权签字人的签字来判定；票汇通过两方面判定，第一，汇票本身要有出票人签字，第二，核对票根。

（3）收款人取款方式不同。信汇、电汇都是付款行通知取款；票汇由汇票持有人持银行即期汇票前往银行办理提款手续。

（4）流通性不同。票汇业务中的汇票可以转让，而电汇、信汇均不可转让。

（5）银行对汇款资金的可利用程度不同。电汇可利用时间最短，信汇次之；票汇可利用时间最长。

（6）汇费不同。电汇费率最高，信汇、票汇费率均低得多。

（四）汇付在国际贸易中的应用

在国际贸易中，汇款结算方式多用于预付货款、货到付款。

1. 预付货款

预付货款（Payment in Advance）是指进口商先将部分或全部货款汇交出口商，出口商收到货款后发货。就卖方来讲是先收款后交货，不积压资金，因此对卖方有利而对买方不利。例如，随订单付现（Cash with Order）就是其中较为典型的方式。这是建立在进口商对出口商绝对信任的基础上的，需要预付货款的商品大多是国际市场的抢手货。

2. 货到付款

货到付款（Payment after Arrival of Goods），通常也称为“赊账交易”（Open Account Trade，简称 O/A），是指在签订合同后，出口商先发货，进口商收到货物后将货款汇交出口商，因此对买方有利而对卖方不利。例如，交货付现（Cash on Delivery，简称 COD）就是其中较为典型的方式。这样，主动权完全掌握在进口商手中。出口商不仅要延迟收回货款，而且要承担货物已发出货款又无法收回的风险。

（五）汇付的特点

1. 汇付属于商业信用

汇付以进口商和出口商之间的相互信任为基础，能否实现交易的预期目的也完全取决于进口商或出口商的信用；因此，汇付属于商业信用。

2. 风险大

因为汇付属于商业信用，因此对预付货款中的进口商或者货到付款中的出口商而言，风险是相当大的。所以，除非进口商和出口商之间的关系特殊，否则在一般情况下，进口商不会同意预付货款，出口商也不会同意货到付款。

3. 资金负担不平衡

预付货款时，进口商首先付款，出口商有可能完全使用进口商的资金备货、装货；而货到付款时，出口商要自己垫付资金以备货、装货，而进口商在收到货物后甚至会在货物售出之后才支付货款，有可能做到完全使用出口商的资金做生意。因此，在汇付业务中双方的资金负担极不平衡。

4. 手续简便、费用低廉

虽然有以上缺点，但是汇付同时具有手续简便、费用低廉的优点。

二、托收

（一）托收概述

根据国际商会第 522 号出版物《托收统一规则》的定义，托收（Collection）是指银行依据所收到的指示处理下述所限定的单据，以便于：（1）取得付款和/或承兑；（2）凭此付款或承兑交单；（3）按照其他条款和条件交单。这里的单据是指金融单据和/或商业单据。金融单据是指汇票、本票、支票或其他类似的可用于取得款项支付的凭证；商业单据是指发票、运输单据、所有权文件或其他类似的文件，或者不属于金融单据的任何其他单据。

简而言之，托收是指由卖方（债权人）开立汇票，委托出口地银行通过在国外的分行或代理行，向买方（债务人）收取货款或劳务费用的一种结算方式。它属于商业信用，采用的是逆汇法。

托收方式可能涉及的当事人有以下几个：

1. 委托人

委托人（Principal，Consignor），即开出汇票委托银行向国外付款人代收货款的人，通常为出口商。

2. 托收行

托收行（Remitting Bank），即接受出口商的委托代为收款的出口地银行。托收行有义务按照委托人的指示办事。此外，由于托收行与委托人之间是委托代理关系，所以托收行对单据的正确性不负责任。对于因委托人的指示，利用外国银行的服务而发生的一切费用和风险，托收行也不负责任。

3. 代收行

代收行（Collecting Bank），即接受托收行的委托代付款人收取货款的进口地银行。代收行与托收行之间是委托代理关系，即代收行应遵从托收行的指示尽快向付款人提示汇票，要求其付款或承兑；付款或承兑后，应无延误地通知托收行。

4. 提示行

提示行（Presenting Bank）是指向付款人提示汇票和单据的银行。代收行可以自己兼任提示行，也可以是与付款人有账户往来关系的银行。

5. 付款人

汇票上的付款人（Payer，Drawee），即托收的付款人，通常为进口商。

6. 需要时的代理

托收业务有时还涉及“需要时的代理”（Customer's representative in case-of-need）。该代理人在托收项目发生拒付时，代理出口商在进口地办理货物存仓、保险、转售、运回等事宜。

（二）托收委托书

按照国际商会第 522 号出版物《托收统一规则》，一切托收业务都必须附有委托书（Collection Order）。

委托人应该填写托收委托书，银行只根据托收委托书所给予的指示办理。出口托收委托书的内容如下：

（1）代收行（Collecting Bank）。出口商在该栏内填写国外代收银行（一般为进口商的开户银行）的名称和地址，这样有利于国外银行直接向付款方递交单据，有利于早收款项。

（2）申请人（Applicant）。申请人为出口商，应填写详细的名称、地址、电话、传真号码。

（3）付款人（Drawee）。付款人为进口商，应填写详细的名称、地址、电话、传真号码。如果进口商的资料不详细，容易加大代收行工作的难度，从而延长出口商收到款项的时间。

（4）汇票的时间和期限（Issue Date and Tenor of Draft）。申请书上汇票的有关内容要与汇票一致。

（5）合同号码（Contract Number）。申请书上的合同号码要与进出口双方签订的商务合同上的号码保持一致。

（6）单据（Documents）。提交给银行的正本和副本的单据名称和数量。

（7）托收条款（Terms and Condition of Collection）。托收条款一般包括以下几项内容：① 收到款项后办理结汇；② 收到款项后办理原币付款；③ 要求代收行付款交单；④ 要求代收行承兑交单；⑤ 银行费用由付款人承担；⑥ 银行费用由申请人承担；⑦ 通知申请人承兑汇票的到期日；⑧ 如果付款延期，向付款人收取一定比例的延期付款利息；⑨ 付款人拒绝付款或拒绝承兑，通知申请人并说明原因；⑩ 付款人拒绝付款或拒绝承兑，代收行对货物采取仓储或加保，费用由申请人支付；⑪ 其他。

专栏 6—8

托收国际规则 URC 与 eURC 简介

国际商会为调和各有关当事人之间的矛盾，以利于国际贸易和金融活动的开展，在 1958 年草拟了《商业单据托收统一规则》。后几经修订，于 1995 年公布了《托收统一规则》(Uniform Rules for Collection) 修订本，简称 URC522，并于 1996 年 1 月 1 日生效。URC522 包括七个部分，共 26 条：总则及定义；托收的方式及结构；提示方式；义务与责任；付款；利息、手续费及费用；其他规定。《托收统一规则》公布实施后，已成为托收业务中具有一定影响的国际惯例，并已被各国银行采纳和使用。但应指出，只有在有关当事人事先约定的条件下，才受该惯例的约束。

近年来，贸易金融数字化及电子商务在托收业务中被世界各国银行业广泛运用。为了保证电子托收的健康有序发展，并确保其"电子适用性"，即能够使银行接受对应单据的数据，国际商会在 2019 年通过了《托收统一规则电子交单增补规则》(URC Supplement for Electronic Presentation，简称 eURC)，并于 2019 年 7 月 1 日正式生效。eURC 是对 URC 的补充，以适应电子记录的单独提交或与纸质单据联合提交的情形。该规则共有 13 条，涉及 eURC 的适用，eURC 的范围，eURC 与 URC 的关系，定义，电子记录和纸质单据与货物、服务或履约行为，格式，交单，不付款或不承兑通知，到期日的确定，电子记录的放单，电子记录数据损坏，根据 eURC 提交电子记录时的额外免责、不可抗力等内容。

（三）托收的种类

根据委托人签发的汇票是否附有单据，托收结算方式可以分为光票托收和跟单托收。

1. 光票托收

光票托收（Clean Bill for Collection）是指委托人仅签发汇票而不附带任何货运单据的一种托收业务。光票托收并不一定不附带任何单据。如果一张汇票仅仅附有一些非货运单据，如发票、垫款清单等，这种汇票的托收也被视为光票托收。在国际贸易中，光票托收用于收取货款的尾数、佣金、样品费以及其他贸易从属费用等小额款项。

2. 跟单托收

跟单托收（Documentary Bill for Collection）是指在卖方（出口商）所开具的汇票以外，还附有货运单据的托收。在实务中，跟单托收所附单据主要有提单、保险单、装箱单等。在办理跟单托收时，委托人需将汇票和所附货运单据等一并提交托收行，由托收行寄交代收行，凭此向进口商收取货款。

按照货物单据和货款的支付是否同时进行，跟单托收分为付款交单和承兑交单。

（1）付款交单。付款交单（Documents against Payment，简称 D/P）是指代收行必须在付款人付清票款之后，方可将货运单据交给付款人。办理此类托收时，委托人必须在委托书中指示代收行只有在进口商付清货款的条件下，才能交付单据。原则上，第一次提示单据时付款人就应付款。按照国际惯例，进口商的赎单时间为 24 小时。

按照付款时间不同，付款交单又可以分为即期付款交单和远期付款交单。

如果是即期付款交单，那么代收行收到汇票后，应立即向付款人提示，要求付款。如果是远期付款交单，那么代收行收到汇票后，向付款人提示要求承兑；进口商得到代收行提示并承兑汇票后，将汇票退还给代收行保存；代收行在到期日提示要求付款，进口商付款后就可以得到货运单据。

（2）承兑交单。承兑交单（Documents against Acceptance，简称 D/A）是指代收行在付款人承兑远期汇票后，即把货运单据交给付款人；汇票到期时，由付款人付清款项。承兑交单与付款交单的区别在于：进口商承兑汇票后就可以得到单据提货，而无须等到汇票到期日。远期汇票的期限一般都按出口商给予进口商的期限办理，通常为见票后 30 天、60 天、90 天、120 天等。

（四）托收业务的程序

由于贸易项下的托收业务一般指跟单托收，所以我们仅以跟单托收为例，来说明托收业务的程序。

1. D/P 流程图（见图 6—1）

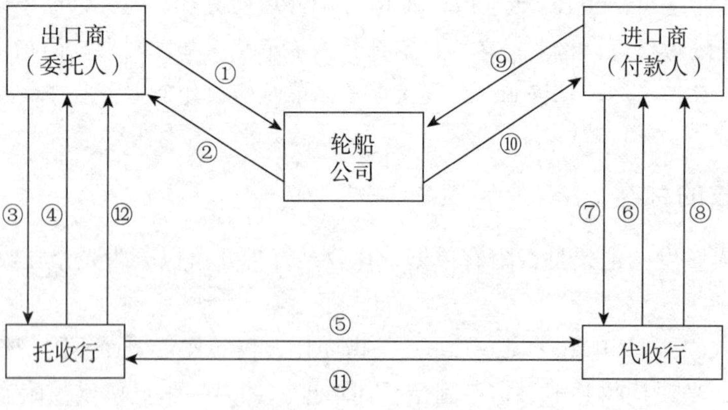

图 6—1　D/P 流程图

说明：

① 发货装船。	② 获得货运单据。	③ 托收申请（D/P）。
④ 接收委托。	⑤ 寄送托收委托书。	⑥ 提示汇票。
⑦ 付款。	⑧ 交单。	⑨ 提货。
⑩ 交货。	⑪ 贷记。	⑫ 收入账户。

2. D/A 流程图（见图 6—2）

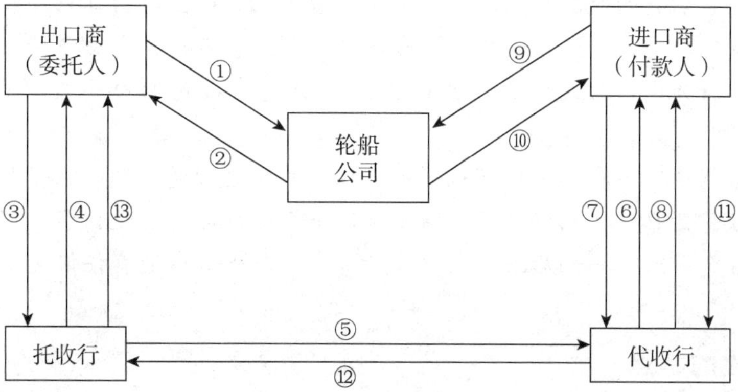

图 6—2 D/A 流程图

说明：

① 发货装船。 ② 获得货运单据。 ③ 托收申请（D/A）。
④ 签 D/A 托收收据。 ⑤ 寄送有关 D/A 托收的单据。 ⑥ 提示承兑。
⑦ 承兑。 ⑧ 交单。 ⑨ 提货。
⑩ 交货。 ⑪ 汇票到期付款。 ⑫ 汇交 D/A 款项。
⑬ 收付 D/A 托收款项。

（五）托收业务中的资金融通

在托收结算业务中，银行对进出口商可以采取以下方式进行资金融通：

（1）银行对出口商的资金融通，可以采取托收出口押汇方式（Loan Secured by Documentary Bill）。出口商办理跟单托收，以汇票和货运单据作为质押，向银行申请贷款。托收行根据出口商的资信、经营作风，酌情贷给一定比例的票款。扣去利息将净款支付给出口商，然后把跟单汇票寄给进口地的代收行，委托其代收票款，待收妥票款后归还贷款。

托收行贷款后，成为出口商的债权人，取得托收项下跟单汇票的质权；如果托收遭到进口商拒付，可以向出口商索回贷款；如果无法索回贷款，银行有权处理出口货物。

（2）银行对进口商的资金融通，是允许进口商在付款前开立信托收据（Trust Receipt，简称 T/R），交给代收行，凭此借出货运单据先行提货以便出售；待售得货款后偿还代收行，换回信托收据。凭信托收据提取的货物的产权仍属于银行；进口商处于代为保管货物的地位。

如果出口商主动提出“凭信托收据借单”并在托收委托书上写明“付款交单”“凭信托收据借单”（D/P，T/R）字样，代收行可以按照托收委托书的指示办理，但是一切后果应由出口商负责。如果出口商未曾主动提出，而是代收行同意进口商的要求“凭信托收据借单”，那么一切后果应由代收行负责。

专栏 6—9

案例：D/P 还是 D/P · T/R?

我国轻工进出口 A 公司与新西兰 B 公司达成一项出口矿产品的合同，付款条件为 D/

P 60 天付款。当汇票及所附单据通过托收行寄抵进口地代收行后，B 公司及时在汇票上履行了承兑手续。货抵新西兰某目的港后，由于用货心切，B 公司出具信托收据向代收行借得单据，先行提货转售。在汇票到期时，B 公司由于经营不善，丧失了偿付能力。代收行以汇票付款人拒付为由通知托收行，并建议由 A 公司直接向 B 公司索取货款。对此，A 公司应如何处理？

分析：本案例是有关在托收项下银行对进口商的资金融通问题。在案件中，代收行允许进口商在付款前开立信托收据，凭此借出货运单据先行提货以便出售。这完全是代收行给予进口商的资金融通，一切后果应由代收行负责，与出口商没有任何关系。

（六）托收的特点

托收的基本特征是商业信用，在国际贸易中只是有条件地使用。在实际业务中，托收方式突出表现出以下两个特点：

1. 卖方风险大

根据《托收统一规则》的规定，在跟单托收业务中，银行仅提供服务，而不提供任何信用和担保。在传递单据收取款项的过程中，既不保证付款人一定付款，也不对单据是否齐全负责审查。货物到达目的地后，如果进口商拒不赎单从而无人提货和办理进口手续时，除非事先经过银行同意，否则银行也无照管货物之责。所以，托收方式对出口商有较大的风险。

2. 进出口双方的资金负担不平衡

在跟单托收业务中，出口商在签订合同时就需垫用自己的资金备货、装运，然后通过银行收款，等到进口商付款后才能通过银行收回货款。而进口商只需付款就可以获得合格的单据。在承兑交单的方式下，进口商更可以在承兑后取得单据，凭此提货，然后用售出货物的所得款项向银行付款，这相当于出口商给予了进口商资金融通。

虽然托收方式有上述风险，但是在实际业务中，这种方式普遍受到进口商的欢迎，因而也是一种调动进口商积极性的方法，有利于提高出口商的竞争能力。

（七）托收方式在国际贸易中的应用

虽然托收结算方式对于出口商来说风险较大、资金负担重，但同时它也可以增加出口商品的竞争力、促进成交、扩大出口，因此，在对进口商、进口市场和商品行情作了详细而周密的调查并认为收汇有把握时，可以根据交易情况采用托收方式。

为了避免和减少风险及损失，出口商要注意做到以下几点：

（1）认真调查进口商的资信，了解商品在进口国的市场行情。

（2）熟悉进口国的贸易管制和外汇管制法规及习惯做法。

（3）出口商应该力争采用 CIF 条件，这样就可以自办保险，并选择投保出口信用险；严格按照买卖合同的规定装运货物、制作单据，以防止被进口商找到任何拒付的理由。

（4）在选择交单方式时，尽量选择付款交单（D/P）方式，因为付款交单比承兑交单风险要小；另外，要特别注意 D/P 远期付款方式，因为有些国家和地区的银行不接受 D/P 远期付款方式。

第三节 信用证

信用证（Letter of Credit，L/C）是随着国际贸易、航运、保险、金融等的迅速发展而逐渐发展起来的一种结算方式，它以银行信用为基础，由进口地银行向出口商提供付款保证，使得出口商收回货款的风险降低；而出口商必须提交与信用证相符的单据，才可以获得付款，因此进口商的收货风险也相对减少。信用证付款已成为国际贸易中普遍采用的一种主要的支付方式。

一、信用证概述

（一）信用证的含义

根据《跟单信用证统一惯例》2007 年修订本国际商会第 600 号出版物（The Uniform Customs and Practice for Documentary Credits，2007 Revision，ICC Publication No. 600；简称 UCP 600），信用证意指一项约定，无论其如何命名或描述，该约定不可撤销并因此构成开证行对于相符提示予以兑付的确定承诺。（Credit means any arrangement，however named or described，that is irrevocable and thereby constitutes a definite undertaking of the issuing bank to honour a complying presentation.）

简而言之，信用证是一种银行开立的有条件地承诺付款的书面文件。当然，信用证既可以应客户的要求对外开立，也可以不经客户申请，由开证行根据自身业务需要，直接向受益人开立，这种情况主要是银行为了向他人融资或购买物品时开立的备用信用证。

（二）信用证的特点

信用证的特点表现在三个方面：

1. 信用证交易的独立性

信用证是独立于买卖合同或任何其他合同之外的交易，开立信用证的基础是买卖合同，但银行与买卖合同无关，也不受其约束。因此，一家银行作出的付款、承兑、支付汇票、议付或履行信用证下其他义务的承诺不受申请人与开证行或受益人之间关系而提出的索赔或抗辩的约束。

2. 信用证交易的单据性

对出口商来说，只要按信用证规定的条件提交了单据，在单单一致、单证一致的情况下，即可从银行得到付款；对进口商来说，只要保证收到符合信用证规定的单据即行付款，就可从银行取得代表货物所有权的单据。因此，银行开立信用证实际是进行单据的买卖。但值得注意的是，根据银行惯例，银行不需亲自询问单据的真实性、已装运的货物的真实性、已装运的货物是否真正装运，以及单据签发后是否失效。除非银行知道其是欺诈行为，否则这些实际发生的情况与银行无关。

3. 银行提供信用

在信用证交易中，银行根据信用证取代买方承担了作为第一付款人的义务。日后只要卖方提供了符合信用证的单据，即使买方破产，卖方也能从银行得到付款保证。这样，银行提供了远优于进口商个人信誉的银行信用，较托收或直接付款方式来说，使卖方风险大大减少。

专栏 6—10

警惕信用证欺诈

信用证与其他国际结算方式相比，由于银行信用的介入，其可靠性得到加强，并在一定程度上解决了进出口双方之间互不信任的矛盾；同时，也为进出口双方提供了资金融通的便利。这些都是买卖双方愿意采用信用证结算的主要原因。但是，从有关信用证的原理来看，由于银行在信用证结汇中只对有关单证作表面的审查，只要“两个一致”就应对卖方付款，而对货物不予审查，这就使得一些不法商人有机可乘。卖方利用银行不负责货物的特点，销售一些根本不存在的货物，并伪造提单，或者有时提单所载货物与实际货物完全不同。在这种情况下，买方支付货款，却拿不到货；或者拿到的货不符，成为受害者。因此，在进行进出口贸易时，应该警惕信用证欺诈。

（三）信用证的作用

采用信用证支付方式，给进出口双方以及银行都带来一定的好处。具体作用表现如下：

1. 对出口商的作用

（1）保证出口商凭单取得货款。出口商交货后提交的单据，只要与信用证的规定相符，银行就保证支付货款。因此，信用证支付为出口商收取货款提供了较为安全的保障。

（2）保证出口商取得资金融通。出口商在交货前，可以信用证作为抵押，向出口地银行打包贷款，用以收购、生产出口货物；或出口商在出运货物后，提交汇票和信用证规定的各种单据，议付后取得货款，从而有利于资金周转。

2. 对进口商的作用

（1）保证按质、按量、按时收到货物。进口商可以通过控制信用证条款，如在信用证中规定最迟的装运期或要求出口商提交由信誉良好的公证机构出具的检验证书等来约束出口商交货的品质、数量和时间，以保证进口商利益。

（2）提供资金融通。进口商在申请开证时，通常要缴纳一定的押金，如果开证行认为进口商资信较好，进口商就有可能少交或免交部分押金。在采用远期或延期信用证时，进口商还可以凭信托收据向银行借单，先行提货、转售，到期再付款，便利了进口商的资金融通。

3. 对银行的作用

在使用信用证时，由于银行信用代替了商业信用，所以，进口商在申请开证时要向银行交付一定的押金或担保品，为银行利用资金提供便利。此外，在信用证业务中，银行每提供一项服务均可取得各种收益，如开证费、通知费、议付费、保兑费、修改费等各种费用。这对银行来说也有一定的好处。

专栏 6—11

案例：单证不符的后果

我国某出口公司与国外一家贸易公司就出售小麦 5 000 公吨签订出口货物合同，买卖合同与信用证均规定为 CIF 条件。合同规定，1 月 30 日前开出信用证，2 月 5 日前装船。1 月 28 日买方开来信用证，有效期至 2 月 10 日。由于卖方按期装船发生困难，故电请买方将装船期延至 2 月 17 日并将信用证有效期延长至 2 月 20 日，买方回电表示同意，并通知开证银行出具了信用证修改书。货物装运后，出口企业在向轮船公司支付全额运费后取得了由船公司签发的已装船清洁提单，但制单人员在提单上漏打了“Freight Prepaid”（运费预付）的字样，当时正遇到市场价格下跌，开证行根据开证申请人的意见，以所交单据与信用证不符为由拒付货款，试分析银行拒付是否有道理。

分析：根据 UCP 600 的有关规定，银行的付款是以受益人提交的单据完全符合信用证条款的规定为条件的，所以要求交付的单据严格做到正确、完整，特别强调单单一致、单证一致，才能保证及时收汇，若有不符之处，银行有权拒付货款。在本案例中，信用证规定为 CIF 条件，显然是由卖方预付运费，提单中未显示此项内容，造成单据与信用证不符，故银行有权拒付货款。

二、有关信用证的国际惯例

（一）《跟单信用证统一惯例》

为了规范信用证业务的运作，国际商会在 1933 年制定了《商业跟单信用证统一惯例》。此后进行了多次修订，最新文本是 2007 年的《跟单信用证统一惯例》（UCP 600）。该惯例适用于世界各国银行处理信用证业务。其中第一条明确指出，UCP 600适用于所有在正文中标明按本惯例办理的跟单信用证（包括本惯例适用范围内的备用信用证）。除非信用证中另有规定，本惯例对一切有关当事人均具有约束力。

UCP 600 共有 39 个条款，在全文结构上是按照业务环节对所有权条款进行了归结。简而言之，就是把通知、修改、审单、偿付、拒付等环节涉及的条款在 UCP 500 的基础上分别集中，使得对某一问题的规定更加明确和系统化。具体表现在：第 1～5 条为总则部分，包括 UCP 600 的适用范围、定义条款、解释规则、信用证的独立性等；第 6～13 条明确了有关信用证的开立、修改、各当事人的关系与责任等问题；第 14～16 条是关于单据的审核标准、单证相符或不符的处理规定；第17～28条属于单据条款，包括商业发票、运输单据、保险单据等；第29～32条规定了有关款项支取的问题；第33～37条属于银行的免责条款；第38条是关于可转让信用证的规定；第39条是关于款项让渡的规定。但值得注意的是，UCP 600没有包含与信用证有关的全部事项，如信用证的效力、议付信用证是否取消、信用证的欺诈等，因此，在适用时还需要国内法补充该惯例没有调整的事项。

（二）UCP 600重要概念的引进

在UCP 600中增加了专门的定义条款，体现了UCP 600细化规定的精神，也有利于条款的理解与适用。其中最重要的是引入了"Honour"（兑付）的概念，并改进了议付的定义，即明确了议付信用证的融资功能。

1. 兑付

根据UCP 600的解释，"兑付"有三个含义：

（1）对于即期付款信用证即期付款。（To pay at sight if the credit is available by sight payment.）

（2）对于延期付款信用证发出延期付款承诺并到期付款。（To incur a deferred payment undertaking and pay at maturity if the credit is available by deferred payment.）

（3）对于承兑信用证承兑由受益人出具的汇票并到期付款。[To accept a bill of exchange（"draft"）drawn by the beneficiary and pay at maturity if the credit is available by acceptance.]

2. 议付

议付（Negotiation）指被指定银行在其应获得偿付的到期日或在此之前，通过向受益人预付或者同意向受益人预付款项的方式购买相符提示项下的汇票（汇票付款人为被指定银行以外的银行）及/或单据。[Negotiation means the purchase by the nominated bank of drafts（drawn on a bank other than the nominated bank）and/or documents under a complying presentation，by advancing or agreeing to advance funds to the beneficiary on or before the banking day on which reimbursement is due to the nominated bank.]

国际商会对上述概念的重新定义，旨在方便信用证各当事人更准确地把握其在信用证下的权利和义务，以便能保障自身的利益。

（三）《跟单信用证统一惯例电子交单增补规则》

近年来，随着科学技术和电信业的迅猛发展，电子商务在世界各国的信用证业务中也得到广泛运用。为了保证电子信用证健康有序的发展，国际商会在2001年通过了《跟单信用证统一惯例电子交单增补规则》（UCP Supplement for Electronic Presentation，简称eUCP），并于2002年4月1日生效。其后，为了适应对UCP 600修改的需要，以及保证电子托收的健康有序发展，eUCP适时地作出修改与补充，形成了eUCP 2.0版本，并于2019年7月1日生效。eUCP 2.0共有14条，涉及电子信用证业务中的范围，eUCP与UCP的关系，定义，电子记录和纸质单据与货物、服务或履约行为，格式，交单，审核，拒付通知，正本与副本，出具日期，运输，电子记录数据损坏，根据eUCP提交电子记录时的额外免责，以及不可抗力等内容。

专栏 6—12

出现不符点，银行应在几个工作日内告知？

某银行开立了一份不可撤销的议付信用证，并通过另一家银行将信用证传递给受益人。受益人发货后取得单据并向通知银行议付，议付行议付后将单据传递给开证行，开证行在收到单据后第九个工作日以不符点为由拒付。试问：开证行拒付是否合理？

分析：根据 UCP 600 的规定，如开证行决定拒绝接受单据，它必须不得延误地以电信方式通知，如不可能，则以其他快捷方式通知此事，但不得迟于收到单据的翌日起算第五个银行工作日。在本案中，开证行在收到单据后第九个工作日以不符点为由拒付显然不符合惯例。

三、信用证的当事人及其职责

信用证结算方式的主要当事人有四个，即开证申请人、开证行、通知行、受益人，另外还涉及其他关系人，如保兑行、议付行、承兑行、付款行等。

1. 开证申请人

开证申请人（Applicant for L/C）指发出开立信用证申请的一方，在国际贸易中，通常是进口商。

2. 开证行

开证行（Issuing Bank）指应申请人要求或代表其自身开立信用证的银行，一般是进口地的银行。

3. 通知行

通知行（Advising Bank）指应开证行要求通知信用证的银行，是开证行在出口地的代理人。

4. 受益人

受益人（Beneficiary）指信用证中受益的一方，是信用证金额的合法享受人。一般是出口商，或者中间商。

5. 保兑行

保兑行（Confirming Bank）指应开证行的授权或请求对信用证加具保兑的银行。保兑行承担与开证行相同的承诺和独立的付款责任。

6. 议付行

议付行（Negotiating Bank）是根据开证行的付款保证和受益人的要求，对受益人交来的符合信用证规定的跟单汇票垫款或办理贴现的银行，一般来说，议付行就是通知行。

7. 承兑行

信用证的承兑行（Accepting Bank）是指在汇票正面签字承诺到期付款的银行。在承兑信用证项下，承兑行可以是开证行本身，也可以是信用证所指定的其他银行。

8. 付款行

付款行（Paying Bank）是指开证行在信用证中指定一家银行，并授权其在单据相符时对受益人付款。付款行可以是开证行本身，也可以是另外一家银行。

专栏 6—13

关于信用证独立性及各当事人关系的案例

A出口公司与B进口公司签订了一份木材买卖合同。双方在合同中约定，如果A公司不能在约定期间内装船，B公司有权取消交易。合同采用信用证付款方式，但信用证的开证银行C银行按B公司要求开出的信用证上并未表明在买卖合同所规定的8月份装船的条件，而A公司实际上在9月20日才装船。B公司根据合同的约定取消这批交易，并拒收货物。但是，C银行已取得了与信用证要求相符的全套单据，并已对A公司付款，开证行要求B公司根据信用证条件赎单。B公司认为，原合同已经解除，开证行不应付款，因而拒绝赎单。试问：B公司拒绝赎单是否正确？开证行负有合同义务吗？

分析：信用证独立于买卖合同，虽然买卖合同是开立信用证的基础，但信用证一经签发，其法律性即与买卖合同分离而独立，不受买卖合同的约束。在本案中，信用证中未表明在买卖合同中所规定日期装船的条件，A公司提交的单证完全符合信用证要求，开证行付款是正确的，而B公司拒绝赎单的行为是不正确的。

四、信用证的主要内容

目前，信用证尚未有统一格式，但其基本内容大致相同。一般来说，信用证包含三部分内容。第一部分内容包括信用证性质、编号、开证日期及地址、有效期限及有效地点、申请人名称及地址、受益人名称及地址、通知行、信用证金额、有效方式、对装运的要求、汇票的期限、受票人及金额；第二部分主要描述支取信用证时需要提交的单据种类、份数、内容等；第三部分内容则包括货物描述、特殊条款、对交单银行的要求、国际惯例的适用性等。现将主要条款分述如下：

（一）信用证开证日期

信用证中必须明确表明开证日期（Issuing Date）。如果信用证中没有开证日期字样，则视开证行的发电日期（电开信用证）或抬头日期（信开信用证）为开证日期。

（二）信用证有效期限和有效地点

信用证的有效期限（Expiry Date）是受益人向银行提交单据的最后日期。受益人应在有效期限日期之前或当天向银行提交信用证单据。有效地点（Expiry Place）是受益人在上述有效期限内向银行提交单据的地点。

（三）信用证号码

信用证号码（Documentary Credit Number）是开证行的银行编号，在与开证行的业务联系中必须引用该编号。

(四)信用证金额的币别

信用证金额的币别(Currency Code)应是可自由兑换的币种。信用证的金额一般采用国际通常的写法。

(五)信用证装运期限

信用证的装运期限(Shipment Date)是受益人装船发货的最后期限,它应在有效期限内。

(六)信用证交单期限

信用证的交单期限(Period for Presentation of Documents),是指在装运日期后的一定时间内向银行交单的期限。如果没有规定该期限,根据 UCP 600,银行将拒绝接受迟于装运日期后 21 天提交的单据,但无论如何,所有单据必须在信用证的有效日期内提交。

专栏 6—14

案例:银行是否必须接受在有效期的单据?

某年 8 月,A 公司作为进口方与出口方 B 公司签订了贸易合同。9 月 30 日香港 C 银行开出不可撤销跟单信用证,信用证规定:最迟装运期为 11 月 30 日,议付有效期为 12 月 15 日。B 公司按信用证的规定完成装运,并取得签发日为 11 月 10 日的提单,当 B 公司备齐议付单据于 12 月 4 日向银行议付交单时,银行以 B 公司单据已过期为由拒付货款。试问:银行的拒付是否有理?

分析:本案中的提单签发日为 11 月 10 日,而 B 公司于 12 月 4 日才向银行议付交单,尽管议付有效期为 12 月 15 日,但晚于提单签发日 21 天,在信用证上又无特殊规定,银行有理由拒付。因此,出口商应及时在规定的 21 天内交单议付,如有特殊情况需要迟延,则应在信用证或合同上注明"过期提单可以接受"的条款。

(七)信用证货物描述

信用证的货物描述(Description of Goods)应准确、明确和完整。根据国际惯例,信用证中对货物的描述不宜烦琐,其基本内容包括名称、数量、型号及价格即可。

(八)信用证单据条款

信用证的单据条款(Documents Required),是开证行在信用证中列明的受益人必须提交的交易的种类、份数、签发条件等内容。信用证的单据条款之间必须保持一致。

(九)信用证特别条款

信用证中有时附有对受益人、通知行、付款行、承兑行、保兑行或议付行的特别条款(Special Conditions)。

（十）跟单信用证统一惯例文句

本证根据国际商会 2007 年修订本第 600 号出版物《跟单信用证统一惯例》办理。(This credit is subject to the Uniform Customs and Practice for Documentary Credits UCP International Chamber of Commerce Publication No. 600.)

五、信用证业务的结算程序

由于国际贸易中采用的信用证大多数是跟单信用证，因此，以跟单信用证为例，信用证业务的结算程序主要包括：信用证的开立、信用证的通知、受益人的审证、信用证的履行、银行审核单据、信用证的结算等。操作流程简述见图 6—3。

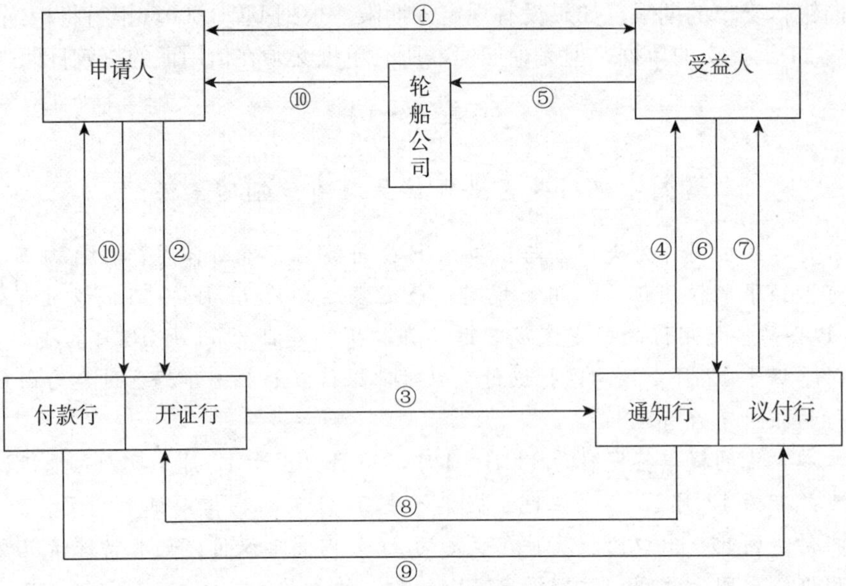

图 6—3　信用证业务流程

说明：

① 双方在贸易合同中规定使用跟单信用证支付。

② 通知当地银行（开证行）开立以卖方为受益人的信用证。

③ 开证行请求另一银行通知或保兑信用证。

④ 通知行通知卖方，信用证已开立。

⑤ 卖方收到信用证，并确保其能履行信用证规定的条件后，即装运货物。

⑥ 卖方将单据向指定银行提交。该银行可能是开证行，或者是信用证内指定的付款、承兑或议付银行。

⑦ 该银行按照信用证审核单据。如单据符合信用证规定，银行将按信用证规定进行支付、承兑或议付。

⑧ 开证行以外的银行将单据寄送开证行。

⑨ 开证行审核单据无误后，以事先约定的形式，对已按照信用证付款、承兑或议付的银行偿付。

⑩ 开证行在买方付款后交单，买方凭单取货，最后轮船公司放货。

专栏 6—15

信用证中关于时间的描述

“于或约于”（On or About）或类似措辞将被理解为一项约定，按此约定，某项事件将在所述日期前后各五天内发生，起讫日均包括在内。

词语“×月×日止”（To）、“至×月×日”（Until）、“直至×月×日”（Till）、“从×月×日”（From）及“在×月×日至×月×日之间”（Between）用于确定装运期限时，包括所述日期。词语“×月×日之前”（Before）及“×月×日之后”（After）用于确定装运期限时不包括所述日期。

词语“从×月×日”以及“×月×日之后”用于确定到期日时不包括所述日期。

术语“上半月”和“下半月”（First Half and Second Half）应分别理解为自每月 1 日至 15 日和 16 日至月末最后一天，包括起讫日期。

术语“月初、月中和月末”（Beginning，Middle and End）应分别理解为每月 1 日至 10 日、11 日至 20 日和 21 日至月末最后一天，包括起讫日期。

六、信用证的种类

根据用途、性质、期限、流通方式的不同，信用证可分为：

（一）跟单信用证与光票信用证

就信用证项下的汇票是否附有单据而言，信用证可分为跟单信用证与光票信用证。

跟单信用证（Documentary L/C）是指凭跟单汇票或凭规定的单据付款的信用证，国际结算中使用的信用证绝大部分都是跟单信用证。单据在国际贸易结算中一般是不可或缺的，出口商通常提供一定的单据作为付款条件。

光票信用证（Clean L/C）是凭不附单据的汇票付款的信用证。

（二）不可撤销信用证与可撤销信用证

就开证行对所开出的信用证所负的责任而言，信用证可分为不可撤销信用证与可撤销信用证。

不可撤销信用证（Irrevocable L/C）是指信用证一经开出，在信用证有效期内，如果未得到信用证有关当事人的同意，开证行不能单方面撤销或修改信用证条款；开证行的付款责任是第一性的、确定的。只要受益人提供的单据符合信用证条款，开证行就必须履行付款义务。根据惯例的规定，适用 UCP 600 的信用证必须是不可撤销信用证。

可撤销信用证（Revocable L/C）是指开证行有权在信用证开出之后，不征求受益人的同意甚至不通知受益人随时撤销的信用证。

（三）保兑信用证与非保兑信用证

根据信用证有无开证行以外的其他银行加以保证兑付，信用证可分为保兑信用证与非保兑信用证。

保兑信用证（Confirmed L/C）是指另外一家银行接受开证行的要求，对其开立的信用证承担保证兑付责任的信用证。信用证经保兑后，便有开证行和保兑行的双重付款保证，对出口商非常有利；当然，保兑行要收取较高的手续费。

非保兑信用证（Unconfirmed L/C）是指不经过另一家银行保兑的信用证。非保兑信用证是相对于保兑信用证而言的，既可以是不可撤销信用证，也可以是可撤销信用证。

专栏6—16

案例：保兑行是否应承担付款责任？

我国某出口企业收到国外开来不可撤销的即期信用证一份，由设在我国境内的某外资银行通知并加以保兑。该出口企业在货物装运后，正拟将有关单据交银行议付时，忽接该外资银行通知，由于开证银行已宣布破产，该行不承担对该信用证的议付或付款责任，但可接受该出口公司委托向买方直接收取货款的业务。我方应如何处理？

分析：开证行与保兑行的责任是相同的。根据规定，对不可撤销信用证而言，在其规定的单据全部提交指定银行或开证行，并符合信用证条款的情况下，便构成开证行的确定承诺：对即期付款的信用证即期付款。在本案中该出口公司不能接受外资银行的通知，而应坚持由作为保兑行的外资银行承担付款责任。

（四）即期付款信用证、议付信用证、承兑信用证、延期付款信用证与假远期信用证

按照交单结算方式不同，信用证可以分为即期付款信用证、议付信用证、承兑信用证、延期付款信用证与假远期信用证。

（1）即期付款信用证（Sight Payment L/C），是指受益人（出口商）根据开证行的指示开立即期汇票，或无须汇票仅凭运输单据即可向指定银行提示请求付款的信用证。

（2）议付信用证（Negotiation L/C），是指指定某一银行议付或任何银行都可议付的信用证。如果信用证不限制某银行议付，可由受益人（出口商）选择任何愿意议付的银行，提交汇票、单据给所选银行请求议付，则称为自由议付信用证，反之则为限制性议付信用证。

（3）承兑信用证（Acceptance L/C），是指开证行或付款行在收到符合信用证条款的汇票和单据后，先办理承兑手续，等汇票到期时才履行付款的信用证。

（4）延期付款信用证（Deferred Payment L/C），是指不需汇票，仅凭受益人交来的单据，审核相符，指定银行承担延期付款责任并延长至到期日付款的信用证。该信用证除能够为欧洲地区进口商避免向政府交纳印花税而免开具汇票外，其他都类似于远期信用证。

（5）假远期信用证（Usance Credit Payable at Sight），又称买方（进口商）远期信用证，是银行为买方（进口商）提供资金融通的信用证，买方为获得票据贴现市场的资金融

通，对于合同证明即期信用证，申请开立以票据贴现市场所在地银行为汇票付款人的信用证。

（五）可转让信用证与不可转让信用证

根据受益人使用信用证的权利能否转让进行划分，信用证可以分为可转让信用证与不可转让信用证。

可转让信用证（Transferable L/C）是开证银行向中间商（受益人）提供对信用证条款权利履行转让便利的一种结算方式。它是指受益人（第一受益人）可以请求授权付款、承担延期付款责任、承兑或议付的银行（转让行），如果是自由议付信用证，可以要求信用证特别授权的转让行将信用证的全部或部分一次性转让给一个或多个受益人（第二受益人）使用的信用证。

不可转让信用证（Non-transferable L/C）是指受益人不能将信用证权利转让给他人的信用证；一般的信用证都是不可转让的。

（六）对背信用证

对背信用证又称转开信用证，是指受益人要求原证的通知行或其他银行以原证为基础，另开一张内容相似的新信用证。对背信用证的受益人可以是国外的，也可以是国内的，对背信用证的开证银行只能根据不可撤销信用证来开立。对背信用证的开立通常是中间商转售他人货物，从中图利，或两国不能直接办理进出口贸易时，通过第三者以此种方法来沟通贸易。

专栏 6—17

案例：银行如何对待“不可抗力”事件？

我国某外贸公司与国外 A 公司达成一笔出口合同，信用证规定：“数量 9 000 公吨，7—12 月份分批装运，每月装 1 500 公吨。”买方在 7—9 月份每月装 1 500 公吨，银行已分批凭单付款。第四批货物原定于 10 月 15 日装运出口，但由于台风登陆，第四批货物延迟至 11 月 2 日才装船运出。当受益人凭 11 月 2 日的装船提单向银行议付时，遭到银行拒付。后来受益人又以“不可抗力”为由要求银行付款，亦遭到银行拒绝。试问：在上述情况下，银行有无拒付的权利？

分析：根据 UCP 600 的规定，信用证规定在指定的不同期限内分期付款或装运，如其中任何一期未按信用证所规定的期限付款或装运，则信用证对该期及以后各期均视为无效，但信用证另有规定者除外。此外，根据规定，银行对由于天灾、暴动、骚乱、叛乱、战争、恐怖主义行为或任何罢工、停工或其无法控制的任何其他原因导致的营业中断的后果，概不负责。因此，在本案中，银行有拒付的权利。

（七）SWIFT 信用证

SWIFT 是“环球同业银行金融电讯协会”（Society for Worldwide Interbank Financial

Telecommunication）的英文缩写，它是一个国际银行间非营利合作组织，专门从事传递各国之间的非公开性的金融电讯业务，包括办理信用证项下的汇票业务和托收等，同时还建立了国际账务清算和银行间的资金调拨体系。该组织成立于 1973 年 5 月，总部设在比利时的布鲁塞尔，为国际金融业务提供准确、优良的服务。

凡依据国际商会所制定的电信信用证格式并利用 SWIFT 网络系统设计的特殊格式，通过 SWIFT 网络系统传递的信用证的信息，即通过 SWIFT 开立或通知的信用证称为 SWIFT 信用证，也称为“环银电协信用证”。采用 SWIFT 信用证，必须遵守 SWIFT 使用手册的规定，使用 SWIFT 手册规定的代号（Tag），而且信用证必须按国际商会制定的《跟单信用证统一惯例》的规定，在信用证中可以省去银行的承诺条款（Undertaking Clause），但不能免去银行应承担的义务。目前开立 SWIFT 信用证的格式代号为 MT700 和 MT701。如对已经开出的 SWIFT 信用证进行修改，则须采用 MT707 标准格式传递信息。采用 SWIFT 信用证后，信用证具有标准化、固定化和统一格式的特性，且传递速度快捷，成本较低，从而大大提高了银行的结算速度。

目前，全球大多数国家的大多数银行已使用 SWIFT 系统，我国银行在电开信用证或收到的信用证电开本中，SWIFT 信用证占很大比重。

（八）备用信用证

备用信用证是指开证行根据开证申请人的请求对受益人开立的承诺承担某项义务的凭证。即开证行保证在开证申请人未能履行其应履行的义务时，受益人只要凭备用信用证的规定向开证行开具汇票（或不开具汇票），并提交开证申请人未履行义务的声明或证明文件，即可取得开证行的偿付。

备用信用证最早产生于 19 世纪的美国，第二次世界大战后开始广泛运用。作为一个独立的凭单付款的承诺，备用信用证通常仅要求受益人提交汇票和简单的文件，以证明申请人违约。时至今日，由于备用信用证具有独立性、单据化和见索即付的特点，在处理具体业务时又可根据《跟单信用证统一惯例》办理，因此较保函而言，备用信用证较易为银行和进出口商所接受。

备用信用证一般在投标、技术贸易、补偿贸易的履约保证、预付货款和赊销等业务中使用，也有用于带有融资性质的还款保证。近年来，有些国家已经开始把备用信用证用于买卖合同项下货款的支付。

专栏 6—18

案例：备用信用证大多用于服务贸易

我国 A 公司与外国 B 公司签订补偿贸易合同，约定由 A 公司从 B 公司引进某生产线，价格为 100 万美元，A 公司以 20%现金及该生产线生产的产品作为价款，合同履行期限为 4 年。为了保证 A 公司履行合同，B 公司要求 A 公司以备用信用证形式提供担保。A 公司遂向国内 C 银行申请开立备用信用证。C 银行根据 A 公司的委托，开出了一份以 B 公司为受益人，金额为 80 万美元的备用信用证。该信用证受国际商会 2007 年修订的第 600 号出版物《跟单信用证统一惯例》的约束。在C银行开立的备用信用证的担保下，B公司与A公司之间的补偿贸易合同生效。后来，A公司未能于合同规定的日期内履约，B公司便签发汇票连同一份声明提交C银行，要求其支付备用信用证项下的款项。C银行对B公司提交的汇票和声明进行审查后认为“单证相符”，便向B公司偿付了80万美元。

分析：备用信用证对于受益人来说，是备用于开证申请人发生违约时取得补偿的一种方式，具有担保的性质，同时，它又具有信用证的法律特征，开证行处理的是与信用证有关的文件，而与交易合同无关。综上所述，备用信用证既具有信用证的一般特点，又具有担保的性质。本案便是备用信用证的具体表现。

七、合同中信用证支付条款示例

信用证支付条款因进出口合同种类的不同而各异，又因信用证种类的各异而不同。下面仅选择几例来示范出口合同中信用证支付条款的具体订法。

（一）即期信用证支付条款

“买方应于装运月份前××天通过卖方可接受的银行开立并送达卖方不可撤销的即期信用证，有效期至装运月份后15天在中国议付。”（The Buyers shall open through a bank acceptable to the Sellers an Irrevocable Sight Letter of Credit to reach the Sellers ×× days before the month of shipment, valid for negotiation in China until the 15th day after the month of shipment.）

（二）远期信用证支付条款

“买方应于××年×月×日前（或接到卖方通知后×天内或签约后×天内）通过××银行开立以卖方为受益人的不可撤销（可转让）的见票后××天（或装船日后××天）付款的银行承兑信用证，信用证议付有效期延至上述装运期后15天在中国到期。”［The Buyers shall arrange with ×× Bank for opening an Irrevocable (Transferable) banker's acceptance Letter of Credit in favor of the Sellers before... (or within... days after receipt of Seller's advice; or within... days after signing of this contract). The said Letter of Credit shall be available by draft(s) at sight (or after date of shipment) and remain valid for negotiation in China until the 15th after the aforesaid time of shipment.］

第四节 银行保函和国际保理

在国际贸易业务中，当买卖双方不便使用跟单信用证，而一方当事人担心对方不履行合同义务时，通常要求对方通过银行出具银行保证书。而随着国际贸易的发展，市场竞争日益激烈，“买方市场”的特征日益明显。出口商为了扩大出口，除了利用质量、价格、售后服务等竞争手段外，也不得不按对进口商较为有利的支付方式达成交易。但是，出口商必须采取相应的保护措施，以维护自身利益。在这种情况下，国际保理业务也就应运而生。

一、银行保函

（一）银行保函的含义及基本内容

银行保函又称银行保证书（Bank's Letter of Guarantee，简称 L/G），是指银行作为担保人向受益人开立的，保证被保证人一定要向受益人尽到某项义务，否则将由担保人负责支付受益人损失的保证文件。它的特点是：保函依据商务合同开出，但又不依附于商务合同，具有独立的法律效力；银行信用作为保证，易于为合同双方接受。

银行保函不仅用于一般的货物买卖，同时，也适用于国际劳务承包、项目融资等有关的国际经济合作业务。

银行保函的内容根据交易的不同而有所不同，在形式和条款方面也无固定格式，但就其基本方面而言，银行保函通常包括以下内容：

1. 基本栏目

基本栏目包括保函的编号、开立日期、各当事人的名称和地址、有关交易或工程项目的名称、有关合同或标书的编号和订约或签发日期等。

2. 责任条款

责任条款即开立保函的银行或其他金融机构在保函中承诺的应承担的责任条款。这构成了银行保函的主体。

3. 保证金额

保证金额即出具保证书的银行或其他金融机构所承担的责任的最高金额，可以是具体金额，也可以是合同或有关文件金额的某个百分比。如果保证人可以按委托人履行合同的程度减免责任，则必须作出具体说明。

4. 有效期

有效期即最迟的索赔期限，或称到期日。既可以是具体的日期，也可以是在某一行为或某一事件发生后的一个时期到期，例如在交货后 2 个月或 4 个月等。

5. 索偿方式

索偿方式即索偿条件，是指受益人在何种情况下可向保证人提出索赔。通常国际上有两种不同的处理方法：一种是无条件的，或称"见索即付"保函；另一种是附有某些条件的保函。按照国际商会的规定，即使是见索即付保函的受益人在索偿时也要递交一份申请书。

（二）银行保函的当事人及其职责

银行保函业务中涉及的主要当事人有三个：申请人、受益人和担保银行，此外，有时还有通知行及保兑行等。

1. 申请人

申请人（Applicant），又称委托人（Principal），即向银行提出申请，要求银行出具保函的一方。其责任是履行合同项下的有关义务，并在担保人为履行担保责任而向受益人作出赔付时向担保人补偿其所作的任何支付。

2. 受益人

受益人（Beneficiary），即接受保函，并有权按照保函规定的条款向担保人提出索赔的一方。其责任是履行在合同中规定的责任和义务，并在保函规定的索偿条件具备时，有权按照保函规定出具索款通知或连同其他单据向担保行索取款项。

3. 担保人

担保人（Guarantor），又称保证人。即根据申请人的要求，向受益人开立保函的一方，通常为银行。其责任和义务是只处理单据或证明。

4. 通知行

通知行（Advising Bank）或转递行（Transmitting Bank），即受担保人委托，并按担保人的要求将保函通知或传递给受益人的银行。通知行只负责保函表面的真实性。

5. 保兑行

保兑行（Confirming Bank），又称第二担保人，即根据担保人的要求在保函上加具保兑的银行。保兑行只有在担保人不按保函规定履行赔付义务时，才向受益人支付一定的金额。

（三）银行保函的种类

1. 银行进口保函

（1）成套设备进口即期付款保函。

进口方按合同规定，预付给出口方一定比例的订金（一般为10%），其余货款由进口地银行开立保函，保证进口方的大部分货款可凭货运单据即期付款，小部分货款（约5%）在设备正常运转期满，凭厂方设备运转期满证书支付。如果进口方无力付款，由银行承担付款责任。

（2）成套设备进口远期付款保函。

进口方按合同规定，预付给出口方一定比例的订金（一般为5%），其余部分由进口地银行开立保函，保证进口方凭出口方交来的货运单据先支付小部分（一般为10%），其余85%的货款作为远期付款，分期偿付。

（3）租赁保函。

由担保银行向出租人出具的担保文件，保证承租人一定按照租赁协议的条款支付租金。如果承租人不支付租金，则由担保银行支付。

（4）加工装配保证。

进口方银行应进口方要求，向出口方保证，进口方如期加工出口成品偿还机器设备价款。否则，由担保银行代为偿付。相对来说，进口方也可要求出口方提供银行保函，保证负责支付工缴费。

2. 银行出口保函

（1）投标保函。

投标人向招标人递交投标书时，必须随附银行的投标保函。开标后，中标的投标人以前附带的银行投标保函立即生效。投标保函的金额一般为招标金额的2%～5%。担保银行的责任是当投标人在投标有效期内撤销投标，或者中标后不能与业主订立合约或不能提供履约保函时，担保银行就负责付款。

（2）履约保函。

招标人和中标的投标人在合同签订后，即成为接受承包人和承包人。承包人必须向接受承包人提供银行开立的履约保函，金额一般为合同金额的10%～15%，以确保承包人按合同条款履约。否则，由银行负责赔偿一定金额，最高不超过履约保函的总金额。

（3）还款保函。

国际上对金额较大的成套设备或工程项目交易，出口方常要求进口方预付一定金额的订金。进口方在支付订金前，要求出口方提供银行的还款保函，以担保出口方履行合约。否则，出口方银行负责将预付订金及利息退还给进口方。

（4）维修保函、质量保函。

维修保函多用于造船、工程项目；质量保函多用于货物买卖。如果承包人所完成的工程质量或卖方所提供的货物的质量不符合合同规定，而承包人或卖方又不愿进行维修或调换时，银行要向业主或买方赔付一定金额，以便业主或买方对工程或货物进行维修，以保证质量。

（四）关于银行保函的国际惯例

目前，见索即付独立保函适用的国际惯例主要是国际商会制定的《见索即付保函统一规则》（The Uniform Rules for Demand Guarantees，URDG），于2010年7月1日实施的URDG 758是该惯例的最新修订本，共计35条。该规则强调，一方面坚持独立性原则，强调了表面相符；另一方面也改进具体操作，突出了单据化特征。

1. 保函的独立性更加明显

URDG 758专门列明了一条（第5条），论述保函/反担保函的独立性，非常清晰地界定了其所规范的保函是独立保函。见索即付保函一方面独立于申请人与受益人之间的基础合同，另一方面独立于申请人向担保人发出的委托开立保函的申请。

2. 保函单据化要求更加严格

URDG 458（国际商会1992年出版物）第2条、第9条、第10条等条款体现了保函的单据化特性，与之相比，URDG 758对单据化的要求更加严格。一方面，详细规定了保函各个环节要求的单据化条件；另一方面，在增加非单据化条件补救措施的同时，严格限制了非单据化条件的处理。

此外，URDG 758采用了逐条论述的方法，整个规则按照实务操作的一般规律进行，从开立、修改到交单、索赔再到赔付、终止。这种结构形式，不但逻辑清晰、论述具体，而且更加符合实务操作流程。

URDG 758 适用于见索即付保函或反担保函，也可以作为贸易惯例加以应用。

二、国际保理

（一）国际保理的含义及适用范围

国际保理（International Factoring），是指出口商以商业信用形式出售商品，在货物装船后立即将发票、汇票、提单等有关单据，卖断给承购应收账款的财务公司或专门组织，收取全部或一部分货款，从而取得资金融通的业务方式。它既是一种可供选择的国际结算方式，又是一种短期的贸易融资方式。

在下列情况下出口商宜办理国际保理业务：

（1）因部分海外进口商不能或不愿开出信用证，致使出口交易不能达成，限制了出口额的提高；

（2）部分现有进口商因出口商不愿提供信用付款方式而转往其他供应商；

（3）准备采用信用付款方式，但对海外进口商的财务信用存有疑虑；

（4）为了更有效地拓展市场，决定在有关的海外市场聘任销售代理，因而必须提供信用付款方式；

（5）希望解除账务管理和应收账款追收的烦恼，避免坏账损失。

（二）国际保理的内容

1. 信用调查

银行或财务公司对有关的买方客户进行全面详细的资信调查，并结合市场调查，拟订对每个客户的信用限额，作为放款的重要参考。同时对卖方的资信及其经营和生产能力也进行调查了解，以便决定是否接受其申请。

2. 风险承担

银行或财务公司一旦接受卖方对客户的账款保理，如果到规定时间收不到款，只要是正常业务并且在承担限额之内，银行或财务公司将承担这笔呆账损失。但是保理业务不负责买卖双方因货物有问题而发生的争执，例如因未按合同规定发货而买方拒绝付款时，卖方应自己负责。

3. 催收账款

出口商的账款到期时，银行或财务公司通过国外的合作金融机构提醒进口商支付货款；银行或财务公司负责收取应收账款，将款项交给卖方，并向卖方提送报告。对未收账款继续催收。

4. 资金融通

有别于出口商在银行取得的融资额度（可能需要担保、抵押），国际保理业务为出口商开辟了另外一条取得流动资金的渠道。在许多国家，按照有关规定和习惯做法，银行放款一般不接受应收账款、存货等流动资产作为抵押。而经营保理业务的银行或公司则可以“应收账款”为抵押，使卖方获得资金融通的便利。

（三）国际保理的基本流程

目前在国际贸易中，保理商所提供的国际保理业务一般都是双保理的做法。现将国际上通行的双保理程序简介如下：

（1）进出口商签订货物买卖合同，规定使用D/P、D/A或O/A等非信用证结算方式；

（2）出口商与出口保理商签订保理协议，提交进口商的有关情况和交易资料，并书面提出要求对进口商进行审查，确定信用额度；

（3）出口保理商将出口商提交的资料和信用额度申请整理后转交给与之有业务往来的进口保理商；

（4）进口保理商对进口商的资信进行调查和评估，确定进口商的信用额度，告知出口保理商；

（5）出口保理商将资信调查结果告之出口商；

（6）出口商按照合同规定备货并发运，将发票及各项货运单据送交进口商；

（7）出口商同时将发票副本交出口保理商；

（8）出口保理商先向出口商支付80％的发票金额货款，或者买断票据，按照票面金额扣除利息等各项费用后，无追索权地支付给出口商；

（9）出口保理商随即将发票副本送交进口保理商；

（10）进口保理商将发票入账，并负责定期向进口商催收账款；

（11）进口商在付款到期日后向进口保理商支付发票全部金额，并支付保理费；

（12）进口保理商将发票金额拨交给出口保理商；

（13）出口保理商在扣除预付货款、保理服务费用及其他费用后，将货款余额交出口商。

专栏6—19

小常识：国际保理的特点

国际保理最大的特点就是可以提供无追索权的贸易融资，而且手续方便，简单易行，既不像信用放款那样需要办理复杂的审批手续，也不像抵押放款那样需要办理抵押品的移交和过户手续。出口商在发货或提供技术服务后，将发票通知保理商就可以立即获得大部分发票金额的无追索权预付款融资。这样就基本解决了在途和信用销售的资金占用问题。由于保理商单独承担了因买方信用而形成的坏账风险，放弃了对出口商的追索权，所以出口商可以将这种预付款作为正常的销售收入对待，而不用像银行贷款那样必须显示在资产负债表的负债方。这样一来，出口商的清偿能力也会得到改善，有助于提高公司的资信等级和清偿能力。

（四）出口保理协议书的内容

在保理业务中，出口商要寻找国内某保理商作为出口保理商，向其提出出口保理的业务申请，并与其签订《出口保理协议书》，用于为进口商申请信用额度和授权出口保理商执行保理业务。

保理协议书的内容一般包括：出口商的业务情况，交易背景资料，信用额度的申请、通知及生效，应收账款的转让，信用额度的变更及取消，账务设立及核对，单据的提交与寄送，协议的失效及终止等。

（五）国际保理的利弊分析

1. 国际保理业务为出口商和进口商带来的收益

（1）风险保障。对出口商来说，进口商的财务风险转由保理商承担，出口商可以得到收汇保障；对进口商来说，可凭借公司的信誉和良好的财务表现而获得信贷，无须抵押。

（2）增加营业额。对出口商来说，为新老客户提供更有竞争力的付款条件，以拓展海外市场；对进口商来说，利用优惠付款条件，购进更多货物，加快资金流动。

（3）简化手续。对出口商来说，免除了一般单项交易的烦琐手续；对进口商来说，在批准信用额度后，进货快捷。

（4）节约成本。对出口商来说，资信调查、账务管理和追收账款都由保理商负责，减轻了业务负担，节约了管理成本；对进口商来说，省却了开信用证和处理繁杂文件的费用。

2. 国际保理业务的不利之处

（1）国际保理商的风险较大。虽然在国际保理业务中，国际保理商事先已经对进口商的资信进行了调查和评估，但是国际保理商所承担的风险远远大于在信用证业务中开证行的风险。

（2）出口商承担的保理费用较高。国际保理的佣金手续费一般是货款的1%～3%，如有融资服务，则费用更高。这些费用一般由出口商承担。

（3）对于商品质量、运输等方面的原因造成的买卖双方的纠纷以致引起拒付，保理商只能等待进出口双方自行解决或通过仲裁机构解决。

第五节　各种支付方式的选用

在国际贸易业务中，一笔交易的货款结算，可以只使用一种结算方式（通常如此），也可根据不同的交易商品、交易对象、交易做法等，将两种以上的结算方式结合使用，从而有利于促成交易、安全及时收汇等。在开展国际贸易业务时，究竟选择哪一种结算方式，可酌情而定。

一、主要结算方式的比较

在国际贸易中，汇付、跟单托收和跟单信用证是三种主要的、最基本的、最常用的结算方式。表6—1是对这三种结算方式在安全因素、资金占用、费用负担、手续繁简等方面所作的比较。

表 6—1　　汇付、跟单托收和跟单信用证的比较

结算方式		手续	银行收费	买卖双方的资金占用	买方风险	卖方风险
汇付	预付货款	简单	最小	不平衡	最大	最小
	赊账交易	简单	最小	不平衡	最小	最大
跟单托收	付款交单	稍繁	稍大	不平衡	较小	较大
	承兑交单	较繁	稍大	不平衡	极小	极大
跟单信用证		最繁	最大	较平衡	稍大	较小

二、影响结算方式选择使用的因素

在选择结算方式时，安全因素是首先需要考虑的重要问题，其次是占用资金时间的长短，当然也要注意具体操作时的手续繁简、银行费用等。此外，下列因素在选择使用何种结算方式的时候具有一定的影响，有时甚至起决定性作用。

（一）客户资信

在国际贸易中，合同能否顺利圆满地得到履行，在很大程度上取决于客户的信用。因此，要在贸易中安全收汇、安全用汇就必须事先做好对客户的资信调查，以便根据客户的具体情况，选用适当的结算方式。

（二）贸易术语

国际货物买卖合同中采用不同的国际贸易术语，表明各项合同的交货方式和使用的运输方式是不同的，而不同的交货方式和运输方式所适用的结算方式不会完全相同。因此，在选择结算方式时，要注意合同所采用的贸易术语。

（三）运输单据

如果货物通过海上运输，出口商装运货物后得到的运输提单是海运提单，而海运提单属于物权凭证，提单交付给进口商之前，出口商尚能控制货物，故可以选用信用证和托收方式结算货款。如果货物通过航空、铁路、邮包运输时，出口商装运货物后得到的运输单据是航空运单、铁路运单或邮包收据，这些都不是物权凭证，在这种情况下，一般不适宜做托收。即使采用信用证方式，大多也规定必须以开证行作为运输单据的收货人，以便银行控制货物。

三、各种支付方式的选用

在国际贸易实务中，除采用某一种支付方式之外，有时也可以将各种不同的支付方式

结合起来使用。

（一）信用证与汇付相结合

信用证与汇付相结合是指部分货款采用信用证、余额采用汇付方式结算。这种结算方式常用于允许交货数量有一定机动幅度的某些初级产品的交易。例如，买卖矿砂、煤炭、粮食等散装货物，买卖合同规定90%的货款以信用证方式付款，其余10%在该货物运抵目的港、经检验核实货物数量后，按实到数量确定余数金额以汇付方式支付。又如，对于特定商品或特定交易需进口商预付订金的，也有规定预付订金部分以汇付方式支付，其余货款以信用证方式结算。

（二）信用证与托收相结合

信用证与托收相结合是指一笔交易的货款，部分用信用证方式支付，余额用托收方式结算。这种结合形式的具体做法通常是：信用证规定受益人（出口商）开立两张汇票，属于信用证项下的部分货款，通过光票支付，而余额则将货运单据附在托收的汇票项下，按即期或远期付款交单方式托收。这种做法对进口商而言，可减少开证金额、少付开证押金、少垫资金。对出口商而言，托收部分虽然有一定风险，但因为有部分信用证的保证，而且货运单据在信用证内规定跟随托收汇票，开证行需等全部货款付清后才能向进口商交单，因而收汇较为安全。但必须订明信用证的种类和支付金额以及托收方式的种类，必须订明“在全部付清发票金额后方可交单”的条款。

在合同中，对于信用证与托收结合方式的条款通常可作如下规定：“买方通过卖方可接受的银行于装运月份前×天开立并送达卖方不可撤销的即期信用证，规定发票金额的×%凭即期光票支付，其余部分用托收方式即期付款交单。发票金额100%的全套货运单据随附托收项下，于买方付清发票全部金额后支出。如买方未付清全部发票金额，则货运单据须由开证行掌握，凭卖方指示处理。”

（三）信用证与银行保函相结合

信用证与银行保函相结合用于成套设备或工程承包交易。除了支付货款外，还有预付定金或保留金的收取。一般货款可用信用证支付，预付定金要先开银行保函，保留金的收取可以用保函代替。如果是招标交易，则须投标保函、履约保函、退还预付金保函与信用证相结合。

（四）托收与银行保函相结合

托收与汇付相反，属于逆汇。出口商先交货后收款，从而要负担进口商收到货物后拒付而造成的货款两空的风险。因此，采取托收方式对于出口商不利。为了使收取货款有保障，可以让进口商申请开立保证托收付款的保函；一旦进口商没有在收到单据后的规定时间内付款，出口商有权向开立保函的银行索取出口货款。

专栏 6—20

案例：如何正确选择有利的支付方式？

宁波市某进出口公司对外推销某种货物，该商品在新加坡市场的销售情况日趋看好，逐渐成为抢手货。新加坡贸发公司来电订购大批商品，但坚持用汇付方式支付。此时，在宁波公司内部就货款支付方式问题产生了不同的意见，一些业务员认为汇付的风险较大，不宜采用，主张使用信用证方式；但有些人认为汇付方式可行；还有一部分业务员认为托收可行。那么，应如何选择恰当的支付方式？

分析：在国际贸易中，汇付方式通常用于货到付款、赊销、预付货款及随订单付现等业务。出口商一般不宜轻易采用货到付款方式。而预付货款对出口商较为有利，但这只意味着进口方预先履行付款义务，并不等于货物的所有权是在付款时转移，在 CIF 等装运港交货的条件下，出口方在没有交出装运单据以前，货物的所有权仍归出口方所有。由此可见，预付货款对出口方来说有预先得到一笔资金的明显好处。在本案中，宁波公司对外推销货物在新加坡市场的销售情况日趋看好，逐渐成为抢手货，可坚持使用汇付中的预付货款方法作为结算方式，或者预付货款与信用证相结合。

本章小结

国际贸易结算中使用的票据包括汇票、本票和支票，以汇票为主。汇票是一种要式票据，所以必须要式齐全，其基本原理和法律规则同样适用于本票和支票。

汇付属于商业信用，由于使用的结算工具不同，汇付通常可以分为电汇、信汇和票汇三种。托收在国际贸易中只是有条件地使用；在实际业务中，托收能调动进口商采购的积极性，有利于提高出口商的竞争能力。信用证的特点表现为独立性、单据买卖和银行信用。信用证结算方式的主要当事人有四个，即开证申请人、开证行、通知行、受益人。

银行保函是指银行作为担保人向受益人开立的，保证被保证人向受益人尽到某项义务，否则将由担保人负责支付受益人损失的保证文件。国际保理业务是一种可供选择的国际结算方式，又是一种短期的贸易融资方式。它是集会计结算、财务管理、信用担保和贸易融资为一体的综合性售后服务业务。

在国际贸易业务中，一笔交易的货款结算可以只使用一种结算方式，也可以根据需要，将两种以上的结算方式结合使用，从而有利于促成交易和及时收汇等。

本章关键术语

汇票	本票	支票	信汇
电汇	票汇	付款交单	承兑交单
信用证	UCP	不可撤销信用证	议付信用证
可转让信用证	银行保函	备用信用证	国际保理

本章思考题

1. 什么叫汇票？它有哪几种类型？汇票的票据行为有哪些？

2. 汇付有哪几种类型？这几种类型有什么不同？汇付的特点是什么？

3. 什么叫托收？付款交单与承兑交单有何异同？采用托收结算方式时，应该注意哪些方面？

4. 什么叫信用证？信用证有何特点？跟单信用证的结算程序是什么？

5. 银行保函方式中各当事人的关系如何？常见的银行保函有哪些？

6. 国际保理业务的优势和劣势何在？

7. 如何根据具体情况选用不同的结算方式？

本章练习题

（一）不定项选择题

1. 某银行签发一张汇票，以另一家银行为受票人，则这张汇票是(　　)。

A. 商业汇票　　B. 银行汇票

C. 商业承兑汇票　　D. 银行承兑汇票

2. 在汇票的使用过程中，使汇票一切债务终止的环节是(　　)。

A. 提示　　B. 承兑

C. 背书　　D. 付款

3. 接受汇出行的委托将款项解付给收款人的银行是(　　)。

A. 托收行　　B. 汇入行

C. 代收行　　D. 转递行

4. 在托收结算方式下，一旦货款被买方拒付，在进口地承担货物的提货、报关、存仓、转售等责任的当事人是(　　)。

A. 委托人　　B. 托收行

C. 代收行　　D. 付款人

5. 信用证支付方式实际上把进口人履行的付款责任转移给(　　)。

A. 出口人　　B. 银行

C. 供货商　　D. 最终用户

6. 在信用证方式下，银行保证向信用证受益人履行付款责任的条件是(　　)。

A. 受益人按期履行合同

B. 受益人按信用证规定交货

C. 受益人提交严格符合信用证要求的单据

D. 开证申请人付款赎单

7. 银行保函属于(　　)。

A. 商业信用　　B. 国家信用

C. 银行信用　　D. 信贷保险

8. 由中间商作为中介达成的交易，在结算时一般使用(　　)。

A. 可转让信用证
B. 对开信用证
C. 预支信用证
D. 对背信用证
E. 备用信用证

9. 进口商必须在付清货款后才能取得货运单据，这种结算方式是(　　)。
A. 光票托收
B. 即期付款交单
C. 远期付款交单
D. 付款交单凭信托收据借单
E. 承兑交单

10. 信用证支付方式的特点有(　　)。
A. 信用证是银行信用
B. 信用证是自足文件
C. 信用证是单据买卖
D. 银行处于第一付款人地位
E. 受益人必须履行信用证的规定

(二) 判断题

1. 倘若一张汇票的要件不齐全，受票人有权拒付该汇票。(　　)

2. 一张汇票往往可以同时具备几种性质，因此，一张商业汇票同时又可以是银行即期汇票。(　　)

3. 所有的汇票在使用过程中均需经过出票、提示、承兑、付款几个环节。(　　)

4. 汇付方式是一种对买卖双方均有较大风险的支付方式。(　　)

5. 在托收业务中，银行的一切行为是按照托收委托书进行的。(　　)

6. 因为托收是借助银行才能实现货款的收付，所以，托收属于银行信用。(　　)

7. 信用证结算方式只对卖方有利。(　　)

8. 开证行在得知开证申请人将要破产的消息后，仍需对符合其所开的不可撤销信用证的单据承担付款、承兑的责任。(　　)

9. 可转让信用证只能转让一次，因此，可转让信用证的第二受益人只能有一个。(　　)

(三) 案例分析题

1. 某公司接到一份经B银行保兑的不可撤销信用证。当该公司按信用证规定办完装运手续后，向B银行提交符合信用证各项要求的单据要求付款时，B银行却声称该公司应先要求开证行付款，如果开证行无力偿付，则由B银行保证付款。请问B银行的要求是否合理?

2. 某开证行按照自己所开出的信用证的规定，对受益人提交的、经审查符合要求的单据已履行了付款责任。但在进口商向开证行赎单后发现单据中提单是倒签的，于是进口商立即要求开证行退回货款并赔偿其损失。请问进口商的要求合理吗?

第七章

国际贸易争议的处理

学习目标

通过对本章的学习，认识索赔工作的重要性，了解不可抗力的具体规定，熟悉对外贸易仲裁的具体做法，并掌握国际贸易争议处理的方法。

第一节　对外贸易争议与索赔

国际商品买卖业务环节多，涉及面广，履约时间长，在任何环节上出现差错，都可能给合同履行带来或多或少的影响，加之国际市场变幻莫测，时常发生对当事人不利的变化，致使合同得不到履行或被撕毁，导致另一方当事人遭受损害，从而引发索赔和理赔问题。

一、争议与索（理）赔的含义

所谓争议（Disputes），是指交易的一方认为对方未能部分或全部履行合同规定的责任与义务而引起的纠纷。

所谓索赔（Claim），是指遭受损害的一方在争议发生后，向违约方提出赔偿的要求，在法律上是指主张权利，在实际业务中，通常是指受害方因对方违约而根据合同或法律提出予以补救的主张。所谓理赔，是指违约方对受害方所提出的赔偿要求的受理与处理。索赔与理赔是一个问题的两个方面，对于受害方是索赔，对于违约方是理赔。

交易中双方产生争议，进而引发索赔的原因很多，大致可归纳为以下几种情况：一是卖方违约，包括不按合同规定的交货期交货，或不交货，或所交货物的品质、规格、数量、包装等与合同规定不符，或所提供的货运单据种类不齐、份数不足等；二是买方违约，包括在信用证支付方式下不按期开证或不开证，不按合同规定付款赎单，无理拒收货物，在 FOB 条件下，不按合同规定如期派船接货等；三是买卖双方都有违约情况。

专栏 7—1

《联合国国际货物销售合同公约》简介

目前，在国际上，与国际贸易关系较为密切的条约是《联合国国际货物销售合同公约》(United Nations Convention on Contracts for the International Sale of Goods)，简称《公约》。《公约》由序言和四个部分组成，共 101 条，187 款。《公约》的序言中规定了其宗旨：以建立新的国际经济秩序为目标，在确立有关国际货物销售合同的统一原则时，照顾到不同社会经济制度和法律制度的国家，以减少国际贸易的法律障碍，在平等互利的基础上发展国际贸易，促进各国之间的友好关系。其他四个部分分别为：（1）适用范围；（2）合同的成立；（3）货物买卖；（4）最后条款。《公约》于 1980 年 3 月在奥地利维也纳召开的外交会议上获得通过，并于 1988 年 1 月 1 日起实施生效。我国在 1986 年核准并加入了《公约》，是《联合国国际货物销售合同公约》最早的成员国之一。总之，《公约》是当今关于国际货物买卖的最重要的国际公约。

二、不同法律对违约行为的不同解释

违约（Breach of Contract）是指买卖双方之中，任何一方不履行合同规定的义务的行为。目前，各国和地区都以立法的形式赋予有效合同强制力，以保障当事人缔结的合同得到严格的执行。所以，当事人的任何一方如果不严格履约，就应承担违约的法律责任，而受害方也有权根据合同或有关法律规定提出损害补偿要求。

（一）大陆法的规定

大陆法国家一般将违约的形式概括为不履行合同和延迟履行合同两种情况。前者又称为给付不能，是指债务人由于种种原因，不可能履行其合同义务。后者又称为给付延迟，是指债务人履行期已届满，而且是能够履行的，但债务人没有按期履行其合同义务。违约方是否承担违约责任，则要看是否有归责于他的过失。如果有过失，违约方才承担违约责任；但当事人不履约时，只要能证明自己无过错，就可不承担任何责任。

（二）英国法的规定

英国法将违约的形式划分为违反要件（Breach of Condition）和违反担保（Breach of Warranty）两种。前者是指合同当事人违反合同中重要的、带有根本性的条款。根据英国法，买卖合同中关于履约的时间、货物的品质和数量等条款都属于合同的要件。后者是指当事人违反合同中次要的、从属于合同的条款。按照英国法的有关规定，在违反要件的情况下，受损的一方可以解除合同，并要求损害赔偿；而在违反担保的情况下，受损方可以要求赔偿损失，但不能拒绝履行合同的义务或解除合同。

(三) 美国法的规定

美国法从违约的性质和带来的结果方面将违约划分为两类：轻微的违约（Minor Breach of Contract）和重大的违约（Material Breach of Contract）。前者是指债务人在履约中尽管存在一些缺陷，但债权人已经从合同履行中得到该交易的主要利益。例如，履行的时间略有延迟，交付的货物数量和品质与合同略有出入等，都属于轻微的违约。后者是指由于债务人没有履行合同或履行合同有缺陷致使债权人不能得到该项交易的主要利益。当一方轻微违约时，受损方可以要求赔偿损失，但不能拒绝履行合同的义务或解除合同；但在重大违约情况下，受损的一方可以在解除合同的同时，要求损害赔偿。

(四) 我国法律的规定

目前，我国有关法律规定，当事人一方不履行合同或者履行合同义务不符合约定条件（违反合同）的，另一方有权要求赔偿损失或者采取其他合理的补救措施。采取其他补救措施后，尚不能完全弥补另一方遭受的损失的，另一方仍然有权要求赔偿损失。如当事人双方都违反合同的，则应各自承担相应的责任。

(五)《联合国国际货物销售合同公约》的规定

《联合国国际货物销售合同公约》将违约划分为根本性违约（Fundamental Breach of Contract）和非根本性违约（Non-fundamental Breach of Contract）。

根据《公约》的规定，根本性违约是指一方当事人违反合同的结果，如使另一方当事人蒙受损害，以至于实际上剥夺了他根据合同有权期待得到的东西，即为根本性违反合同，除非违反合同的一方并不预知而且同样一个理性的人处于相同情况下也没有理由预知会发生这种结果。而不构成根本性违约的情况，均视为非根本性违约。由此可见，《公约》规定根本性违约的基本标准是“实际上剥夺了合同对方根据合同有权期待得到的东西”。至于怎样才构成根本性违约，只能视具体情况而定。从法律结果看，《公约》认为，构成根本性违约，受害方可解除合同，并提出损害赔偿；反之，则只能请求损害赔偿。

专栏 7—2

《中华人民共和国合同法》

在我国，与国际货物买卖有关的国内法主要是《中华人民共和国合同法》。该法的颁布在我国合同法的发展史上具有划时代的历史意义，它不仅填补了我国合同法的空缺，而且结合我国国情吸收了许多外国和国际上合同法的先进制度。《中华人民共和国合同法》在 1999 年 3 月 15 日经第九届全国人民代表大会第二次会议通过，自 1999 年 10 月 1 日起正式生效。该法分为总则和分则两大部分，23 章，共计 426 条，主要内容是：总则包括一般规定，合同的订立，合同的效力，合同的履行，合同的变更和转让，合同的权利义务终止，违约责任，其他规定；分则包括买卖合同，供用电、水、气、热力合同，赠与合同，借款合同，租赁合同，融资租赁合同，承揽合同，建设工程合同，运输合同，技术合同，保管合同，仓储合同，委托合同，行纪合同，居间合同。

三、异议和索赔条款

异议和索赔条款是国际货物买卖合同中的条款之一，它不仅约束卖方履行合同义务，也约束买方实际履行合同义务。因此，在一般的商品买卖合同中，多规定此项条款。该条款通常包括索赔依据、索赔期限、对索赔金额的规定及处理索赔的办法（本章第三节进行介绍）等内容。

（一）索赔依据

根据世界各国有关法律的规定，任何当事人提出索赔时，必须要有充分的证据。若证据不全或不清、出证机构不符合要求，都可能遭到对方拒赔。

这里提到的证据包括法律依据和事实依据。法律依据是指一方当事人对违约事实提出索赔事项，必须符合合同和有关国家法律的规定。事实依据是指违约的事实、情节及证据，以证明其违约的真实性。

（二）索赔期限

索赔期限亦称索赔有效期，即指索赔方向违约方提出索赔的有效时限。根据法律规定，超过索赔期限，受损害的一方即失去在合同交易中要求损害赔偿或者宣告合同无效的权利。

索赔期限通常指由当事人双方根据合同货物的种类、性质、港口条件和检验所需时间等因素，达成一致意见，并在合同中加以约定。方法一般有：

1. 货物运抵目的港后×天起算

此规定对买方不甚有利，因为载货的运输工具抵达目的港后，由于港口拥挤而不能及时停靠码头卸货时，其等候泊位的时间将计入索赔期限内，这样，买方的索赔期限势必被缩短。

2. 货物运抵目的港卸至码头后×天起算

此种办法可以使买方充分利用所规定的索赔期限，从而充分保障行使索赔权。

3. 货物运抵最终目的地后×天起算

此种办法是指货物运抵买方或用户的营业处所或货物储存场所是在内陆地区。当货物的目的地不在港口城市时，可作此项规定。

《联合国国际货物销售合同公约》规定，如果合同中没有约定索赔期限，则索赔期限为两年，自买方实际收到货物之日起算。

专栏 7—3

异议和索赔条款的案例

我国A公司与英国B公司于某年5月通过函电签订了一份分批装运进出口合同，由A

向B出售化工原料。双方在合同中订明："价格条款为CFR伦敦，包装条款为适合于海运性质的包装。索赔条款是货物到达目的港后，数量和规格问题应于15天之内，质量问题应于90天之内，买方须凭经卖方同意的检验人的证明向卖方提出索赔要求。"A公司7月发货，船方出具了清洁提单。货到目的港后，B公司发现货物有部分袋子破损。于是，B单方面聘请欧洲某公证行检验货物，出具的证明表明破损原因是托盘木条强度不够，不适宜海上运输所致。据此，B公司在索赔期限内两次传真给A公司提出索赔。试问：A公司应如何处理？

分析：A公司应根据合同的索赔条款来处理索赔。买方的索赔必须是在索赔期限内进行的，索赔的依据必须符合要求。在本案中，索赔是在有效期内进行的，但合同规定，买方须凭经卖方同意的检验人的证明向卖方提出索赔要求，而买方所聘请的欧洲某公证行并没有得到A公司同意，所以其所提出的索赔依据不符合合同规定，A公司有权拒绝。

（三）对索赔金额的规定

索赔金额通常在合同中只作一般的笼统性规定。由于双方当事人在订约时很难预计未来货物受损的程度，从而难以确定索赔金额。而在业务实践中关于索赔事件的发生，可能来自许多不同的业务环节，可供选择的违约补救办法又多种多样，故很难在订立合同时准确地规定。但根据以往的法院判例，索赔的金额一般包括实际损失加上预期的商业或生产利润。

四、违约金条款

违约金（Penalty）条款，又称罚金条款，是指当事人双方中的一方如在未来不履行合同义务时，应向对方支付一定数额的罚金。在交易大宗商品和机械设备一类商品的合同中，除订明异议和索赔条款外，再另订违约金条款。该条款事先约定一方违反合同，应向对方支付一定数额的金钱。它对合同的履行起着辅助与保证作用。

违约金条款一般适用于卖方延期交货，或者买方延迟开立信用证和延期接运货物等情况。违约金数额由交易双方商定，并规定最高限额。违约金的多少根据违约时间的长短而定。例如，双方当事人约定，若卖方不能如期交货，在卖方同意由付款行从议付的货款中或从买方直接支付的货款中扣除违约金的条件下，买方可同意延期交货。延期交货的违约金不得超过延期交货部分金额的5%，违约金按每7天收取延期交货部分金额的0.5%，不足7天的按7天计算。如卖方未按合同规定的装运期交货，超过10周时，买方有权解除合同，并要求卖方支付上述延期交货违约金。

关于违约金的起算日期，应在合同中订明。计算违约金起算日期的方法有两种：一种是以约定的交货期或开证期终止后立即起算；另一种是规定宽限期，即在约定的有关期限终止后再宽限一段时期，在宽限期内仍可免于罚款，待宽限期届满后再起算违约金。

总之，订立违约金条款时，要结合货物的性质、种类、交易对方所属国别等因素，选用对自己有利的法律，作为解决合同争议的法律。

专栏 7—4

各国法律对违约金性质的规定

在合同中订立违约金时，其金额直接关系到当事人的利益。有时会低于造成的损失额或相当，有时可能会高于造成的损失额，带有明显的罚款性质。各国法律对违约金的性质都作了详细规定。德国法认为，违约金具有惩罚的性质，它是对债务人不履行合同的一种制裁。法国法认为，违约金的性质是属于约定的损害赔偿金额。英美法将约定的违约金按两种不同性质处理：一种性质是属于约定的损害赔偿金额，一种性质是属于罚款。《中华人民共和国合同法》规定，违约金具有“赔偿”和“惩罚”的双重性质，违约金的“赔偿”性表现在对损失的补偿上，如第 114 条第 2 款规定：“约定的违约金低于造成的损失的，当事人可以请求人民法院或者仲裁机构予以增加；约定的违约金过分高于造成的损失的，当事人可以请求人民法院或者仲裁机构予以适当减少。”

五、定金罚则

定金（Earnest），是指合同一方当事人根据合同的约定，预先付给另一方当事人一定数额的金额，以保证合同的履行，是作为债权担保而存在的。在买卖合同中，只要制定了定金条款，无论合同当事人哪一方违约，都要承担与定金数额相等的损失，这种以定金方式确保合同履行的方法称为定金罚则。在通常情况下，定金的数额由当事人约定，但不超过主合同标的额的 20%。在国际贸易中，定金罚则也被广泛应用，其主要目的是促使合同双方减少合同纠纷的发生。

在国际贸易业务中，应注意区分定金和订金，以防产生歧义。实际上，订金（Subscription）并非一个规范的法律概念，它具有预付款的性质，只是一种支付手段，其目的是解决合同一方周转资金短缺，不具有担保债务履行的作用，也不能证明合同的成立。法律规定，收受预付款的一方违约，只需返还所收款项，而无须双倍返还。

《中华人民共和国合同法》（简称《合同法》）第 115 条有如下规定：“当事人可以依照《中华人民共和国担保法》约定一方向对方给付定金作为债权的担保。债务人履行债务后，定金应当抵作价款或者收回。给付定金的一方不履行约定的债务的，无权要求返还定金；收受定金的一方不履行约定的债务的，应当双倍返还定金。”也就是说，若是支付定金的一方违约，即丧失定金的所有权，定金归收取定金的一方所有；若是收取定金的一方违约，则除返还支付方支付的定金外，还应支付给支付方与定金相等数额的钱款。

专栏 7—5

违约金责任能否与定金责任并用

我国内地一家贸易公司 A 与韩国某汽车配件有限责任公司 B 签订了一份购销合同。B 公司向 A 公司供应 100 箱汽车配件，货款价值 86 万美元，目的港为烟台，以远期 45 天不可撤销信用证作为支付方式。A公司向该B公司交纳了10万美元的定金，并约定，无论任何一方违约，将支付违约金17万元，并以中国的相关法律作为解决争议的依据。后B公司违约，不能向A公司发货。于是，A公司为了维护自己的权益不受损失，拟将通过法律手段解决该争议。那么，A公司是否可以向B公司既要求双倍返还定金，又要求B公司承担违约金呢？

分析：由于双方约定以我国的相关法律作为解决争议的依据，因此，我国的《合同法》将适用。依据我国《合同法》的规定，违约金责任不能与定金责任并用。所谓不能并用是指不能要求违约方既承担违约金责任，又承担定金罚则。由于该合同既约定了违约金，又约定了定金，所以，A公司有权选择适用二者之一，要求B公司承担。要求违约方承担何种责任，一般依据的是有利于非违约方的原则。

第二节 不可抗力

一、不可抗力的含义

不可抗力（Force Majeure）是一项法定的免责事由，但不同国家的法律法规的规定各不相同。我国的《合同法》规定："本法所称不可抗力，是指不能预见、不能避免并不能克服的客观情况。"在英美法中有"合同落空"的原则，是指合同签订以后，不是由于当事人双方自身的过失，而是由于事后发生了双方意想不到的根本性的不同情况，致使订约目的受到挫折，据此而未履行的合同义务，当事人得以免除责任。在大陆法国家的法律中有"情势变迁"或"契约失效"的原则，也是指不属于当事人的原因而发生了预想不到的变化，致使合同不可能再履行或对原来的法律效力需作相应的变更。《联合国国际货物销售合同公约》也有对免责问题的规定："当事人不履行义务，如果他能证明此种不履行义务是由于某种非他所能控制的障碍，而且对于这种障碍，没有理由在订立合同时考虑到或能避免或克服它及其后果，此时，当事人不负责任。"这项解释明确地指出了当事人的免责是以发生了他不能控制、不能预见和不能避免或克服的障碍为前提。

综上所述，不可抗力是指在货物买卖合同签订以后，不是由于订约者任何一方当事人的过失或疏忽，而是由于发生了当事人既不能预见，又无法事先采取预防措施的意外事故，以致不能履行或不能如期履行合同，遭受意外事故的一方可以免除履行合同的责任或延期履行合同。

二、不可抗力的范围

不可抗力的范围很广，涉及的领域很多，且情况复杂多变，难以划定其确切的范围，但就其起因而论，可以分为以下几种情况。

（一）自然力量的事故

自然力量的事故，是指非人类自己造成的事故。通常包括给人类造成灾害的诸多自然现象，如水灾、冰灾、火灾、风灾、暴风雨、雷电、大雪、地震、海啸、干旱、山崩、森林自燃等。

（二）政府的行动

政府的行动，是指当事人签约后，有关政府当局发布了新的法律法规、行政措施，如颁布禁令、调整政策制度等。政府的这些行动往往影响到国际经济贸易的正常开展，致使当事人不得不放弃履行原合同。

（三）社会异常事故

社会上出现的异常事故（如骚乱、暴动、战争等）往往构成当事人履约的障碍。这类事故对于普通的合同当事人来说，也属于不可抗力，也是他们无法控制、不能预见和无法克服的。

专栏 7—6

我国进出口合同中标准的不可抗力条款

如因战争、地震、水灾、火灾、暴风雨、雪灾或其他不可抗力的原因，致使卖方不能部分或全部装船或延迟装船，卖方对此均不负有责任。但卖方必须在事故发生时立即电告买方，并在事故发生后 15 天内航空邮寄给买方灾害发生地点的有关政府机关或商会所发给的证明证实灾害存在。除因不可抗力导致装船延迟或不能交货外，如卖方不能在合同规定期限内发货，则应赔偿买方直接由于延期交货或不能按合同条件交货所遭受的一切损失及费用。人力不可抗拒事故继续存在 60 天以上时，买方有权撤销合同或合同中未发运部分。

三、不可抗力的条件

我们在上面列出了一些不可抗力事件，但并不是说，只要这些事件发生，遭受到这些事件的一方就可以免责。还必须满足以下条件：

1. 事件的发生是当事人所无法预见的

如果当事人可以预见该事情的发生，则当事人理应采取一定的行为规避该事件，如果他没有做到这一点，他在行为上就是有过错的，应当承担由此而造成的后果，而不能够申请免责。所以，如果事件是发生在合同签订前的，哪怕其后果要在合同签订后才显现，遭受事件的一方也不能要求免责。因为他在签订合同时就应该把该事件的影响考虑在内。

2. 事件的发生是当事人不能避免与不能克服的

不能避免是指对于不可抗力事件的发生，当事人虽然尽了合理的注意义务，仍不能阻止这一事件的发生；不能克服则指当事人对于不可抗力事件虽已尽了最大努力，仍不能克服，并因此导致合同不能履行或不能完全履行。

3. 事件的发生不是由于当事人的过失或疏忽

如果事件的发生是由于当事人的过失或疏忽造成的，则当事人在行为上就存在过失，也就无法要求免责。

4. 事件的发生必须造成不能履行或不能如期履行合同

如果事件的发生对合同的履行没有影响，则遭受事件的一方无权要求免责。

四、不可抗力的法律后果

不可抗力事件的发生可能对合同产生三种实质影响：造成合同完全不能履行、造成合同部分不能履行和造成合同不能按时履行。

我国《合同法》规定，因不可抗力不能履行合同的，根据不可抗力的影响，部分或全部免除责任，但法律另有规定的除外；当事人迟延履行后发生的不可抗力不能免除责任。所以，如果不可抗力造成合同完全不能履行的，则合同当事人有权解除合同。在不可抗力造成合同部分不能履行的情况下，当事人可以免除部分不能履行的责任，对于仍可履行的部分，由双方当事人协商解决，可以协商解除，也可以实际履行尚存部分的义务。在合同履行期限内发生不可抗力造成当事人履行迟延的，当事人可以免除迟延履行的责任，合同是否继续履行依当事人自由协商决定，可以继续履行，也可以解除。在当事人迟延履行情况后发生的不可抗力，则不能作为免责事由，因为当事人没有按时履行合同，已经构成违约，不得对自己违约后发生的任何事由援引为免责抗辩事由。

专栏 7—7

实例说明不可抗力

合同买卖的是葡萄牙矿砂，CFR 曼彻斯特。合同规定，如果发生战争或其他不可抗力事件，使得卖方不能装运或出口或在正常情况下交货，本合同的装运义务须在这种障碍延续期间暂时停止。签订合同后，由于第一次世界大战，运费上涨了一倍。卖方根据合同中的免责条款要求暂停合同的执行。请问：卖方的要求是否合理？

分析：卖方的要求是不合理的。导致卖方不想交货的根本原因是运费价格的上涨，但运价上涨并不属于不可抗力事件，只要卖方愿意支付运费，他还是可以和船公司签订运输合同，将货物运到曼彻斯特的，也就是说，运费上涨并没有使得卖方不能装运。因此卖方必须按合同要求交货。

五、不可抗力的证明与附随义务

我国《合同法》规定，当事人一方因不可抗力不能履行合同的，应及时通知对方。这样既便于准确界定责任界限，又有利于对方及时采取措施，防止因其不了解情况而继续履行己方义务所导致的不必要的损失，同时又能使双方尽快协商，对合同权利义务作出处理，或变更或解除，如未履行这一通知义务，给对方造成了不必要的损失，则对于此类损失不能以不可抗力为由要求免责。一方面，受不可抗力影响不能履行合同的一方应采取措施防止损失的扩大，而不能认为有了不可抗力作为法定免责事由就可以听任损失的扩大；另一方面，对方也要根据诚实信用原则积极作为，主动配合，以防止损失扩大，否则因其不作为而导致的损失无权要求对方赔偿。

我国《合同法》规定，当事人一方因不可抗力不能履行合同的，应在合理期限内提供证明。根据不可抗力的种类不同，出证机关也有所不同，如对于自然灾害，出证机关可以是不可抗力事件发生地的气象部门、地震管理部门以及专司防灾救灾职能的部门（如防汛抗旱指挥部）等。另外，公证机关也可以对不可抗力的发生出证，因为公证机关是我国专门的出证机关，对于社会事件，如战争、罢工等，应由政府出证，政府作为社会管理者，对于此类事件有详细的书面文字记载，并且只有政府有权对此类社会事件予以证明。

六、合同中的不可抗力条款

为了避免一方当事人任意扩大和缩小对不可抗力事件范围的解释，或在不可抗力事件发生后在履约方面提出不合理要求，在货物买卖合同中加入不可抗力条款是非常重要的。

（一）不可抗力事件的范围

关于不可抗力事件的范围，应在买卖合同中订明。通常有下列三种办法：

1. 概括式规定

在合同中不具体规定哪些事件属于不可抗力，而只是笼统地规定，“由于不可抗力的原因”，至于具体内容和范围并未具体说明。这种方法含义模糊，解释伸缩性大，难以作为解释问题的依据，不宜采用。

2. 列举式规定

在合同中详细列明不可抗力的范围，虽然具体明确，但难以一览无余，且可能出现遗漏情况，这样仍可能发生争执，因此，也不是最好的方法。

3. 综合式规定

合同中在列明可能发生的不可抗力事件的同时，又加上“其他不可抗力的原因”的文句，这样就为双方当事人共同确定未列明的意外事故是否构成不可抗力提供了依据。因此，这种规定方法既具体明确，又有一定的灵活性，比较科学实用，在我国进出口合同中，大多采用综合式规定。

（二）不可抗力事件的处理

不可抗力事件所引起的后果有三种：解除合同、部分解除合同和延期履行合同。什么情况下解除合同，什么情况下延期履行合同，要根据所发生事故的原因、性质、规模及对履行合同所产生的影响程度而定。

（三）不可抗力发生后通知对方的方式和证明

按照国际惯例，当发生不可抗力事件影响合同履行时，当事人必须及时通知对方，对方亦应于接到通知后及时答复，如有异议也应及时提出。尽管如此，买卖双方为明确责任起见，一般在不可抗力条款中还规定一方发生事故后通知对方的期限和方式，以及应该提供的、由指定机构出具的证明文件，作为发生不可抗力的证据。

第三节 国际贸易仲裁

一、解决对外贸易争议的方式

在国际贸易中，买卖双方签订合同后，由于种种原因，没有如约履行，从而引起争议。解决争议的方式有很多，既可以由当事人双方自行协商处理，也可以由第三者出面调解，还可以通过仲裁或移交司法机关审理。这些做法各有特点，也各有利弊。

（一）协商

协商（Consultation），又称友好协商，它是指在发生争议后，由当事人双方直接进行磋商，自行解决纠纷。以协商的方式解决争议的好处有很多，首先，协商的气氛友好，不仅可以解决双方的争议，而且可以增进彼此的了解和理解，从而促进其合作关系进一步发展；其次，协商不需要经过严格的法律程序，在一般情况下，当事人对有关争议事项协商一致，达成协议，争议即告解决，有利于及时解决争议，节省时间；再次，由于无须缴纳仲裁费或诉讼费，也节约了费用；最后，协商中没有第三者参与，协商各方就它们之间的任何涉及商业秘密的争议进行谈判，如果谈判成功，当事人之间有可能公之于众的争议就会在极秘密的情况下化解，从而有效地保守了当事人的商业秘密。协商的上述优越性使得争议当事人一般都愿意首先采用这种方式解决争议。在实践中，不少国家的法律均要求当事人尽量协商解决争议，而且，许多争议也都是当事人自己协商解决的。

但协商也存在局限性，在当事人对争议有严重分歧时，双方通常很难通过协商解决争议，不得不求助于第三者解决。

（二）调解

调解（Conciliation），是指发生争议后，双方协商不成，邀请第三者居间调停。调解人的作用是帮助当事人弄清事实，分清是非，并找到一种双方均可接受的解决办法。若调解成功，双方应签订和解协议，作为一种新的契约予以执行；若调解意见不为双方或其中一方所接受，则该意见对当事人无约束力，调解即告失败。调解在性质上与协商并没有什么区别，最后的解决办法还须经双方当事人一致同意才能成立。但调解员一般都具有专业知识或实践经验，有利于公平、公正地解决争端。

我国仲裁机构采取调解与仲裁相结合的办法。其具体做法是：结合仲裁的优势和调解的长处，在仲裁程序开始之前或之后，仲裁庭可以在当事人自愿的基础上，对受理的争议进行调解解决。如调解不成功，仲裁庭仍按照仲裁规则的规定继续进行仲裁，直到作出终局裁决。

我国法院也实行调解制度，即所谓的法院调解或诉讼调解。在诉讼中，双方当事人在法院审判人员的主持和协调下，就案件争议的问题进行平等协商，达成协议，并经人民法院认可，从而解决纠纷。

（三）诉讼

诉讼（Litigation），即打官司，是指由司法部门按照法律程序来解决双方的贸易争议。在争议出现后，可由任何一方当事人，依照一定的法律程序，向有管辖权的法院提起诉讼，要求法院依法予以审理，并作出公正的判决。诉讼须按诉讼程序法，判决按实体法进行，一旦法院判决，则必须执行，没有协调的余地。除具有强制性外，诉讼还具有程序复杂、处理问题慢、费用高和导致双方关系紧张，不利于今后贸易关系发展的特点。

（四）仲裁

仲裁（Arbitration），亦称公断，是指买卖双方按照在争议发生之前或之后签订的协议，自愿把它们之间的争议交给仲裁机构进行裁决，并约定裁决是终局的，具有法律的强制性，对双方均有约束力。若对方不执行裁决，另一方有权向法院起诉，要求予以强制执行。

由于仲裁有其自身的立法及程序，断案迅速，费用低廉，仲裁员一般具有较丰富的专业知识和审案经验，从而为确切、合理、公正地解决争议提供了有利条件。以仲裁方式解决争议，一般不损伤当事人双方的业务关系，有利于业务的继续开展。因此，在解决争议方面得到国际贸易界的普遍承认和广泛应用。

仲裁方式既有自愿性的一面，又有强制性的一面。自愿性主要体现在仲裁的提起，要有双方达成的协议；强制性则表现在仲裁裁决是终局性的，双方必须遵照执行。对于双方当事人来说，仲裁比诉讼具有更大的灵活性，因为仲裁员不是由国家任命而是由双方当事人指定的。而且仲裁员一般都是贸易界的知名人士或有关方面的专家，比较熟悉国际贸易业务，处理问题一般比法院迅速及时，费用也比较低。由于这些原因，当争议双方通过友好协商不能解决问题时，一般都愿意通过仲裁方式解决。

《中华人民共和国仲裁法》（简称《仲裁法》）第七章规定，涉外经济贸易、运输和海事中发生的纠纷的仲裁，适用本章规定。本章没有规定的，适用本法其他有关规定。涉外仲裁委员会可以由中国国际商会组织设立。

二、仲裁协议的形式和作用

仲裁协议是双方当事人在自愿、协商、平等互利的基础上将争议交付仲裁机构解决的书面文件，是申请仲裁的必备材料。

（一）仲裁协议的形式

仲裁协议主要有两种形式：一种是由双方当事人在争议发生之前订立的，表示同意把将来可能发生的争议提交仲裁解决的协议，这种协议一般都已包含在合同内，作为合同的一项条款，即我们所说的仲裁条款（Arbitration Clause）；另一种是以其他书面方式在纠纷发生前或纠纷发生后达成的请求仲裁的协议。

这里需要强调的是，根据2015年1月1日实施的《中国国际经济贸易仲裁委员会仲裁规则》的相关规定，仲裁协议应当采取书面形式。书面形式包括合同书、信件、电报、电传、传真、电子数据交换和电子邮件等可以有形地表现所载内容的形式。在仲裁申请书和仲裁答辩书的交换中一方当事人声称有仲裁协议而另一方当事人不做否认表示的，视为存在书面仲裁协议。

这两种仲裁协议的形式虽然不同，其法律作用与效力却是相同的。如果合同中已订有仲裁条款，争议发生后提交仲裁时，无须再订立提交仲裁的协议。

（二）仲裁协议的内容

根据我国《仲裁法》的规定，仲裁协议必须包含以下内容：请求仲裁的意思表示，仲裁事项，选定的仲裁委员会。

仲裁协议对仲裁事项或者仲裁委员会没有约定或者约定不明确的，当事人可以补充协议；达不成补充协议的，仲裁协议无效。

（三）仲裁协议的作用

仲裁协议的作用主要体现在以下两个方面：

1. 当事人只能以仲裁方式解决争议

约束双方当事人只能以仲裁方式解决争议，不得向法院起诉。由于已签有仲裁协议，当事人之间一旦发生争议，任何一方就不得向法院提起诉讼。如果一方违背仲裁协议，自行向法院起诉，另一方可根据仲裁协议作出抗辩，要求法院予以撤案，并将争议案件退回仲裁机构予以审理。

2. 仲裁机构取得争议案的管辖权

仲裁协议使仲裁机构和仲裁员取得对有关争议案的管辖权。日后一方当事人如将争议案件提交仲裁，而另一方如果在规定的时限内未出庭应诉，则仲裁机构有权进行缺席审理和作出缺席裁决。

专栏7—8

实例说明仲裁协议的作用

我国东部沿海某外贸公司与外商订立一项出口合同，在合同中明确规定了仲裁条款，约定在履约过程中如发生争议，在中国仲裁。后来，双方对商品品质和运输等问题发生了争议，对方在其所在地法院起诉我公司，法院发来传票，传我公司出庭应诉。对此，你认为我公司该如何处理？简述理由。

分析：仲裁协议的作用之一是排除法院对有关争议案的管辖权，也就是说，只要双方订立了仲裁条款或其他形式的仲裁协议，就不能把有关争议案件提交法院审理，如果任何一方违反协议，自行向法院提起诉讼，对方可根据仲裁协议要求法院停止司法诉讼程序，把有关争议案发还给仲裁庭审理。在本案中，由于买卖双方在合同中已经明确规定了仲裁条款，因此，外商在其所在地法院起诉我公司是不成立的。

三、仲裁条款的主要内容

目前我国进出口合同中仲裁条款的内容一般包括下列几个方面：提请仲裁的事项，仲裁地点，仲裁机构，仲裁程序规则的适用，仲裁裁决的效力以及仲裁费用的承担。此外，有的还包括仲裁使用的语言等。

（一）仲裁事项

仲裁事项是指当事人提交仲裁解决的争议范围，也是仲裁庭依法管辖的范围。凡日后所发生的争议超出所规定的范围时，仲裁庭无权受理。所以，在仲裁协议中一定要规定清楚。双方既可以在协议中详细列举可以提交仲裁的事项，也可以在合同中笼统规定，“凡因与执行本合同有关的一切争议均提交仲裁解决”。

（二）仲裁地点

在国际贸易实践中，仲裁地点往往是当事人商谈涉外仲裁协议的重点内容之一。这主要是因为仲裁地点与仲裁所适用的程序法以及合同所适用的实体法关系至为密切。

仲裁地点不同，适用的法律可能不同，对买卖双方的权利、义务的解释就会有差别，其结果也会不同。因此，交易双方对于仲裁地点的确定都很关注，都力争在自己比较了解和信任的地方，尤其是力争在本国仲裁。

我国进出口贸易合同中的仲裁地点，根据贸易对象和情况的不同，一般采用三种规定方法：规定在我国仲裁；规定在被告所在国仲裁；规定在双方同意的第三国仲裁。

（三）仲裁机构

仲裁机构可分为两种。一种是常设的仲裁机构，它有固定的组织机构，如秘书处，有确定的仲裁规则作为仲裁的程序依据，拥有专业的仲裁员，仲裁员的指定、仲裁庭的组成及仲裁审理形成稳定的运作体系，方便当事人进行仲裁。世界上许多国家也都有常设的国际贸易仲裁机构。在国际贸易业务中经常遇到的外国仲裁常设机构有英国伦敦仲裁院、瑞典斯德哥尔摩商会仲裁院、瑞士苏黎世商会仲裁院、日本国际商事仲裁协会、美国仲裁协会、意大利仲裁协会等。俄罗斯和东欧各国商会中均设有对外贸易仲裁委员会。国际组织的仲裁机构有设在巴黎的国际商会仲裁院等。另一种是由双方当事人指定仲裁员所组成的临时仲裁机构，当争议案处理完毕后，它将自动解散。

我国外贸企业在订立进出口合同的仲裁条款时，如双方同意在中国仲裁，一般都订明在中国国际经济贸易仲裁委员会仲裁。

专栏 7—9

中国国际商会仲裁院

中国国际商会仲裁院（the Court of Arbitration of China Chamber of International Commerce)，成立于 1956 年 4 月，当时名称为中国国际贸易促进委员会对外贸易仲裁委员会，1980 年改名为中国国际贸易促进委员会对外经济贸易仲裁委员会，又于 1988 年改名为中国国际经济贸易仲裁委员会，自 2000 年 10 月 1 日起，中国国际经济贸易仲裁委员会在使用现有名称的同时，同时启用中国国际商会仲裁院的名称。仲裁院总部设在北京，在深圳设有仲裁委员会华南分会，在上海设有仲裁委员会上海分会，在重庆设有仲裁委员会西南分会，在武汉设有仲裁委员会湖北分会，在杭州设有仲裁委员会浙江分会。

当事人在仲裁协议或合同中的仲裁条款订明由中国国际贸易促进委员会/中国国际商会仲裁或由中国国际贸易促进委员会/中国国际商会的仲裁委员会或仲裁院仲裁的，均应视为双方当事人一致同意由中国国际经济贸易仲裁委员会仲裁。

仲裁委员会受理下列争议案件：(1) 国际或涉外的争议案件；(2) 涉及香港特别行政区、澳门特别行政区或台湾地区的争议案件；(3) 国内争议案件。

(四) 仲裁规则

各国仲裁机构都有自己的仲裁规则。在中国，如果当事人约定在中国国际经济贸易仲裁委员会仲裁，根据 2015 年 1 月 1 日起施行的《中国国际经济贸易仲裁委员会仲裁规则》，凡当事人同意将其争议提交中国国际经济贸易仲裁委员会仲裁的，均视为同意按该规则进行仲裁。

(五) 仲裁裁决的效力

仲裁裁决的效力主要是指由仲裁庭作出的裁决，对双方当事人是否具有约束力，是否为终局性的，能否向法律起诉要求变更裁决。

根据我国《仲裁法》的规定，仲裁实行一裁终局的制度。裁决作出后，当事人就同一纠纷再申请仲裁或者向人民法院起诉的，仲裁委员会或者人民法院不予受理。《中国国际经济贸易仲裁委员会仲裁规则》也规定，裁决是终局性的，对双方当事人均有约束力。任何一方当事人均不得向法院起诉，也不得向其他任何机构提出变更仲裁裁决的请求。

但我国《仲裁法》同时规定，对中华人民共和国涉外仲裁机构作出的裁决，被申请人提出证据证明仲裁裁决有下列情形之一的，以人民法院组成合议庭审查核实，仲裁裁定不予执行：当事人在合同中没有订有仲裁条款或者事后没有达成书面仲裁协议的；被申请人没有得到指定仲裁员或者进行仲裁程序的通知，或者由于其他不属于被申请人负责的原因未能陈述意见的；仲裁庭的组成或者仲裁的程序与仲裁规则不符的；裁决的事项不属于仲裁协议的范围或者仲裁机构无权仲裁的。

(六) 仲裁费用的负担

通常在仲裁条款中明确规定仲裁费用由谁负担。一般规定由败诉方承担，也有的规定由仲裁庭酌情决定。

四、仲裁裁决的承认与执行

仲裁裁决对双方当事人都具有法律上的约束力，当事人必须执行。但是，如一方当事人在国外，就涉及一个国家的仲裁机构所作出的裁决要由另一个国家的当事人去执行的问题。

为了解决在执行外国仲裁裁决问题上的困难，国际上除通过双方协定就相互承认与执行仲裁裁决问题作出规定外，还订立了多边国际公约，1958 年 6 月 10 日联合国在纽约召开了国际商事仲裁会议，签订了《承认及执行外国仲裁裁决公约》（Convention on the Recognition and Enforcement of Foreign Arbitral Awards，简称《1958 年纽约公约》），该公约共有 16 章，处理的是外国仲裁裁决的承认和仲裁条款的执行问题。截至 2015 年底，缔约国已达 156 个。它是国际商事仲裁领域内最为成功的一个公约，基于仲裁裁决的承认和执行的重要性，可以说，没有《1958 年纽约公约》，就没有国际商事仲裁。

我国在 1986 年加入《1958 年纽约公约》并且该公约于 1987 年 4 月 22 日对我国生效，开创并建立了在外国执行中国涉外仲裁裁决的机制。但我国在加入的同时，又提出两项声明：

(1) 中华人民共和国只在互惠的基础上对在另一缔约国领土内作出的仲裁裁决的承认和执行适用该公约；

(2) 中华人民共和国只对根据中华人民共和国法律认定为属于契约和非契约性商事法律关系所引起的争议适用该公约。

我国政府对上述公约的加入和所作的声明，为我国承认与执行外国仲裁裁决提供了法律依据，同时，也有利于我国仲裁机构所作的裁决在国外各公约成员国内的执行。依照《1958 年纽约公约》，中国国际经济贸易仲裁委员会作出的仲裁裁决已在世界上多个国家和地区成功地得到了承认和强制执行。

本章小结

在国际贸易中，引起争议的原因可归纳为卖方违约，买方违约，买卖双方均负有违约责任。索赔条款的规定一般有两种方法：异议和索赔条款、违约金条款。

不可抗力是一项免责条款。当发生不可抗力使合同无法履行或如期履行时，发生事故的一方可据此免除责任。不可抗力的发生可能是社会力量引起的，也可能是自然力量引起的。

解决国际贸易争议的方式包括友好协商、调解、仲裁和司法诉讼四种。仲裁的特点决定了它不同于司法诉讼。仲裁裁决的承认与执行涉及一国的裁决要由另一国的当事人去执行的问题。

本章关键术语

对外贸易争议　　根本性违约　　异议和索赔条款　　违约金
定金　　不可抗力　　国际贸易仲裁　　仲裁协议
仲裁程序　　《承认及执行外国仲裁裁决公约》

本章思考题

1. 在国际货物买卖合同中规定违约金条款有何意义？该条款应包括哪些基本内容？规定该条款时应注意哪些事项？

2. 为什么要在合同中订立不可抗力条款？不可抗力事件引起的后果如何？合同中的不可抗力条款包括哪些内容？

3. 仲裁协议包括哪几种形式？其作用如何？

4. 为什么仲裁是解决国际贸易争议的重要方式？在国际货物买卖合同中为什么要规定仲裁条款？仲裁条款应包括哪些主要内容？

5. 我国参加《承认及执行外国仲裁裁决公约》的意义何在？该公约包括哪些基本内容？

本章练习题

（一）不定项选择题

1. 进出口合同中索赔条款有两种规定方式，分别是（　　）。

A. 笼统条款　　B. 具体条款
C. 违约金条款　　D. 异议和索赔条款
E. 检验和异议条款

2. 以下情况中，不属于不可抗力事件的有（　　）。

A. 地震　　B. 政府禁令
C. 能源危机　　D. 汇率调整

3. 以仲裁方式解决交易双方争议的必要条件是（　　）。

A. 交易双方当事人订有仲裁协议
B. 交易双方当事人订有合同
C. 交易双方当事人订有意向书
D. 交易双方当事人订有交易协议

4. 由第三者参与解决多方争议的方式是（　　）。

A. 协商　　B. 调解
C. 仲裁　　D. 诉讼
E. 谈判

（二）判断题

1. 在国际贸易中，争议双方当事人选择的仲裁地点必须是双方所在国。（ ）

2. 根据我国《合同法》的规定，在合同中同时约定违约金和定金的情况下，如果出现一方违约，对方只能选择其中之一使用，不能同时使用。（ ）

3. 只要发生不可抗力事件，遭受事件的一方就可以解除合同。（ ）

4. 即使双方在合同中签订了仲裁条款，发生争议后，双方仍可以用协商的方式解决争议。（ ）

5. 仲裁机构对争议案件有管辖权的条件之一是争议双方订立有仲裁协议。（ ）

（三）案例分析题

1. 我国A公司与国外B公司签订了购销合同。B公司向A公司供应一批化工产品，货款价值10万美元。A公司向B公司交纳了1万美元的定金，并与其约定，任何一方违约，将支付违约金1.5万美元。后来，B公司违约，不能向A公司发货。A公司想通过法律手段维护自己的权益。试问，A公司是否可以既要求B公司双倍返还定金，又要求其承担违约金？如何选择？

2. 国内某公司与外商在9月1日签订合同，规定装运期为10—12月，但9月中旬以后，价格上涨，该公司因亏损过大不能出口。经查，发现涨价的原因是7月中旬产地曾发生严重水灾，货源受损所致，请问可否以不可抗力为由要求免责？

第八章

国际商务谈判

学习目标

通过本章的学习，熟悉在商务谈判前的组织准备工作，认识国际商务谈判的特点和内容，了解商务谈判过程的复杂性和法律性，掌握国际商务谈判的策略与技巧，在对世界各国谈判风格充分认识的基础上，逐步提高国际商务谈判的技巧和水平。

第一节　国际商务谈判前的准备工作

国际商务谈判，是指在对外经济贸易中，买卖双方为了达成某笔交易就交易的各项条件进行的协商过程。谈判是对外经贸工作程序中不可缺少的一环。在整个对外经济贸易活动中，每一次进出口贸易活动能否通过谈判达到自己的目的，如何谈判及努力提高谈判效率已作为一门学问引起买卖双方的普遍关注。

国际商务谈判既具有一般贸易洽谈的共性，又具有对外经济贸易谈判的特殊性。实践证明，凡是涉及有关交易的价格和其他交易条件，都通过谈判予以确定。也就是说，买卖双方在一笔交易中的权利及义务将通过谈判确定下来。双方在这方面取得的协议具有法律约束力，不得轻易改变。所以，谈判的结果如何直接关系国家的宏观利益和企业的微观利益。

一、谈判班子的组成

为了保证洽商交易的顺利进行，事先应选配精明能干的洽谈人员，尤其是对某些大宗交易或内容比较复杂的交易，因事关重大，更应组织一个强大的谈判班子。他们要掌握洽谈技巧，善于应战和应变，并善于谋求一致，以确保洽谈成功。

（一）谈判人员应具备的素质

参加交易磋商的人员，一般地说来，应当具备以下条件：

（1）必须熟悉我国对外经济贸易方面的方针政策，并了解国家关于对外经济贸易方面的具体政策措施。

（2）必须掌握洽商交易过程中可能涉及的各种商务知识，如商品知识、金融知识和运输、保险等方面的知识。

（3）必须熟悉我国颁布的有关涉外法律、法令与规则，并了解有关国际贸易、国际技术转让和国际运输等方面的法律法规、惯例以及有关国家的外汇管制法和税法等方面的知识。

（4）应当熟练地掌握外语，要求能处理外文函电并用外语直接洽谈交易。

（5）具有较高的政治、心理素质和策略水平，并善于机动灵活地处理洽商过程中出现的各种问题。

（二）谈判班子的规模和结构

谈判队伍由多方面的人员构成，可以满足谈判中对多学科、多专业的知识需求，取得知识结构上互补与综合的整体优势，群策群力，取长补短，集思广益，形成集体的进取与抵抗力量。

在一般的商务谈判中，所需的专业知识大体上可以概括为：有关工程技术方面的知识、商务方面的知识、法律方面的知识、语言翻译方面的知识。根据上述专业知识的需要，一支谈判队伍应包括下列人员：

1. 技术人员

由熟悉生产技术、产品性能和技术发展动态的技术工程师担任，在谈判中可负责对有关产品性能、技术质量标准、产品验收、技术服务等问题的谈判，也可与商务人员紧密配合，为价格决策作技术参谋。

2. 商务人员

由熟悉交易贸易惯例、价格谈判条件，了解交易行情、有经验的业务员或厂长、经理担任。

3. 法律人员

律师或学习经济、法律专业知识的人员，通常由特聘律师、企业法律顾问或熟悉有关法律规定的人员担任。

4. 财务人员

由熟悉成本情况、支付方式及金融知识，具有较强的财务核算能力的财务会计人员担任。

5. 翻译人员

由熟悉外语和有关知识，善于与人紧密配合，工作积极，纪律性强的人员担任。

以上参加谈判的人员按谈判的复杂程度可多可少，少的一人身兼数职，多的达十几至几十人，可分成几个小组，如商务小组、技术小组、法律小组等，各自负责自己专业领域的谈判。

（三）谈判人员的分工

当挑选出合适的人员组成谈判班子以后，就必须在成员之间作出适当的分工，也就是根据谈判内容和各人专长作适当的分工，明确各自的职责。

在通常情况下，谈判队伍的人员包括三个层次：

1. 第一层次的主谈人

第一层次的谈判人员是谈判小组的领导人或首席代表，即主谈人，他应当是富有谈判经验，兼备领导才能，能应付变幻莫测的环境的谈判人员。根据谈判内容的不同，谈判队伍中的主谈人也有所不同，如购买产品原材料的谈判，可由原材料采购员、厂长或生产助理做谈判主谈人；购买工厂设备的重要零部件，可由采购部经理、总工程师、有关部门经理担任；重要销售合同的谈判，其主谈人可由销售部经理、资历较深的业务总管，或指定担任此合同谈判的项目经理担任。

2. 第二层次的人员

第二层次的谈判人员是懂行的专家和专业人员。他们凭自己的专长负责某一方面的专门工作。谈判队伍中的主力军——各专业人员要能适应谈判工作的需要，才能有利于谈判的顺利进行。既要有熟悉全部生产过程的设计、技术人员，也应有基层的生产或管理人员，更要有了解市场信息，善于经营的销售、经管人员。

3. 第三层次的人员

第三层次的谈判人员是谈判工作必需的工作人员，如速记员或打字员，虽然不作为谈判的正式代表，但是他们是谈判组织的工作人员，具体职责是准确、完整、及时地记录谈判内容。

二、资料的收集与准备

古人云："知己知彼，百战不殆。"在商务谈判前，收集与准备必要的谈判资料是一项非常重要的工作。它对于谈判人员制定谈判战略，控制谈判过程，促进谈判双方互相沟通，具有重大的意义。资料的收集与准备主要侧重以下几个方面：

（一）国外目标市场的信息资料

1. 对国外市场进出口商品的调研

在国外同一市场上，销售着各国的同类商品。而这些同类商品中，总有一些国家的商品市场占有率大，有些国家的商品市场占有率小，这与商品的品质、规格、花色品种、包装装潢是否适应市场需要等有着密切关系。我们应摸清这些不同品种对市场的适销情况，特别要研究市场畅销产品的特点，以便主动积极地适应市场的需要，扩大我们的出口。同时，还要了解国外产品技术的先进程度、工艺程度和使用效能，以便货比三家，进口我们最需要的、价格最合适的商品。

2. 对市场供求关系的调研

国际商品市场的供求关系是经常变化的，影响供求关系变动的因素很多，如生产周期、产品销售周期、消费习惯、消费水平、质量需求等，我们应根据市场供求变动的规律，并结合我国商品供应的可能和进口的实际需要，选择最适当的销售或采购市场。

3. 对国际市场价格的调研

国际市场价格除围绕着国际价值经常上下波动外，还经常受到诸如经济周期、通货膨胀、垄断与竞争、投机活动、自然灾害、季节变动等社会、经济和自然的多种因素的影响。我们必须具体分析这些因素对价格的影响，并根据价格变动趋势，选择在最有利的市场推销商品和采购物资。

（二）国外交易客户的信息资料

1. 支付能力

支付能力主要是了解客户的财务状况，包括注册资本、营业额、潜在资本、资本负债和借贷能力等。

2. 客户背景

客户背景主要指客户的政治经济背景及其对我们的态度。凡愿意在平等互利原则的基础上与我们进行友好往来、贸易合作的客户，我们都应积极与他们交往。

3. 经营范围

经营范围主要指企业经营的品种、经营的性质、经营业务的范围、合作还是独资经营，以及是否与我国有过贸易往来等。

4. 经营能力

经营能力主要指客户的活动能力、购销渠道、联系网络、贸易关系和经营做法等。

5. 经营作风

经营作风主要指企业经营的作风和客户的商业信誉、商业道德、服务态度及公共关系水平等。

（三）国际技术信息资料

在技术方面，主要应收集以下各方面的资料：

（1）全面收集与其他产品相比该产品在性能、质地、标准、规格等方面的优缺点，以及该产品生命周期的竞争能力等方面的资料；

（2）收集同类产品在专利转让或应用方面的资料；

（3）收集该产品生产单位的技术力量和工作素质及其设备状态等方面的资料；

（4）收集该产品的配套设备和零部件的生产与供给状况以及售后服务方面的资料；

（5）收集该产品开发前景和开发费用方面的资料；

（6）尽可能多地收集有关对该产品的品质或性能进行鉴定的重要数据及其各种鉴定方法和鉴定机构，同时也要详尽地收集可能导致该产品发生技术问题的各种潜在因素。

（四）谈判对方的政治法律信息资料

在有关政治法律方面，主要应收集下列信息资料：

（1）全面收集对方国家或地区的有关经济政策及经济合作的相关法令及国家对企业的

管制制度；

(2) 收集谈判对方有关谈判内容的法律规定以及从事该行业的有关法令；

(3) 收集有关国家或地区各种关税的税率及其关税的税则和征税方法方面的资料；

(4) 收集和了解对方国家或地区的外汇管制政策，如对于各种外汇票据的发行和流通以及外汇、贵金属和外汇票证等进出境方面的规定；

(5) 收集对方国家或地区的进出口配额与进口许可证制度方面的情况等。

收集有关信息资料的途径有很多，如从国内的有关单位或部门收集资料，从公共机构提供的已出版和未出版的资料中获取信息资料，从国内在国外的机构及与本公司有联系的当地公司收集资料，还可以直接派人到对方国家或地区进行考察收集资料等。

三、谈判环境的选择与安排

谈判环境主要包括谈判时间与地点、谈判厅的布置和座位安排等。

（一）谈判时间

商务谈判的时间安排，是指确定谈判在什么时间举行、多长时间、各个阶段时间如何分配、议题出现的时间顺序等。谈判时间安排是议程中的重要环节，如果时间安排得很仓促，准备不充分，匆忙上阵，就很难沉着冷静地在谈判中实施各种策略；如果时间安排得很拖延，不仅会耗费大量的时间精力，而且随着时间的拖延，各种环境因素都会发生变化，可能会错过重要的机遇。

（二）谈判地点

关于谈判地点，一般有三种情况：一是在我方国家或公司所在地（俗称“主场”），二是在对方所在国或公司所在地（俗称“客场”），三是在谈判双方之外的国家或地点谈判。

在“主场”谈判，对我方而言不仅具有心理优势，方便沟通，易于控制谈判气氛，而且免于疲劳奔波，可以以饱满的精神和充沛的体力参加谈判，但费用支出负担比较重。在客场谈判，我方可以避免“主场”谈判时来自外界的干扰，更充分地发挥主观能动性，但毫无疑问在场所安排、日程安排方面处于被动地位，对当地环境、气候、饮食等方面也会出现不适应。在第三地谈判，对双方来讲是平等的，双方均无东道主优势，也无作客他乡的劣势，策略运用的条件相当，但第三地的选定要使双方都满意不是一件容易的事情，而且会对双方的心理产生微妙的影响，双方的信任度会降低。

（三）谈判厅的布置

谈判厅的布置应使人心旷神怡。谈判场所的环境要求优雅、舒适、安静；谈判所需的设备要齐全，谈判的服务接待应周到。同时，布置的环境也要显示出诚意，谈判室以及室内的用具都要本着为对方着想的目的布置，这有利于缓解紧张情绪，创造良好的谈判氛围。

（四）座位安排

关于座位安排，谈判时，最常见的座位安排是双方面对面坐在方桌或长桌前，双方主谈人坐在中间平等相对的位置，各自成员分坐其两边，这样，不但方便双方交换意见，同时有助于本方人员的切磋、消息的传递和谈判力量的加强。但上述坐法容易使双方形成对立和冲突感，从而造成紧张气氛。因此，有些双方当事人比较熟悉的谈判建议使用圆桌，双方交叉混坐，这样容易加强双方轻松、合作的气氛。此外，还要考虑座次的安排，总的来说，要突出主谈人，助手以及辅助人员的安排也要合适。

四、确定谈判目标

由于整个商务谈判活动都围绕着谈判的目标来进行，因此，在谈判前应明确通过这次谈判想获得什么。

在确定谈判目标时，必须以客观条件为基础，即综合企业或组织的外部环境和内部条件。一般说来，具体谈判目标的确定要考虑以下因素：

（1）谈判的性质及其领域；

（2）谈判的对象及其环境；

（3）谈判项目所涉及的业务指标的要求；

（4）各种条件变化的可能性、方向及其对谈判的影响；

（5）与谈判密切相关的事项和问题等。

一般来说，谈判的具体目标可分为三个层次：

第一层次，最低目标。它是谈判必须实现的目标，是谈判的最低要求，若不能实现，宁愿谈判破裂也没有讨价还价、妥协让步的可能。

第二层次，可以接受的目标。它是指在谈判中可努力争取或作出让步的范围。如果说第一层次的目标可以用一个点来表示，第二层次的目标则是一个区间范围。这个层次的目标是要争取实现的。

第三层次，最高目标，也叫期望目标。它是本方在商务谈判中所要追求的最高目标，也往往是对方所能忍受的最高程度，它也是一个点。如果超过这个目标，往往要冒谈判破裂的危险。因此，谈判人员应充分发挥个人才智，在最低目标和最高目标之间争取尽可能多的利益，但在这个目标难以实现时是可以放弃的。

专栏 8—1

小常识：原则谈判法

在西方激烈的竞争和特定的社会条件下产生的谈判理论，具有代表性的是“原则谈判法”，被誉为“西方谈判理论的集大成者”。

“原则谈判法”的主要内容由四大部分构成：第一，始终强调在触及实质问题时，人与问题一定要分开分别处理；第二，主张谈判的重点应放在利益上，而不是立场上，因此必须随时把握谈判各方的利益，尽量克服立场的争执；第三，在决定如何实施方案前，先构思各种可能的选择，谈判者应该安排一段特定的时间，构思各种可能的解决方案，创造性地努力避免或削弱各方利益上的冲突，为对方谈判者主动提供某些解决问题的建设性提案的机会；第四，坚持客观的标准，谈判者应设法引入尽可能多的具有科学优点的客观标准，通过对客观标准的引入及其应用来逐步达成协议，有利于提高谈判效率，减少无谓的争执。

第二节　国际商务谈判过程

商务谈判从正式开局到达成协议，要经历一个错综复杂、千变万化的过程。但大体上可以包括六个阶段，即导入阶段、摸底阶段、报价阶段、磋商阶段、妥协阶段和成交阶段。

一、导入阶段

导入阶段主要是指谈判双方见面后，在进入具体实质性交易内容讨论之前，相互介绍、寒暄以及就谈判内容以外的话题进行交谈的那段时间和经过。谈判的开局是谈判双方第一次亮相，是整个商务谈判的起点，它的好坏在很大程度上决定着整个谈判的走向和发展趋势。因此，一个良好的开局将为谈判的成功奠定坚实的基础，谈判人员应给予高度的重视。

谈判双方的互相认识可以通过别人介绍，也可以自我介绍。不论什么场合，自我介绍的形式较为理想。通过短暂的介绍，双方可以相互了解谈判人员的背景、姓名、地位和职务等。

导入阶段是一个比较重要的阶段，因为双方在互相介绍和闲聊中，已经开始传递信息，并且形成“最初印象”。这是建立谈判气氛的关键，为以后洽谈奠定基础。

二、摸底阶段

摸底阶段是指谈判双方通过旁敲侧击的交谈方式，推测对方的意图。摸底的目的是利用较少的时间，让对方了解自己的目标及想法，希望对方理解、接受自己的观点。当然，不能一味地把自己的全部意图简单地暴露给对方。

1. 开场陈述

在开场陈述时，常遇到一个问题，即双方都不愿首先发言，致使出现冷场的局面。此时，洽谈的东道主应有主人的风度，当仁不让，并以热情友好的语言先行讲话。如果客人要求发言，东道主应该表示欢迎，并有意识地使客人产生共鸣，以创造出一种和谐、活跃的谈判气氛。

2. 提出倡议

当谈判双方把各自的想法都陈述出来之后，则要探讨每一种设想的可行性，即讨论哪种方案最可行，进而提出建议，以选择可行的方案进行谈判。

3. 重新审查谈判方针

根据对方所表达出来的态度、立场，我方应有针对性地确定所要采取的多种相应的对策，与对方交锋。

4. 明确各自的意图

双方应明确即将开始的报价和磋商阶段所要进行的谈判议题。

总之，在摸底阶段双方要大胆地提出自己认为可行的设想，最好是和睦地进行摸底和探测。为此，不妨考虑休息几分钟，以便和同事一道具体分析谈判意图和策略，从而方便调和。

三、报价阶段

谈判双方在结束了非实质性交谈之后，就要将话题转向有关交易内容的正题，即开始报价。报价以及随之而来的磋商是整个谈判过程的核心和最重要的环节。

这里所说的报价，不只是指产品在价格方面的要价，而是泛指谈判的一方对另一方提出自己的所有要求，包括商品的数量、质量、包装、价格、装运、保险、支付、商检、索赔、仲裁等交易条件，其中价格条件具有重要的地位。外贸业务虽然多种多样，但在一般情况下，谈判都是围绕着价格进行的。

专栏 8—2

价格是谈判双方最关心的焦点

价格条款是合同条款中最重要的组成部分。在条款谈判时要立足准确描述价格全貌，这样对签约双方都有利。第一，应实事求是地罗列各种开支的性质；第二，应按双方承认的国际贸易术语来描述定价的性质，如果仅以“FOB”“CIF”等一句话概括有可能讲不清楚价格全貌，应扼要解释该术语的含义；第三，合同上应写明是固定价还是可调价，有的合同没有注明就常会产生麻烦，如在发生不可预见的风险时，卖方可以强调合同没有记入而借机要求加价，买方则可以强调已予以记入而不加价，以致纠纷陡起；第四，履约的费用也要明确由谁负担，银行的费用和税费是否由各自承担等，否则，在日后的履约过程中，双方会凭自己的理解而产生种种分歧与纠纷，那时再谈判调整就会十分被动。

报价往往对谈判气氛、洽谈难易程度、双方最终利益影响较大。一般情况下，卖方总是提出过高的价格，买方总是提出过低的价格，最后成交的价格是在两者之间。谈判双方总是在高价和低价之间不断地交锋，最后妥协达成一致，谈判成交；反之，双方谈判破裂，未能达成交易。

（一）报价的先后

在商务谈判中，由谁先报价呢？这是一个微妙的问题。报价的先后在某种程度上对谈判结果会产生实质性影响。就一般情况而言，先报价有利也有弊。

进行谈判一般希望谈判尽可能按我方意图的轨道进行，首先就要以实际的步骤来树立我方在谈判中的影响。我方首先报价就为此迈出了一步，为以后的讨价还价树立了一个界碑，实际上等于为谈判划定了一个框架或基准线，最终谈判将在这个范围内达成，先报价对谈判的影响较大。先报价如果出乎对方的预料和期望值，将使其失去信心，比如，卖方报价每公吨 FOB 1 000 美元，买方能承受的价格只有 400 美元，与卖方报价相去甚远，即使经过磋商也很难达成协议，因此只好改变原部署，要么提价，要么放弃。总之，先报价在整个谈判中都会持续地起作用，因此先报价比后报价影响要大得多。

反过来，先报价也有一定的弊端。对方了解我方的报价后，可以对他们原有的想法作出最后的调整。由于我方先报价，对方对我方的交易起点有所了解，他们可以修改预先准备的报价，获得本来得不到的好处。

因此，究竟谁先报价还要具体分析，看看先报价、后报价对我方是否有利。如果谈判十分激烈，不妨先报价，以争取主动；如果是正常的客户和正常的谈判气氛，则可以相机而行，见机行事。

（二）报价原则

1. 掌握行情

众所周知，国际市场的行情处于不断的变化之中，这种错综复杂的变化通常会通过价格的涨跌和波动表现出来。同时，价格的波动反过来又会影响市场的全面波动。因此，要求谈判人员在搜集积累有关信息、情报和资料的基础上，注意分析和预测市场动向，主要就是研究有关商品的国际市场供求关系及其价格动态。此外，对商品或其替代品的生产技术如有重大突破和革新的征兆时，也应予以密切的关注。

2. 要规定一个可接纳的最低标准

有了最低可接纳水平，谈判人员可借此避免拒绝有利条件或接受不利条件，也可用来防止一时的鲁莽行动，在“联合作战”场合，可以避免各个谈判者各行其是。

3. 报价时留有一定的虚头

报价有一定的虚头是正常情况，虚头的高低要看具体情况而定，不能认为越高越好，没有固定的百分比。在国际行情看好时，卖方虚头可以略高一些，行市越趋好，虚头也可越高。由于留有虚头是为以后的谈判留下余地，因此，留的过高不好，过低也不行。

（三）报价的方法

卖方主动开盘报价叫报盘，买方主动开盘叫递盘。开盘时，报价要坚定而果断地提出，没有保留，毫不犹豫，这样才能给对方留下我方诚实的印象。欲言又止，吞吞吐吐肯定会导致对方的不信任。

开盘必须非常明确清楚，把实盘的几个要件一一讲清楚，要十分准确，必要时向对方提供书面的开价单，或一边讲一边写出来，让对方看清楚，使对方准确地了解我方的期望，含糊不清易使对方产生误解。

开盘时不需对所报价格做过多的解释、说明和辩解，没有必要为那些合乎情理的事情进行解释和说明，因为对方肯定会对有关问题提出质询。如果在对方提问之前，我方主动地加以说明，会使对方意识到我方最关心的问题，这种问题有可能对方过去尚未考虑过。有时过多地说明和辩解，会使对方从中找出破绽或突破口。

专栏 8—3

西欧式报价术和日本式报价术

在国际商务谈判活动中，有两种比较典型的报价战术，即西欧式报价术和日本式报价术。

西欧式报价战术的一般模式是，首先提出留有较大余地的价格，其次根据买卖双方的实力对比以及该笔交易的外部竞争状况，通过给予各种优惠，如数量折扣、价格折扣、佣金和支付条件上的优惠（如延长支付期限、提供优惠信贷等等）来逐步软化和接近买方的市场和条件，最终达到成交的目的。实践证明，这种报价方法只要能够稳住买方，往往会有一个不错的结果。

日本式报价战术的一般做法是，将最低价格列在价格表上，以求首先引起买方的兴趣。由于这种低价格一般是以对卖方最有利的结算条件为前提条件的，并且，在这种低价格交易条件下，各个方面都很难全部满足买方的需求，如果买方要求改变有关条件，卖方就会相应提高价格。因此，买卖双方最后成交的价格往往高于价格表中的价格。

四、磋商阶段

因为谈判双方肯定存在不同的意见、不同的利益，而谈判的目的又是为了获得自己想要的东西，所以谈判双方真正对立的状态在这一阶段就更加明显地表现出来。这是谈判最紧张的阶段，双方都列举事实，晓以利害，加强劝说，使对方理解且接受自己的利益和要求。所以，在这一阶段，也应注意几个问题。

（一）对谈判有一个正确的评估和调整

这是指在谈判磋商阶段，对谈判计划、谈判方案、谈判人事安排以及谈判的其他方面，根据谈判的发展变化进行分析、谈判、重新调整。这项工作之所以重要，是因为无论前面的工作做得如何充分、仔细、全面，都无法穷尽实际谈判过程中的每一个细节，并适应每一种变化。谈判一旦进入实战阶段，必然会出现始料未及的新情况、新变化。如果谈判者不想在谈判中墨守成规，处境被动，就应当伴随谈判磋商阶段的讨价还价，交流信息，不断调整原定计划中的不适之处。

（二）把握谈判局面，合理驾驭谈判的议程

在谈判过程中，如果双方发生争执，剑拔弩张，可能会超过慎重的界限，破坏谈判的气氛；或者争论起来不着边际，失去控制。因此，应注意驾驭谈判局面，控制谈判过程，如能很好地做到这一点，就会赢得谈判中的主动地位。

(三)寻找方案，打破出现的僵局

谈判在进入实际的磋商阶段之后，谈判各方往往会由于某种原因而相持不下，陷入进退两难的境地，即谈判的僵局。谈判之所以陷入僵局，一般不是因为各方之间存在不可解决的矛盾，而多数是由于各方基于感情、立场、原则等主观因素所致。所以，谈判者在谈判开始之后，在维护己方实际利益的前提下，应尽量避免由于一些非本质性问题而坚持强硬的立场，导致出现谈判的僵局。一旦谈判陷入僵局，谈判各方应探究原因，积极主动地寻找解决的方案，切勿因一时陷入谈判的僵局而终止谈判。

五、妥协阶段

妥协即让步，是谈判成功不可缺少的一部分。在这一阶段，或是双方妥协，或是一方让步，均要掌握好妥协让步的范围、方针和时机，坚持“施受原则”。虽然对某些事情作了妥协让步，但同时也因此得到补偿，这就是“施受原则”。

(一)妥协让步原则

(1)不要做无谓的让步，应体现对我方有利的宗旨。每次让步都是为了换取对方在其他方面的相应让步的策略。

(2)在我方认为重要的问题上要力求对方先让步，而在较为次要的问题上，根据情况的需要，我方可以考虑先做让步。

(3)考虑作出让步时要三思而行，不要随随便便，掉以轻心。要知道每一个让步都实实在在地包含着我方的利润损失甚至成本增加。

(4)一次让步的幅度不要过大，节奏不宜太快，应做到步步为营。因为一次让步太大，会让人认为我方这一举动是处于软弱地位的表现，会建立起自信心，让对方在以后的谈判中掌握主动。

(二)妥协让步的方式

选择、采取哪种让步方式，取决于以下几个因素：首先是谈判对手的经验；其次是准备采取什么样的谈判方针和策略；最后，期望让步后对方给予我们何种反应。在商务谈判实践中，人们总结出常见的几种理想的让步方式。

1. 由高到低，然后又微高的让步方式

这种让步方式往往显示出卖方的立场越来越坚定，表示愿意妥协，但不会轻易让步，也告诉买方，让步的余地越来越小，到最后以一个适中的让步结束谈判。它适用于以合作为主的谈判。在互惠互利为基础的谈判中，开始时作出较大的让步，有利于创造出良好的合作气氛和建立友好的伙伴关系。

2. 先高后低，然后又拔高的让步方式

这种方式适用于竞争性较强的谈判，由谈判高手来使用。该策略在运用时要求技术性较强，又富有变化性。同时，又要时时刻刻观察谈判对手对我方让步的反应，以调整我方让步的速度和数量，实施起来难度较大。

3. 等额地让出可让利益的让步方式

此种方法只要遇到耐心等待的买方，就会鼓励买方期待进一步的让步。等额让步方式目前运用极为普遍。在缺乏谈判知识或经验的情况下，以及在进行一些较为陌生的谈判时运用此种方法，往往效果比较好。对于一些商务性质的谈判，讨价还价比较激烈，分利必争，价格的谈判也就采取步步为营的原则。

4. 小幅度递减的让步方式

即先让出较大的利益，再逐期减让，到最后一期让出较小的利益。此种谈判让步方式一般适用于商务谈判的提议方。原因是谈判方对谈判的和局更为关切，理应以较大的让步，诱发对方从谈判中获利的期望。

(三) 妥协让步的注意事项

1. 要慎重

没有得到对方的交换条件，永远不要轻易让步。

2. 要敏捷

如果对方声明绝不让步时，先不要轻信他的话，要试探出他的话是否确实，并以此权衡利弊，再作判断。

3. 有原则

在重大问题上不要先让步。

4. 要记录

不要忘记自己让步的次数。因为这是进一步谈判的力量或筹码，因此，要作记录。

六、成交阶段

谈判双方的期望已相当接近时，都会产生结束谈判的愿望。成交阶段就是双方下决心按磋商达成的最终交易条件成交的阶段。这一阶段的主要目标有三个：一是力求尽快达成协议；二是尽量保证已取得的利益不丧失；三是争取最后的利益收获。谈判双方经过数回合的交锋或妥协让步，都认为已经基本上达到了各自理想的目标，达成一致，便表示拍板同意。然后，由双方代表起草一个书面协议，阐明各自的义务和权利，并由代表签名，谈判即告结束。

在成交阶段中，最主要的工作就是为协议的签署把好关。

首先，起草协议应从实际出发，反映谈判所解决的实际需要，切忌照搬、照抄别人的合同或标准性格式。

其次，关于法律适用条款问题。在一些涉外谈判所达成的协议内容中，一般都涉及不同国家的国内法、国际惯例、公约或国家间的条约。这些法律、惯例、公约、条约对谈判协议的格式、内容、谈判双方的权利义务、国际支付等都有不同的规定。因此，在签订合同时，应订明适用哪个国家的法律准则。

再次，关于协议文本的文字使用问题。按照国际谈判惯例，协议使用的文字应是谈判当事人国家的法定文字，通常应是谈判各方所在国的多种文字，并具有相同的效力。

最后，审查或修改谈判协议。谈判协议一旦形成，必须抓住最后的机会，严格审查，一丝不苟，遇到有问题出现时应立即要求修改。谈判中的协议、文件是谈判各方就其权利与义务关系协商一致的范文，对谈判各方均具有约束力，任何一方违约，都要承担违约责任。因此，老练的谈判者总是要利用复查修改协议的最后机会，进一步谋求己方的利益，杜绝漏洞，避免失误。

专栏 8—4

APRAM 谈判模式

当前流行的国际商务谈判基本模式是 APRAM 模式。APRAM 模式由五个环节组成。(1) 进行科学的项目评估（Appraisal）：商务谈判要想取得成功，要在正式谈判之前对这项商务活动进行科学评价；(2) 制订正确的谈判计划（Plan）：任何谈判都应有一个完整的谈判计划，并把双方的目标进行比较；(3) 建立谈判双方的信任关系（Relationship）：谈判双方的相互信赖是谈判成功的基础；(4) 达成使双方都能接受的协议（Agreement）：使双方的利益得到实现；(5) 协议的履行与关系的维持（Maintenance）：达成协议后不能认为万事大吉了。

第三节 谈判的策略与各国商人的谈判风格

谈判是一项原则性和艺术性都很强的工作，谈判人员不仅要有丰富的知识、良好的语言表达能力、较佳的气质风度，而且要讲究谈判的战略与技巧。此外，胜任工作的谈判人员还必须熟悉各国文化的差异，熟知各国文化对谈判的影响，以及各国商人的谈判风格，并能因势利导，取得谈判的成功。

一、谈判的战略

每一次谈判都有其特点，要求有特定的战略和相应的战术。在某些情况下，首先让步的谈判者可能被认为处于软弱地位，会使对方施加压力以得到更多的让步；然而在另一种环境下，同样的举动可能被看作是一种要求回报的合作信号。在国际贸易中，采取合作的战略可以使双方在交易中建立融洽的商业关系，使谈判成功，各方都能受益。但一个纯粹的合作关系也是不切实际的。当对方寻求最大利益时，会采取某些竞争战略。因此，在谈判中采取合作与竞争相结合的战略会促使谈判顺利结束。这就要求我们在谈判前制定多种战略方案，以便随机应变。

谈判的战略在很大程度上决定买卖双方交易的成败，下面四种谈判战略可供谈判人员综合运用。

（一）强制

强制战略应由力量较强的谈判者使用，却为较弱的对方所厌恶。在使用该战略时，应该出其不意，猛烈地进行，这样对方就无暇反击。

（二）诱导

诱导战略就是尽量给予对方一些比他们期待更多的东西，或者利用更优厚的利益，去引开他们在交易上的注意力。也就是说，将交易的情况稍作改变，使对方觉得尽快结束这笔交易对他们是有利的。

（三）教育

教育战略是以说服的方式改变对方的态度、信念，甚至计划。采用教育战略后，能使对方对我方产生有利的影响。

（四）说服

说服战略就是我方针对对方在谈判中所述的论据，以事实和可靠资料来说服对方，从而达到自己的目的。它通常借助数字的说服力，去影响、改变对方的论据。

二、谈判的策略

商务谈判过程情况复杂多变。为了在复杂多变的谈判中取得引人注意的效果，得到实现利益目标的保证，必须在谈判中适时灵活地实施谈判策略。

谈判的直接目的是获得各方面都满意的协议或合同。我们把与我们谈判的人称为谈判对手，双方确有为争取自身利益最大化的对抗关系，但更重要的还是合作关系，是为了合作才有的暂时对抗。所以在谈判过程中，要恰当地使用一些谈判技巧，尽力避免强烈冲突的出现，谈判陷入僵局对谈判双方来说都是失败。

所谓谈判策略可以理解为，根据谈判战略目标的要求和谈判情况的变化，灵活地贯彻实施谈判战略方案所采取的措施的总和。简而言之，谈判策略是一种可以预见和可能发生的情况下应采取的相应的行动、手段等。而谈判技巧是谈判策略艺术性的集中表现，也是促使谈判成功的一种手段。

专栏 8—5

谈判技巧在商务谈判中的具体运用

我国某技术进出口公司欲花百万美元购买急需的工业机床的关键设备，经多方考虑，最终选定日本某株式会社作为交易对象。

谈判开局，按国际惯例先由卖方报价。日方深明此道，首次报价 120 万美元，此价比现实市场价偏高许多。中方已摸清市场行情，深知日方是在试探。于是中方单刀直入，直截了当地指出该报价不能作为谈判的基础。几经回合，日方意识到己方的高目标恐难实现，于是转移话题，介绍起自己产品的特点和优良品质，以求用迂回方式来坚持己方报价。但中方早已看穿了对方的把戏，于是回击道："不知贵国生产此种产品的公司有几家？贵公司产品优于S国、K国的依据是什么？"但日方毕竟是商场老手，临阵不慌，其主谈人运用"踢皮球"的战略找到退路。中方主谈人悟出此法，主动提出休会，给其台阶，使其让步。

第二轮谈判开始后，日方再次报价——107万美元。中方认为这一削价虽不小，但与实际要价相比还有差距。基于此，中方确定还盘99万美元。几经探讨仍无结果。此时，中方认为时候已到。于是中方主谈人郑重指出："这次引进，我们从几家公司中选中了贵公司，这说明我们成交的诚意。如果你方没有诚意，那就只好等下去，改日再谈。我们一会儿还要会见T国的商务代表。"这是中方欲擒故纵，表示己方对该谈判已失去兴趣，以迫其让步。日方一时举棋不定，最后，日方再三考虑，认为虽获利不高，但还是决定握手成交。

分析：本案是谈判策略与技巧在国际商务谈判中的具体运用。只要我们做到知己知彼，在谈判前做好充分的准备，并在谈判时适时灵活地实施谈判策略和技巧，就能在复杂多变的谈判中取得良好的甚至意想不到的效果，从而得到实现利益目标的重要保证。

三、各国商人的谈判风格

谈判要研究和了解谈判对手的谈判风格。所谓谈判风格，主要是指在谈判过程中谈判人员表现出来的言谈举止、处事方式以及习惯爱好等特点。由于世界各国之间历史传统、政治制度、经济状况、文化背景、风俗习惯以及价值观念存在明显差异，所以，各国谈判者在商务谈判中都会形成不同的谈判风格。因此，了解不同国家、不同地区、不同民族的谈判风格，将有利于国际商务谈判的进行，取得预期的谈判成效。

（一）美国商人的谈判风格

在国际贸易中，美国占有举足轻重的地位，相应地，美国人的谈判风格在国际上也具有相当大的影响力。

美国谈判者有着与生俱来的自信和优越感，他们总是十分自信地步入谈判会场，不断发表自己的意见和权益要求，往往不太顾及对手而显得咄咄逼人，而且语言表达直率，爱开玩笑。在谈判桌上，他们精力充沛，且一个事实接一个事实地讨论，直爽利落，不讲客套，并总是兴致勃勃，乐于以积极的态度来谋求自己的利益。为追求物质上的实际利益，他们善于使用策略，玩弄各种手法。

美国人的法律意识根深蒂固，律师在谈判中扮演着重要的角色。因为生意场上普遍存在着不守诺言或欺诈等现象，美国谈判手往往注重防患于未然，凡遇商务谈判，特别是谈判地点在外国的，他们一定要带上自己的律师，并在谈判中一再要求对方完全信守有关诺言。

（二）日本商人的谈判风格

日本是属于东方文化类型的国家。但是，现代的日本人兼有东西方观念，具有鲜明特点。他们讲究礼仪，注重人际关系；等级观念强，性格内向，不轻信人；工作态度认真、慎重，办事有耐心；精明自信，进取心强，勤奋刻苦。这些特征在日本商人身上就表现为事前工作准备充分、计划性强，注重长远利益，善于开拓新的市场。

日本商人的团队主义精神或集团意识在世界上是首屈一指的。与此相适应，日本企业的谈判代表多是由曾经共事过的人员组成，彼此互相信赖，有着良好的协作关系，团队倾向性强。谈判团内角色分工明显，但每个人都有一定的发言决策权，实行谈判共同负责制。

日本商人在谈判时总显得彬彬有礼，富有耐性，实际上他们深藏不露，固执坚毅。在国外，他们恪守所在国的礼节和习惯，谈判时则常在说说笑笑中讨价还价，使谈判在友好的气氛中进行，同时也使对手逐渐放松警惕，便于他们杀价。另外，日本人十分通晓“吃小亏占大便宜”和“放长线钓大鱼”的谈判哲理。无论在谈判桌前还是会场外，他们都善于用小恩小惠或表面的小利去软化对手的谈判立场，从而获取更大利益。

（三）英国商人的谈判风格

英国人一般比较冷静、持重。英国商人在谈判初期，尤其在初次接触时，与谈判对手保持一定距离，决不轻易表露感情。随着时间的推移，他们才与对手慢慢接近、熟悉起来，并且会逐渐发现，他们精明灵活，善于应变，善于交际，待人和善，容易相处。他们常常在开场陈述时十分坦率，愿意让对方了解他们的有关立场和观点，同时也常常考虑对方的立场、行动，对于建议性意见反应积极。他们有很强的自信，特别表现在讨价还价阶段，如果出现分歧，他们往往固执己见，不肯轻易让步，以显其大国风范，让人觉得他们持有一种非此即彼、不允许讨价还价的谈判态度。

英国商人十分注意礼仪，崇尚绅士风度。他们谈吐文明，举止高雅，尊重社会公德，很有礼让精神。无论在谈判场内外，英国谈判手都很注重体现个人修养，根据谈判业务的不同，有时会追逼对方。同时，他们也很关注对方的修养和风度，如果在谈判中显示出良好的教养和风度，就会很快赢得他们的尊重，为谈判成功打下良好的基础。

（四）德国商人的谈判风格

德国商人严谨保守的特点使他们在谈判前就往往准备得充分周到。他们会想方设法掌握大量翔实的第一手资料，他们不仅要调查研究对方要购买或销售的产品，还要仔细研究对方的公司，以确定对方能否成为可靠的商业伙伴。只有在对谈判的议题、日程、标的物品质、价格，以及对方公司的经营、资信情况和谈判中可能出现的问题及对应策略作了详尽研究、周密安排之后，他们才会坐到谈判桌前。德国人对谈判对方的资信非常重视，因为他们保守，不愿冒风险。

德国商人在谈判桌上会表现得果断、不拖泥带水，他们喜欢直接表明所希望达成的交易，准确确定交易方式，详细列出谈判议题，提出内容详尽的报价表，清楚、坚决地陈述问题。他们善于明确表达思想，准备的方案清晰易懂。如果双方讨论列出问题清单，德国商人一定会要求在问题的排序上体现各问题的内在逻辑关系，否则就认为逻辑不清，不便于讨论。

德国商人自信而固执。他们对本国产品极有信心，在谈判中常会以本国的产品为衡量标准。此外，他们考虑问题周到，但缺乏灵活性和妥协性。他们总是强调自己方案的可行性，千方百计迫使对方让步，常常在签订合同之前的最后时刻还在争取使对方让步。

（五）韩国商人的谈判风格

韩国商人在长期的国际贸易实践中，积累了丰富的经验，他们善于在不利的贸易谈判中寻找突破口，从而占据有利地位，让对手甘拜下风。韩国商人深谙“知己知彼，百战不殆”之道，他们非常重视商务谈判的准备工作。在谈判前，他们会千方百计了解对方。一旦韩国商人愿意谈判，就可以肯定他们早已对这项谈判进行了周密准备，胸有成竹了。

韩国商人很注重谈判礼仪。他们十分在意谈判地点的选择，一般喜欢在有名气的酒店、饭店会晤洽谈。如果由韩国商人选择会谈地点，他们一定会准时到达，以尽宾主之谊；如果由对方选择地点，他们则会推迟一点儿到达。在进入谈判会场时，一般走在最前面的是主谈人或地位最高的人，多半也是谈判的拍板者。

韩国商人逻辑性强，做事条理清晰，谈判时注重技巧。谈判时，他们往往先提出主要讨论议题。对于大型谈判，他们更乐于开门见山、直奔主题。韩国商人能灵活地使用谈判的两种手法——横向谈判与纵向谈判。前者是先为协议勾画出大体框架，达成原则协议后再逐项确定谈判各方面的具体内容；后者是对双方共同提出的条款逐项磋商，逐条讨论，最后达成一个完整的谈判协议。

（六）阿拉伯商人的谈判风格

由于受地理、宗教、民族等问题的影响，阿拉伯人家庭观念较强，性情固执而保守，脾气也很倔强；重朋友义气，热情好客，却不轻易相信别人。尽管不同的阿拉伯国家在观念、习惯和经济力量方面存在较大差异，但作为整个民族来讲却有较强的凝聚力。

在阿拉伯人看来，信誉是最重要的，谈判的人必须首先赢得他们的好感和信任。在阿拉伯国家中，谈判决策由上层人员负责，但中下级谈判人员向上层提供的意见或建议却得到高度重视，他们在谈判中起着重要作用。阿拉伯人等级观念强烈，其工商企业的总经理、财务总监、决策部门经理往往自视为战略家和总监，不愿处理日常的文书工作及其他琐事。

阿拉伯人的谈判节奏较缓慢。他们不喜欢通过电话谈生意。从某种意义上说，与阿拉伯人的一次谈判只是部分地与他们进行磋商，因为他们往往要很长时间才能作出谈判的最终决策。如果外商为寻求合作前往拜访阿拉伯人，第一次很可能不但得不到自己期望出现的结果，还会被他们的健谈所迷惑，有时甚至第二次乃至第三次都接触不到实质性话题。遇到这种情况，要显得耐心而镇静。一般说来，阿拉伯人看了某项建议后，会交给手下去证实是否有可行性，如果感兴趣，他们会在自认为适当的时候安排由专家主持的会谈。

本章小结

国际商务谈判既具有一般贸易洽谈的共性，又具有对外经济贸易谈判的特殊性。因此，对从事外贸商务谈判的人员在专业知识方面提出了更高的要求。

谈判前的组织准备工作是确保洽谈成功的关键。在商务谈判前，收集与准备必要的有关谈判资料是一项非常重要的工作。它对于谈判人员制定谈判战略，控制谈判过程，促进谈判双方互相沟通，有着重大的意义。

商务谈判从正式开局到达成协议，要经历一个错综复杂、千变万化的过程。但大体上可以包括六个阶段，即导入阶段、摸底阶段、报价阶段、磋商阶段、妥协阶段和成交阶段。

本章关键术语

国际商务谈判	谈判目标	导入阶段	摸底阶段
妥协阶段	谈判战略	谈判策略	谈判风格

本章思考题

1. 为什么国际商务谈判非常重要？谈判前应做哪些准备？

2. 国际商务谈判前需要做哪些组织工作？如何选配精明强干的洽谈人员？

3. 试比较世界各国商人的商务谈判风格。

4. 商务谈判过程有哪些环节？试根据自己的亲身经历举例说明这些环节。

5. 在商务谈判中让步的基本原则和方法是什么？如果谈判双方在价格上出现僵局，应采取什么方法来化解僵局？

本章练习题

（一）不定项选择题

1. 导入阶段谈判人员的主要任务有（　　）。

A. 创造谈判气氛　B. 讨价　C. 开场陈述

D. 报价　E. 交换意见

2. 在商务谈判中，双方地位平等是指双方在（　　）上的平等。

A. 实力　B. 经济利益　C. 法律　D. 级别

3. 价格条款的谈判应由（　　）提出。

A. 法律人员　B. 商务人员　C. 财务人员　D. 技术人员

4. 在国际商务谈判中，有两种典型的报价战术，即西欧式报价和（　　）。

A. 中国式报价　B. 日本式报价　C. 东欧式报价　D. 中东式报价

5. 英国人的谈判风格一般表现为（　　）。

A. 讲效率　B. 守信用　C. 按部就班　D. 有优越感

6. 日本人的谈判风格一般表现为（　　）。

A. 直截了当　B. 不讲面子　C. 等级观念弱　D. 集团意识强

7. 谈判议程的内容包括（　　）。

A. 模拟谈判　　B. 时间安排　　C. 确定谈判议题　　D. 确定谈判人员

（二）判断题

1. 一名合格的国际商务谈判人员，应具备多元型的知识结构。（　　）

2. 美国商人在谈判方式上偏爱纵向式谈判。（　　）

3. 谈判导入阶段的主要任务是确定成交价格。（　　）

4. 对于权力型的谈判对手，不可以主动进攻。（　　）

5. 西欧式报价的一般做法是，将最低价格列在价格表上，以求首先引起买方的兴趣。（　　）

6. 在让步的最后阶段，让出全部可让利益方式适合谈判中占有劣势的一方。（　　）

（三）案例分析题

中国P公司向韩国M公司出口自产汽油添加剂，这是试订单，也是P公司第一次出口。韩方认为中方产品价格有竞争力，品质也不差。韩方一行6人到P公司谈判，P公司的领导、商务主谈以及储运人员共8人参加了谈判。双方很快就产品价格、质量等达成了共识，但就运输问题讨论了很长时间，也很仔细。最后韩方认为从安全的角度出发，由其派船为宜。此外，还要求价格再优惠。对此，P方主谈为了省事，又急于做成第一笔出口生意，不假思索即表示："可以考虑。"于是韩方与P方讨论运输条件，P方认为，创造装船条件可以，但降价有困难。韩方认为，自己尽的义务大，P方应给予折扣。结果讨论延续了三个小时，双方未达成共识，只好同意两天后继续谈判。

分析：(1) 试对该谈判过程作出评价。(2) 如果继续谈判，P方该如何采取有效的策略来说服对方？

第九章

国际货物交易前的准备、磋商与合同订立

学习目标

通过本章的学习，认识国际贸易交易前的准备工作的重要性，了解国际货物买卖合同的特点和内容，掌握国际货物买卖合同成立的必要条件，提高签订合同的技巧和水平。

第一节　国际货物交易前的准备

一、国际商品市场调研

（一）国际商品市场调研的重要性

所谓国际商品市场调研是指为了发现一种或一组产品的销售趋势，找出其取得销售成功的方法而进行的调查国际商品市场的活动。它不仅是市场状况和统计数字的罗列，而且要对它们进行全面分析与研究，得出相应的结论，最终为企业的营销与经营管理提供科学决策依据。

国际商品市场是世界各国之间商品流通与交换的场所。由于它与国内商品市场在构成、变动规律、市场环境和交换方式等方面的差异，任何企业若要参与国际商品市场营销活动并期望取得成功，就必须首先进行国际商品市场调研，打开通往国际商品市场的大门。

国际商品市场调研的内容比较广泛，归纳起来有两类：国际商品市场环境调研和国际商品市场行情调研。

（二）国际商品市场环境调研

一国或地区的市场环境是客观存在的，要进入该市场并得到发展，我们就必须要适应它，而不能改变它，否则就无法成功。市场环境通常包括政治与法律环境、经济环境、人文环境、人口和自然环境以及竞争环境等。

1. 政治与法律环境

在国际商务活动中，企业首先要了解分析一个国家或地区的政治局势。这一调研的目的是避免政治风险，而政治风险主要来源于政局的改变、社会动荡、武装冲突与战争等。所以，一个国家政局是否稳定，直接关系到投资者是否有收益。

法律环境是指当地颁布的各种经济法规法令。国际商务活动应该考虑的法律环境主要有：反不正当竞争法、反垄断法、产品责任法、价格法、知识产权保护法、投资法、外汇管理法等。

2. 经济环境

经济环境是指一个国家或地区经济发展已达到的水平和未来的发展前景。它与企业经济活动的关系甚密，直接关系到该国或地区商品市场的现状和发展变动趋势。经济环境包括所进入国家的经济制度、经济发展水平、与国际有关贸易组织的关系等。例如，一个国家所处的发展阶段不同，经济结构、国民收入的水平就会不同，消费者对产品的需求也不一样，从而直接或间接地影响着国际商务活动。在世界各国中，经济发展阶段与水平差别较大，概括起来有三大类：(1) 发达国家，如美国、日本、英国、法国、德国、加拿大、澳大利亚等；(2) 准发达国家或新兴工业化国家，如南欧各国、亚洲“四小龙”和拉美一些国家；(3) 发展中国家，除上述两类国家以外的国家。发展中国家为数众多，发展不平衡，大多比较贫穷，人均国民生产总值较低。

3. 人文环境

人文环境包括所进入国家的语言、历史传统、风俗习惯、教育水平、宗教信仰、价值观念等。不同国家的人文环境差异，代表着不同的生活和消费模式，也就必然对经济活动带来不同的影响。只有考虑到这些人文因素，才能解释为什么国民收入水平相似的两个国家，消费格局却有很大差别。例如，伊斯兰国家含酒精的饮料市场需求很小，水果饮料却十分畅销；法国人喜欢鲜明的色彩，但忌讳墨绿色；埃及人喜欢绿色而不喜欢蓝色。再例如，在文化水平较高的地区，商品的促销宜用印刷宣传品；而在文化水平较低、文盲率较高的地区，商品的宣传就要用广播、电视和电影等有声工具。

4. 人口和自然环境

人口是一国经济最基本的因素。在其他条件相同的情况下，一国人口越多，潜在的市场就越大，尤其是那些与人口有关的食品、服装、体育用品等消费品市场。同时，人口的年龄结构和性别结构是决定市场需求结构的一个重要因素。

自然环境包括所进入国家的地理环境、自然资源供给结构、气候条件等。这些自然环境直接影响生产和运输成本，影响市场需求规模和需求结构。如电风扇主要销往热带国家，羽绒服装则适合于寒冷国家；而无冷藏易腐食品、鲜活食品也不易销往热带国家。

5. 竞争环境

竞争环境是一个企业在决定开拓国外市场前必须考虑的重要问题，因为任何商品在任何市场都会面临竞争。能否正确认识和利用竞争，是企业的市场营销能否成功的关键。

专栏 9—1

人口与收入对市场营销的影响

一、主要指标

1. 国民生产总值：衡量经济实力和购买力的重要指标

2. 人均收入量：按人均收入量反映人民生活水平高低的指标

3. 个人支配收入：个人收入减去各类税

4. 个人自由可支配收入：在个人可支配收入中，扣除个人或家庭衣食住行的基本开支

5. 家庭收入：与家庭人数、就业人数、就业收入有关

二、人口、收入与市场规模关系

国家人口多少	国民收入高低	市场规模大小
多	低	小
少	高	小
多	高	大
少	低	更小

（三）国际商品市场行情调研

国际商品市场行情调研的内容主要包括市场营销活动的各个方面，目的是帮助企业在真正了解市场商品供求关系和情况、出口商品的生产与消费，以及选择合适的销售渠道和促销方式之后，使企业的产品进入国际市场而取得预期的经济效益。它概括起来有以下几方面：

1. 出口商品生产调研

出口商品是企业为国外顾客提供服务的对象。在调查分析出口商品的生产历史、发展趋势、产品产量和本企业所占份额的同时，还要掌握生产波动的规律，以及商品生产的一些特点。出口商品生产的调研包括商品的生产周期、商品生产的季节性、商品生产的技术条件等。

2. 出口商品消费调研

商品消费是需求的基础，它的变化会引起需求的变化。在市场调研时，除了要分析商品的消费趋势、消费周期和消费对象外，还要掌握一些商品消费结构的特点。例如，企业的消费结构一般分为三类：

（1）动力和燃料；

（2）原料和半成品；

（3）机器设备。

再比如，家庭的消费结构也有三类：

（1）耐用消费品，如汽车、家电、房屋等；

（2）非耐用消费品，如食品、服装、鞋帽等；

（3）劳务，如交通、医疗、教育、娱乐等。

3. 出口商品价格调研

商品价格直接关系到商品的销售和企业的经济利益。由于影响价格的因素很多，只有深入分析研究，才能灵活应变。价格调研的具体内容包括：

（1）影响价格变化的具体因素；

（2）商品需求的弹性大小和波动幅度；

（3）国际商品市场供求关系的状况及发展变化趋势；

（4）不同价格政策对商品定价及销售量的影响；

（5）新产品的定价策略；

（6）商品生产周期与消费周期不同阶段的定价原则。

4. 出口商品营销方式调研

商品的营销方式主要是营销商或企业积极宣传产品并说服消费者购买所进行的一系列活动。其调研的主要内容是：在国外市场对客户可能进行的营销组合；能促进营销的推广方法，如佣金、折扣、示范、赠样本、赞助各种交易活动等；分析雇用或选派的推销员的素质、水平、训练费用以及所能起到的作用；营销活动中可以使用的有效广告宣传方式等。

以上就是国际商品市场行情调研的主要内容。不同企业在不同时期对调研的问题和内容是不同的，因此，每个企业必须有重点地确定自己的市场调研问题和内容。

专栏 9—2

案例：不充分的国际市场调研所带来的困惑

美国一家软饮料公司决定选择印度尼西亚作为公司最畅销饮料的目标销售市场。印度尼西亚是世界第五大人口大国，市场潜力巨大，因此，该公司决定与印度尼西亚达成瓶装与分销协议来服务这一市场。不幸的是，销售状况非常糟糕，饮料根本不畅销。虽然公司初期调研，包括对当地竞争和政府态度的调研结果都非常乐观，但营销活动不见起色。后经了解，公司董事会忽视了一个重要因素，即大多数印度尼西亚人喜欢甜饮料和以椰子汁为主要原料的软饮料，他们不习惯美国风味的碳酸饮料。喜欢美国风味并愿意购买美国风味饮料的市场本身并不大。

分析：国际市场调研是对市场信息的收集与分析过程，以便对相关产品的营销决策作出正确的判断。另外，在国际市场调研中还应注意一些细节，如确定调研的目的与问题、辨识信息的来源及分析等，以确保得到最可靠的调研结果。

二、企业进入国际市场的渠道

企业进入国际市场的渠道多种多样，归纳起来，主要有三条渠道，即间接出口、直接出口和国外生产。在每条渠道下，又有若干进入国际市场的具体方式。

（一）间接出口

间接出口是指企业将产品销售给国内的出口商或委托国内的外贸代理机构，由它们负责经营出口业务。通过间接出口，企业可以在不增加固定资产投资的前提下出口产品，开业费用低，风险小，而且不影响目前的销售利润。此外，企业还可以借助该方式，逐步积累经验，为以后转化为直接出口奠定良好的物质基础。间接出口主要是通过以下方式进行：出口管理公司（Export Management Company）、进出口公司（Import & Export Corporation）、外国企业在本国的采购处（Purchasing Agent）、国际贸易公司（International Trade Company）、合作出口（Cooperation Exporting）等。

间接出口主要是中小生产企业采用的国际营销方式。这些企业一般没有足够的人力、物力和财力，海外营销渠道及信息网络也不甚发达，因此，有必要利用别人的优势，将产品打入国际市场，并为自己今后单独从事国际营销工作打下重要的基础。

（二）直接出口

直接出口是指生产企业不通过中间商，而自己直接从事一切出口营销活动。在直接出口方式下，企业的一系列重要业务活动都是由其自身完成的。直接出口使企业部分或全部控制外国营销规划，可以从目标市场快捷地获取更多的信息，并针对市场需求制订及修正营销规划。采取直接出口方式，标志着企业真正开始了国际营销活动。直接出口有以下形式：直接向最终用户销售（Sale to End-user）、设立驻外办事机构（Branch or Office Abroad）、国外营销子公司（Marketing Subsidiary Abroad）、利用国外代理商（Agent）和经销商（Distributor）等。

直接参加国际营销活动，有利于企业在国际市场上直接树立自己的形象和声誉，建立起自己的营销渠道网络，为今后进一步扩大及占领市场打下良好的基础。

（三）国外生产

由于企业进入国际市场和国际营销活动的复杂性，有时有可能迫使企业放弃传统的出口方式，而改为在目标市场国家或地区就地生产、就地销售。另外，有些国家和地区市场较大，劳动力成本和原料成本较低，当地政府愿意让外国企业前来投资设厂，给本国或本地区的居民提供更多的就业机会等。因此，国外生产也是企业走向国际市场的一条非常重要和有效的渠道。在国外生产的形式多种多样，其中比较重要的形式包括合同制造（Contract Manufacturing）、交钥匙承包（Turn Key Project）、许可证贸易（Licensing Trade）、海外合资经营（Foreign Joint Venture）、海外独资经营（Overseas Wholly Owned Production）等。

国外生产的优点是可以利用对方的原料、劳动力，并获得外国政府的支持，降低在目标国家的产品成本，降低产品价格，增加利润；企业可以完全控制整个管理与销售，经营利润完全归其支配；企业可以根据当地市场特点调整营销策略，创造营销优势。但它的主要缺点是投入资源多、风险大，而且受外国政府的限制较多，没有当地合作者的协助，应变能力较差。因此，要审慎行事。

总之，企业进入国际市场的方式很多，但企业选择进入方式必须根据自身条件、市场状况、竞争特点等因素，并考虑各种方式所具有的优点和局限性，综合分析和评估，选出最佳方式。

专栏 9—3

联想跨国经营的新举措：收购 IBM 的 PC 业务

2004 年 12 月，中国内地最大、全球排名第八的电脑公司联想集团，宣布收购全球最大的 IT 企业 IBM 公司的 PC（个人计算机）业务。这起典型的“小吃大”的企业收购的新闻迅速传遍了全世界。

尽管这次收购存在风险，但从长远来看，它是联想实施全球化战略中的重要一步，其意义至少有以下几点：其一，它使联想成为世界第三大 PC 企业。其二，它迅速提升了联想在全世界 PC 市场以及 IT 业界中的知名度，这个事件本身就是一则震撼力极强的广告。其三，联想将整合 IBM 在全球的 PC 营销网络，将自己的产品渗透到世界各地，对于实施全球战略的中国企业来说，建立自己的全球营销体系与品牌难度较大，而这又是全球化企业必须迈出的一大步。有了 IBM 品牌的带动，联想的价值无疑将会得到极大的提升。其四，联想收购 IBM 使其可以全面学习 IBM 的经营与管理经验，特别是国际化的经验。

分析：联想的这次收购，看中的既是有形资产，更是蕴含于 IBM 品牌后巨大的无形资产、客户资源和商誉。

三、制定进出口商品经营方案

为了更有效地对外洽商交易，一般都需要事先制定进出口商品经营方案，并通过相关渠道对交易客户进行必要的资信调查，以保证经营意图的贯彻和实施。

所谓进出口商品经营方案是以具体进出口商品为中心，在广泛调查研究的基础上，根据国别政策、客户政策和经营意图，按照进出口计划的要求，结合国际经济贸易动向、市场趋势，在对外洽商交易前，制定的在一定时期内的进出口营销的设想、做法和全面安排。

（一）进出口商品经营方案

进出口商品经营方案是对外洽商交易、推销商品和安排进出口业务的依据。其主要内容大致包括以下几个方面：

1. 货源情况

包括生产能力、可供进出口的数量，以及进出口商品的品质、规格和包装等情况。

2. 国内外市场情况

主要包括国内外市场需求情况和价格变动的趋势。

3. 进出口经营情况

包括进出口成本、创汇率、盈亏率的情况，并提出经营的具体意见和安排。

4. 推销计划和措施

包括分国别和地区，按品种、数量或金额列明推销的计划进度，以及按推销计划采取的措施，如对客户的利用，贸易方式、收汇方式的运用，对价格佣金和折扣的掌握。

5. 采购市场的安排

根据国别（地区）政策和国内外市场条件，合理安排进出口国别（地区），既要选择对我们有利的市场，又不宜过分集中在某一市场，力争使采购市场的布局合理。

6. 交易对象的选择

要选择资信好、经营能力强且友好的客户作为成交对象。为了减少中间环节和节约外汇，一般应向厂家直接买卖；在直接买卖确有困难的情况下，也可通过中间代理商进行交易。

7. 交易条件的掌握

交易条件应根据商品品种、特点、进出口地区、成交对象和经营意图，在平等互利的基础上酌情确定和灵活掌握。

（二）对客户的资信调查

在国际贸易中，贸易双方发生索赔纠纷、履约发生障碍或收回货款方面发生阻碍，而使交易一方遭受风险及损失，都与不了解交易对方的资信情况有直接关系。因此，进行资信调查（Credit Investigation）对于国际贸易的顺利进行有着重要作用。

1. 资信调查的内容

对客户资信调查的内容和范围主要包括国外企业的组织机构情况，如企业的性质、创建历史、内部组织机构、主要负责人及担任的职务、分支机构等；政治情况，如负责人的政治背景，与政界的关系以及对我国的政治态度等；资信情况，如企业的借贷能力、资产负债情况、经营作风、商业道德、履约信誉等；经营范围，如企业生产或经营商品的品种、业务范围、经营的性质；经营能力，如客户每年的营业额、销售渠道、经营方式等。

2. 资信调查与咨询的途径

对客户进行资信调查与咨询的途径有很多，如通过银行调查；通过国外的工商团体进行调查；通过举办国内外交易会、展览会、技术交流会、学术讨论会主动接触客户，并进行了解；通过实际业务的接触和交往活动，从中考察客户；通过我驻外机构以及在实际业务活动中对客户进行考察所得的材料一般比较具体可靠，对业务的开展有较大的参考价值；通过查阅外国出版的企业名录、厂商年鉴以及其他有关资料，了解客户的经营范围和活动情况。

四、做好出口商品商标的国外注册工作

（一）商标国外注册的意义

商标是企业的无形资产，是企业形象和信誉的象征，也是其参与竞争的有力武器和自

身权益的护身符。随着国际贸易往来日益频繁，我国的企业已不可避免地融入到世界经济的大潮之中。想要在全球经济中占有一席之地，我国企业就必须拥有参与国际市场竞争的商战利器，即世界知名商标。

面对日趋激烈的国际竞争，我国企业亟须提升商标国际保护意识，加快商标的国外注册。只有这样，才能使自己的产品销售取得法律保护，才能有效地防止别人抢注自己的商标，避免多年打造的品牌资产在海外流失。

专栏 9—4

世界十大品牌

名次	英文名称	中文名称	行业	国家
1	Apple	苹果	计算机办公设备	美国
2	Facebook	脸书	互联网	美国
3	Google	谷歌	互联网	美国
4	Microsoft	微软	软件	美国
5	IBM	国际商业机器	计算机办公设备	美国
6	Wal-Mart	沃尔玛	零售	美国
7	Coca-Cola	可口可乐	食品与饮料	美国
8	Amazon	亚马逊	互联网	美国
9	Mercedes-Benz	梅赛德斯-奔驰	汽车与零件	德国
10	McDonald's	麦当劳	餐饮	美国

资料来源：世界品牌实验室，2011 年。

（二）商标国外注册的途径

商标权具有严格的地域性，只有注册才能在注册国家或者地区受到保护。从目前现有保护商标的国际公约和惯例看，中国企业到国外注册商标主要通过两条途径：一是直接向所在国逐一申请商标注册，即逐一国家注册；二是通过《商标国际注册马德里协定》（Madrid Agreement Concerning the International Registration of Marks）和《商标国际注册马德里协定有关议定书》（Protocol Relating to the Madrid Agreement Concerning the International Registration of Marks）办理商标国际注册。

1. 逐一国家商标注册

逐一国家商标注册是指申请人通过代理或其他方式，将自己的商标到需要保护的每一个国家或地区逐一分别办理注册申请手续的方法。在办理向国外申请商标逐一国家注册时，一般是委托所在国的商标代理人进行。

2. 商标国际注册

商标国际注册，就是我国企业通过《商标国际注册马德里协定》和《商标国际注册马德里协定有关议定书》办理商标国际注册。我国分别于 1989 年 10 月 4 日和 1995 年 12 月 1 日成为《商标国际注册马德里协定》和《商标国际注册马德里协定有关议定书》的成员国。因此，我国企业可以通过国家商标局向世界知识产权组织（WIPO）的国际局提交国际注册申请，在《商标国际注册马德里协定》和《商标国际注册马德里协定有关议定书》中的成员国取得商标的法律保护。截至 2019 年，通过一个申请可以同时指定在 121 个马德里系统成员国申请注册。

专栏 9—5

海尔的自建品牌

海尔公司是我国最早全面进入国际市场的家电企业之一。自建品牌是其国际化的特点，即它主要依靠自身力量，全力将“海尔”品牌推向世界。海尔的国际化道路大体经历了三大步。第一步是销售产品，即先将自己的产品通过各种方法销售到海外市场。第二步是“销售”工厂，即在产品销售国家投资建厂，实现当地生产，当地销售。第三步是销售品牌，海尔向国际化的更高目标迈进的标志就是销售品牌。即不仅是销售产品，投资建厂，还要将品牌推广到全世界，就像世界上绝大多数人都知道可口可乐一样。这样就可以利用品牌的优势将自己的经营提高到一个新的层次，获取更多的收益。

分析：海尔自建品牌的国际化战略成功的原因有两个。一是在国内的经营中打造好品牌的基础，自建品牌出口对企业的要求较高，在国内没有基础的品牌很难进入国际市场；二是具备经营的国际视野，包括国际化经营的正确战略。在全球经济一体化的情况下，企业只有在国际市场上有所作为，才能将企业做大、做强、做久。

（三）商标注册用商品和服务国际分类

商品分类（Classification of Goods Lawpanel）是指某件商标注册申请可同时指定的商品范围。商标注册的商品分类影响到如何判断商品是否相同或相似，相应地影响到对商标权的保护。

国际商品分类（International Classification of Goods Lawpanel）是在 1957 年 6 月 15 日，由一些发达国家在法国尼斯会议上正式签订的《商标注册用商品和服务国际分类尼斯协定》确定的，并于 1961 年 4 月 8 日生效。经过多次修订后，目前称为《商标注册用商品和服务国际分类表》。

国际商品分类是在总结、吸收了许多国家商标注册管理经验的基础上逐渐完善起来的，它为各国商标的检索、申请和档案管理提供了统一工具，为实现商标国际注册创造了条件。

专栏 9—6

世界各国商标注册的一些禁用条款

为商品商标命名并在国外申请注册，不仅要考虑上述因素，还须遵守国际上商标注册的共性规定，以及产品销售国的社会风俗习惯。例如，瑞典的国旗是蓝色的，所以注册商标忌用蓝色；瑞士人认为黑色过于悲伤，所以忌用黑色作为商标；巴西人认为紫色表示悲哀，黄色表示绝望，一般不用紫色、黄色作为商标；伊拉克禁用该国国旗的橄榄绿色作商标；意大利把菊花当作国花，日本把菊花视为皇家的象征，而拉丁美洲把菊花视为妖花，所以，菊花在这几个国家忌用为商标图案；澳大利亚重视牧草的繁殖，害怕兔子会吃掉草地，所以忌用兔子作商标，同时，澳大利亚人认为使用袋鼠和树熊图案是自己的特权，所以他们一般不批准进口商品注册袋鼠和树熊商标；英国忌用人像、孔雀、大象作商标；北非一些国家忌用狗作为商品的商标，因为狗在这些地区有着特殊的地位；熊猫在非洲一些国家也是禁忌，不能作商品商标；国际上把三角形作为警告性标记，因此，三角形一般不宜用作商标等等。

五、做好国际广告宣传工作

（一）国际广告的作用

在竞争日趋激烈的今天，国际商业广告是国内产品打入国际市场的有效手段。国际广告是指卖主为了配合国际营销的需要，对国际市场上的买主所做的商品、服务的广告。国际广告活动的目的，是通过各种适应国际市场特点的广告形式，使出口商品能迅速进入国际市场，赢得声誉，扩大销售。

国际广告对出口商品宣传的意义和作用重大，具体表现在以下几个方面：

（1）国际广告可以增进消费者对出口商品的了解，特别是新地区、新市场、新商品，广告宣传对国际贸易的发展起着重要的促进作用。

（2）国际广告具有美的和情感的表现力和感染力，更能吸引国外消费者，从而可以迅速扩大出口商品的知名度。

（3）国际广告可以增加国外消费者对企业和产品的可信度，消除顾虑，对于进入陌生国家的企业和产品来说，这一点尤为重要。

（二）国际广告宣传的媒体及选择

国际广告宣传的媒体，大体可分为以下几种：

（1）利用国外畅销的期刊、报纸、杂志；

（2）利用国外视听媒体，如电视、电影、广播、幻灯片、唱片等。

（3）利用向国外客户寄送样品、样本、图片、说明书、商品目录、模型等。

（4）利用国外大城市的街道、人口流动密集的商业区、旅游景点等，进行文字图画宣传，如文字广告、招贴画、路牌、霓虹灯等。

（5）利用商品陈列，如展览会、陈列室、商品橱窗陈列等。

广告宣传方式、渠道有很多。要从实际出发，根据不同国别、对象、商品以及媒体的组合因素等，灵活多样地采用不同的形式，作出正确的选择。如对国外广大的消费者可通过报纸、广播、电视、路牌等做广告；对技术含量较高的高新技术产品，可以通过展览会、陈列室、商品橱窗陈列等方式做广告；对原料、半成品等则可用寄传单、说明书、相片等，以售前服务的办法做宣传；对中间商、经销商等，主要靠提供样本、样品、说明书进行宣传。

（三）国际广告代理机构的选择

国际广告可以由广告主直接委托大众媒体发布，也可以委托广告代理商负责全面策划。目前，世界上大多数厂商一般选择国际广告代理机构发布国际广告。

国际广告代理机构就其业务范围及服务能力而言，大致可分为三种类型：

1. 综合型广告公司

综合型广告公司是一种能为广告主提供全面服务的广告公司，其特点是机构健全、规模较大、实力雄厚、人才济济。

2. 专业型广告代理商

专业型广告代理商是指为广告主提供专项服务的广告公司。一般分为两类：一种是专一产品代理公司，如房地产广告公司、医药广告公司、保险广告公司等；二是专一媒介代理公司，如交通广告公司、影视广告公司、POP 广告公司、图片广告公司等。

3. 国际展览公司

国际展览公司主要承揽国际性的展览会、博览会、交易会展厅的装潢设计和展品陈列。这类代理商所作出的广告技术含量较高，价格也更贵。

（四）出口商品的广告宣传应注意的事项

1. 国际广告要广泛地宣传商品的用途和特点

广告宣传不仅对消费者产生作用，也对批发商、零售商和采购人员发生作用。只有人人皆知，才会有更广阔的销路。

2. 国际广告的宣传要实事求是、生动活泼、大胆创新

要充分运用灵活多变的多媒体技术，通过声、像等不同组合来打动国外消费者的心理，既要保持我国民族艺术风格，又要适合国外市场的风俗习惯和要求。

3. 国际广告要着重介绍一个商标牌号

商标是一种无形资产（工业产权）。最好用一个牌号包括许多品种。如上海“梅林”牌、辽宁“红梅”牌食品商标，罐头、果汁、味精、糖果等都用同一个商标。消费者往往重视商标牌号胜过商品的实际。广告宣传可以创造名牌，带动其他商品的营销。如“雪花”牌毛衣已成名牌，“雪花”牌手套、围巾等也会较其他同类产品销得快，取得好价钱。

4. 广告宣传的语言文字

广告宣传的语言文字要简单明了、通俗易懂，并适合当地的文化、生活、风俗习惯。

在语言选择上，可采用多种文字；尽管在国际广告业中英文是通用的，但在西欧各国最好使用其本国文字。

专栏 9—7

小常识：欧盟对有关儿童广告的规定

在荷兰，糖果广告不准以儿童为对象，不准在晚上八点之前播出，且不准使用 14 岁以下的儿童作为糖果广告的模特。

在希腊，上午 7 点至晚上 10 点之间禁止播出任何玩具广告。

在西班牙和德国，与战争相关的儿童玩具不准做广告。

在法国，禁止广告中由儿童出示产品或者无大人陪伴。

在瑞典，禁止电视广告以 12 岁以下的儿童为对象；在儿童节目开始前、中间和之后禁止播出任何商业广告。

第二节　国际货物买卖的交易磋商

一、交易磋商的含义及重要性

交易磋商（Business Negotiation）是指买卖双方以买卖某种商品为目的，通过一定程序就交易的各项条件进行洽商并最后达成协议的全过程。交易磋商的目的是买卖双方通过磋商能共同取得一致意见，达成交易。

交易磋商具有高度的政策性、策略性和技术性，只有真正做到知己知彼，使自己尽可能处于主动地位，方能稳操胜券。要做好这项工作，既要努力掌握我国的外贸政策，通晓市场、联络客户、营销商品和贸易程序，又须充分了解有关国家的贸易法规、习惯做法和商业惯例，并在此基础上灵活地运用交易磋商的策略与技术。

二、交易磋商的内容及方式

国际货物买卖交易磋商的内容主要包括买卖商品的品质、数量、包装、价格、运输、保险、支付、商品检验、争议、索赔、不可抗力和仲裁等交易条件。只有买卖双方就此达成共识，交易才能成立。

交易磋商在形式上可分为口头和书面两种，当然，在特殊情况下，一项交易的达成也可以通过买卖双方已成为习惯的某些行为予以确认。

（一）口头磋商

口头磋商主要指在谈判桌上面对面的谈判，如参加各种交易会、洽谈会，以及贸易小组出访、邀请客户来华洽谈交易等。此外，还包括双方通过国际长途电话进行的交易磋商。口头磋商方式由于是面对面的直接交流，便于了解对方的诚意和态度，采取相应的对策，并根据进展情况及时调整策略，达到预期的目的。口头磋商比较适合谈判内容复杂、涉及问题较多的业务，如大型成套设备交易谈判。

（二）书面磋商

书面磋商是指通过信件、电报、电传等通信方式来洽谈交易。目前，多数企业使用传真进行洽谈；有的已开始使用电子邮件磋商交易。随着现代通信技术的发展，书面洽谈越来越简便易行，成本费用低廉。在国际贸易中，买卖双方通常采用书面方式磋商交易。

三、交易磋商的一般程序

交易磋商的一般程序应包括邀请发盘、发盘、还盘、接受和签订合同（本章第三节进行介绍）等环节，其中发盘和接受是交易成立的基本环节，也是合同成立的必要条件。

（一）邀请发盘

邀请发盘（Invitation to Offer）是指交易的一方打算购买或出售某种商品，向对方询问买卖该项商品的有关交易条件，或者就该项交易提出带有保留条件的建议。例如，以未售出为准（Subject to Prior Sale），或者需经我方最后确认（Subject to Our Final Confirmation）等。

邀请发盘在通常的交易中并非必不可少的环节，然而在一些特殊的贸易方式下，如招标投标、拍卖等，情况则有所不同。

邀请发盘可有不同的形式，其中最常见的是询盘（Inquiry）。询盘的内容可涉及价格、品质、数量、包装、装运以及索取样品等，而多数只是询问价格，所以业务上常把询盘称作询价。

专栏 9—8

邀请发盘示例

我方为本城最大的数码相机进口商之一，欲与贵公司建立业务联系，目前对数码相机感兴趣，详见随函附上的第 5678 号询价单，请尽快答复。如价格合理、装运期可以接受，我方会下大订单。（We are one of the leading importers of DC camera in the city and are willing to establish business relations with your company. For the time being, we are interested in your DC camera, details as per our inquiry note No. 5678 attached, and will be glad to receive your lowest quotation as soon as possible. We would like to say that if your price is attractive and delivery date acceptable, we will place a large order with you immediately.）

在国际贸易业务中，有时一方发出的询盘表达了与对方进行交易的愿望，希望对方接到询盘后及时发出有效的发盘，以便考虑接受与否。也有的询问只是想探询一下市场价格，询问的对象也不限于一人。有时发出询盘的一方希望对方开出估价单（Estimate），这种估价单同样不具备发盘的条件，所报出的价格也仅供参考。

邀请发盘虽不是交易磋商的必经步骤，但往往是一笔交易的起点。询盘中，当事人一般需注意以下问题：

（1）询盘不一定要有“询盘”字样，凡含有询问、探询交易条件或价格方面的意思表示均可做询盘处理。

（2）业务中询盘虽无法律约束力，但当事人仍须考虑询盘的必要，尽量避免只是询价而不购买或不售货，以免失去信誉。

（3）询价时，询价人不应只考虑如何询问商品的价格，也应注意询问其他交易条件，争取获得比较全面的交易信息或条件。

（4）要尊重对方，对对方询价，无论是否出售或购买均应及时处理与答复。

（5）询盘可以同时向一个或几个交易对象发出，但不应在同一时期集中作出，以免暴露我方销售或购买意图。

（二）发盘

在国际贸易实务中，发盘（Offer）又称报盘、发价、报价，法律上称为“要约”。发盘可以是应对方询盘的要求发出，也可以是在没有询盘的情况下，直接向对方发出。发盘一般是由卖方发出的，但也可以由买方发出，业务上称其为“递盘”（Bid）。

1. 发盘的定义及条件

根据《联合国国际货物销售合同公约》（以下简称《公约》）第 14 条第一款：“向一个或一个以上特定的人提出的订立合同的建议，如果十分确定并且表明发盘人在被接受时承受约束的意志，即构成发盘。一个建议如果写明货物并且明示或暗示地规定数量和价格或规定如何确定数量和价格，即为十分确定。”

对于这个定义，可以看出一项发盘的构成必须具备下列条件：

（1）向一个或一个以上的特定人提出。发盘必须指定可以表示接受的受盘人。受盘人可以是一个，也可以指定多个。不指定受盘人的发盘，仅应视为发盘的邀请。

（2）发盘人必须明确表达愿意按发盘的内容与对方订立合同的意思。即发盘应该表明发盘人在得到接受时，将按发盘条件承担与受盘人订立合同的法律责任。这种意思既可以用发盘、递盘等术语和语句表明，也可按照当时的谈判情形，或当事人之间以往的业务交往情况或双方已经确立的习惯做法来确定。因此，发盘不是简单的商品介绍，让对方了解情况而向自己发出要约，而是要明确表达按所提条件与对方签约的意思。否则就不是发盘，而是发盘邀请。

专栏 9—9

商业广告是否为发盘？

为了邀请对方向自己订货而发出的商品目录单、报价单以及一般的商业广告，因为不是向一个或一个以上特定的人发出，因此不是要约，而是发盘邀请。商业广告由于是向公众发出的服务信息，没有特定接收人，一般来说，不能构成要约，但悬赏广告除外。悬赏广告是指发布人声明对于完成特定行为的人，将给予一定报酬的广告。悬赏广告的发布人为发盘人，而完成特定行为的人为承诺人，其行为一旦完成，合同即成立，发盘人有义务支付约定报酬，常见的有寻人启事、寻物启事等。

(3) 发盘的内容必须明确、肯定。对于什么是“确定”，《公约》的解释是在发盘中明确货物，规定数量和价格。在规定数量和价格时，可以明示，也可以暗示，还可以只规定确定数量和价格的方法。

(4) 发盘必须送达受盘人才生效。两大法系之间对于发盘的生效时间存在着严重的分歧，大陆法国家认为到达生效，英美法国家认为投邮生效。而《公约》认为，发盘到达受盘人才生效，因为发盘只有送达受盘人，才能让其知晓内容，并作出承诺与否的决定。

专栏 9—10

发盘示例

感谢 7 月 10 日的询价。今晨已经去函，报 120 公吨红茶每公吨 958 美元 CFR 上海净价，装运期为 11 月和 12 月，以 7 月 30 日前复到为准。(We thank you for your inquiry of July 10th, asking us to make you a firm offer for black tea. We have sent a letter this morning, offering you 120 metric tons of black tea, at USD 958 net per metric ton CFR Shanghai for shipment during November/December subject to your order reaching here by July 30th.)

专栏 9—11

案例：延长发盘的有效期是否改变发盘的性质？

国外 A 公司应我国 B 公司的请求，报出铜矿石的实盘。但 B 公司接到 A 公司报盘后，未作还盘，而是一再请求其增加数量，降低价格，并延长报价的有效期。A 公司随后满足了 B 公司的要求，有效期最后延至 3 月 31 日，B 公司于 3 月 28 日发来传真表示接受该盘。A 公司接到该传真时，得知国际市场铜矿石价格上涨，因此决定拒绝成交，于是向 B 公司发传真表示拒绝出售。而 B 公司拒绝接受，并提出疑义，认为是在发盘有效期内接受了 A 公司的发盘，坚持要求按发盘的条件执行合同。试分析，A 公司与 B 公司的合同是否成立？

分析：A 公司在发盘后，经 3 次延长有效期后，合同中的实质性条款完整、肯定、明确，而且规定了有效期为 3 月 31 日，由此可以看出其发出的是有确定意义的发盘，因此，此发盘为实盘。本案中，B 公司于 3 月 28 日发电表示接受，A 公司也于当天接到电函，因此，此货物销售合同已经成立。

2. 发盘的撤回和撤销

《公约》第15条第1款对发盘生效时间作了明确规定："发盘在送达受盘人时生效。"那么，发盘在未被送达受盘人之前，如发盘人改变主意，或情况发生变化，就必然会产生发盘的撤回和撤销的问题。

在法律上，"撤回"和"撤销"属于两个不同的概念。撤回是指发盘尚未生效，发盘人采取行动，阻止其生效。而撤销是指在发盘已生效后，发盘人以一定方式解除发盘对其的效力。

《公约》第15条第2款规定："一项发盘，即使是不可撤销的，也可撤回，如果撤回的通知在发盘到达受盘人之前或同时到达受盘人。"

根据《公约》第16条的规定，发盘可以撤销，其条件是发盘人撤销的通知必须在受盘人发出接受通知之前传达到受盘人。但是，在下列情况下，发盘不能再撤销：

（1）发盘中注明了有效期，或以其他方式表示发盘是不可撤销的；

（2）受盘人有理由信赖该发盘是不可撤销的，并且已本着对该发盘的信赖行事。

这一款规定了不可撤销的两种情况：一是发盘人规定了有效期，即在有效期内不能撤销。如果没有规定有效期，但以其他方式表示发盘不可撤销，如在发盘中使用了"不可撤销"字样，那么在合理时间内也不能撤销。二是受盘人有理由信赖该发盘是不可撤销的，并采取了一定的行动。

3. 发盘的失效

对于发盘什么情况下失去效力的问题，《公约》第17条规定，一项发盘，即使是不可撤销的，于拒绝通知送达发盘人时终止。也就是说，当受盘人不接受发盘提出的条件，并将拒绝通知送达发盘人手中时，原发盘就失去效力，发盘人不再受其约束。

除此之外，以下情况也可造成发盘的失效：

（1）受盘人作出还盘；

（2）发盘人依法撤销发盘；

（3）发盘中规定的有效期届满；

（4）人力不可抗拒的意外事故造成发盘失效，如政府禁令或限制措施；

（5）在发盘被接受前，当事人丧失行为能力、死亡或法人破产等。

（三）还盘

受盘人在接到发盘后，不能完全同意发盘的内容，为了进一步磋商交易，对发盘提出修改意见并用口头或书面形式表示出来，就构成还盘（Counter-Offer）。

还盘的形式可以有许多种，有的明确使用"还盘"字样，有的则不使用，而在内容中表示对发盘的修改，也构成还盘。一方在接到对方的还盘后，可以表示接受，也可以再还盘，即针对对方的还盘提出修改意见。有时一笔交易往往要经过许多回合才能达成。

专栏 9—12

还盘示例

我方已经收到你方4月20日来信，报100台标题货物每台585美元。计算机质量不错，但是价格太高。其他国家类似质量的产品有些低于你方价格的30%，如果可以降价，如10%，我们就可以成交。请尽快答复。（We are in receipt of your letter of April 20 offering us 100 sets of the captioned goods at USD 585 per set. While appreciating the quality of your computers，we find your price is too high. Some computers of similar quality from other countries have been sold here at a level about 30% lower than yours. Should you be ready to reduce your limit by，say 10%，we might come to terms. It is hoped that you would seriously take this matter into consideration and let us have your reply soon.）

需要注意的是，还盘有两个法律后果：一是还盘是对发盘的拒绝，还盘一经作出，原发盘即失去效力，发盘人不再受其约束；二是还盘等于是受盘人向原发盘人提出的一项新的发盘。还盘作出后，还盘的一方与原发盘的发盘人在地位上发生了变化。还盘人由原发盘的受盘人变成新发盘的发盘人，而原发盘的发盘人则变成了新发盘的受盘人。新受盘人有权考虑还盘的内容，决定接受、拒绝或是再还盘。

在进出口业务中，针对还盘应注意以下问题：

（1）还盘可以针对价格，也可以针对交易商品的品质、数量、装运及支付等。

（2）在还盘时，一般只针对原发盘提出不同意见和需要修改的部分，已同意的内容在还盘中可以省略。

（3）接到还盘后要与原发盘进行核对，找出还盘中提出的新内容，结合市场变化情况和销售意图认真对待和考虑。

专栏 9—13

还盘案例

我出口公司于11月1日向美商A发盘供应某商品，限时11月10日复到有效。11月3日我方收到美商的电传表示接受，但提出必须降价5%。当我方正在研究如何答复时，由于该商品的国际市场发生对美商有利的变化，于是A商又在11月7日来电传表示，无条件接受我方11月1日的发盘。我方未予置理，而是将该批货物在11月9日卖给另一美商B，随后，双方就合同是否成立产生争议。

分析：在本案中，美商A在11月3日答复时，已经更改了我方发盘中的价格条件，应视为还盘，我方的发盘就此失效，不再受该发盘约束，我方掌握该交易的主动权，可以选择接受、拒绝或是再还盘。因此，我方与A商的交易不成立。

（四）接受

所谓接受（Acceptance），就是交易的一方在接到对方的发盘或还盘后，以声明或行动向对方表示同意的行为，法律上将接受称作承诺。接受和发盘一样，既属于商业行为，也属于法律行为。对有关接受问题，在《公约》中也作了较明确的规定。

1. 有效接受

根据《公约》的解释，构成有效接受要具备以下四个条件：

(1) 接受必须是由受盘人作出，其他人对发盘表示同意，不能构成接受。这一条件与发盘的第一个条件是相呼应的。发盘必须向特定的人发出，即表示发盘人愿意按照发盘的条件与受盘人订立合同，但并不表示他愿意按这些条件与其他人订立合同。因此，接受只能由受盘人作出才具有效力。

(2) 受盘人表示接受，要采取声明或作出其他行为。受盘人表示接受要以口头或书面的声明形式向发盘人明确表示出来。另外，接受还可以用行为表示。比如，进口商向出口商发盘，由于发盘内容明确，所列条件又符合出口商的要求，他接到发盘后，马上就可把货装运出去，这就属于以行为表示接受。但在我国的对外贸易中通常不采用这一做法。

(3) 接受的内容要与发盘的内容相符，即要与发盘的条件保持一致。按照传统的普通法理论，接受应像镜子一样反射发盘的条件。

(4) 接受的通知要在发盘的有效期内送达发盘人才能生效。发盘中通常都规定有效期。这一期限有双重意义：一方面约束发盘人，使发盘人承担义务，在有效期内不能任意撤销或修改发盘的内容，过期则不再受其约束；另一方面，发盘人规定有效期，也是约束受盘人，只有在有效期内接受，才有法律效力。

此外，关于接受的撤回的问题，《公约》的规定与发盘的撤回基本相同，第 22 条规定："如果撤回的通知于接受原应生效之前或同时送达发盘人，接受得予撤回。"这就是说，撤回的通知只要与接受的通知同时，或先于接受的通知到达发盘人，就可以将接受撤回。

2. 有条件接受

接受应是无条件的，但在业务中，常有这种情况，受盘人在答复中使用了"接受"的字样，但又对发盘的内容做了增加、限制或修改，这在法律上称为"有条件的接受"。有条件的接受通常不能成为有效的接受，而属于还盘。

那么，是不是说受盘人在表示接受时，不能对发盘的内容作丝毫的变更呢？答案是否定的。根据《公约》第 19 条的规定，关键是看这种变更是否属于实质性的。什么叫实质性变更呢？有关货物价格、付款、货物质量和数量、交货地点和时间、一方当事人对另一方当事人赔偿责任范围或解决争端等等的添加或不同条件，均视为实质上变更发盘的条件。实质性变更是对发盘的拒绝，构成还盘。非实质性变更的后果是什么？《公约》中指出："对发盘表示接受但载有添加或不同条件的答复，如所载添加或不同条件在实质上并不改变发盘的条件，除非发盘人在不过分迟延的期间内以口头或书面通知反对其差异外，仍构成接受。"这就告诉我们，如果受盘人对发盘内容所做的变更不属于实质性的，能否构成有效的接受，要取决于发盘人是否反对。如果发盘人不表示反对，合同的条件就包含了发盘的内容以及接受通知所做的变更。

因此，在出现有条件接受时，对于发盘条件的变更应谨慎对待，不能一律以"沉默"待之。谨慎的做法是：首先，可以对其变更定性，判断其不同的法律后果，积极选择应对策略；其次，当收到对方有附加条件的接受后，不管其附加条件是不是对原发盘的实质性修改，均明确地把自己的意思立即表示出来，这样即避免了争议，特别是当不能十分确定对方的修改是否为非实质性时，更不可以随意沉默。

专栏 9—14

案例：更改装运期属于实质性更改

我方 A 公司向美国旧金山 B 公司发盘某商品 100 公吨，每公吨 2 400 美元 CIF 旧金山，以不可撤销即期信用证支付，收到信用证后 2 个月内交货，限三日内答复。第二天收到 B 公司回电称“Accept your offer，shipment immediately”（接受你方发盘，立即装运），A 公司未予答复。又过了 2 天，B 公司通过旧金山银行开来即期信用证，注明“Shipment immediately”，当时该货国际市场价格上涨 20%，A 公司以合同并未达成为由拒绝交货，并立即将信用证退回，于是双方发生争议。

分析：在本案中，我方发盘，外商回电表示“接受”，但更改了发盘中的装运期。而装运期对所采用的 CIF 贸易术语来说也就是交货期，该变更因改变了交货时间而属于实质性变更，该接受构成了还盘，所以，合同不成立。

3. 迟到接受

在国际贸易中，由于各种原因，导致受盘人的接受通知有时晚于发盘人规定的有效期送达，这在法律上称为“迟到接受”。对于这种迟到接受，发盘人不受其约束，不具有法律效力。但也有例外的情况。《公约》第 21 条规定迟到接受在下列两种情况下仍具有效力：

（1）如果发盘人毫不迟延地用口头或书面形式将此种意思通知受盘人。

（2）如果载有迟到接受的信件或其他书面文件表明，它在传递正常的情况下是能够及时送达发盘人的，那么这项迟到接受仍具有接受的效力，除非发盘人毫不迟延地用口头或书面形式通知受盘人，认为该发盘已经失效。

第一款规定：在一定条件下，迟到的接受仍有效力，条件是由发盘人确认，并且毫不迟延地通知受盘人。通知的方式可以是口头的，也可以是书面的。而如果发盘人不及时通知，这项接受就失去了效力。这一规定的意义在于，它既保证了发盘人的正当权益（即他所承受的约束仍以发盘中所规定的有效期为限，过期不再受约束），同时，又照顾到贸易实务中许多难以预料的情况。为了促成交易，特别作出这项规定。

第二款规定：如果迟到的接受并非受盘人的过失，而是传递方面造成的失误。也就是说，受盘人已按期发出了接受，如果传递正常本可以及时送达发盘人，那么，这种迟到的接受仍具有效力。相反的情况是发盘人及时通知受盘人，他认为发盘已经失效。反过来说，如果发盘人没有及时表态，而受盘人又能证明迟到接受不属于他的责任，那么接受就有效。

总而言之，在迟到接受的情况下，不管受盘人有无责任，决定该接受是否有效的主动权在发盘人。

专栏 9—15

案例：出现迟到接受应给予答复

A 公司于 8 月 15 日向非洲某外商 B 发盘并限其 18 日前复到 A 方。B 于 16 日上午 10

时向当地邮局交发关于接受A方发盘的电报。但由于当地邮局工人罢工，该电报在传递途中延误到22日才送达A方。A公司认为B方答复逾期，未予置理，并将货物以较高价格售予非洲另一外商C。8月24日，B来电称："信用证已经开出，要求A方尽早出运货物。"A方立即复电B，声明接受到达过晚，双方并不存在合同关系。双方随即陷入争执。

分析：本案中，B商迟到接受，本来A方掌握该交易的主动权，但A方认为对方答复逾期而未予置理，就将主动权让给B方，由于不了解B方迟到接受是主观原因还是客观原因造成的，因而造成A方的被动。

第三节 国际货物买卖合同的成立

一、合同有效成立的条件

交易一方的发盘一经对方有效接受，合同即告成立。但合同是否具有法律效力，还要视其是否具备了一定条件，不具有法律效力的合同是不受法律保护的。概括起来，合同应具备下述条件才算有效成立。

（一）当事人必须在自愿和真实的基础上达成协议

"契约自由"是合同法的基本原则。合同成立必须是在双方当事人自愿基础上进行的。一方自愿发价，另一方明确表示愿意承诺，双方自愿表示达成协议的诚意，承诺履行合同的责任与义务。这种合同不是单方面的行为，而是一种在双方意思一致基础上产生的行为。这样的合同是合法的、受法律保护的。如果一方采取强制、威胁、暴力、诈骗手段，迫使对方就范，订立的合同在法律上是无效的。此外，当事人在合同订立前调查对方的履约能力等情况，能有效避免欺诈。目前，不法商人利用合同进行欺诈的情况屡有发生，在很大程度上是由于受欺诈方盲目轻信，仓促订立合同以致上当受骗。因此，在合同订立之前就采取预防措施，以防止产生合同纠纷，有利于合同当事人避免合同中的漏洞和降低受欺诈的可能性。

（二）当事人应具有法律行为的资格和能力

1. 自然人订立合同的资格和能力

各国法律对于哪些人具有订立合同的资格和能力，哪些人没有订立合同的资格和能力，都有具体的规定。我国《民法通则》把公民的民事行为能力分为三类：完全民事行为能力人、限制民事行为能力人以及无民事行为能力人。

2. 法人的行为能力

法人是依法成立的，拥有必要的组织机构和独立的财产，能以自己的名义享有民事权利和承担民事义务，能以自己的名义起诉、应诉的组织。公司是法人的一种，是最重要的商事主体。各国法律都规定，公司订立合同必须通过其授权的代理人，而且其活动范围不得超过公司章程的规定，否则，合同无效。

（三）合同必须以双方互惠、有偿为原则

国际货物买卖是互为有偿的交换，即在合同中一方享有的权利，以另一方负有的义务为基础，双方应互有权利与义务，卖方负有交付约定实物的义务，买方必须受领货物并支付价金。如果其中任何一方不按合同履行义务，都将负有赔偿的责任。

（四）合同的标的和内容必须合法

规定合同标的和内容合法性的目的在于维护正常的经济秩序和社会秩序。我国《合同法》明确规定，当事人订立、履行合同，应当遵守法律、行政法规，尊重社会公德，不得扰乱社会经济秩序，损害社会公共利益。凡是违反法律、违反善良风俗与公共秩序的合同一律无效。

（五）合同的形式必须符合法律规定的要求

合同的形式是指订立合同的当事人达成协议的表现形式。各国法律对合同成立的形式要求不同。《公约》对国际货物买卖合同的形式原则上不加限制，无论采用书面形式还是口头形式，均不影响合同的效力。我国《合同法》也有类似的规定。

专栏 9—16

案例：合同形式须符合法律规定

某省A进出口公司就进口食品机械设备交易与某外商M磋商。经往来多次传真友好磋商，已就买卖合同的基本条款初步达成协议，但在A方最后所发的表示接受的传真中写有“以签署确认书为准”的字样。之后，M商拟好合同书传真给A方，要A方确认，但由于A方认为某些条款需要修改，此时该设备的市场价格有下跌趋势，于是A方并未及时对M公司予以答复。后来，M商多次来电催促A方开立信用证，A方答复拒绝开证。试分析这一拒绝是否合理?

分析：在本案中，A公司在与M商磋商时，虽就买卖合同的基本条款初步达成协议，但A方在后来所发的表示接受的传真中写有“以签署确认书为准”的字样，等于对合同的订立提出了重要的保留意见，这就导致双方最终并未达成协议。因此，A有理由拒绝开立信用证。

二、书面合同的签订

买卖双方经过磋商，一方的发盘被另一方有效接受，交易即达成，合同即告成立。但在实际业务中，买卖双方达成协议后，通常还要制作书面合同将各自的权利和义务以书面形式加以明确，这就是所谓的签订合同。

（一）书面合同的意义

1. 作为合同成立的证据

在法律上，当双方当事人在交易（合同）的履行过程中发生争端或纠纷时，提供以书面形式签订的合同是证明双方存在合同关系的一种最有效、最简便的方法，也可作为仲裁员和法官进行仲裁和作出判断的一个有力的证据。因此，签订书面合同为将来争议的解决提供了一种法律依据。

2. 作为履行合同的依据

无论是口头还是书面达成的协议，如果没有一份包含各项条款的合同，则会给履行带来许多不便。所以，在业务中，双方都要求将各自应享受的权利和应承担的义务用文字规定下来，作为正确履行合同的依据。

3. 可作为合同生效的条件

在国际贸易实务中，有时合同的生效是以书面签订合同作为条件的。特别是在一方当事人要求签订确认书时，只有当签订确认书后，合同才告成立。否则在此之前，即使双方已对交易条件全部取得了满意的结果，也不存在法律上有效的合同。

（二）书面合同的类型

在国际上，书面合同的格式和名称不尽相同，形式很多，均无特定的限制。我国对外贸易业务主要采用的书面合同是正式合同和确认书两种。

1. 正式合同

正式合同（Contract）是带有“合同”字样的法律契约，包括销售合同和购货合同。合同的文字解释要清楚，经济责任要明确，并对双方要有约束性，签订手续要完备。

2. 确认书

确认书（Confirmation）较正式合同简单，是买卖双方在通过交易磋商，达成交易后，寄给双方加以确认的列明达成交易条件的书面证明。经买卖双方签署的确认书，是法律上有效的文件，对买卖双方具有相同的约束力。确认书包括销售确认书和购货确认书。

在进出口业务中，对大宗商品或成交金额比较大的交易，一般采用合同形式，对金额不大，批数较多的小土特产品和轻工业产品一般采用确认书形式。货物买卖合同或确认书一般由我方根据双方磋商的条件缮制正本一式两份，我方签字后寄交给对方，经对方查核签字后，留存一份，另一份寄还我方，双方各执一份，作为合同订立的证据和履行合同的依据。

（三）书面合同的内容

书面合同的内容一般由三部分组成。

1. 约首

约首是指合同的序言部分，包括合同的名称、订约双方当事人的名称和地址（要求写明全称）。除此之外，在合同序言部分常常写明双方订立合同的意愿和执行合同的保证。约首对双方均具约束力。因此，在规定该序言时，应慎重考虑。

2. 本文

本文是合同的主体部分，国际货物买卖合同都应具备一些基本条款（也可称为必要条款），这些条款体现了双方当事人的权利和义务。至于国际货物买卖合同的主要条款，前面已述，在此略去。

3. 约尾

约尾一般列明合同的份数、使用的文字及效力、订约的时间和地点及生效的时间。合同的订约地点往往涉及合同准据法的问题，因此要慎重对待。我国出口合同的订约地点一般都写在我国。有时，有的合同将“订约时间和地点”在约首订明。

三、电子商务合同

所谓电子商务合同，是指以电子数据交换（Electronic Data Interchange，EDI）、电子邮件（E-mail）等能够完全准确地反映双方当事人意思表示的电子信息的形式，通过计算机互联网订立商品或服务的交易合同。电子商务虽然与传统的交易有很大的区别，属于一种新的交易形式，但就其本质而言，电子商务合同约定双方权利义务的合同内容并无变化，变化的主要是载体形式和合同订立的方式。

（一）电子商务合同生效的要件

1. 合同主体的缔约能力

由于电子商务在互联网这一虚拟空间进行，所以各国对其中的交易主体采取了由权威认证机构发放身份证的方法，使合同主体合法，以确保交易安全。

2. 合同意思表示真实一致

电子商务要求当事人的意思表示真实一致，并能够确认交易的要约和承诺具有不可抵赖性，当事人在作出意思表示时能够真正、完全地了解合同的全部信息，没有欺诈、胁迫和误解。

3. 合同的合法性

合同标的必须合法，否则将导致合同无效。非法标的，如危害社会公德、扰乱社会经济秩序、损害社会公共利益等物品，不因交易以电子形式而合法。关于合同的形式问题，我国《合同法》已将数据电文纳入书面形式中。

（二）电子商务合同生效的时间和地点

合同自承诺生效时成立，这一合同成立的条件也适用于电子商务合同。在电子商务合同中，满足生效原则仍是适用的，我国《合同法》第 16 条规定：采用数据电文形式订立合同，收件人指定特定系统接收数据电文的，该数据电文进入该特定系统的时间，视为到达的时间；未指定特定系统的，该数据进入收件人的任何系统的首次时间，视为到达时间。至于合同生效的地点，目前国际上的立法已趋于一致，即除了当事人另有约定外，以承诺人的主营业地为合同的成立地点，无主营业地的以其经常居住地为准。

（三）电子签名与认证

在电子合同中，签名、盖章等形式可以证明当事人的身份，所以签章是合同生效的必要条件。由于电子商务合同不存在纸本形式，由当事人亲笔签名加盖印章则是不可能的。于是，电子商务技术专家设计了以电子数据密码表示的密钥作为“电子签章”（Electronic Signature），再配合认证机构（Certification Authority，CA）发送的电子证书对个人持有的私人密钥进行认证，实现了合同当事人的签字功能。《中华人民共和国电子签名法》第14条规定：“可靠的电子签名与手写签名或者盖章具有同等的法律效力。”

那么，什么是可靠的电子签名？根据《中华人民共和国电子签名法》第13条的规定，电子签名同时符合下列条件的，视为可靠的电子签名：

（1）电子签名制作数据用于电子签名时，属于电子签名人专有；

（2）签署时电子签名制作数据仅由电子签名人控制；

（3）签署后对电子签名的任何改动能够被发现；

（4）签署后对数据电文内容和形式的任何改动能够被发现。

此外，电子签名需要第三方认证的，由依法设立的电子认证服务提供者提供认证服务。目前，中国国际电子商务中心就提供此项服务。

专栏 9—17

国际货物买卖合同范例（中英文对照）

国际货物买卖合同

Sales Contract

编号（No.）：____________________

签约地（Signed at）：__________ 日期（Date）：__________

卖方（Seller）：____________________

地址（Address）：____________________

电话（Tel）：______ 传真（Fax）：______ 电子邮箱（E-mail）：______

买方（Buyer）：____________________

地址（Address）：____________________

电话（Tel）：______ 传真（Fax）：______ 电子邮箱（E-mail）：______

买卖双方经协商同意按下列条款成交：

（The undersigned Seller and Buyer have agreed to close the following transactions according to the terms and conditions set forth as below：）

1. 货物名称、规格和质量（Name，Specifications and Quality of Commodity）：______。

2. 数量（Quantity）：______。

3. 单价及价格条款（Unit Price and Terms of Delivery）：______。

除非另有规定，贸易术语均应依照国际商会制定的《国际贸易术语解释通则2020》办理。

（The trade terms shall be subject to International Rules for the Interpretation of Trade Terms 2020 provided by International Chamber of Commerce unless otherwise stipulated herein.）

4. 总价（Total Amount）：______。

5. 允许溢短装（More or Less）：__________%。

6. 装运期限（Time of Shipment）：收到可以转船及分批装运之信用证______天内装运。

（Within ________ days after receipt of L/C allowing transshipment and partial shipment.）

7. 付款条件（Terms of Payment）：买方须于______前将保兑的、不可撤销的、可转让的、可分割的即期付款信用证开到卖方，该信用证的有效期延至装运期后______天在中国到期，并必须注明允许分批装运和转船。

（By Confirmed，Irrevocable，Transferable and Divisible L/C to be available by sight draft to reach the Seller before ______ and to remain valid for negotiation in China until ______ after the Time of Shipment. The L/C must specify that transshipment and partial shipments are allowed.）

买方未在规定的时间内开出信用证，卖方有权发出通知取消本合同，或接受买方对本合同未执行的全部或部分，或对因此遭受的损失提出索赔。

（The Buyer shall establish the covering Letter of Credit before the above-stipulated time，failing which，the Seller shall have the right to rescind this Contract upon the arrival of the notice at Buyer or to accept whole of and part of this Contract non-fulfilled by the Buyer，or to lodge a claim for the direct losses sustained if any.）

8. 包装（Packing）：______。

9. 保险（Insurance）：按发票金额的________%投保________险，由______负责投保。

（Covering ______ Risks for ______% of Invoice value to be effected by the ______.）

10. 品质/数量异议（Quality/Quantity Discrepancy）：如买方提出索赔，凡属品质异议须于货到目的口岸之日起30天内提出，凡属数量异议须于货到目的口岸之日起15天内提出，对所装货物所提任何异议由保险公司、轮船公司、其他有关运输机构或邮递机构负责者，卖方不负任何责任。

（In case of quality discrepancy，claim should be filed by the Buyer within 30 days after the arrival of the goods at port of destination，while for quantity discrepancy，claim should be filed by the Buyer within 15 days after the arrival of the goods at port of destination. It is understood that the Seller shall not be liable for any discrepancy of the goods shipped due to causes for which the Insurance Company，Shipping Company，other Transportation Organization /or Post Office are liable.）

11. 发生不可抗力事件，致使本合约不能履行，部分或全部商品延误交货，卖方概不负责。本合同所指的不可抗力是指不可干预、不能避免且不能克服的客观情况。

(The Seller shall not be held responsible for failure or delay in delivery of the entire lot or a portion of the goods under this Sales Contract in consequence of any Force Majeure incidents which might occur. Force Majeure as referred to in this contract means unforeseeable, unavoidable and insurmountable objective conditions.)

12. 仲裁 (Arbitration)：凡因本合同引起的或与本合同有关的任何争议，均应提交中国国际经济贸易仲裁委员会，按照申请仲裁时该会现行有效的仲裁规则进行仲裁。仲裁裁决是终局的，对双方均有约束力。

(Any dispute arising from or in connection with this Contract shall be submitted to China International Economic and Trade Arbitration Commission for arbitration which shall be conducted in accordance with the Commission's arbitration rules in effect at the time of applying for arbitration. The arbitral award is final and binding upon both parties.)

13. 通知 (Notices)：所有通知用________文写成，并按照如下地址用传真/快件送达给各方。如果地址有变更，一方应在变更后________日内书面通知另一方。

(All notices shall be written in ________ and served to both parties by fax/courier according to the following addresses. If any changes of the addresses occur, one party shall inform the other party of the change of address within ________ days after the change.)

14. 本合同为中英文两种文本，两种文本具有同等效力。本合同一式________份。自双方签字（盖章）之日起生效。

(This Contract is executed in two counterparts each in Chinese and English, each of which shall be deemed equally authentic. This Contract is in ________ copies effective since being signed /sealed by both parties.)

The Seller: The Buyer:
卖方签字: 买方签字:

本章小结

国际商品市场调研包括市场环境和市场行情调研。企业进入国际市场的渠道多种多样，归纳起来主要有三种，即间接出口、直接出口和国外生产。为了更有效地做好交易前的准备工作，使对外洽商交易有所依据，一般都需事先制定经营方案，并通过相关渠道对交易客户进行必要的资信调查，以保证经营意图的贯彻和实施。中国企业到国外注册商标主要有两条途径：一是直接向所在国逐一申请商标注册，即逐一国家注册；二是办理商标国际注册。

交易磋商是指买卖双方通过一定程序就交易的各项条件进行洽商的全过程。交易磋商在形式上可分为口头和书面两种。交易的一般程序包括邀请发盘、发盘、还盘、接受和签订合同等环节，其中发盘和接受是交易成立的基本环节，也是合同成立的必要条件。

国际货物买卖合同成立应具备必要的条件。在我国对外贸易业务中，主要采用的书面合同是正式合同和确认书两种。电子商务与传统交易有很大的不同，属于一种新的交易形式。

本章关键术语

国际商品市场调研	直接出口	间接出口	国外生产
商品经营方案	商标国际注册	国际货物买卖合同	诚实信用原则
交易磋商	邀请发盘	发盘	还盘
接受	发盘的撤回和撤销	迟到接受	

本章思考题

1. 为什么要进行国际市场调研？国际市场调研包括哪些内容？
2. 企业进入国际市场有哪些主要渠道？试比较这些渠道的优缺点。
3. 试分析我国企业商标国外注册的途径。
4. 磋商交易中可能出现哪些环节？为什么发盘和接受是其中不可缺少的基本环节？
5. 何谓发盘与接受？构成发盘和接受应具备哪些条件？
6. 何谓迟到接受？迟到接受的法律后果如何？《公约》对迟到接受有何规定？
7. 国际货物买卖合同成立应具备哪些条件？

本章练习题

（一）不定项选择题

1. 根据《联合国国际货物销售合同公约》的规定，合同成立的时间是（　　）。

A. 接受生效的时间　　B. 交易双方签订书面合同时

C. 在合同获得国家批准时　　D. 当发盘送达受盘人时

2. 按照《联合国国际货物销售合同公约》的解释，发盘于（　　）生效。

A. 向特定的人发出时　　B. 合理时间内

C. 送达受盘人时　　D. 受盘人收到并确认时

3. 关于迟到接受，《公约》的规定是（　　）。

A. 迟到接受无效

B. 迟到接受是一个新的发盘

C. 迟到接受完全有效

D. 迟到接受是否有效，关键取决于发盘人

4. 关于接受生效的时间，各国法律有不同的规定，其中（　　）采用“投邮生效”的原则。

A. 英美法

B. 大陆法

C.《联合国国际货物销售合同公约》

D. 我国《合同法》

5. 构成一项有效的发盘，必须具备（　　）条件。

A. 发盘应向一个或一个以上特定的人提出

B. 必须表明发盘人在其发盘一旦被受盘人接受即受约束的意思

C. 必须规定发盘的有效期

D. 必须列明各种交易条件

E. 发盘内容必须十分确定

6. 根据《联合国国际货物销售合同公约》的规定，发盘内容必须十分明确，即发盘中应包括（　　）。

A. 表明货物的名称

B. 表明货物的交货时间、地点

C. 明示或默示地规定货物的数量或确定数量的方法

D. 明示或默示地规定货物的价格或确定价格的方法

E. 表明付款的时间和地点

（二）判断题

1. 交易磋商是签订买卖合同的必需阶段和法定程序。（　　）

2. 询盘与发盘一样是达成交易、合同成立的基本环节和必经的法律步骤，具有法律约束力。（　　）

3. 在订约建议中如果没有提到交货时间、地点和付款时间、地点，是不能构成一项有效的发盘的，也会妨碍合同的成立。（　　）

4. 根据《联合国国际货物销售合同公约》的规定，在发盘生效后但受盘人尚未表示接受之前，发盘人及时将撤销通告送达受盘人一般可将其发盘撤销。（　　）

5. 迟到接受是否有效完全取决于发盘人的态度。（　　）

6. 根据《联合国国际货物销售合同公约》的规定，一项有效的接受必须是同意发盘所提出的交易条件。（　　）

7. 在国际贸易中，订立合同只能以书面形式或口头形式表示，否则无效。（　　）

8. 受盘人如果在实质上变更了发盘条件，其法律后果是否定了原发盘，原发盘即告失效，原发盘人不再受其约束。（　　）

（三）案例分析题

1. 6月12日，我QD公司向瑞典KA公司发盘称，“可供一级红小豆1 000公吨，以毛作净，每公吨500美元CIF汉堡，采用适合海运性质的包装。订约后立即装船，在三日内复电有效。”KA公司接盘后，立即电复：“你电我方接受，用新麻袋包装，内加一层塑料袋。”我方收到复电后着手备货，数日后，一级红小豆的价格在国际市场上猛跌，KA公司来电称：“我方对包装条件做了变更，你方未确认合同并未成立。”而我公司坚持合同已成立。为此双方发生争执。试根据《公约》的有关规定对此案进行分析。

2. 某年7月27日，我国SB公司应丹麦AM商号的请求，报出某初级产品1 000公吨，每公吨310欧元CIF哥本哈根，即期装运的实盘。AM公司接收到我方报盘后，没作承诺，而是再三请求我方增加数量、降低价格并延长要约有效期。我方曾将数量增至1 500公吨，价格减至每公吨302欧元CIF哥本哈根，并两次延长了报价的有效期，最后延至8月30日。AM公司于8月26日来电接受该盘。我方公司在接到对方承诺电报时，发现南美洲主产国因受旱灾而影响到该产品的产量，国际市场价格暴涨，从而拒绝成交，并复电称：由于世界市场价格变化，货物在接到承诺电报前已售出。但 AM 公司不同意这一说法，认为接受是在发盘有效期内作出的，因而是有效的，坚持要求我方按发盘条件履行合同，并提出要么执行合同，要么赔偿对方差价损失 40 余万元人民币，否则将提起诉讼。请问：(1) 如果 A 商号对我国的这家公司提起诉讼，有无正当理由？(2) 双方的买卖合同是否成立？

第十章 进出口合同的履行

学习目标

通过对本章的学习，掌握买卖合同项下买卖双方的履行义务和进出口合同履行的基本程序，熟悉货物托运、报验、报关、投保的具体做法，理解信用证项下的各种单据的缮制和运用等知识点。

第一节 出口合同履行

出口合同的履行是指在货物交易中卖方按照合同的规定履行交货等一系列责任，直至其收回货款的整个过程。

我国的出口合同目前大多采用 CFR 或 CIF 贸易术语，又多以信用证方式收取货款。主要包括备货、催证、审证、改证、租船订舱、报验、报关、投保、装船和制单结汇等。其中，货（备货）、证（催证、审证、改证）、船（租船订舱）、款（制单结汇）四个环节最为重要。

一、备货与报验

（一）备货

备货就是卖方根据出口合同的规定，按时、按质、按量准备好应交付的货物，并做好报验工作，以保证按时出运，如约履行。

在备货过程中，要特别注意以下问题：

1. 备货时间

备货的时间一般应与信用证规定的装船时间及船期相衔接，严防脱节，防止因在仓库存放而多支付仓储费，或船舶等货造成滞期，或货物无法装上定期班轮而产生严重后果。

2. 货物本身

所备货物的数量、质量和规格、花色品种与合同的规定相符；既不要偏低，也不要偏高，更不能以次充好，要把诚信原则贯彻始终。此外，货物还应符合进口国法律法规所要求的品质标准。世界各国对许多商品都规定了严格的品质标准和技术标准，这些强制性要求，即使合同中未做规定，卖方也必须保证货物达到标准。

3. 货物包装

在备货时除了注意按要求的包装材料、包装方式包装之外，还要注意对包装尺寸的要求。另外，要认真刷制运输标志，贴放好必要的条形码。在刷制运输标志时，一定要注意清楚、醒目，涂料不易脱落，文字大小适当。

4. 货物所有权担保

根据《公约》第 41 条规定，"卖方所交付的货物，必须是第三方不能提出任何权利或要求的货物，除非买方同意在这种权利或要求的条件下，收取货物。"即任何第三者不能根据物权、工业产权或其他知识产权主张任何权利或要求。

（二）报验

出口货物备齐后，应根据国家商检法及信用证的有关规定，向商检部门申请报验。出口商品在报验时，一般应提供外贸合同、信用证原本的复印件或副本，必要时提供原本。凡属危险或法定检验范围内的商品，在申请品质、规格、数量、重量、安全以及卫生检验时，必须提交商检机构签发的出口商品包装性能检验合格单证，商检部门凭此受理上述报验手续。

二、催证、审证和改证

在采用信用证支付方式时，买方能否及时、正确地开出信用证就成为出口合同如期履行交货的关键，也是卖方及时收回货款的基本保证。出口商为了维护自己的权益，必须做好对信用证的掌握、管理和使用，包括催证、审证和改证。

（一）催证

在出口合同中，买方应严格按照合同的规定按时开立信用证，这是卖方履约的前提。但在实际业务中，有时国外进口商在市场发生变化或资金发生短缺的情况下，往往会拖延开证。对此，我们应催促对方迅速办理开证手续。必要时，也可请我驻外机构或有关银行协助代为催证。

（二）审证

信用证是依据合同开立的，信用证的内容应该与合同条款是一致的。但在实践中，由于种种因素，如工作的疏忽、电文传递的错误、贸易习惯的不同、市场行情的变化等，往往会出现开立的信用证条款与合同规定不符。为确保收汇安全和合同顺利执行，我们应该依据合同进行认真的核对与审查。

在实际业务中，通常是由银行和贸易企业共同承担审证任务。其中，银行着重审核开证行的政治背景、资信能力、付款责任和索汇路线等方面的内容，贸易企业则着重审核信用证内容与买卖合同是否一致。具体来说，审证的项目主要集中在对信用证真伪的审查，对开证行的审查，对信用证性质、种类及开证行责任的审查，对开证人、受益人的审查，对信用证内容表述的审查，对信用证货币和金额的审查，对信用证要求的单据的审查，对装运期、有效期、到达地点的审查等。

专栏 10—1

严格审证，避免信用证欺诈

我国某外贸公司在某年 8 月通过中国银行某分行收到一份以英国 GKM 银行伯明翰分行名义开立的跟单信用证，金额为 125 万美元，通知行为加拿大 AC 银行。银行和公司在审核时，审证员分别发现几点可疑之处：(1) 信用证的格式陈旧，信封无寄件人地址，且邮戳模糊不清，无法辨认从何地寄出；(2) 该证没有加押证实，仅在来证上注明“本证将由 TBS 银行来电证实”；(3) 信用证的签名为印刷体，而非手签，且无法核对；(4) 来证要求受益人发货后，速将一套副本单据随同一份正本提单用 DHL 邮寄给申请人；(5) 该证装效期在同一天，且离开证日不足五天；(6) 信用证申请人在英国而收货人却在加拿大。我分行和外贸公司经过研究，决定调查。我分行业务人员一方面告诫公司“此证密押未符，请暂缓出运”，另一方面，抓紧时间向总行有关部门查询，回答：“查无此行。”稍后，却收到署名“巴西 TBS 银行”的确认电，但该电文没有加押证实。于是，我银行又设法与 TBS 银行驻香港代表处联系，请示协助调查，最后得到答复：“该行从未发出确认电，且与开证行无任何往来。”至此，终于证实这是一起盗用第三家银行密押的诈骗案。

分析：从本案例不难看出，这是一起以伪造信用证诈骗为目的，境外不法分子精心策划的骗汇案件。由于我银行和公司警惕性高，合理、审慎地审核信用证，并果断地采取各种防范措施，从而避免了一起巨额信用证诈骗案。

(三) 改证

在审证过程中如发现信用证内容与合同规定不符，应区别问题的性质，分别与有关部门研究，作出妥善的处理。一般来说，如发现卖方不能接受的条款，应及时提请开证人修改，在同一信用证上如有多处需要修改的，应当一次提出。对信用证中可改可不改的，或经过适当努力可以办到而并不造成损失的，则可酌情处理。对通知行转来的修改通知书内容，如经审核不能接受时，应及时表示拒绝。根据《跟单信用证统一惯例》国际商会第 600 号出版物第 10 条 e 款的规定，不允许部分接受修改，部分接受修改将被视为拒绝接受修改的通知。也就是说，如一份信用证修改通知书中包括多项内容，受益人只能全部接受或全部拒绝，不能只接受其中一部分，而拒绝另一部分。

专栏 10—2

修改信用证小常识

信用证金额一般同时用大写和小写两种方式来表达，某些信用证中小写金额的写法可能与国内习惯写法不同，信用证中小写金额的小数点与数字间的分隔符号正好与我们的习惯相反，比如，我们的小写为“58 193.46”，但有些信用证的小写写法则变为“58.193 46”。在实际工作中，尽管这种情况时有发生，但很少产生金额方面的争执。因此，只要大写金额正确、清楚，即使小写金额写法不同，也是可以接受的，不必要求进口方修改信用证。

此外，信用证上难免会出现一些字母、单词的拼写错误。有些有拼写错误的信用证是不用修改的，如这些拼写错误有下列特点：① 出现在无关紧要的位置；② 不会影响信用证各有关当事人对重要信息的正确理解；③ 信用证各当事人不会因为拼写错误而对信用证内容作出各自不同的解释。在制作单据时，可以对信用证的拼写错误做一点技术处理，或者不理会拼写错误，按信用证原文照搬制作单据。

三、货运、报关和投保

（一）办理货物托运

办理货物托运是卖方履行合同，按照规定向买方交付货物以及顺利收回货款的重要环节。出口商在办理货物托运时要注意以下几个方面：

1. 妥善选择货运代理公司

随着技术的进步，货主越来越少地与运输工具承运人联系业务，而是由专业化较强的货运服务机构为其提供“门到门”的运输一体化的中介服务。选择良好的货运代理公司不仅涉及货物的安全运送，也涉及贸易关系的长期合作。

2. 托运订舱

托运人编制出口托运单后，即可向货运代理办理委托订舱手续。货运代理根据货主的具体要求按航线分类整理后，及时向船公司或其代理订舱。货主也可直接向船公司或其代理订舱。当船公司或其代理签出装货单后，即完成订舱工作。

3. 装船

在装船前，理货员代表船方按照积载图和舱单分批接货装船。在装船过程中，托运人委托的货运代理应有人在现场监装，随时掌握装船进度并处理临时发生的问题。装货完毕，理货员要与船方大副共同签署收货单，交与托运人。

4. 取得海运提单

装船完毕，托运人除向收货人发出装船通知外，即可凭收货单向船公司或其代理换取已装船提单，这时运输工作即告一段落。

（二）报关

出口报关是指凡我国出口的商品，都应该按照我国海关法的规定，向海关申报，经查验后放行，才能出境。这是我国海关对出口商品依法进行的监管。海关查验货物，一般应在海关规定的时间和监管场所进行。

（1）关于申报时限和申报地点。出口货物在出境时，发货人应在装货的 24 小时以前向海关申报。根据规定，出口货物应由发货人在货物的出境地海关申报。

（2）关于报关应具备的单证。出口货物报关时应填写一式两份《出口货物报关单》并随附出口许可证、发票、装箱单等货运单证。海关在接受报关后，须对各项单证予以签收和审核。

（三）投保

CIF 出口合同，卖方必须办理货物保险。我国出口货物的投保，一般采取逐笔投保方式，即每发生一笔国际货运业务，出口方即向保险公司办理一次投保手续。投保时，出口方首先向保险公司索取空白投保单，按合同或信用证的规定，如实填写货运投保单内容，列明投保人（被保险人）的名称、被保险的货物名称、数量、包装及标志、保险金额、起讫地点、运输工具名称、起讫日期、投保险别等，送交保险公司投保。保险公司根据投保人（被保险人）的投保申请，考虑接受承保，签发保险单。

专栏 10—3

出口货物投保要符合合同或信用证的规定

某年我国某出口公司与南亚某国成交某商品一批，以 CFR 价成交。国外开来信用证，虽列明 CFR，但要求我公司提供保险单且投水渍险（WPA）。我公司为避免改证，同意代办保险，但按照习惯投保了一切险加战争险。在国内某银行议付时，议付行发现险别不符，但我公司认为一切险的承保责任范围大于水渍险，对买方有利，可不必改证。但国外开证行收到单据后，表示拒付。

分析：按照信用证“严格符合”的原则，银行有权拒收没有严格符合信用证条款的单据。如本案信用证上注明的险别和实际投保的险别不一致，银行可拒付。此外，本案也反映了我公司对投保险别在习惯做法上千篇一律的缺欠，投保的险别涉及价格，因不同险别的保险费差别较大，外商坚持投保水渍险就是为了减少保险费的支出。

四、制单结汇

制单结汇是指出口货物装运后，有关公司、企业按照合同或信用证的规定，正确缮制各种单据，持单向当地银行结汇，即出口商通过银行收取货款。

在这里，需要特别强调的是，提高单证质量对保证安全迅速收汇有着十分重要的意义，特别是在信用证付款条件下，实行的是单据和货款对流的原则，单证不相符，单单不一致，银行和进口商就可能拒收单据和拒付货款，因此，缮制结汇单据时，要求做到以下几点：

（一）正确

单据内容必须正确，既要符合信用证的要求，又要能真实反映货物的实际情况，且各单据的内容不能相互矛盾。

（二）完整

单据份数应符合信用证的规定，不能短少。单据本身的内容应当完备，不能出现项目短缺情况。

（三）及时

制单应及时，以免错过交单日期或信用证有效期。

（四）简明

单据内容应按信用证要求和国际惯例填写，力求简明，切勿加列不必要的内容。

（五）整洁

单据的布局要美观大方，缮写或打印的字迹要清楚醒目，不宜轻易更改，尤其对金额、件数和重量等，更不宜改动。

五、出口货物退（免）税

根据我国现行的对外经济贸易政策，我国出口企业在办理货物装运出口以及制单结汇后，应及时办理出口退（免）税。

（一）出口货物退（免）税的含义

出口货物退（免）税是指：在国际贸易中，对报关出口的货物退还在国内各生产环节和流转环节按税法规定已缴纳的增值税和消费税，或免征应缴纳的增值税和消费税。它是国际贸易中通常采用并为世界各国普遍接受的、目的在于鼓励各国出口货物公平竞争的一种税收措施，从而使本国产品以不含税成本进入国际市场，增强竞争能力。

（二）出口货物退（免）税的企业范围

根据我国国家税务总局 2016 年 9 月 1 日开始实施的《出口退（免）税企业分类管理办法》的有关规定，“出口退（免）税企业”，指适用出口退（免）税政策的企业和其他单位，以及适用增值税零税率政策的应税服务提供者。按照出口企业适用的出口退（免）税办法和经营业态，分为生产企业、外贸企业、外贸综合服务企业。

（三）出口货物退（免）税的货物范围

在我国享受出口退（免）税的货物以海关报关出口的增值税、消费税应税货物为主要对象，对一些非海关报关出口的特定货物也实行退（免）税。

1. 一般退（免）税货物

对出口的凡属于已征或应征增值税、消费税的货物，除国家明确规定不予退（免）税的货物和出口企业从小规模纳税人购进并持普通发票的部分货物外，都属于出口货物退（免）税的货物范围。

2. 特准退（免）税货物

目前主要有：对外承包工程公司运出境外用于对外承包项目的货物；对外承接修理修配业务的企业用于对外修理修配的货物；企业在国内采购并运往境外作为在国外投资的货物；对境外带料加工装配业务使用的出境设备、原材料和散件；保税区内企业从区外有进出口经营权的企业购进的货物，保税区内企业将这部分货物出口或加工后再出口的货物；销往出口加工区的货物；出口的旧设备等。

3. 出口免税货物的范围

出口免税货物是指按税法规定实行免税不退税办法的出口货物。主要有来料加工复出口货物、小规模纳税人出口货物等。

另外，我国也规定了不予退（免）税的货物，目前主要有：原油、木材、纸浆、山羊绒、稀土金属矿等货物。

（四）出口货物退（免）税应具备的条件

根据我国有关规定，出口产品只有在同时具备下列条件的情况下国家才予以退（免）税：一是必须是增值税、消费税征税范围的货物；二是必须是报关离境的货物；三是必须是财务上做销售处理的货物；四是必须是出口收汇并已核销的货物。此外，若为生产企业出口或代理出口，享受退（免）税政策的货物还必须是自产货物或视同自产货物的外购货物。

专栏 10—4

出口退税的具体计算方法

1. 计税依据。出口退税的计税依据，指按照出口货物适用退税率计算应退税额的计税金额或计税数量。一般来说，按照当期出口货物 FOB 价乘以外汇人民币牌价计算应退税额。如果企业以 CIF 价格对外出口成交，在货物离境后，应以扣除由出口企业负担的国外运费、保险费、佣金和财务费用后的价格作为出口退税的计税依据；如以 CFR 价成交，应以扣除运费后的价格作为出口退税的计税依据。

2. 退税率。出口退税的退税率，是指根据出口货物退税计税依据计算应退税款的比例，包括增值税退税率、消费税退税率和单位产品退税额。

3. 计算方法。一般来说，出口货物应退税额等于计税依据乘以退税率。但对进料加工复出口货物，由于进口料件给予了免税，因此应计算抵减部分退税额。

第二节　进口合同履行

进口合同履行是指买方按照合同和法律的规定办理接货、付款、复验、报关纳税等一系列事宜的过程。我国的进口业务多以 FOB 价格条件成交，信用证支付。按照这些条件成交的进口合同，履行程序一般包括：开立信用证、租船订舱、通知船期和催装、装运、办理保险、审单付款、接货报关、检验、索赔等。

一、信用证的开立与修改

买方开立信用证是履行合同的前提条件，因此，签订进口合同后，应按合同规定办理开证手续。如合同规定，在收到卖方货物备妥通知或在卖方确定装运期后开证，买方应在接到上述通知后及时开证。买方向银行办理开证手续时，必须按合同内容填写开证申请书。开证申请书（Documentary Credit Application）是申请人与开证行之间的书面契约，也是申请人对开证行的委托，是开证行开立信用证的依据。进口商填写好开证申请书后，连同进口合同一并交给银行，申请开立信用证，同时，向开证银行交付一定比率的押金。而银行则按开证申请书内容开立信用证。

信用证内容是以合同为依据开立的，它与合同内容应当一致，但各种原因可能导致信用证内容与合同内容不一致。因此，当卖方收到信用证后，如提出修改信用证的请求，经买方同意后，即可向银行办理改证手续。最常见的修改内容包括延展装运期和信用证有效期、变更装运港口等。

专栏 10—5

买方修改信用证后，卖方应如何处理？

A 公司与 B 公司订立了一份国际货物销售合同，由 A 公司向 B 公司销售一批计算机显示屏，双方约定以信用证方式付款。合同订立后，B 公司依约申请银行开出即期不可撤销信用证。A 公司收到信用证后，便开始准备货源、安排装运及制作单据。此时，因国内用户要求 B 公司提供原产地证明，B 公司便向开证行提出修改信用证的申请，要求在信用证的单据栏增加原产地证明书这一单据。银行接受 B 公司的申请，修改了信用证，并通知 A 公司信用证修改事宜，A 公司接到通知后未作出接受或拒绝修改的通知，并仍按原信用证的规定向银行提交了单据。银行审单后，认为单证相符，便向 A 公司支付了信用证项下的货款。此后，B 公司以单据中缺少原产地证明书单证不符为由，拒绝向银行付款赎单。

分析：本案涉及信用证的修改问题。A 公司在收到有关信用证修改的通知后，并未发出接受或拒绝修改的通知，而且在交单时向银行提交了符合原信用证规定的单据，受益人以其行为作出拒绝信用证修改的表示，原信用证的条款对受益人仍然有效，信用证的修改因未获得受益人的同意而无效。因此，银行接受A公司提交的符合原信用证规定的单据并支付款项的行为是正确的。

二、派船接运货物与投保

(一) 派船接货

按FOB条件签订进口合同时，应由买方安排船舶，如买方自己没有船舶，则应负责租船订舱或委托租船代理办理租船订舱手续。当办妥租船订舱手续后，应及时将船名及船期通知卖方，以便卖方备货装船，避免出现船等货的情况。

买方备妥船后，还应做好催装工作，随时掌握卖方备货情况和船舶动态，催促卖方做好装船准备工作。对于数量大或重要的进口货物，必要时可请我驻外机构就地协助了解和督促对方履约。国外装船后，卖方应及时向买方发出装船通知，以便买方及时办理保险和接货等项工作。此外，根据合同规定或习惯做法，出口商在交货前一定时间内将预计装运日期通知进口商，进口商接到该通知后应及时办理租船订舱，以做到船货衔接，避免出现“有船无货”的情况。

(二) 办理货运保险

在FOB或CFR交货条件下的进口合同，保险由买方办理。买方可以与保险公司签订预约保险合同，对各种货物应保的险别先作出具体的规定。按照预约保险合同的规定，所有按FOB及CFR条件进口货物的保险，都由保险公司承保。因此，买方在收到国外装运通知后，应及时将船名、提单号、开航日期、装运港、目的港以及货物的名称和数量等内容通知保险公司，即办妥投保手续。保险公司即按预约保险合同的规定对货物负自动承保的责任。此外，进口商也可以采用逐笔投保方式，即在接到国外出口商发来的装船通知后，直接向保险公司提出投保申请，填写“起运通知书”，并送交保险公司。保险公司出具保险单，保险单随即生效。

三、审单与付汇

银行收到国外寄来的汇票及单据后，对照信用证的规定，核对单据的份数和内容。如内容无误，即由银行向国外付款；同时，贸易企业用人民币按照国家规定的有关折算牌价向银行买汇赎单。如审核国外单据时发现证、单不符，应作出适当处理。处理办法有很多，例如，停止对外付款；相符部分付款，不符部分拒付；货到检验合格后再付款；凭卖方或议付行出具担保付款；要求国外改证；在付款的同时，提出保留索赔权等。

目前，在国际贸易结算领域，《跟单信用证统一惯例》已被大多数国家与地区接受和使用，并成为各国银行处理结算业务必须遵循的基本准则。在实际业务中，审单付款的情况比较复杂。银行、进口企业对审单应高度重视，尽量避免错付或被诈骗，给企业造成重大损失。因此，有关当事人要按照《跟单信用证统一惯例》的要求，合理谨慎地审核信用证要求的所有单据，以确定其表面上是否与信用证条款相符。当信用证的规定与《跟单信用证统一惯例》有抵触时，则应遵循信用证优于《跟单信用证统一惯例》的原则，按照信用证的要求审核单据。

专栏 10—6

在进口贸易中应重视交易客户的资信

我国北方某化工进出口公司和美国尼克公司以CFR青岛条件订立了进口化肥5 000公吨的合同，根据合同规定我方公司开出以美国尼克公司为受益人的不可撤销的跟单信用证，总金额为280万美元。双方约定，如发生争议则提交中国国际经济贸易仲裁委员会上海分会仲裁。5月货物装船后，美国尼克公司持包括提单在内的全套单据在银行议付了货款。货到青岛后，我方公司发现化肥有严重质量问题，立即请当地商检机构进行检验，证实该批化肥是没有太大实用价值的饲料。于是，我方公司持商检证明要求银行追回已付款项，否则将拒绝向银行支付货款。根据上述情况，试问：银行是否应追回已付货款？我方公司是否有权拒绝向银行付款？我方公司应采取什么补救措施？

分析：在信用证方式下，实行的是凭单付款的原则。《跟单信用证统一惯例》规定，在信用证业务中，各有关方面处理的是单据，而不是与单据有关的货物、服务及/或其他业务。所以，信用证业务是一种纯粹的单据业务。在本案例中，银行不应追回已付货款。在信用证合同项下，银行的义务是审查受益人提供的单据与信用证规定是否一致，如单证一致，银行即应无条件付款；北方某化工进出口公司无权拒绝向银行付款，它须受开证申请书的约束，在“单单一致”“单证一致”的情况下，必须履行付款赎单的义务；北方某化工进出口公司应根据买卖合同要求美国某公司承担违约责任。

四、进口付汇核销

我国目前对进口货物的付汇实行管理。根据规定，境内机构的进口付汇，应按照国家《贸易进口付汇核销监管暂行办法》的规定办理核销手续。凡是进口企业以通过银行购汇或从现汇账户支付的方式，向境外支付有关进口商品的货款、预付款、尾款等皆为进口付汇，应当按照规定办理付汇核销手续。

进口企业办理付汇和付汇核销的手续是合并进行的。企业要建立必要的核查制度，以避免付汇和核销工作中的差错；同时，还应完善单证的留存保管工作。

五、报关、验收和拨交

进口货物到货后，由贸易企业或委托运输公司根据进口单据填具《进口货物报关单》向海关申请，并随附发票、提单及保险单。如属于法定检验的进口商品，还须随附商品检验证书。货证经海关查验无误才能放行。

专栏 10—7

我国关于进口货物申报的规定

(1) 申报时间。进口货物的收货人应当自运输工具申报进境之日起 14 日内，向海关申报。超过规定期限到海关申报的，由海关从第 15 天起按日征收滞报金。计算滞报金按日征收，日征收额为进口货物到岸价格的 0.05%，滞报金的起征点为 10 元，滞报金以元计收，不足人民币 1 元的部分免收。其计算公式为：进口货物完税价格×0.05%×滞报天数。如果自运输工具申报进境之日起超过三个月未向海关申报，其进口货物将由海关提取变卖。变卖后所得价款扣除运输、装卸、储存等费用和税款后，尚有余款的，自货物变卖之日起一年内经收货人申请，予以发还；逾期无人申请的，上缴国库。

(2) 申报地点。根据规定，进口货物应当由收货人在货物的进境地海关办理海关手续。

(3) 申报应备文件。进口货物申报时，应填写一式两份《进口货物报关单》，并随附以下单证：许可证、提单、发票、装箱单、减免税或免验的证明文件。

进口货物运达港口卸货时，港务局要进行卸货核对。如发现短缺，应及时填制《短卸报告》交由船方签认，并根据短缺情况向船方提出保留索赔权的书面声明。卸货时如发现残损，货物应存放于海关指定仓库，待保险公司会同商检部门检验后作出处理。值得注意的是，根据规定，凡列入《商检机构实施检验的进出口商品种类表》的进出口商品和其他法律、法规规定须经检验的进出口商品，必须经过海关部门或其指定的检验机构检验。进口商品应检验而未检验的，不准销售、使用。

在办完上述手续后，买方可自行或通过货运代理提取货物自用或拨交给订货部门，货运代理通知订货部门在目的地办理收货手续，同时，通知贸易企业代理手续已办理完毕。

六、进口索赔

进口商品常因品质、数量、包装等不符合合同的规定，而需向有关方面提出索赔。根据造成损失原因的不同，进口索赔的对象主要有三个：向卖方索赔，向转船公司索赔，向保险公司索赔。

在进口业务中，办理对外索赔时，一般应注意以下事项：

1. 索赔证据

对外提出索赔需要提供证件，首先，应制备索赔清单，随附商检部门签发的检验证书、发票、装箱单、提单副本；其次，对不同的索赔对象还要另付有关证件。

2. 索赔金额

除受损商品的价值外，有关费用也可提出索赔。如商品检验费、装卸费、银行手续费、仓租、利息等，都可包括在索赔金额内。至于包括哪几项，应根据具体情况确定。

3. 索赔期限

值得注意的是，进口索赔必须在一定时限内提出，方可有效；如果提出索赔要求时已超过了索赔时限，则索赔方自动放弃要求索赔的权利。

（1）向卖方索赔的时效。根据《联合国国际货物销售合同公约》的规定，买方必须在发现或理应发现不符情况后一段合理时间内通知卖方，否则就丧失索赔的权利；但无论如何，最长的索赔时效为买方收到货物之日起不超过2年。

（2）向船公司索赔的时效。根据《海牙规则》的规定，托运人或收货人在收取货物时，如果发现货物灭失或损坏，应在提货日起3天内，向运输公司提出索赔的书面通知。如果在提货时，双方已对货物进行了联合检验，托运人或收货人就无须再发出上述索赔通知，有关索赔依据可事后补送。如果货主的索赔未被受理，则诉讼时效为货物交付之日起1年之内。

（3）向保险公司索赔的时效。按照中国人民财产保险公司关于海洋货物运输保险条款的有关规定，被保险人发现保险货物受损后，应立即通知当地的理赔、检验代理人进行检验。中国人民财产保险公司规定的索赔时效为2年，即从被保险货物在最后卸载港全部卸离海轮后起算，最多不超过2年。

4. 关于卖方的理赔责任

进口货物发生了损失，除了属于轮船公司及保险公司的赔偿责任外，如属于卖方必须直接承担的责任，应直接向卖方要求赔偿，防止卖方制造借口推卸理赔责任。

第三节　进出口单证实务

在国际贸易交易中，通过银行收取货款一般都是凭单据结算。卖方交付单据，即意味着交货；买方赎单，则表示买货。因此，单据制作不仅是进出口业务的一项工作，也是收取货款必不可少的一个环节。以信用证项下的交易为例，通常需要缮制的单据主要有：汇票、发票、装箱单、保险单等。

一、发票

在进出口业务中，经常会碰到要求提供各种不同类型的发票，这些发票包括商业发票、海关发票、形式发票、领事发票、厂商发票等，其性质和作用有所不同，现分别介绍。

1. 商业发票

商业发票（Commercial Invoice），又称发货单，是出口商提供给进口商的收货清单。在国际贸易中，发票虽然没有统一的格式，但发票内容通常包括三个部分：一是首文，包括发票自身的名称、编号、出票日、出票地、出票所依据的文件编号，如信用证号、合同号等，以及启运港、目的港等装运条款；二是本文，主要说明货物的基本情况，例如货物名称、数量、规格、价值、唛头等项内容；三是结文，包括发货的依据，信用证要求受益人出具的各种证明、声明或说明等文句以及援引的一些业务编号，出票人签章等。

发票是出口商结汇所需的单据之一，是进口商凭以收货、付款以及报关纳税的依据。缮制其他单证一般也以发票为依据。所以，一定要准确无误、高质量地缮制好发票。

根据UCP 600的规定，制作发票时应注意以下问题：

（1）在信用证支付方式下，发票要在表面上看来系由受益人出具，对收货人的填写须做成以申请人的名称为抬头，且必须将发票币别做成与信用证相同的币种，但无须签字。

(2) 发票日期一般不得迟于汇票日期和提单日期，因为其他单据的签发一般都根据签发的发票制作。虽然有时由于货物装运的数量时有变化，只有先缮制好提单后才能缮制发票，但发票出具日期也应与提单日期相同。

(3) 对货物的名称、规格、数量、单价、包装等项内容的填制，必须与来证所列各项要求完全相符，不能有任何遗漏或改动。如来证内没有规定详细品质或规格，可按合同加注一些说明，但不能与来证的内容有抵触。

(4) 发票的总值不能超过信用证规定的最高金额。按照银行惯例，开证行可以拒绝接受超过信用证许可金额的商业发票。但如在信用证内规定“×附加费”等费用由买方负担，并允许凭本信用证支取的条款，可在发票上将各项有关费用加在总值内，一并向开证银行收款。

此外，有时信用证根据业务需要和进口国法律制度及有关规定的特殊要求，规定发票应加注某些细节，凡受益人已经接受的内容，都应按实际情况准确加注在发票内货物描述栏下（见表 10—1）。

表 10—1 商业发票示例

中国地质工程公司

CHINA GEO-ENGINEERING CORPORATION

45B，XIWUDAOKOU，HAIDIAN
DISTRICT，BEIJING，100080
TEL：86-10-62647387
FAX：86-10-62575099

商业发票

COMMERCIAL INVOICE

No： ____________

Date： ____________________
Accountee： ____________________________
Shipped Per Steamer： ________________
From ______________ **To** ______________
B/L No. ________________________
Contract No. ____________________
Shipping Mark & Nos. ________________

Description of Goods	Quantity	Unit Price	Amount

TOTAL：

CHINA GEO-ENGINEERING CORPORATION

(Signature)

2. 海关发票

海关发票（Customs Invoice）是非洲、美洲和大洋洲等国家的海关制定的一种固定格式的发票，要求卖方填制，并提供给进口国海关方便掌握该商品在出口国市场的价格情况，以便确定该商品是否对进口国低价倾销。它的作用是供进口商凭以向海关办理进口报关、纳税等手续，进口国海关根据海关发票确定进口税款。海关发票的主要内容包括商品的价值和产地。在填制海关发票时应注意：按格式逐栏正确填制，发票上填写的 FOB 价值应略高于国内市场价，如果以 CIF 或 CFR 成交，要正确计算出运费或保险费，再求出 FOB 净值；此外，原产地国别应填本国，如果不是纯粹的本国产品，应在商品栏内逐一列明各项商品的产地国名。

此外，海关发票与商业发票相应的同一项目内容必须完全一致。海关发票要求签字（Signature）处，不能盖章。有涂改之处也不能盖校对章，只能简签。“Witness”栏是证明人签字，应由第三者签字证明，不能与“Signature”处的签字人是同一人。证明人签字不能在其他单据中出现。

3. 形式发票

形式发票（Proforma Invoice）是卖方应买方的要求开立的一种非正式发票，主要供进口商申请进口许可证或申请外汇时使用。形式发票与商业发票关系密切，如信用证附有形式发票，那么形式发票就构成信用证的组成部分，制单时要打上形式发票的全部内容。

4. 领事发票

领事发票（Consular Invoice）是进口国领事馆制定的一种固定格式的发票，出口人填写后由领事签章证实，供进口商凭以代替产地证明书向海关办理报关、纳税等手续。

5. 厂商发票

厂商发票（Manufacturer's Invoice）是由出口货物的制造厂商所出具的、以本国货币计算价格、用来证明出口国国内市场的出厂价格的发票，其作用是供进口国海关作为纳税的依据，目的是检查是否有倾销行为，以便确定是否应征收反倾销税。在制作厂商发票时要注意，在单据上部要有醒目的“厂商发票”粗体字样，且出票日期应早于商业发票日期。

二、汇票

汇票的作用和内容已在前面作了介绍，这里仅说明缮制汇票时应注意的问题：

1. 付款人

采用信用证支付方式时，汇票的付款人应按信用证的规定填写，如来证没有具体规定付款人名称，可理解为付款人是开证行。采用托收的支付方式时，汇票的付款人应填写国外进口商。

2. 收款人

无论是采用托收方式还是信用证方式，除个别来证另有规定外，汇票的收款人均应填写托收行或议付行。

3. 开具汇票的依据

开具汇票的依据也是汇票上的出票条款。如果属于信用证方式，可在汇票上注明开证行名称、地点、信用证号码及开证日期。如果属于托收方式，汇票上可注明有关合同号码等。

三、提单

提单是各项单据中最重要的单据，它的缮制一般是根据托运单由承运人或其代理人填写正面内容，并根据大副收据加写批注（或转注）。

根据 UCP 600 的规定，填制提单时，要特别注意以下问题：

1. 提单的种类

国外来证均要求提供“清洁、已装船”提单。如来证未规定可否转船，按照银行惯例，银行可以接受转船提单或联运提单。

2. 装船日期栏一定要填写真实日期

根据惯例，提单的出具日期将被视为装运日期，除非提单包含注明装运日期的装船批注，在这种情况下，装船批注中显示的日期将被视为装运日期。

3. 提单的运费项目

如 CIF 或 CFR 条件，在提单上应注明“运费已付”（Freight Prepaid）；如成交价格为 FOB 条件，在提单上则应注明“运费到付”（Freight to Collect）。除信用证另有规定外，提单上不必列出运费的具体金额。

4. 提单的签发份数

根据惯例，银行接受全套正本仅有一份的正本提单，或一份以上正本提单；但如果出具了多份正本，应是提单中显示的全套正本份数。

5. 提单的收货人

提单的收货人习惯上称为抬头人，在信用证支付方式下，大多数提单都作成“凭指定”抬头或者“凭交货人指定”抬头。这种提单必须经发货人背书才可流通转让。

6. 提单的签署人

根据规则，在提单上，（1）必须显示承运人名称并由下列人员签署：承运人或承运人的具名代理或代表（the carrier or a named agent for or on behalf of the carrier），船长或船长的具名代理或代表（the master or a named agent for or on behalf of the master）；倘若是租船合约提单（Charter Party Bill of Lading），则船长或船长的具名代理或代表（the master or a named agent for or on behalf of the master）、船东或船东的具名代理或代表（the owner or a named agent for or on behalf of the owner）、租船人或租船人的具名代理或代表（the charterer or a named agent for or on behalf of the charterer）均可作为提单的签署人。（2）代理的签字必须显示其是否作为承运人或船长的代理或代表签署提单。（3）承运人、船长或代理的任何签字必须分别表明其承运人、船长或代理的身份。

专栏 10—8

应慎重填写海运提单上的托运人名称

某年 3 月，我国出口商 A 与国外进口商 C 订立了出口 2 000 公吨货物的贸易合同，其贸易条件为FOB，议付信用证付款。4月5日，A收到C申请开证银行开来的信用证。该信用证中要求海运提单的“托运人”一栏内填写进口商C公司的名称。4月15日，货物装船后，外代公司签发了已装船的清洁提单，并在提单“托运人”栏内填写了C的名称，“收货人”一栏填写“to order”。A取得提单后，在该提单上背书向银行办理结汇，但银行以提单的第一背书人与“托运人”栏内的记载不符为由拒绝接受该提单，不予结汇。因此，A无法获得货款。

分析：在国际贸易中，承运人在收到货物签发提单后，将其交付给出口商以便结汇，当提单为指示提单时，该提单应由其载明的托运人背书后交给银行，银行再将该提单转让给收货人或进口商。因此，指示提单中“托运人”一栏应该填写出口商的名称。所以，在进出口业务中，出口商一定要注意提单中托运人的填写，不能轻易接受进口商提出的提单“托运人”栏内填写进口商名称的要求，以免造成纠纷甚至损失。

四、保险单

保险单是由保险人接受货物保险所出具的凭证。按CIF术语成交时，卖方应代买方办理保险并提供保险单。

根据UCP 600的规定，在缮制保险单时要注意：

（1）如信用证无特殊规定，按照习惯，被保险人栏一般应填写受益人名称，并加空白背书，便于办理保险单转让。而保险险别、保险金额的填写一定要与信用证规定相符。

（2）保险货物项目。该栏填写商品的名称，可以用总称；货物一栏使用统称；标记可以仅填“As per Invoice No. ×”，因为保险索赔时一定要求出具发票，这样填写可使两种单据互相参照，避免单单不符的错误。

（3）保险险别和保险金额与信用证规定一致。如果信用证对投保金额未作规定，投保金额须至少为货物的CIF或CIP价格的110%，但允许不按该比例而按双方商定的比例计算。保险单所表明的货币，应与信用证所规定的货币相符。

（4）保险单的签发日期应当合理。除非表明保险责任最迟于货物装船或发运或接受监督之日起生效外，银行将拒收出单日期迟于装船或发运或接受监督的保险单。因此，保险单上的签发日期一般应早于提单日期或者与其相同，而不得迟于提单日期。

（5）银行可以接受预约保险项下的保险证明书或声明书（an insurance certificate or a declaration under an open cover）代替保险单，但暂保单（Cover Notes）将不被接受。

五、装箱单和重量单

装箱单（Packing List）又称花色码单，它列明每批货物的逐件花色搭配；而重量单（Weight Memo）则列明每件货物的净重和毛重。这两种单据都是发票的补充单据，其作用主要是供买方收货时核对货物的品种、花色、尺寸、规格，且是海关验货的主要依据。

在国际贸易中，装箱单一般用于机器零件、服装、纺织品、工艺品和不定量包装的商品，内容包括：号码及日期、唛头、品名；箱号、规格（包括商品规格和包装规格）；包装单位，逐件列明每件包装的净重和毛重；总合计件数和重量等（见表10—2)。而粮食类商品或其他以重量为计价单位的商品一般要求出具重量单。它的内容偏重于该商品的详细重量，一般要具备下列内容：编号及日期、商品名称、唛头、毛重、净重、皮重、总件数。

在填制装箱单和重量单时一定要具体、详细，并与发票和其他单据一致。装箱单的出单日期一般不应早于发票日期。重量单只列明每件货物的毛重、净重、皮重及总重即可，但必须与发票和运输单据、产地证、出口许可证的数字相符。

表 10—2 装箱单实例

<table>
<tr><td>Issuer:

HENAN PENGYUAN
INTERNATIONAL
ECONOMIC
DEVELOPMENT CORP.</td><td colspan="2">河南鹏远国际经济发展有限公司

装箱单
HENAN PENGYUAN INTERNATIONAL ECONOMIC
DEVELOPMENT CORP.
PACKING LIST</td></tr>
<tr><td rowspan="2">TO:</td><td>S/C NO.:</td><td>DATE:</td></tr>
<tr><td>INVOICE NO.:</td><td>L/C</td></tr>
<tr><td>MARK AND NUMBER</td><td>NUMBER AND KIND OF
PACKAGES DESCRIPTION OF
GOODS</td><td>QUANTITY</td></tr>
<tr><td colspan="3">河南鹏远国际经济发展有限公司
HENAN PENGYUAN INTERNATIONAL ECONOMIC
DEVELOPMENT CORP.</td></tr>
</table>

六、检验证书

检验证书是由商品检验检疫机构出具的一种证明文件，包括多种形式，究竟提供何种检验证书，应事先在检验条款中作出明确规定。各种检验证书一般都有它本身所要证明的内容。如品质检验证书要证明该商品的质量状况，规格描述（如花色、尺寸、加工标准等)，以及检验结果；又如重量检验证书要证明该商品的总件数、毛重、皮重、净重、内外包装的情况或每件包装重量。

检验证书的缮制必须认真、准确，保证每个项目内容都符合合同与信用证的规定。检验证书的出证日期不得晚于提单的签发日期；但也不能比装运日提前过多，超过检验期限报关出运还须重新检验。另外，检验结果不仅应文字表述清楚准确，而且打印、签字也要清晰，检测数据不能遗漏，以保证检验证书的有效性和证明性。

七、原产地证明书

原产地证明书（Certificate of Origin）是一种证明货物原产地或者制造地的证明文件。不需要海关发票或领事发票的国家，要求提供产地证明以确定对货物应征收的税率。有的国家限制从某个国家或地区进口货物，也要求以产地来证明货物的来源。原产地证明书一般由出口国的公证行或工商机构签发。我国由中国国际贸易促进委员会或海关签发（见表10—3）。

原产地证明书的项目共包括出口商、收货人、运输工具及路线、目的港、唛头、商品名称和包装数量、《协调制度》商品编码、毛重或其他数量、发票号及日期、出口商声明与签章、签发当局证明与签章等。

原产地证明书的签发必须认真、准确，要注意的事项有：申请签发中国原产地证明书，要向签证机构提供申请书一份，缮制好的证书一套，以及商业发票一份；申请单位切实保证申报内容真实、准确；若申请人要求更改已经签发的证书内容，要向签证机构办理更改手续，切不可擅自更改或伪造。

表10—3　　原产地证明书实例

原 产 地 证 明 书

CERTIFICATE OF ORIGIN

兹证明下列商品确系中国制造：

(This is to certify that the undermentioned commodities were manufactured in China:)

品　名 (Commodity)	
产　地 (Place of origin)	中　国 (China)
数　量 (Quantity)	标 记 及 号 码 (Marks & Nos.)
发 货 人 (Consignor)	

收 货 人 (Consignee)
运 往 地 点 (Destination)
签 发 人 (Signature)

八、普惠制单据

普惠制，全称普遍优惠制，是发达国家给予发展中国家出口制成品和半制成品（包括某些初级产品）普遍的、非歧视的、非互惠的一种关税优惠制度。

普惠制单据（Generalized System of Preference Documents），是指根据普惠制给惠国的原产地规则和有关要求，由普惠制受惠国授权机构出具的具有法律效力的证明文件。它是使受惠国的出口产品在给惠国享受减免进口关税优惠待遇的凭证。根据规则，普惠制单据必须根据联合国贸发会议规定的统一格式制作，即 Form A。格式规定证明书规格尺寸为 210 毫米×297 毫米。证明书所使用的语种为英文或法文。

根据规则，凡向普惠制给惠国出口的货物须提供普惠制单据，作为对方国家海关减免关税的依据。对各种普惠制单据内容的填写，应符合各个项目的要求，证书各栏目内容均须用打字机填制，必须保持清洁，不得涂改和污损，也不能填错；否则就有可能丧失享受普惠制待遇的机会。

本章小结

出口合同履行的一般程序主要包括备货、催证、审证、改证、租船订舱、报验、报关、投保、装船和制单结汇等。其中货、证、船、款四个环节最为重要。进口合同履行的主要环节包括开立信用证、租船订舱、通知船期和催装、装运、办理保险、审单付款、接货报关、检验、进口索赔等。

制单结汇是收取货款必不可少的一个环节。以信用证项下的交易为例，通常需要缮制的单据主要有：汇票、发票、装箱单、保险单等。缮制结汇单据时，要求做到正确、完整、及时、简明和整洁。

本章关键术语

出口合同履行	备货	报验	催证
审证	改证	报关	制单结汇
商业发票	普惠制单据	出口退（免）税	
进口合同履行	审单付款	进口付汇核销	进口索赔

本章思考题

1. 买卖合同项下买卖双方各自应该承担哪些义务？
2. 履行出口合同包括哪些基本程序？履行进口合同包括哪些基本程序？

3. 对信用证的审查主要包括哪些项目？修改信用证应该注意哪些问题？

4. 在信用证付款条件下，出口企业在银行办理出口结汇时应该提交哪些单据？在缮制单据时要注意哪些事项？

5. 出运货物后，出口退税的具体做法有哪些？

6. 进口货物后，如发现货损，买方可向谁提出进口索赔？应注意哪些事项？

本章练习题

（一）不定项选择题

1. 按照国际保险市场上的一般习惯，保险金额是以发票的（　　）价格为基数，再加上适当的保险加成计算得出的。

A. FOB　　B. CFR

C. CIF　　D. FAS

2. 出口公司收到银行转来的信用证后，侧重审核（　　）。

A. 信用证内容与合同是否一致　　B. 信用证的真实性

C. 开证行的政治背景　　D. 开证行的资信能力

3. 买方按时（　　）是卖方履行合同的前提条件。

A. 租船订舱　　B. 开立信用证

C. 投保　　D. 审单付款

4. 进口的货物如发生残损或到货数量少于提单所载数量，而运输单据是清洁的，则进口方应向（　　）提出索赔。

A. 卖方　　B. 承运人

C. 保险公司　　D. 银行

5. 托运人凭（　　）向外轮代理公司交付运费并换取正式提单。

A. 大副收据　　B. 发票

C. 保险单　　D. 收货单

6. 在信用证项下结汇时，可用于议付的单据有（　　）。

A. 提单　　B. 发票

C. 保险单　　D. 汇票

E. 检验证书

（二）判断题

1. 在实际业务中，如进口方未按时开立信用证，卖方需进行催证工作。（　　）

2. 修改信用证时不必经过开证行，而直接由申请人修改后交给受益人即可。（　　）

3. 受益人可在交单时对信用证的修改作出接受或拒绝的表示，如果提交的单据与原信用证的条款相符，则表示拒绝修改。（　　）

4. 如果提单正本有几份时，每份正本提单的效力是相同的，但是只要其中一份凭以提货，其他各份立即失效。（　　）

5. 进口国要求提供海关发票主要是作为海关减免关税的依据。（　　）

6. 开证申请书内容应与合同内容一致。（　　）

7. 对外索赔时，必须在索赔有效期内提出，过期无效，责任方有权不予受理。（　　）

8. 在制作和审核结汇单据时一般应本着“正确、完整、及时、简明、整洁”的原则。（　　）

（三）案例分析题

1. 我某公司与国外某客商订立一份农产品的出口合同，合同规定以不可撤销即期信用证为付款方式。买方在合同规定的时间内将信用证开抵通知行，并经通知行转交我公司，我出口公司审核后发现，信用证上有关装运期的规定与双方协商的不一致，为争取时间，尽快将信用证修改完毕，以便办理货物的装运，我方立即电告开证行修改信用证，并要求开证行修改完信用证后，直接将信用证修改通知书寄交我方。试分析：(1) 我方的做法可能会产生什么后果？(2) 正确的信用证修改渠道是怎样的？

2. 我国A公司向印度B公司以CIF条件出口一批货物，国外来证中单据条款规定：商业发票一式两份；全套清洁已装船提单，注明“运费预付”；保险单一式两份。A公司在信用证规定的装运期限内将货物装上船，并于到期日前向议付行交单议付，议付行随即向开证行寄单索偿。开证行收到单据后来电表示拒绝付款，理由是单证有下列不符：(1) 商业发票没有受益人的签字；(2) 正本提单由一份组成，不符合全套要求；(3) 保险单上的保险金额与发票金额相等，所以投保金额不足；(4) 未提交原产地证明。试分析：开证行拒付的理由是否成立？为什么？

第十一章 传统国际贸易方式

学习目标

通过本章的学习，要求重点掌握经销、代理、寄售、招投标、拍卖和展会等贸易方式的含义及各类协议的基本内容，正确理解采用这些贸易方式出口时应注意的问题，并对具体运作中可能出现的问题加以注意和防范。

第一节　经销、代理和寄售

一、经销

（一）经销的含义

经销是指经销商与供货商达成协议，在规定的期限或地域内购销指定商品的一种贸易方式。经销商在购得货物以后，再利用自己的销售渠道出售给消费者。经销业务中的两个当事人是一种售定性质的买卖关系，即供货商是卖方，经销商是买方。与一般进出口业务不同的是，在经销方式下，通过签订经销协议，经销商和供货商之间确定了相对长期和稳定的买卖关系。许多经销协议只是在原则上规定双方当事人的权利、义务和一般交易条件，以后每批货的交付要依据经销协议订立具体买卖合同，明确价格、数量、交货期甚至支付方式等具体条件，或由供货商根据经销商发出的订单交付货物。

从法律上讲，供货商和经销商是本人对本人的关系。经销商是以自己的名义购进货物，在规定的区域内转售时，也是以自己的名义进行，货价涨落等经营风险由经销商自己承担。

（二）经销的种类

根据经销商的权限，经销方式可以分为两种：

1. 包销

包销（Exclusive Sales），又称独家经销（Sole Distribution），指经销商在协议规定的期限和地域内，对指定的商品享有独家专营权的一种经销方式。也就是说，供应商在一定时期和一定地区内，只向包销人报价成交，销售某种货物，而包销人在此期间和在此地区内也不得购买他人的同样或类似的货物。

对供应商来说，采用包销方式的主要目的是利用包销商的资金和销售能力，在特定的区域建立一个稳定发展的市场。对包销商来说，由于取得了专卖权，因而在指定商品的销售中处于有利的地位，避免了多头竞争而导致降价和利润减少的局面。

2. 一般经销

一般经销又称定销，和包销不同，一般经销的经销商不享有独家经营权，供货商可以在同一期限内，在同一地区委派一个以上的经销商来经营同类商品。

（三）经销协议

在经销方式下，供应商与经销商之间的权利与义务是由经销协议确定的。经销协议包括的主要内容有：

1. 经销商品的范围

经销商品可以是供应商的全部商品，也可以是其中一部分。在经销协议中要明确订明商品的范围，以及同一类商品的不同牌号和规格。确定经销商品的范围要同供应商的经营意图和经销商的经营能力与资信状况相适应。

2. 经销地区

经销地区是指经销商行使经营权的地理范围，可以是一个或几个城市或地区，也可以是一个甚至几个国家，其范围的确定，除考虑经销商的规模、经营能力及销售网络外，还应考虑地区的政治区域划分、地理和交通条件以及市场差异程度等因素。经销地区能否扩大，习惯上则是根据经销实绩由双方协商后加以调整。

3. 经销数量或金额

经销协议还应规定经销人在一定时期内的经销数量或金额，它既是经销商应承购的数额，也是供应商应保证供应的数额。经销数额一般采用最低承购额的做法，明确经销数额的计算方法，并规定经销商未能完成承购额时供应商可行使的权利。为防止经销商签约后拖延履行，可以规定最低承购额以实际装运数为准。

4. 作价方法

双方可以在协议中规定，经销的商品在规定的期限内一次作价，结算时以协议规定的固定价格为准。但在此种方法下，双方都要承担价格风险，故很少采用。在大多数经销协议中，通常采用分批作价的方法。

5. 经销协议的其他义务

为提高商品的知名度，扩大销路，在许多经销协议中，往往要求经销商要负责在当地做好广告宣传、市场调研和维护供应商的权益等工作。如在当地发现经销商品的商标权或专利权受到侵犯，经销商应及时采取适当的保护措施，以维护供应商的合法利益。此外，有的协议还规定，供应商应提供必要的样品和宣传资料，对于广告宣传的方式以及有关费用的负担问题，也应该明确规定，一般多由经销商自己承担。

6. 经销期限

经销期限即协议的有效期可长可短，可以规定为交易双方签字生效后一年或数年。但一般来说，经销期过长，可能由于市场变化及消费习惯的改变而使交易双方陷于被动；而经销期过短，又将会影响经销商的信心。此外，协议中还要规定续约条款，可以经双方协商后顺延一段时间。同时，协议还要规定在某些情况下，任何一方都有权终止协议的继续履行。

专栏 11—1

签订包销协议要考虑生产厂家

国内某药品进出口公司 A 经营一种 T 牌中成药，出口已有数年，并于 20 世纪 90 年代初逐渐在 X 国打开销路。X 国的 B 公司与 A 公司商谈包销事宜，最后双方签订一项为期两年的 T 牌中成药包销合同。包销地区限 X 国，包销数量为每年 2 万盒，一年总金额为 20 万美元。第一年 B 公司超额 5 万美元完成包销任务。但是，第二年 B 公司来电称，在 X 国某地区发现从 A 公司所在省份运去的同牌号相同商品在市场上销售，从而影响其营业额，侵犯其专卖权。B 公司认为 A 公司违约，由此造成的损失，B 公司保留索赔权。A 公司立即回电称，该公司自签订包销合同后从未与 X 国的任何第三方发生过销售此药品的行为，并请 B 公司进一步查明该药品的出处和真伪。不久 B 公司复电称，药品是真的，据海关透露该药品确系来自 A 公司所在地区的某出口公司。试分析：A 公司的行为是否违反与 B 公司签订的包销协议，A 公司应该如何处理？

分析：该案中，A 公司自与 B 公司签订包销合同后，没有与 X 国的任何第三方发生过销售此药品的行为。所以，A 公司并没有违反包销协议。但是，A 公司在对外签订包销合同的同时没有与生产厂家签订类似的包销合同，亦没有对 T 牌中成药在 X 国进行商标注册，才导致陷入这一尴尬局面。

（四）采用经销方式出口应注意的问题

经销作为出口业务中常见的方式之一，如果运用得当，对于出口商扩大国外市场，扩大出口销售，会产生良好的推动作用。然而，如果运用不当，也会带来相反的后果。许多经验说明，采用经销方式出口时应注意以下问题：

1. 慎重选择经销商

供应商与经销商之间存在着一种相对长期的合作关系。如果选择的经销商信誉好且经营能力强，那么经销商就能充分利用自己的经验和手段，努力完成承购数额。经销商还可以利用自己熟悉所在国家或地区的消费习惯、政府条令和法规等方面的便利，及时为供货商提供必要的信息，以帮助其改进产品，做到适销对路，并且减少不必要的法律纠纷。这样，业务会越做越大，供销双方都会受益。如果选择的经销商经营能力不佳或资信不好，则会损害供货商的利益。

2. 要注意签订经销协议

经销协议的好坏直接关系到经销业务的成败，因此，一定要认真对待。慎重选择经销商品的种类，合理确定经销的地理范围，适当规定经销商在一定期限内的承购数额以及无法完成的后果或超额完成的奖励等，这些都是至关重要的内容。在签订经销协议时，还应该了解当地的有关法规，并注意使用的文句，尽可能避免与当地法律发生抵触。

二、代理

（一）代理的定义

我国《民法通则》中指出，代理人在代理权限内，以被代理人的名义实施民事法律行为，被代理人对代理人的代理行为承担民事责任。《民法通则》中的代理有三种，即委托代理、法定代理和指定代理。我们这里所说的代理是指货主或生产厂商（委托人）授权代理人代表其在规定的地区和期限内，向第三方招揽生意、订立合同或办理与交易有关的其他事宜，同时向代理人支付佣金作为报酬的一种贸易关系。所以，国际贸易中所指的代理是委托代理。

代理人在代理业务中，只是代表出口商行事，代理人与出口商通过代理协议建立的这种契约关系属于委托代理关系。不同于经销中的买卖关系，代理人获得的是佣金，而经销商赚取的是买卖价差。

出口商委托代理人销售商品，主要是利用代理商熟悉销售地市场，有广泛的销售渠道。特别需要指出的是，代理人的商誉对商品的销售乃至出口企业的形象有着举足轻重的作用。选择代理商，不仅仅着眼于其销售能力，也应重视代理商已有的商誉。在当前国际市场上，有不少跨国公司进入了销售代理的领域。

（二）代理的种类

根据出口商即委托人授予代理人权限的不同，销售代理可分为以下几种：

1. 总代理

总代理（General Agent）是出口商在指定地区的全权代表，有权代表出口商从事销售活动和其他代理范围内广泛的商务活动。

2. 独家代理

独家代理（Exclusive Agent or Sole Agent）是在代理协议规定的时间、地区内，对指定商品享有专营权，从事代理协议中规定的有关业务的代理人。出口商在该地区不得委托其他代理人，而必须给予代理人在特定地区和一定期限内代销指定商品的独家专营权。

3. 一般代理

一般代理（Agent）又称佣金代理，是指在同一地区和期限内出口商可以同时委托几个代理人代表其从事代理范围内的商务活动，代理人不享有独家专营权。佣金代理完成授权范围内的事务后，按协议规定的办法向出口商计收佣金。

专栏 11—2

未经独家代理人签订合同是否还需支付佣金？

德国某商人 A 根据当地市场销售情况，建议德国 B 公司生产一种玩具，条件是要求作为销售该货物的独家代理人，B 公司同意并签订了独家代理合同。后来，B 公司没有经过独家代理人 A 与当地另外一家公司 C 直接签订了订货合同。于是，A 商向 B 公司索要佣金，B 公司以签订合同没有通过代理人 A 为由，拒不支付佣金。试问：A 商能否主张权利？B 公司是否应向代理商 A 支付佣金？

分析：独家代理是在代理协议规定的时间、地区内，对指定商品享有专营权的代理人。在独家代理的协议中，通常规定，如出口商直接与代理区域的客户签订买卖合同，独家代理人仍可获取佣金。

（三）销售代理协议

销售代理协议是明确出口商和代理人之间权利义务关系的法律文件。协议内容由双方当事人按照契约自由的原则，根据双方的意愿加以规定。销售代理协议主要包括以下内容：

1. 代理商品和地区

在出口商对代理人的授权中，应明确说明代理销售商品的品名、规格以及代理权行使的地理范围。

2. 代理期限与终止条款

规定代理的期限和协议的终止条件，如，本协议经双方签字后生效，有效期为××天，自××至××。若一方希望延长本协议，则须在本协议期满前 1 个月书面通知另一方，经双方协商决定。若协议一方未履行协议条款，另一方有权终止协议。

3. 代理人的权利与义务

这是代理协议的核心部分，一般应包括下述内容：

（1）明确代理人的权利范围，是否有权代表出口商订立合同，或从事其他事务。另外，还应规定代理人有无专营权。

（2）规定代理人在一定时期内应推销商品的最低销售额，并说明是按 FOB 价还是按 CIF 价计算。

（3）代理人应在代理权行使的范围内保护出口商的合法权益。代理人在协议有效期内无权代理与出口商商品相竞争的商品，也无权代表协议地区内的其他相竞争的公司。对于在代理区域内发生的侵犯出口商工业产权等的不法行为，代理人有义务通知出口商，以便采取必要措施。

（4）代理人应承担市场调研和广告宣传的义务。代理人应定期或不定期地向出口商汇报有关代销商品的市场情况，组织广告宣传工作，并与出口商磋商广告内容及广告形式。

4. 出口商的权利与义务

(1) 出口商的权利主要体现在有权接受客户的订单，也有权拒绝，对于拒绝订单的理由，可以不作解释，代理人也不能要求佣金。但对于代理人在授权范围内按出口商规定的条件与客户订立的合同，出口商应保证执行。

(2) 出口商有义务维护代理人的合法权益，保证按协议规定的条件向代理人支付佣金。在独家代理的情况下，出口商要尽力维护代理人的专营权。如果由于出口商的责任给代理人造成损失，出口商应予以赔偿。

5. 佣金的支付

佣金是代理人为出口商提供服务所获得的报酬。代理协议要规定佣金率、佣金的计算基础、佣金的支付时间和方法。佣金率一般根据商品特点、市场情况、成交金额及竞争程度等因素而定。佣金的计算基础有不同的规定方法，通常以发票的净销售价为基础，对发票净价的构成或贸易术语也应予以明确。佣金的支付可在交易达成后逐笔结算支付，也可定期结算累计支付，支付佣金多采用汇付方式。

6. 知识产权的保护

由于国际销售代理协议涉及的对象是产品，就不可避免地要涉及知识产权，其中关系较密切的是商标。而委托人为了保护与产品有关的知识产权在境外不受侵犯，就必须要在协议中申明对与产品有关的知识产权进行保护。如对商标，双方可以约定商标仅用于代理商品上，在协议终止后，代理商不得继续使用该商标等。另外，委托人和代理人双方还可以约定，如在代理商国内出现侵犯委托人知识产权的行为时应及时通知，同时双方可以约定在这种情况下，经委托人授权，代理人可以采取必要措施包括代理诉讼等保护委托人的知识产权。

除以上基本内容外，关于不可抗力和仲裁等条款的规定，与一般买卖合同的做法大致相同。

专栏 11—3

承担特别责任的代理人

在商品经济高度发达的今天，频繁的经济活动常因时间、地点和条件的限制，而使当事人无法亲自完成某些经济行为。人们为了实现其合法的经济权益，需要委托代理人在授权范围内，代表其完成那些无法自行完成的经济行为。在国际商事活动中，世界各国法律和商业习惯也承认某些代理人在一定条件下须对被代理人或对第三人承担个人责任，这种代理人叫做承担特别责任的代理人，这些代理人活动于国际贸易的各个领域，在国际贸易中起着十分重要的作用。

目前，在国际贸易中，承担特别责任的代理人主要有国际货运代理人（Forwarding Agent）、保险代理人（Insurance Agent）、出口地的保兑银行（Confirm Bank）以及保付代理人（Confirming Agent）等。

三、寄售

寄售是国际贸易中为开拓商品销路、扩大出口而采用的一种通常做法。它与先出售、后出运货物的一般贸易方式不同，而是先出运、后出售商品。

（一）寄售的含义

寄售（Consignment）是一种委托代售的贸易方式，是指寄售人（Consignor）先将货物运往国外寄售地，委托当地代销人（Consignee）按照寄售协议规定的条件，替寄售人进行销售，在货物出售后，由代销人向寄售人结算货款的一种贸易方式。

（二）寄售的特点

与一般的出口销售相比，寄售具有以下特点：

1. 寄售人与代销人是商业委托关系

寄售人和代销人之间不是买卖关系，而是委托关系，寄售协议属于行纪合同性质。按照我国《合同法》的解释，行纪合同是指行纪人接受出口商的委托，以自己的名义为出口商从事贸易活动，出口商支付报酬的合同。行纪人的权利义务与代理人相似，但又有所区别。最主要的区别是，代理人在从事授权范围内的事务时，可以出口商的名义，也可以自己的名义，但行纪人只能以自己的名义处理行纪合同中的事务，而且行纪人与第三方之间的法律行为，不能直接对出口商发挥效力。

2. 寄售是一种凭实物买卖

货物由寄售人先将待售的商品运至国外，凭实物进行现货买卖，不同于订货方式那样在货物发运前已有买方，凭成交合同和付款保证再出运货物。

3. 寄售人承担货物出售前的一切风险和费用

寄售商品的所有权在出售以前始终属于寄售人，代销人只是根据寄售协议的规定代为照管货物。因而在货物出售前的一切费用，包括运费、保险费、进口税、仓储费用等，以及可能发生的意外风险和损失，概由寄售人自行负担，除非代销人失责或违反寄售协议规定。

（三）寄售方式的利弊

这里主要从出口商的角度来分析寄售的利弊。

1. 寄售的好处

寄售有利于开拓市场和扩大销路。这主要是由以下原因造成的：

（1）寄售有利于国外客户购买商品。因为寄售是看货买卖，买方对商品的了解更多。当所售商品是新商品或买方不太了解的商品时，这一点更为重要。而且货物已在寄售地，缩短了从订约到收货的时间，又可避免垫付资金和承担货物在运输途中的费用和风险。所以，客户更有可能购买这些商品。

（2）寄售可以利用代销人的贸易渠道。代销人往往拥有自己的销售渠道，而且其更了解该国的消费者，可以制定更有效的营销策略。另外，寄售有利于调动代销人推销商品的积极性。因为寄售不占用代销人的资金，货物在出售前的费用和风险也由寄售人承担，所以，代销人的积极性更高。

（3）寄售有利于随行就市，掌握销售价格，获得更多利润。

2. 寄售的缺点

对出口商而言，寄售存在以下缺点：

（1）风险大。寄售人要承担货物出售前的一切风险，包括商品在运输途中发生短损、变质或其他意外的风险，价格变动的风险，商品积压的风险以及代销人选择不当或资信不佳而造成损失的风险。

（2）资金周转期长。在寄售方式下，货物售出前的一切费用开支均由出口商负担，而货款要等货物售出后才能收回，不利于资金周转。

（3）收汇不够安全。在寄售方式下，如果代销人信誉差，挪用或盗用货款，或用虚假手段欺骗，以及代销人违反协议，都会给寄售人带来意料不到的损失。

专栏 11—4

可口可乐利用寄售业务打开市场

现在，可口可乐在中国是一个耳熟能详的名字，但对20世纪70年代的中国人来说，可口可乐却是一个陌生的名词。让一个习惯于喝茶的民族接受碳酸饮料不是一件容易的事，也没有公司敢贸然大量进口。可口可乐公司在1979年初次进入中国市场时，用寄售的方式由中国粮油食品进出口总公司安排销售。根据中粮总公司的安排，在香港五丰行的协助下，首批3 000箱瓶装可口可乐于1979年底由香港发往北京。不久，年寄售量便达到了200公吨。

可口可乐通过寄售的方式进入中国，使中国的消费者可以更好地了解可口可乐，进而逐步接受可口可乐，这为可口可乐大规模进入中国奠定了基础。20世纪80年代初，可口可乐公司正式在我国实行“当地主义”经销方式，分别向京、穗等地粮油进出口公司无偿赠送了整套瓶装生产设备，而中方必须购买可口可乐公司的原浆进行配兑，并贴上可口可乐商标进行销售。1988年，可口可乐与中方合办的上海申美饮料公司成立。

（四）寄售协议的主要内容

寄售协议是寄售人和代销人之间就双方的权利、义务以及寄售业务中的有关问题签订的法律文件。寄售协议中一般应包括以下内容：

1. 关于寄售商品的价格条款

寄售商品的价格问题是直接涉及寄售商品的价格能否符合当地市场消费水平以及是否具有竞争力的问题。该条款主要规定寄售商品的作价办法，通常有以下三种做法：规定最低限价，即代销人在不低于最低限价的前提下，可以任意出售货物；随行就市，即代销人可按市场价格自行定价出售寄售货物；销售前征得寄售人意见，即代销人在得到买主的递价后，立即征求寄售人的意见，确认同意后，才能出售货物。

2. 佣金条款

除了采用结算价格方式以外，寄售人都应支付给代销人一定数量的佣金，作为其提供服务的报酬。佣金结算的基础一般是发票净价，通常解释为用毛售价减去有关费用（如已包含在售价内），如销售税、进出口货物税、增值税、关税、包装费、保险费、仓储费、商业和数量折扣、退货款和延期付款的利息等。但其佣金率应根据商品的不同情况和批量等因素来确定，支付方式也应在协议中明确订明。

关于佣金的支付时间和方法，做法各异。代销人可在货物售出后从所得货款中直接扣除代垫费用和应得佣金，再将余款汇给寄售人，也可先由寄售人收取全部货款，再按协议规定计算出佣金汇给代销人。

3. 货款的收付

寄售方式下，寄售货物售出后的货款一般由代销人扣除佣金和各项代垫费用后汇给寄售人。因此，为保证寄售人及时收汇，以利于资金周转，有的在协议中加订“保证收取货款条款”，或在协议外另订“保证收取货款协议”，由代销人提供一定的担保。

4. 协议双方当事人的义务条款

代销人的义务通常包括提供储存寄售商品的仓库，雇用工作人员，取得进口商品的许可证；努力保证货物在仓库存放期间品质和数量完好无损；代垫寄售商品在经营、仓储期内所产生的有关费用；代垫费用，对寄售商品办理保险；宣传广告、展示商品或提供售后服务；及时向寄售人进行市场报道。

寄售人的义务主要包括按质、按量、按期提供寄售商品；偿付代销人在寄售过程中所代垫付的费用。

第二节　招投标与拍卖

一、招投标

招标和投标是国际贸易中比较常见的一种贸易方式，尤其是在政府机构或者是公用事业部门的采购、国际工程承包和劳务合作以及联合国、世界银行等国际机构贷款和援助项目中使用最多。《中华人民共和国招投标法》（简称《招投标法》）明确规定，在中华人民共和国境内进行下列工程建设项目包括项目的勘察、设计、施工、监理以及与工程建设有关的重要设备、材料等的采购，必须进行招标：大型基础设施、公用事业等关系社会公共利益、公众安全的项目；全部或者部分使用国有资金投资或者国家融资的项目；使用国际组织或者外国政府贷款、援助资金的项目。

（一）招标与投标的含义

所谓招标（Invitation to Tender）是指招标人发布招标公告，阐明拟采购商品的名称、规格和数量，或是拟兴建工程的条件与要求，邀请相关投标人按一定的程序在规定的时间、地点进行投标，最后选择对其最为有利的投标人达成交易的经济行为。

所谓投标（Submission of Tender）是指供应商或工程承包商根据招标公告的条件，在规定的时间内向招标人递价的行为。

招标和投标实际是同一交易的两个方面，它们是一对相互对应的范畴。所以，下面我们将招标、投标统称为招投标进行阐述。

招投标与一般贸易的做法有所不同，采用该种方式，双方当事人不经过交易磋商程序，也不存在讨价还价，而是由各投标人同时、一次性报价，投标人中标与否主要取决于投标时的报价是否有竞争力。因此，这是一种“竞卖”的交易方式。在这种方式下，投标人之间的竞争异常激烈，招标人则处于主动地位，能够对各种供给来源进行比较并择优选择，最终实现资金合理、有效的利用。

专栏 11—5

招投标是政府采购的较好手段

政府采购制度是公共支出管理的一项重要制度，实施政府采购制度的目的是提高财政资金的使用效益，节省开支并减少采购中的贪污腐败行为。招投标的公开性、公平性和竞争性使其成为政府采购的极好手段。

《中华人民共和国政府采购法》规定，政府采购采用的方式有公开招标、邀请招标、竞争性谈判、单一来源采购、询价以及国务院政府采购监督管理部门认定的其他采购方式。《中华人民共和国政府采购法》特别指出公开招标应作为政府采购的主要方式。采购人采购货物或者服务应当采用公开招标方式的，其具体数额标准，属于中央预算的政府采购项目，由国务院规定；属于地方预算的政府采购项目，由省、自治区、直辖市人民政府规定；因特殊情况需要采用公开招标以外的采购方式的，应当在采购活动开始前获得市、自治州以上人民政府采购监督管理部门的批准。

美国的政府采购也要求采用招标程序，并以统一的单据和格式实行规范化操作管理。而欧盟早在 1971 年就通过了两个在共同体内部进行公开招标的法令，即《政府工程招标指令》和《政府部门货物采购招标指令》。这两个指令的目的是通过招投标方式为成员国提供公开平等的竞争机会，提高政府部门资金的使用效率并对其进行监督和制约。

（二）招投标的一般程序

世界各国的招投标程序因各国法令及传统习惯的不同而有所差异，但总的来说，基本上都包括招标，投标，开标、评标和中标，签订合同等四个阶段。

1. 招标

根据我国《招投标法》，招标分为公开招标和邀请招标。公开招标是指招标人以招标公告的方式邀请不特定的法人或者其他组织投标。邀请招标是指招标人以投标邀请书的方式邀请特定的法人或者其他组织投标。

招标的工作主要包括编制招标文件、发布招标公告或招标邀请书、对投标人进行资格预审等。

（1）编制招标文件。招标伊始，招标人即组织有关人员制定招标文件，说明拟采购物资或发包工程的技术条件和贸易条件。招标文件是采购物资和招标承建工程的法律文件，是投标人投标的依据，也是评标的标准，同时，它还是招标人和中标人签订合同时的重要依据。

根据我国《招投标法》的规定，招标文件应当包括招标项目的技术要求、对投标人资格审查的标准、投标报价要求和评标标准等所有实质性要求和条件以及拟签订合同的主要条款。国家对招标项目的技术、标准有规定的，招标人应当按照其规定在招标文件中提出相应要求。招标项目需要划分标段、确定工期的，招标人应当合理划分标段、确定工期，并在招标文件中载明。招标文件不得要求或者标明特定的生产供应者以及含有倾向或者排斥潜在投标人的其他内容。招标人对已发出的招标文件进行必要的澄清或者修改的，应当在招标文件要求提交投标文件截止时间至少十五日前，以书面形式通知所有招标文件收受人。该澄清或者修改的内容为招标文件的组成部分。

（2）发布招标公告或招标邀请书。招标人采用公开招标方式的，应当发布招标公告。依法必须进行招标的项目的招标公告，应当通过国家指定的报刊、信息网络或者其他媒介发布。招标人采用邀请招标方式的，应当向三个以上具备承担招标项目能力、资信良好的特定法人或者其他组织发出投标邀请书。

根据我国《招投标法》的规定，招标公告应具备以下内容：

① 招标人的名称和地址。这是对招标人情况的简单描述。

② 招标项目的性质、数量、实施地点和时间。

③ 获取招标文件的办法。指发售招标文件的地点、负责人、标准、招标文件的邮购地址及费用、招标人或招标代理机构的开户银行及账号等。

招标人可以根据招标项目本身的要求，在招标公告或者投标邀请书中，要求潜在投标人提供有关资质证明文件和业绩情况，并对潜在投标人进行资格审查；国家对投标人的资格条件有规定的，依照其规定。

（3）对投标人进行资格预审。为确保物资采购或工程项目取得预期成效，招标人通常会要求投标人提供营业执照、近几年业绩报告、银行资信证明等资质证明文件以及专业技术人员等信息，通过预审的投标人才能获得参与投标的资格。资格预审通常在全国级的刊物上刊登，它是保证招标工作顺利进行的关键步骤。

专栏 11—6

国际招标方式

国际上采用的招标方式归纳起来有以下几种：

（1）国际竞争性招标，是指招标人邀请几个乃至几十个投标人参加投标，通过多数投标人竞争，选择对招标人最有利的投标人达成交易，属于竞卖的方式。

（2）谈判招标，由招标人物色几家企业直接进行合同谈判，谈判成功，交易达成。它是非公开的、非竞争性的，不属于严格意义上的招标方式。

（3）两段招标，是无限竞争招标和有限竞争招标的综合方式，采用此类方式时，先用公开招标，再用选择性招标，分两部分进行。

2. 投标

投标人应当具备承担招标项目的能力。国家有关规定对投标人资格条件或者招标文件对投标人资格条件有规定的，投标人应当具备规定的资格条件。

投标人应当按照招标文件的要求编制投标文件。投标文件应当对招标文件提出的实质性要求和条件作出响应。招标项目属于建设施工的，投标文件的内容应当包括拟派出的项目负责人与主要技术人员的简历、业绩和拟用于完成招标项目的机械设备等。

投标文件的具体内容因招标的项目不同而各不相同。以物资采购为例，其投标文件一般包括以下内容：投标函；开标一览表，即货物和服务的描述，如货物名称、数量、价格、技术规格等；投标价格，根据招标文件规定的价格条件及货币进行报价；投标方资格、资信证明文件；投标保证金或其他形式的担保，没有担保的投标一般被视为没有对招标文件作出根本性反应而被拒绝；招标文件中要求的其他有关资料。

投标人应当在招标文件要求提交投标文件的截止时间前，将投标文件送达投标地点。招标人收到投标文件后，应当签收保存，不得开启。在招标文件要求提交投标文件的截止时间后送达的投标文件，招标人应当拒收。

投标人在招标文件要求提交投标文件的截止时间前，可以补充、修改或者撤回已提交的投标文件，并书面通知招标人。补充、修改的内容是投标文件的组成部分。

3. 开标、评标和中标

开标应当在招标文件确定的提交投标文件截止时间的同一时间在招标文件中预先确定的地点公开进行。开标由招标人主持，邀请所有投标人参加。开标时，由投标人或者其推选的代表检查投标文件的密封情况，也可以由招标人委托的公证机构检查并公证；经确认无误后，由工作人员当众拆封，宣读投标人名称、投标价格和投标文件的其他主要内容。招标人在招标文件要求提交投标文件的截止时间前收到的所有投标文件，开标时都应该当众拆封、宣读。开标过程应当记录，并存档备查。

评标由招标人依法组建的评标委员会负责。依法必须进行招标的项目，其评标委员会由招标人的代表和有关技术、经济等方面的专家组成，成员人数为 5 人以上单数，其中技术、经济等方面的专家不得少于成员总数的三分之二。这些专家应当从事相关领域工作满 8 年并具有高级职称或者具有同等专业水平，由招标人从国务院有关部门或者省、自治区、直辖市人民政府有关部门提供的专家名册或者招标代理机构专家库内相关专业的专家名单中确定；一般招标项目可以采取随机抽取方式，特殊招标项目可以由招标人直接确定。与投标人有利害关系的人不得进入相关项目的评标委员会；已经进入的应当更换。评标委员会成员的名单在中标结果确定前应当保密。招标人应当采取必要的措施，保证评标在严格保密的情况下进行。任何单位和个人不得非法干预、影响评标的过程和结果。评标委员会应当按照招标文件确定的评标标准和方法，对投标文件进行评审和比较；设有标底的，应当参考标底。评标委员会完成评标后，应当向招标人提出书面评标报告，并推荐合格的中标候选人。

招标人根据评标委员会提出的书面评标报告和推荐的中标候选人确定中标人。招标人也可以授权评标委员会直接确定中标人。国务院对特定招标项目的评标有特别规定的，从其规定。中标人的投标应当符合以下两个条件之一：一是能够最大限度地满足招标文件中规定的各项综合评价标准；二是能够满足招标文件的实质性要求，并且经评审的投标价格最低，但是投标价格低于成本的除外。

如果评标委员会经评审，认为所有投标都不符合招标文件要求的，可以否决所有投标。依法必须进行招标的项目的所有投标都被否决的，招标人应当依照《招投标法》重新招标。如果投标人少于三人，招标人应重新招标。

在确定中标人之前，招标人不得与投标人就投标价格、投标方案等实质性内容进行谈判。中标人确定后，招标人应当向中标人发出中标通知书，同时将中标结果通知所有未中标的投标人。中标通知书对招标人和中标人具有法律效力。中标通知书发出后，招标人改变中标结果的，或者中标人放弃中标项目的，应当依法承担法律责任。

4. 签订合同

招标人和中标人应当自中标通知书发出之日起 30 日内，按照招标文件和中标人的投标文件订立书面合同。招标人和中标人不得再行订立背离合同实质性内容的其他协议。招标文件要求中标人提交履约保证金的，中标人应当提交。依法必须进行招标的项目，招标人应当自确定中标人之日起 15 日内，向有关行政监督部门提交招标投标情况的书面报告。中标人应当按照合同约定履行义务，完成中标项目。中标人不得向他人转让中标项目，也不得将中标项目分解后分别向他人转让。中标人按照合同约定或者经招标人同意，可以将中标项目的部分非主体、非关键性工作分包给他人完成。接受分包的人应当具备相应的资格条件，并不得再次分包。中标人应当就分包项目向招标人负责，接受分包的人就分包项目承担连带责任。

二、拍卖

拍卖是指以公开竞价的形式，将特定物品或者财产权利转让给最高应价者的交易方式。

（一）拍卖的特点

作为一种贸易方式，拍卖的特点主要表现在以下几个方面：

1. 拍卖是一种公开竞买的现货交易

它实际上是由众多竞买人事先看货，然后在规定的时间、地点对目的标的进行公开竞价，最终由价高者获得。

2. 拍卖是在一定的机构内有组织地进行

一般情况下，拍卖都是在拍卖行的统一组织下进行。也就是说，在拍卖活动中，委托人不是直接把拍卖标的转让给买受人，而是通过拍卖行的中介服务来实现。

3. 拍卖具有独特的法律和规章

我国《合同法》规定，拍卖的当事人的权利和义务以及拍卖程序等，依照有关法律、行政法规的规定。我国在 1996 年颁布了《中华人民共和国拍卖法》（简称《拍卖法》），对拍卖标的、拍卖当事人、拍卖程序、法律责任等作了详细规定。

（二）拍卖的当事人

拍卖的当事人主要有拍卖人、委托人、竞买人和买受人。

1. 拍卖人

拍卖人是指依照我国《拍卖法》和《公司法》设立的从事拍卖活动的企业法人。我国

《拍卖法》中对拍卖人的资格作了具体的规定。拍卖活动由拍卖师进行，《拍卖法》对拍卖师的资格也作了严格的规定。

2. 委托人

委托人是指委托拍卖人拍卖物品或者财产权利的公民、法人或者其他组织。委托人应当向拍卖人说明拍卖标的的来源和瑕疵。未说明拍卖标的的瑕疵，给买受人造成损害的，买受人有权向拍卖人要求赔偿。属于委托人责任的，拍卖人有权向委托人追偿。拍卖人、委托人在拍卖前声明不能保证拍卖标的的真伪或者品质的，不承担瑕疵担保责任。

委托人有权确定拍卖标的的保留价并要求拍卖人保密。委托人在拍卖开始前可以撤回拍卖标的。

3. 竞买人

竞买人是指参加竞购拍卖标的的公民、法人或者其他组织。竞买人有权了解拍卖标的的瑕疵，有权查验拍卖标的和查阅有关拍卖资料。

4. 买受人

买受人是指以最高应价购得拍卖标的的竞买人。买受人应当按照约定支付拍卖标的的价款，未按照约定支付价款的，应当承担违约责任，或者由拍卖人征得委托人的同意，将拍卖标的再行拍卖。拍卖标的再行拍卖的，原买受人应当支付第一次拍卖中本人及委托人应当支付的佣金。再行拍卖的价款低于原拍卖价款的，原买受人应当补足差额。买受人未能按照约定取得拍卖标的的，有权要求拍卖人或者委托人承担违约责任。买受人未按照约定受领拍卖标的的，应当支付由此产生的保管费用。

（三）拍卖的出价方式

在国际贸易中，按竞买人出价方式的不同，拍卖通常分为增价拍卖、减价拍卖和密封递价拍卖三种。

1. 增价拍卖

增价拍卖，又称英国式拍卖，是国际贸易中应用最广泛的一种拍卖方式。它以拍卖人宣布的起价为基点，每档加价幅度由拍卖人现场确定，由竞买人由低至高、依次递增叫价，竞买人可超档加价但不能低于一档，最后以高于底价的最高应价落槌成交。增价拍卖一般都是有声拍卖，需要竞买人口头叫出自己的价格，但有时也使用竞价牌、手势、表情或其他信号代替口头报价。增价拍卖主要用于具有极高收藏价值、观赏价值或研究价值的文物、艺术品等。

2. 减价拍卖

减价拍卖，又称荷兰式拍卖，它是由拍卖人宣布拍卖标的的起拍价，即预估的最高价，然后依次递减，直到有竞买者认为已经低到可以接受的价格，表示买进为止。这样，在减价拍卖中，第一应价人往往是最后的买主，这也构成了减价拍卖的一大特点。减价拍卖主要用于易腐烂变质或难以久存的商品，如水果、蔬菜、鱼类、鲜花、烟草等。

3. 密封递价拍卖

密封递价拍卖，又称招标式拍卖。采用这种方法时，拍卖人事先公布拍卖物品的具体情况和拍卖条件，然后由竞买人在规定的时间内将应价密封递交给拍卖人，由拍卖人在事先确定的时间公开开标或不公开开标，经比较后选择成交人。密封递价拍卖主要应用于政府债券的拍卖、库存物资的拍卖以及海关查封物资的拍卖等。

专栏 11—7

逆向拍卖——新的拍卖方式

随着互联网的发展，出现了逆向拍卖。逆向拍卖（Reverse Auction）是一种采购程序，指采购方为了购买某种产品或服务，利用互联网发布标准的采购需求（包括产品的名称、品牌、规格型号、数量、交货期以及最高限价等信息），进行采购招标；接受邀请的供应商可在互联网上预定的时间内竞价投标，直到投标价格降到接近或低于买者的底价为止；买方会根据各个报价，结合该供应商的供应实力给予综合考评，从而选出最具竞争力的供应商作为自己的合作伙伴，通常报价最低者会获得最终的成交机会；并在投标结束时产生一个框架性采购协议，在此基础上买卖双方谈判和签订采购合同。

逆向拍卖是以采购商为主体，利用供应商公开竞标压低价格而获得合同的一种采购模式。和传统的拍卖不同，它实际上是供应商的竞卖。该技术是将采购招标和网上竞价相结合的一种全新的采购方法，有助于采购商最大限度地发现卖主，并引发供应商之间的竞争，大幅度降低采购成本。目前该技术已在国外被广泛运用于工业品采购、政府采购及全球采购等各个领域之中。

（四）拍卖的一般程序

不同商品在拍卖时有各自的特点和习惯做法，但总体上来说，其程序一般可分为签订委托拍卖合同、发布拍卖公告、展示拍卖标的、拍卖、成交与交货五个阶段。

1. 签订委托拍卖合同

委托人向拍卖人提出拍卖申请，如果拍卖人接受委托，双方签订书面委托拍卖合同。委托拍卖合同应当载明以下事项：委托人、拍卖人的姓名或者名称、住所；拍卖标的的名称、规格、数量、质量；委托人提出的保留价；拍卖的时间、地点；拍卖标的交付或者转移的时间、方式；佣金及其支付的方式、期限；价款的支付方式、期限；违约责任；双方约定的其他事项。

2. 发布拍卖公告

拍卖人在接受委托，签订了委托拍卖合同后，应当通过报纸或者其他新闻媒介在拍卖前七日发布拍卖公告。拍卖公告应当载明拍卖的时间、地点，拍卖标的，拍卖标的展示时间、地点，参与竞买应当办理的手续，需要公告的其他事项。

3. 展示拍卖标的

我们说拍卖是现货交易，就是因为买方在作出决定前有机会先看货。拍卖人应当在拍卖前展示拍卖标的，并提供查看拍卖标的的条件及有关资料。拍卖标的的展示时间不得少于两日。

4. 拍卖

拍卖会严格按照拍卖公告的有关规定在既定时间、地点举行，并按照拍卖目录规定的先后顺序依次进行。

在拍卖会会场中，买主一般按事先登记的座位号对号入座，而在拍卖会主席台就座的主要有拍卖主持人、拍卖公司经理和工作人员。拍卖主持人在拍卖开始前宣布拍卖规则和注意事项。拍卖人进行拍卖时，应当制作拍卖笔录。拍卖笔录应当由拍卖师、记录人签名；拍卖成交的，还应当由买受人签名。

拍卖一般多采用由低到高的增价拍卖方式。根据我国《拍卖法》，竞买人一经应价，不得撤回，当其他竞买人有更高应价时，其应价即丧失约束力。竞买人的最高应价经拍卖师落槌或者以其他公开表示买定的方式确认后，拍卖成交。如果拍卖标的有保留价的，竞买人的最高应价未达到保留价时，该应价不发生效力，拍卖师应当停止拍卖。

5. 成交与交货

拍卖成交后，买受人和拍卖人应当签署成交确认书。

拍卖标的的所有权在货款结清后转移给买主，买主凭拍卖行开出的栈单或提货单在规定的期限内到指定的仓库提货。在仓库交货前，拍卖人控制着货物的所有权，他作为货主的代理人，有义务妥善保管货物并享有货物的留置权，也就是说，在买主付清货款之前，他有权拒绝交货，除非拍卖条件中允许买方在提货后的一定期限内付清货款。

第三节 展览会

参加展览会是企业最重要的营销方式之一，也是企业开辟新市场的首选方式。美国贸易展览局曾经作出的一份调查显示，制造业企业，批发企业，运输、通信业和公共事业企业，金融、保险和不动产等服务性行业经常参加展览会。

一、展览会的作用

所谓展览会，就是在固定或一系列地点、特定的日期和期限里，通过展示达到产品、服务、信息交流的集会。其中信息所包含的内容有很多，比如宣传成就、宣传政策、普及科技知识、建立公司形象、了解市场发展趋势、获取情报等。展览会的作用体现在以下几个方面。

（一）宣传产品和服务

展览会是一种立体的广告，为展商提供了一个充分展示自己产品的机会，使客户增进对产品的了解。对一些新产品或产品品质无法用文字来描述的产品而言，展览会的作用尤其重要。如食品，我们通常无法用语言来描述食品的颜色、味道等，但在食品展览会上，参观者可以看到、品尝食品，从而对其有全面的了解。

（二）了解市场

展览会是行业的聚焦点，会有该行业的大量卖方和买方聚集在行业展览会上。企业可以很容易地了解其他企业的产品和服务现状，从而确定自己在行业中的地位，以便找出相应的对策。另外，由于聚集了大量的买方，企业可以通过与观众，也就是潜在买方的交流了解市场的需要和潜力，从而找到改进产品质量和推销手段的方法。这种市场调研方法不仅准确而且成本低廉。

（三）扩大销售

展览的时间虽然短，但参加的人却很多，而且便于客户直接与商家交流，大多数参展者都希望在展览会上达成一些协议或意向，企业认为这是它们参加展览会的最大收获。

二、中国主要的展览会

中国的展览会很多，这里只介绍几个主要的展览会。

（一）中国进出口商品交易会

中国进出口商品交易会（简称广交会），创办于1957年春季，每年春秋两季在广州举办，迄今已有五十多年历史，是中国目前历史最长、层次最高、规模最大、商品种类最全、到会客商最多、成交效果最好的综合性国际贸易盛会。

（二）中国国际高新技术成果交易会

中国国际高新技术成果交易会（简称高交会），是经国务院批准，由商务部、科技部、工信部、国家发展和改革委员会、农业农村部、中国工程院、国家知识产权局、中国科学院和深圳特区人民政府共同主办的国家级、国际性的高新技术成果交易会，每年秋季在深圳举办。目前，它已成为中国最大的国际高新技术成果交易市场。

（三）中国北京国际科技产业博览会

中国北京国际科技产业博览会（简称科博会），创办于1998年，当时定名为“中国北京高新技术产业国际周”，从2002年第五届起正式更名为“中国北京国际科技产业博览会”。科博会由中国科技部、中国贸促会、国家知识产权局和北京市政府共同主办，北京市贸促会承办。

（四）中国国际工业博览会

中国国际工业博览会，前身为上海国际工业博览会，创办于1999年，从2006年起正式更名为中国国际工业博览会。中国国际工业博览会自创办以来，通过专业化、市场化、国际化、品牌化运作，已发展成为通过国际展览业协会（UFI）认证，中国装备制造业最具影响力的国际工业品牌展，是我国工业领域面向世界的一个重要窗口和经贸交流合作平台。

（五）中国国际进口博览会

中国国际进口博览会（China International Import Expo，简称CIIE），由中华人民共和国商务部、上海市人民政府主办，旨在坚定支持贸易自由化和经济全球化、主动向世界开放市场。2018年11月5日至10日，首届中国国际进口博览会在上海举办，2019年11月举办了第二届。举办中国国际进口博览会是中国坚定支持贸易自由化和经济全球化，主动向世界开放市场的重大举措，有利于促进世界各国加强经贸交流合作，促进全球贸易和世界经济增长，推动开放型世界经济发展。博览会展区分为：国家贸易投资综合展区、消费电子及家电展区、服装服饰及日用消费品展区、汽车展区、智能及高端装备展区、食品及农产品展区、医疗器械及医药保健展区、服务贸易展区等。

三、企业如何利用展会

在展会经济日益繁荣的今天，企业经常会面对各种形式传达的展会信息，企业关注或者参与所有看似相关的展会，既不可能也无必要。企业应该如何选择呢？

（一）确定目标

根据德国经济展览与博览会委员会（AUMA）所做的一项调查可知，企业参加展览会的目标可分为基本目标、产品目标、价格目标、宣传目标、销售目标。企业应该根据其产品的特点、企业的特点确定其参展目标。只有确定了参展目标，才能据此选择合适的展览会，也才能据此进行展会的效益评价。

专栏11—8

企业参加展览会的目标

基本目标	A. 了解新市场　B. 寻找贸易机会　C. 交流经验　D. 了解发展趋势　E. 了解竞争状况　F. 检验自身竞争力　G. 了解公司所处行业的状况　H. 寻求合作机会　I. 通过展览会介绍本公司和产品
宣传目标	A. 建立个人关系　B. 提升公司形象　C. 了解客户需要　D. 收集市场信息　E. 加强与新闻媒介的关系　F. 接触新客户　G. 了解客户情况　H. 挖掘现有客户的潜力　I. 训练职员调研及推广技术
价格目标	A. 试探定价余地　B. 将产品和服务推向市场
销售目标	A. 扩大销售网络　B. 寻找新代理　C. 测试减少贸易层次的效果
产品目标	A. 推出新产品　B. 介绍新发明　C. 了解新产品推销的成果　D. 了解市场对产品系列的接受程度　E. 扩大产品系列

（二）选择展览会

1. 展览会性质

展览会的性质包括其主题、目的、观众结构等，企业参展前确定该展览会是否与企业的发展计划相吻合，能否促进企业达到预期的目标。还要注意，由于展览业日趋专业化，同一主题的展览会可细分为许多小型专业展。例如，同样是有关啤酒的展览会，其具体的展出内容可能是啤酒，可能是啤酒的酿造工艺，可能是啤酒的生产设备，可能是啤酒的包装材料或技术，企业事先一定要了解清楚。在发达国家，不同性质的展览会界限分明。但是在发展中国家，由于受到经济环境和展览业水平的限制，往往难有准确的划分。参展商应结合自身需要，谨慎选择。

2. 展览会组织者的能力

企业应该选择有影响力、富有经验及对行业认知度高的组织者。展览会的组织是一个庞大的系统工程，从展览会的推广、专业观众的邀请、行业活动的组织安排到客户服务等一系列工作需要组织者在切实了解参展商需求的情况下作出策略性统筹才能成功举办。企业可以从其对外招展函、广告以及各项组织计划等方面来评估组织者的策划能力和宣传推广能力。企业也可以查看一下该组织者以前组织的此种展览会的规模（包括参展商和专业观众的数量以及展览面积的大小）和效果。在其他条件相同的情况下，组织者的影响力越大，知名度越高，其组织的展览会成功的可能性越大。

3. 参加展览的费用

企业要根据自己的财力来选择合适的展览会。企业不仅要考虑到支付租用展览场地的费用，还要考虑以下费用：广告宣传费用，包括展览前吸引参展客商和参观者的各种广告费用，展览中发放各种广告宣传品的费用等；展品的运费和保险费；展台的设计和建造费；参展人员的各种费用等。

4. 展览会举办的时机

如果同时或前不久有几个同类型的展览会举办，参观者就会大量减少。另外，对一些销售季节性强的产品来说，应该选择在销售旺季之前参加展览。

5. 展览会的地点

一般来说，大的、有影响力的城市是会展选择的重点，因为其交通、酒店、报关、签证以及展馆的配套及服务水平要优于其他城市，不仅企业参展比较方便，也能吸引更多的观众，扩大展览会的影响。而且，参加展览会的最终目的是向该地区推销产品，所以一定要研究展览会的主办地及周边辐射地区是否是自己的目标市场，是否有潜在购买力，必要时可先进行市场调查。

（三）参加展览会

企业在展览会中的表现是决定企业参展成败的一个决定因素。主要包括展位的选择、展台的布置、展品的选择以及展示方式、展台的人员配备、洽谈环境以及展览会期间的相关活动。

（四）参展后续工作

参展后续工作包括参展总结、客户关系管理等，这些工作是企业参展活动的延续，也对参展的最后结果具有至关重要的作用。美国的两项调查表明，如果在展览会闭幕后继续与新建立关系的客户联系，企业的销售额可以增加 2/3。美国著名展览专家艾伦·科诺派奇博士建议，参展商应考虑将预算的 15%～20%用于后续工作，并在备展时就计划后续工作，而不是在展览会闭幕后才考虑这项工作。参展的后续工作主要包括：

1. 对参展效果的评估

对参展效果的评估应建立相应的评估指标体系。具体的评估指标包括展品选择、展示设计、人员配备、宣传效果、参展成本、观众情况等单项工作指标，也包括销售额、单位投入产出比、利润额和利润率等综合指标。在实际评估工作中，企业应根据自身需要和条件，选取最能说明情况的指标合理搭配，以求准确有效地展现参展效果。

对参展作出合理评估后，企业须对自身参展策略作出相应调整。参展效果好于预计，且有较大提升空间，则可适当加大投入；参展效果达不到预计水平，则需分析问题所在。若是企业自身参展工作不到位，应采取相应措施改进，比如重新定位、加强管理、更换人员等；若是展览会本身的不足造成目标难以实现，则应考虑退出该展览会。

2. 对市场情况的分析

市场情况主要指供求情况、竞争情况、市场前景等。企业获取此类信息是参加展览会的重要目的。参展期间，企业应注意通过与客户及同行企业的广泛交流，通过留心各种相关展出，收集信息，从上述方面作出对市场情况的判断，以便准确定位，确定合理的经营战略，必要时调整战略和目标，以适应市场要求。

3. 客户关系管理

客户关系管理主要有三个方面的工作：

首先，对参展期间作出的承诺进行处理，这是比较硬性的工作。如果客户提出的索取资料、样品、报价等要求不能当即实现，或者客户的问题没有当即作出满意答复，都要细心记录，展后尽力兑现。

其次，展后联系客户是弹性较大却与企业经营好坏密切相关的工作。向客户发出感谢信是借助展览会提升企业形象的良好手段，是在展后工作中不可忽略的环节。

最后，企业可以考虑定期向现有或潜在客户发送资料，使其了解企业及产品近况，加深印象，也可以通过电话、电子邮件、传真乃至登门访问等方式与客户保持联系，还可以开展广告、客户活动等公关活动，通过持续的投入换取客户的青睐。所有这些都来自对参展获得的客户资源的持续管理。

展后客户关系管理，既是参展工作的延续和收尾，也是为以后参展做的铺垫和准备。通过参展收集客户信息，制定客户方案，实现互动反馈，评估客户关系绩效，为以后参展制定新的客户目标，企业应把一系列工作紧密结合，形成参展客户关系管理的良性循环流程，才能实现参展效用的最大化。

专栏 11—9

世界博览会简介

世界博览会（简称世博会），是一项世界性的、非贸易性的、大规模的产品展示和技术交流活动。举办世博会必须由主办国申请，经世博会的国际组织同意。其宗旨是促进世界各国经济、文化、科学技术的交流与发展，使每个参展国能够充分地利用这个机会宣传自己，展示自己在各个领域所取得的成就，扩大国际交往，提高参展国的地位和声望，因此，有着近170年历史的世博会被誉为世界经济、科学技术界的“奥林匹克”盛会。

世界博览会通常只分为两类：一类是综合性世博会，一般5年举办一届，2010年上海世博会就属于综合性世博会；另一类是专业性世博会，一般1～2年举办一届，1999年昆明世博会和2006年沈阳世博会就属于专业性国际博览会。在过去举办的50多次世博会中，以综合性世博会居多。

本章小结

在经销方式下，双方当事人通过经销协议建立起一种较为稳固的购销关系。货物由经销商购买、销售、自负盈亏。代理是指由出口商作为委托人与国外的代理商达成协议，授权代理人推销其商品、签订合同。寄售是按双方签订的协议进行的，寄售人和代销人之间是委托与受托关系，寄售协议属于行纪合同性质。

招标和投标是国际贸易中比较常见的一种贸易方式。招投标程序基本上包括招标，投标，开标、评标和中标，签订合同等四个阶段。拍卖是指以公开竞价的形式，将特定物品或者财产权利转让给最高应价者的买卖方式。

参加展览会是企业最重要的营销方式之一，也是企业开辟新市场的首选方式。国际国内有许多形式的展览会，企业应该根据自己的目标选择合适的展览会并做好参展的后续工作。

本章关键术语

经销	包销	经销协议	代理
独家代理	寄售	招投标	国际竞争性招标
拍卖	密封递价拍卖		

本章思考题

1. 何谓经销？经销协议中涉及的当事人之间是什么关系？
2. 出口销售业务中的独家代理与包销的主要区别是什么？
3. 展会的后续工作有哪些？对企业有何作用？
4. 拍卖有何特点？拍卖的出价方式有哪几种？
5. 寄售与其他贸易方式相比有何特点？简要说明寄售方式的利弊。
6. 参加展览会对企业有何意义？

本章练习题

（一）不定项选择题

1. 经销方式下的定销与包销的关键区别在于（ ）。

A. 前者供货商与经销商之间是信托关系；后者双方之间是买卖关系

B. 前者经销商不享有独家专营权；后者经销商享有独家专营权

C. 前者经销商享有独家专营权；后者经销商不享有独家专营权

D. 前者适用于初级产品的交易；后者适用于工业制成品的交易

2. 出口销售业务中的代理和经销的区别在于（ ）。

A. 代理人与委托人之间是委托代理关系；经销商与供货商之间是买卖关系

B. 代理人以委托人的名义与客户订立合同；经销商以自己的名义与客户订立合同
C. 代理人要对出口合同的履行承担责任；经销商对于出口合同的履行不承担责任
D. 代理人对出口合同的履行不承担责任；经销商对于出口合同的履行要承担责任
3. 下列有关独家代理的表述中，正确的是（　　）。
A. 独家代理是在一定地区一定时间内对某种商品享有专营权的代理
B. 委托人与代理区域内的客户直接达成交易时，不能付给代理人佣金
C. 出口销售中的独家代理与委托人之间不是买卖关系
D. 在独家销售代理协议中均不规定最低成交额
4. 国际贸易中采用的寄售方式具有以下特点，即（　　）。
A. 寄售人和代销人是委托代售关系
B. 先发货，后成交，凭实物进行现货交易
C. 货物售出前的风险和费用均由寄售人承担
D. 货物的所有权在货物发运时转给代销人

（二）判断题

1. 供货人和经销商签订的经销协议并不属于买卖合同性质，通常双方之间还要签订买卖合同。（　　）

2. 在国际货物买卖中，采用独家代理时，通常规定如果委托人直接与代理区域内的客户签订买卖合同，代理人仍可获得佣金。（　　）

3. 代理人代表委托人与他人订立合同后，就要对合同的履行负责，保证合同的顺利执行。（　　）

4. 按照国际惯例，招标人经过评标，如发现所有的投标均不理想，可宣布招标失败，拒绝全部投标。（　　）

5. 拍卖主持人是作为货主的代理人主持拍卖的进程，货主有权对拍卖品提出保留价。（　　）

（三）案例分析题

1. 某年，我国内地某进出口公司接受当地一家服装厂的委托，以进出口公司自己的名义与国外某家公司签订进口一批优质布料的合同。但后来由于国外公司未能按时提供货源，使该服装厂空出的生产线遭受损失，该服装厂要求外贸公司按合同赔偿，外贸公司以货是国外公司提供为由拒不赔偿。试问：外贸公司是否应该赔偿损失？为什么？

2. 我国某省实业有限公司拟向南亚某国出口一批轻工产品。由于该批货物在其仓库搁置很久，属于积压物资，因此双方当事人通过多次协商，决定以寄售方式在国外销售。货物经由我公司运达目的地后，由于同类商品在当地市场竞争激烈，虽经代销商多方努力，货物销售情况非常不理想，最后只得再装运运回国内。试分析该案的经验教训。

第十二章 现代国际贸易方式

学习目标

第二次世界大战后，随着现代国际贸易的发展，出现了一些新型的贸易方式，如加工贸易、对等贸易、技术贸易、电子商务等。通过本章的学习，了解这些新型贸易方式的基本概念和特点，熟悉各种贸易方式的基本做法，明确各当事人之间的法律关系，并掌握在具体运作中如何注意与防范可能出现的问题。

第一节 加工贸易

20 世纪 90 年代以来，我国的加工贸易迅速发展，受到广泛关注。加工贸易是指国内企业从境外保税（即经海关批准并同时办理相关手续，准予暂时免交进口环节关税、增值税及相关许可证件）进口全部或部分原辅材料、零部件、元器件、配套件、包装物料等，经境内加工或装配后，将制成品复出口的交易形式。加工贸易对我国国民经济和对外贸易的发展发挥了重要作用。

一、加工贸易的主要形式

传统的加工贸易主要包括来料加工和进料加工两种贸易方式。此外，20 世纪 90 年代后期我国企业在海外投资中开展的境外加工贸易方式，也被视为加工贸易的新形式。

（一）来料加工

1. 来料加工的含义

来料加工（Processing with Customer's Materials）是指由外商免费提供全部或部分原材料、辅料、零部件、元器件、配套件、包装料件等，由加工方按对方要求进行加工装配，成品交对方销售，加工方只收取工缴费的交易形式。来料加工贸易主要是为了吸引外资，同时利用国内劳动力资源等方面的优势。

2. 来料加工的特点

来料加工业务与一般进出口贸易不同，该项业务有以下几个特点：

（1）原材料、辅料、零部件、元器件、配套件、包装料件等均由外商提供，加工方企业无须对外付汇。

（2）进口料件、加工成品所有权属外方所有，加工方无权随意处置；由于加工方对成品的质量、款式等主要技术指标不能擅自修改，因此，只能严格按照外商的设计和工艺要求加工成品。

（3）原辅材料采购、成品销售由外商负责，无须加工方自行寻找客户；同时，加工方无须自备物料、自备资金。

（4）中外双方属委托加工关系，原辅材料及成品的所有权始终属于外商所有，在业务过程中并没有发生所有权的转移，中方仅负责产品质量及交货期，其余经营风险由外商承担。

专栏 12—1

小常识：SKD、CKD 和 PKD

半分散的零件装配（Semi Knock Down，SKD）。外国厂商先将一部分关键零件组装成部件，然后以部件的形式提供给我方，由我方企业将部件和其他一部分零件总装成产品。这种形式对我方企业来说，易于上马，见效快，投资回收期短，但不易学到关键性的装配技术。

全分解的零件装配（Complete Knock Down，CKD）。外国厂商将零件以散装的形式提供给我方，由我方企业先将散装的零件组装成部件，再将部件总装成产品。与 SKD 相比，这种形式我方能较多地了解产品结构、性能，能更多地掌握一些装配技术。

购入部分零部件的装配生产（Partial Knock Down，PKD）。我方企业仅向外国公司购买某些关键的零部件，其他零部件自制，然后将其装配成产品。这种形式我方能掌握更多零部件的生产技术和总装技术。

（二）进料加工

1. 进料加工的含义

进料加工（Processing with Imported Materials）是指加工方用外汇购买进口的原材料、辅料、零部件、元器件、配套件、包装物料等，经加工为成品或半成品后再外销出口的交易形式。由于进口原料的目的是扶植出口，所以，进料加工又可称为“以进养出”。

2. 进料加工的特点

进料加工业务有以下几个特点：

（1）加工方自行从国际市场组织原辅材料，进口时需对外付汇。

（2）加工方需自行开拓国际市场，寻找客户，接洽订单。

（3）加工方对从原辅料进口直至成品销售的全过程独立承担商业风险。

3. 进料加工业务与来料加工业务的异同

进料加工与来料加工有相似之处，即都是“两头在外”的加工贸易方式，但两者又有明显的不同：

（1）从双方关系方面来看，在来料加工业务中，原料和成品的所有权一直属于外商，外商与承接来料加工的企业之间是委托与受托关系，加工方只是获得一部分劳动报酬；在进料加工业务中，原料进口和成品出口是两笔不同的交易，均发生了所有权的转移，原料供应者和成品购买者之间也没有必然的联系，加工企业完全是自主经营，与销售料件的外商和购买成品的外商之间均是买卖关系，加工方可以赚取原材料与成品之间的差价，可能获得比来料加工更多的利润。

（2）从风险方面来看，在来料加工中，加工方只是受托方，不需对外付汇，不用考虑原料的来源和成品销路，只收取工缴费，其相应承担的资金、市场等风险较低；而在进料加工中，加工方是赚取从原料到成品的附加价值，要自筹资金、自寻销路、自担风险、自负盈亏，故此，须自行承担上述各类风险。

（3）从经济效益方面来看，在来料加工中，由于加工方不参与原辅料采购及成品销售等环节，经营效益相对较低；而在进料加工中，供需双方直接见面，无论是原辅材料采购，还是最终成品销售，加工方均有相当大的主动权，合同条件的磋商透明度较高，便于加工方谋求更大的经济利益，当然，也要承担更大的风险。

（三）境外加工贸易

1. 境外加工贸易的含义

境外加工贸易是指我国企业以现有设备及成熟技术投资为主，在境外以加工装配业务的形式，带动和扩大国内设备、技术、原材料、零配件出口的一种国际经贸合作方式。其目的是引导和促进企业到境外投资办厂、开发资源、承包工程或进行加工贸易等经营活动，带动产品、设备、技术和劳务出口。

我国企业开展境外加工贸易标志着我国生产力水平有了迅速提高，企业经济实力增强。

2. 境外加工贸易的特点

境外加工贸易在我国属于新生事物，虽然目前尚处在初级阶段，但具有独特的、鲜明的特点：

（1）与境内的加工贸易相比，境外加工贸易产生和发展的根本原因在于我国生产力水平的提高和国际市场的需求。

（2）与一般贸易相比，境外加工贸易的效益更大。它不仅真正实现了扩大商品出口的目的，而且带动了技术、劳务以及服务贸易的出口。

（3）通过境外加工贸易，可以绕过国外贸易壁垒，增强我国产品的竞争能力，扩大销售。

（4）境外加工贸易比较适合我国企业的总体发展水平，有利于企业的国际化经营；通过境外加工贸易适应国际市场的竞争，从而发展我国自己的跨国公司。

3. 我国企业开展境外加工贸易的相关风险

（1）境外加工贸易的相关风险分析。对于国内企业来说，境外加工贸易毕竟是新事物，我国企业走出境外后，多数对国外投资市场、国际竞争环境及投资所在国法律法规不甚了解，因此其开展境外加工贸易所面临的潜在风险就非常突出。

目前，我国企业开展境外加工贸易所面临的风险主要有政治风险（如征收和国有化、汇兑限制、战争和政治性暴力事件等）、汇率风险（如买家破产、拖欠等）、经营风险（如市场变化、汇率波动等）、管理风险（如工人罢工、管理人员流失等）以及项目风险（如合同、成本、支付、销售风险）等。

（2）境外加工贸易的风险防范手段。发达国家对支持本国企业进行海外投资已经形成了一整套制度措施，其中防范风险的重要措施之一就是海外投资保险。海外投资保险源自20世纪50年代初美国马歇尔计划中所实施的投资保证方案。时至今日，它已被公认是当前促进和保护国际投资普遍行之有效的重要制度。

在我国，以保险手段支持企业境外加工贸易的制度正在逐步形成，目前已建立起为中国企业出口和投资提供保险服务的专门机构，即中国出口信用保险公司。其主要任务就是为我国实施“走出去”战略的企业保驾护航。

专栏12—2

中国出口信用保险公司简介

中国出口信用保险公司于2001年12月成立，是我国唯一的政策性出口信用保险公司。该公司由中国政府全资拥有，注册资本金40亿元人民币。

中国出口信用保险公司提供海外投资保险。根据该公司的规定，下列形式的境外投资，不论是否已经完成，可投保海外投资保险：直接投资，包括股权投资、股东贷款、股东担保等；金融机构贷款以及其他经批准的投资形式。具有国家规定的境外投资资格的下列投资者，可以投保海外投资保险：在中华人民共和国境内注册成立的金融机构和企业，但由在香港、澳门、台湾的企业、机构、公民或外国企业、机构、公民控股的除外；在中华人民共和国境外注册成立的企业、金融机构，如果其95%以上的股份在中华人民共和国境内的企业、机构控制之下，可由该境内的企业、机构投保。另外，其他经批准的企业、社团、机构和自然人可投保。

二、加工贸易合同

加工贸易在性质上不同于国际货物买卖，加工贸易合同在内容上与一般货物买卖合同有很多不同之处。

（一）来料加工贸易合同

一般来说，来料加工贸易合同应包括以下内容：

1. 约首部分

即合同的首部，包括合同的名称、合同编号、签约日期、签字地点、签约公司名称、公司地址、电话、传真、电子信箱及银行账号等方面。

2. 约尾部分

即合同的结尾部分，包括合同的文字效力、份数、附件、签字等方面。

3. 正文部分

这是合同的核心部分，要具体规定双方的权利与义务。现将合同中的主要条款介绍如下：

（1）关于合同标的物的规定。加工贸易的标的表现为将原材料等加工成制成品而付出的劳动，以及一定的技术和工艺。

（2）关于来料来件的规定。本条款确定来料或来件时间、地点、数量、质量、规格、供货方式、支付方式等。

（3）关于成品质量的规定。质量标准一经确定，加工方就要按时按质按量交付成品，委托方则根据合同规定的标准验收。

（4）关于耗料率和残次品率的规定。一般来说，委托方要求耗料不得超过一定的额度，否则由我方负担；残次品不能超过一定比例，否则委托方有权拒收。

（5）关于工缴费标准的规定。工缴费的核定应以国际劳务价格为依据，尤其是外商所在国家或地区加工费水平，一般要高于国内同类产品的加工费水平。

（6）对工缴费结算方式的规定。来料加工业务中关于工缴费的结算方法有两种：一是来料、来件和成品均不作价，单独收取加工费，由委托方在加工方交付成品后通过合适的支付方式向加工方支付；二是对来料、来件和成品分别作价，两者之间的差额即为工缴费，可以采取对开信用证的办法。

（二）进料加工贸易合同

进料加工合同与来料加工合同有所不同，通常情况下，它一般包括进口料件合同和出口成品合同。

加工企业到当地经贸主管部门办理外贸进出口经营权的注册登记手续。在申领到进出口经营权之后，加工企业就可以自营或承接进料加工业务；如果加工企业在对外承接进料加工贸易时没有进出口经营权，则还要首先选定有进出口经营权的企业作为代理商，其次由其代理签订进口原材料、出口成品的合同。

在进料加工贸易方式下，原材料进口合同、成品出口合同的基本内容与一般贸易的进口、出口合同大致相同，只是从国外进口原材料，生产出成品后也销往国外。

第二节　对等贸易

一、对等贸易的含义和基本特征

对等贸易（Counter Trade），又称对销贸易、相对贸易或反向贸易，是指在互惠的前提下，由两个或两个以上的贸易方达成协议，规定一方的进口产品可以部分或者全部以相对的出口产品来支付，其主要目的是以进带出，开辟各自的出口市场。对等贸易买卖的标的物包括一般的有形商品，还包括劳务、专有技术和工业产权等无形商品。在我国，一般把对等贸易理解为包括易货贸易、记账贸易、补偿贸易、互购贸易、转手贸易，属于货物范畴，以进出结合、出口抵补进口为特征的各种贸易方式的总称。

二、对等贸易的主要形式和做法

对等贸易可以运用于各种交易中，并派生出好几种贸易方式，其基本形式和做法可归纳为以下几种：

（一）易货贸易

1. 易货贸易的含义

易货贸易（Barter Trade）是买卖双方以等值的不同商品或服务进行等价交换，无须现汇结算的一种贸易方式。双方交换的商品经过政府间的易货贸易需要签订贸易协定和支付协定，故又称为协定贸易。对等贸易脱胎于易货贸易，随着经济环境的变迁，其做法也日趋多样化，然而易货贸易仍然是对等贸易最基本的形式。

2. 易货贸易的分类

（1）直接易货。直接易货贸易即狭义的易货贸易，其做法是贸易双方进行一次性的等价物物交换，即不进行现金结算，也不记账转账，没有第三者参加，履约期较短。但由于这种易货贸易要求双方所交货物必须是对方需要的，且数额必须相等或基本相等，故在现代国际贸易中很少采用。

（2）综合易货。现代易货贸易大多采用更加灵活的方式，这些做法统称为综合易货，又称为“一揽子”易货。直接易货通常是以一种商品交换对方的一种商品。而综合易货涉及多种商品，多个进口方和出口方；既可以逐笔平衡，又可在确定的时期内分别结算，综合平衡；既可以进出口同时进行，又可有先有后，分开进行。总之，较直接易货，综合易货的内容更加丰富，形式也更为复杂。

目前，综合易货大致有两种做法。一是记账易货贸易：贸易双方根据易货协议，将在一定时期内进行的多项换货交易，货款采用记账方式，到期或者在一定时期内以相互冲销货款的方式清算两方的贸易收支。二是以对开信用证为媒介的综合易货：采用这种做法时，交易双方先签订易货合同，规定各自的出口商品均按约定价格以信用证方式结算。

（二）补偿贸易

1. 补偿贸易的含义

补偿贸易（Compensation Trade）是对等贸易的衍生贸易方式，是商品贸易、技术贸易和信贷相结合的产物。它是在信贷的基础上买进国外机器、设备、原材料、生产技术和其他制成品或劳务，在项目建成投产后，用这些引进技术和设备生产出的产品或商定的其他商品或劳务分期抵付进口设备技术的价款及利息的一种特殊本息贸易方式。早期的补偿贸易主要用于兴建大型工业企业；后期的补偿贸易趋向多样化，不但有大型成套设备，也有中小型项目。

2. 补偿贸易的特点

补偿贸易的主要特点体现在以下几个方面：

（1）贸易、投资与信贷相结合。一方是在对方提供信贷或由银行介入提供信贷的基础上购入设备等商品，因此，补偿贸易是买方信贷，它属于利用外资的范畴。

（2）贸易与生产相联系。设备进口与产品出口相联系，出口机器设备方同时承诺回购对方的产品，在大多数情况下，交换的商品是利用其设备制造出来的产品。

（3）收益与分配相关联。设备供应商的利润和本金是通过合同期内产品返销的利润获得的；而设备引进方在扣除了偿还部分的返销产品外，其余产品归其所有，并通过内外销取得利润。

（4）贸易双方是买卖关系，在交货后，设备的进口方对设备拥有完全的所有权和使用权。它以进口设备和技术生产的产品作为清偿此项机器设备和技术的本金和利息，因而出口产品的品种基本上是受到限制的。

3. 补偿贸易的种类

在当前我国开展的补偿贸易中，按照用来偿付的标的不同，其具体做法大体上可分为以下几类：

（1）直接产品补偿。直接产品补偿，又称产品回购或者返销（Buy-Back），指双方在协议中约定由设备供应方向设备进口方承诺购买一定数量或金额的由该设备直接生产出来的产品。这是补偿贸易最基本的做法。它一般适用于设备和技术贸易。但它通常要求生产出来的直接产品及其质量必须是对方所需要的，或者在国际市场上有销路，否则不易为对方所接受，因此具有一定的局限性。

（2）间接产品补偿。间接产品补偿，又称产品换购或者互购，指首次进口的一方用于支付进口货款的商品不是由进口物资直接生产出来的产品，而是双方商定的其他商品。这是目前使用相当广泛的一种补偿贸易方式。通常，当所引进的设备生产的直接产品不是对方所需的产品或在国际市场上不好销时，双方可协商采用这种方式回购其他产品来代替。该方式的补偿品比直接产品补偿的范围大，因而，双方达成补偿贸易的机会增大。

（3）劳务补偿。劳务补偿指交易双方根据协议，由设备提供方代设备引进方购进所需的技术、设备，货款由其垫付，而设备引进方按设备供应方的要求加工生产后，从应收的工缴费中分期扣还所欠款项。这种做法常见于与来料加工和来件装配相结合的中小型补偿贸易中。

（4）多边补偿。多边补偿又称转手补偿，指由第三国替代首次进口的一方承担或提供补偿产品的义务。这种形式的补偿贸易形式比较复杂。

（5）综合补偿。在实践中，经常将上述做法有机结合起来使用，即进行综合补偿。这种做法是根据实际情况的需要，部分用直接产品或其他产品或劳务补偿，部分由现汇支付等。

专栏 12—3

补偿贸易偿还期的计算

某企业从事补偿贸易，由外商以贷款形式提供价值 500 万美元的生产设备和制造技术，贷款的年利息率为 6%，规定到第 3 年末一次偿还。该项目投产后每年可生产甲产品 4 万台，全部返销给外商作为补偿，每台售价 60 美元，每台成本与费用为 35 美元。计算 3 年的本利和为多少？年外汇收入为多少？该项目的偿还期为几年？

分析：

3 年的本利和＝500×(1＋0.06×3)＝590(万美元)

年外汇收入＝4×60＝240(万美元)

年生产成本与费用＝4×35＝140(万美元)

偿还期＝(590＋240)÷140＝5.9(年)

4. 补偿贸易合同

补偿贸易合同是补偿贸易的当事人执行协议的依据，也是规定双方当事人之间权利和义务的重要法律文件。目前，我国对外签订的补偿贸易合同以及国外使用的产品回购合同，均没有统一的固定格式，其具体内容可以根据交易双方意愿协商制定。但在内容上，补偿贸易合同应根据交易的规模和繁简来决定。有的项目先签订项目意向书，再签订补偿贸易协议；有的项目还需加列技术转让、贷款协议等内容。一般来说，补偿贸易合同的内容应包括引进设备的名称、规格、型号、性能、技术规范、安装、培训、信贷条件以及产品回购的具体措施等。此外，在补偿贸易合同中还有一项重要的条款就是要求进口方提供担保。因此，补偿贸易合同较一般贸易合同要复杂。

（三）互购贸易

1. 互购贸易的定义及特点

互购贸易（Counter Purchase）就是互相购买对方的商品。具体做法是：进出口双方签订协议，先出口国在协议中承诺在一定时期内用全部或部分出口所得购买对方国家的产品。有关回购期限，回购产品的种类、价格、数量和交货期，既可在协议中一次性约定（常见于简单、小额的交易），也可再签订合同，另作规定（常见于复杂的大额交易）。根据各国习惯，先出口方还可在征得对方同意的情况下将购货承诺转让给第三方。

互购贸易的特点表现在以下两方面：

（1）互购贸易通常使用两个既独立又相互联系的合同。由于签订第一份合同时双方很难把未来交易的货物品名、规格、数量等确定下来，因此，先出口方（通常是发达国家的企业）仅在此合同中作出购买回头货的承诺。之后，双方将选择合适的时间签订第二个合同来具体约定。这一点与易货贸易不同。

（2）互购不是单纯的以货易货，而是两笔相互关联的现汇交易。互购贸易双方互签购货合同，先后出口，一般通过信用证或付款交单的方式结算货款，分别收取现汇。值得注意的是，互购贸易不要求等值交换，且参与互购贸易的商品不要求有相互联系，也不要求进出口同步进行。

2. 互购贸易的利弊

互购贸易有以进带出的功能，有利于在进口商品的同时扩大出口市场；它表现出更大的灵活性，先出口方可在双方协商一致的情况下将进出口承诺转让给第三方，从而取得现汇收入，而先进口方也可因此获得自己更加需要的商品或服务。但互购贸易也有其局限性：首先，它是一种比较松散的交易，双方通常只能在第一份合同中作出原则性的共识，一般不能确定有关第二笔交易的明晰条款。其次，互购贸易双方利益不平衡。先出口方在资金周转和随后的谈判中都处于比较有利的地位。实践中，西方国家以其技术优势，往往占有这种有利的地位而比较愿意采用这种做法。

（四）转手贸易

转手贸易（Switch Trade）又叫三角贸易或转账贸易，是在记账贸易条件下贸易商取得硬通货的一种手段。这种转手贸易内容复杂，涉及许多方面，关系较复杂，需要环环相扣。因此，通常要通过专门的转手贸易商（Switcher）来进行。在转手贸易方式下，顺差方为了取得现汇或自己真正需要的产品，可以采取以下两种方式：

1. 简单的转手贸易

顺差方直接将记账贸易下购进的货物运到国际市场上转售以取得硬通货，从而增加流动性。这种贸易方式实际上是一种简单的转手贸易。

2. 复杂的转手贸易

顺差方将记账贸易中结算盈余的部分或全部金额，转让给第三方（往往是发达国家的企业）以换取自己需要的商品（通常是机械设备），而第三方则可以利用这笔顺差从逆差国进口货物供自己消费，也可将用这一顺差换取的货物运到国际市场上转售，以取得硬通货偿还给顺差方。顺差方为了尽快取得急需的商品，往往低价转让自己的顺差，或高价购买第三方的商品，所以采用这种方式的发展中国家通常会因此遭受一定的经济损失。不过在实践中，获得顺差或购买权的第三方在相应的逆差国采购时，往往也很难换取自己外汇的商品，所以第三方要取得资金回流，还要将这些商品运往其他发展中国家继续转售，直到能够在国际市场上换取自由外汇为止。

（五）抵销贸易

抵销贸易（Offset Trade）是 20 世纪 80 年代开始盛行的一种贸易方式。这种方式目前多见于飞机、军火和大型设备的交易，兼有互购与补偿贸易的特点，但与二者都不尽相同，抵销贸易涉及的金额更大，期限更长，常与投资行为结合在一起。

抵销贸易可以分为两种类型：直接抵销（Direct Offset）和间接抵销（Indirect Offset）。前者是指先出口方向进口方提供大型机械设备、运输工具等商品，并承诺从进口方购进相关产品或零部件。后者则指先出口方承诺购入的是与其出口产品不相关的商品。买卖双方的关系近似于补偿贸易中的间接补偿。

三、对等贸易在国际贸易中的作用

对等贸易在 20 世纪 60 年代后期开始大规模兴起，并以多样化的内容和形式得到迅速发展，这种贸易方式适应了国际经济贸易在一定发展阶段的客观需要，对国际贸易的稳定增长起到了积极的促进作用。对等贸易在国际贸易中的作用主要表现在以下几个方面：

（1）可以在不动用或少动用外汇的情况下进行进出口贸易，这对外汇紧缺的发展中国家与其他各国互通有无、调剂余缺至关重要。

（2）由于对等贸易采用的是进出口结合的做法，故可以以进带出，改善国际收支状况，在贸易保护盛行的年代，对等贸易有助于打破贸易壁垒，绕过外汇管制，为本国产品打开市场，有利于维持和扩大生产、就业。

（3）有些对等贸易方式，如补偿贸易或抵销贸易，除了具有一般对等贸易平衡国际收支的作用外，还带有投资的某些特点，有利于设备进口国融通资金并利用外资引进技术，这样可以促进某些产业或部门的技术提高和生产发展。

（4）设备出口国通过对等贸易，不仅可以延长这些设备的生命周期，而且有助于获得廉价稳定的能源、材料或零部件供应，从而增强其市场竞争力。

第三节　电子商务与跨境电商

经济的全球化、信息化、知识化已经成为时代的潮流，互联网的迅速发展，电子商务的迅猛起飞，都深深地影响着人们的工作和思维方式，影响着企业的生产、技术和组织形式，影响着经济的增长和未来的可持续发展。在 21 世纪信息经济的时代，国际贸易的模式越来越随之发生改变，许多业务通过电子商务及跨境电商等方式开展。

一、电子商务

（一）电子商务的概念与特点

1. 电子商务的概念

对于电子商务的概念，目前还没有一个统一的定义。不同的组织和企业根据各自的理解给出了不同的定义。在这里，我们采用一个比较宽泛的定义，即电子商务（Electronic Commerce）是指实现整个贸易活动的电子化。它通过电子方式处理和传递数据，包括文本、声音和图像。它涉及许多方面的活动，包括货物电子贸易和服务、在线数据传输、电子资金划拨、电子证券交易、电子货运单证、商业拍卖、合作设计和工程、在线资料、公共产品获得等。它还包括产品（如消费品、专门设备）和服务（如信息服务、金融和法律服务）、传统活动（如健身、教育）和新型活动（如虚拟购物、虚拟训练）。

2. 电子商务的特点

电子商务与传统的商务形式相比，具有以下特点：

（1）电子商务作为一种新型的交易方式，扩大了交易范围，将生产企业、流通企业以及消费者和政府带入了一个网络经济、数字化生存的新天地。在电子商务环境中，人们不再受地域限制，能以非常简捷的方式完成过去较为繁杂的商务活动，如通过网络银行能够全天候地存取账户资金、查询信息等，同时使得企业对客户的服务质量可以大大提高。

（2）电子商务活动可以节省潜在开支，如电子邮件节省了通信邮费，而电子数据交换则大大节省了管理和人员环节的开销；增加了客户和供货方的联系，如电子商务系统网络站点使得客户和供货方均能了解对方的最新数据。

（3）电子商务能够规范业务处理的工作流程，将人工操作和电子信息处理集成为一个不可分割的整体，这样不仅能提高人力和物力的利用率，也可以提高系统运行的严密性。

（4）商务活动本身是一种协调过程，它需要客户与公司内部、生产商、批发商、零售商之间的协调，在电子商务环境中，它更要求银行、配送中心、通信部门、技术服务等多个部门的通力协作，电子商务的全过程往往是一气呵成的。

（5）电子商务能够刺激企业间的联合和竞争。企业之间可以通过网络了解对手的产品性能与价格以及销售量等信息，从而促进企业改进技术，提高产品竞争力。

（二）电子商务的分类

根据电子商务的交易对象，可以将电子商务分为B2B，B2C，B2G，C2C，C2G，G2G。其中，B代表企业（Business），C代表个人消费者（Consumer），G代表政府（Government）。我们下面主要介绍三种与企业有关的电子商务类型。

1. 企业对企业的电子商务（B2B）

B2B电子商务是指企业使用互联网或其他专用网络向供应商订货和付款。企业是电子商务最热心的推动者，这主要是因为企业间的交易一般都是大宗的，利用电子商务可以使其产生巨大的收益。这个模式的电子商务也是最具发展潜力的电子商务，其在企业中主要有以下五个方面的应用：

（1）订单管理。电子化的公文交换，使企业与供应商之间的订单处理更为快捷与简单。

（2）库存管理。电子商务可以缩短订货、处理、运送和收款的流程和时间，使得企业可以减少库存。

（3）配送管理。电子商务的实行使企业可以快速处理出货单等文件，使出货程序更简单、更快。

（4）联络管理。实施电子商务的企业可以通过电子的渠道，如网站、电子邮件等，与其他企业快速有效地进行沟通。

（5）付款管理。目前支付活动已经在网上实现，网络的便利性得到了充分利用。

专栏12—4

典型案例：在线广交会

“广交会”即“中国进出口商品交易会”，它创办于1957年春季，是中国目前历史最久、层次最高、规模最大、商品种类最全、到会客商最多、成交效果最好的综合性国际贸易盛会。然而，广交会毕竟受到时间、场地、展期等方面的限制，不可能全年举办。为更好地发挥其作用，商务部主持运行了“在线广交会”网站，通过虚拟界面开展进出口贸易，9 000 多家中国企业和近 30 000 个“中国制造”的商品信息集中在这一虚拟市场常年展示。

在线广交会凭借其政府背景、对外贸业务的理解以及广交会在外商中长期形成的影响、良好的品牌等，已经发展成为国际客商对华贸易的首选网络平台之一。其建设目标是成为企业之间进行交易、价值交换、建立商务关系的电子记事，使用户通过在线方式检索外贸信息，开展贸易磋商并达成交易。

在线广交会在传统的分销代理网络基础上构筑了一个集网络营销、产品拓展数据库、在线数据查询（包括规格、包装、价格、样品示例等）、报盘还盘系统、电子订单系统、网上竞卖等于一体的电子交易平台。它的进一步发展，是与海关、银行、物流系统进行数据对接与实时沟通，最终实现整个交易的电子化。

---

2. 企业对政府的电子商务（B2G）

B2G 电子商务主要有两种业务：一是政府采购；二是行政管理。

（1）政府采购。

政府作为最大的组织机构进行采购，可以将采购的细节公布在互联网上，通过网上竞价方式进行招标，企业也通过电子的方式进行投标。政府采购制度是公共支出管理的一项重要制度，在很多国家有着相当长的历史，尤其是在市场经济发达的西方国家已经形成了相对完善的制度体系。我国政府积极推进政府采购电子化，从财政部到各级政府采购中心都在进行相关工作的电子化。目前，我国主要的政府采购网有：中国政府采购网、中国政府采购招标网和中央政府采购网等。

（2）行政管理。

政府可以通过这类电子商务对企业进行行政管理，如政府用电子商务方式发放进出口许可证及开展统计，企业可以通过互联网办理交税、退税、报关等活动。政府以电子的形式对企业进行行政管理，不仅可以提高政府机构的办公效率，减小劳动强度，节省办公经费，而且可以为企业提供更好的服务。

3. 企业对消费者的电子商务（B2C）

B2C 电子商务的主要表现形式是企业通过互联网为消费者提供一个新型的购物环境——网上商店，消费者通过网络在网上购物、支付，基本等于电子零售商业。这类电子商务的发展十分迅速，很多种类的消费品都可以从互联网上购得。虽然网上购物能给消费者带来上述好处，但这并不意味着只要你建立了一个网站，消费者就会蜂拥而至。成功的关键有以下因素：

（1）产品的定位。一般认为无形产品和劳务比较适合在网上销售，这是因为网络本身具有信息传递和信息处理的功能，所以，可以通过网络直接向消费者提供。但并非所有的实物产品都适合在网上销售。根据国外研究机构的数据，计算机和电器产品、体育用品、办公用品、书和音乐制品、玩具、健康和美容产品在网上的销售比较活跃。总结一下，我们发现这些产品一般具有以下特点：一是品质比较有保证，不需要现场查看。如网上销售的计算机通常是品牌计算机，该品牌就是质量的象征；又如，书通常是标准规格的，不会出现质量问题。二是相对不是很昂贵。三是经常采购的货物。

（2）网站的定位。我们可以把网站简单地分成两类，一是水平性（或称综合性）网站（Generalist），即网站提供种类齐全的各种商品，顾客可一次买到他所需的许多商品，节约时间和劳动；二是垂直性网站（Specialist），即针对某一领域、某一特定人群或者某一特定需求的网站。与水平性网站不同，垂直性网站并不求大求全，而是力求做到一个特定领域的全面，并不收集这个领域之外的信息，也不提供这个领域之外的服务。两种模式各有优点，我们无法判断谁会胜出。一般认为两者会并存，但如果一个网站既不能算是水平性的，也不能算是垂直性的，那么，该网站成功的概率会很低。

（3）让虚拟购物更真实。互联网购物完全靠人们的想象力，因为有的只是文字、图片，而没有看到实物，更不用说试穿、触摸。所以尽管互联网上对商品的说明十分详细，人们还是心存顾虑。可采取的方法有：向顾客提供免费电话；将产品的平面图画用三维图像代替等。

（4）购物手续简单，送货快捷，退货方便。必须使顾客能很容易地找到自己想要的商品，很容易下订单。和到实际的商场购物相比，网上购物有一个不足，即顾客不能亲眼看到货物，更不能触摸货物，所以当其收到货物后，可能会发现实际的货物和想象有一定的差距，当他觉得不满意时，商家应能让他方便地退货，这样，顾客在购买时才无后顾之忧。

（三）电子商务的业务范畴

1. 广告宣传

企业可利用互联网发布各类商业信息，并利用网上主页在全球范围内做广告宣传。商家也可利用互联网的搜索引擎迅速找到所需要的商品和企业信息。

2. 咨询洽谈

电子商务可借助电子邮件、新闻组、实时的在线洽谈工具进行有关的咨询和商务洽谈，突破了时间和地域的限制，使得商务活动更加方便快捷。

3. 网上订购

电子商务可利用电子邮件或网上订购系统帮助消费者在线查询、购买需要的商品，并及时查看商品运送状态。

4. 网上支付

电子商务要成为完整的交易过程，网上支付是必不可少的环节。银行和商家通过网络实现系统对接，可以方便消费者直接采用电子手段支付货款，从而节省很多费用和人工成本。

5. 电子账户

网上支付系统必须有电子金融系统的支撑，即银行、保险公司等金融机构通过提供电子账户为消费者提供网上支付的操作功能。

6. 服务传递

消费者可以通过互联网、电子邮件等方式获得在线服务，例如电子图书、软件和有关的信息服务。

7. 意见征询

企业等商业机构或政府机构可以在网页上设置留言、意见征询等功能，客户意见或群众留言可及时在网上得到收集和反馈。

8. 交易管理

交易管理涉及人、财、物等多个方面，以及企业与企业之间、企业与客户之间、企业与政府机构之间、企业内部各部门之间的沟通和协调，因此，通过建立交易管理应用系统，企业和政府实施有关的监控、管理和协调，能够节约人工成本，加速工作流程。

(四) 电子商务在进出口业务中的运作

1. 电子商务加速进出口业务运作的电子化趋势

电子商务作为信息技术的应用在外贸领域日益起到关键作用。它主要表现在计算机及其网络技术越来越多地帮助外贸企业开展业务的运用上。通常我们可以将外贸业务从运作角度笼统地分为三个阶段：交易准备阶段、交易磋商阶段和合同履行阶段。这三个阶段概括了每一笔外贸业务自始至终的业务程序。现代信息技术的应用逐渐充斥外贸业务的各个环节。

(1) 在交易准备阶段，企业通过以互联网及其技术为核心的电子商务手段，在互联网上发布信息、产品广告，效果可以在全球市场上反映出来。另外，外贸企业还可以设立网上主页，向国外的客户提供在线商品目录。交易双方通过电子邮件传递有关交易的各项信息，保证了信息沟通的快速和高效率。

(2) 在交易磋商阶段，以往纸面的合同和签字方式被电子订单所代替。带有安全措施的电子邮件完全可以取代传真和邮件的传递方式。有关申领进出口许可证、租船订舱、报关、报验等业务环节，也都可望实现全部的电子化。

(3) 在合同履行阶段，外贸企业使用一般软件就可以实现单据的自动生成。特别是在安全认证、跟踪运输以及实现网上支付等方面可望实现较大的突破。以国际互联网为基础的 EDI 将使外贸业务流程和单据的传输实现自动化，而又不增加过多的企业投资和成本。

2. 电子商务使进出口业务流程面临转型

众所周知，国际互联网作为电子商务信息交流的新媒体拉近了企业与客户之间的距离，特别是国际互联网交互式的特点使企业的业务运作走向虚拟化。企业在线交易系统，如在线采购管理、在线销售管理等已经成为从事国际化经营的企业现实的选择。

另外，互动性多媒体国际互联网的发展使全球信息交流的障碍越来越少，电子商务的快速发展也使得传统中间商的地位发生了动摇。国外的研究表明，传统低附加值的中间商的服务终究要被电子商务的发展所替代。

从国外的发展经验看，一个企业的发展应该看它是否处在某个行业价值链中的一环，是否为其客户创造价值。企业为客户所创造的价值并不一定就只是业务的处理过程，更多的是从服务方面来体现价值的增值。

专栏 12—5

电子营销

电子商务引起了市场营销的创新，产生了新的市场营销形式——电子营销，它是指电子商务在市场营销上的应用，即通过电子信息网络进行市场营销。其主要特点是：

(1) 网络互动式营销。电子营销帮助企业同时考虑客户需求和企业利润，寻找能实现企业利益最大化和最能满足客户需求的营销策略。

(2) 网络整合营销。企业与客户之间的关系非常紧密，形成了“一对一”的营销关系，它始终体现了以客户为出发点及企业和客户不断交互的特点。

(3) 网络定制营销。通过互联网，企业和客户的关系得到进一步改善，相互了解增多，销售信息将变得更加定制化。一些大型跨国公司通过个性化需求订单不仅可以满足客户的不同需求，同时也大大减少了库存。

(4) 网络软营销。电子营销作为一种软营销，与其相对的是工业化大规模生产时代的“强势营销”，传统营销中最能体现“强势”特点的两种手段是传统广告和人员推销。而网络软营销与传统营销的根本区别在于，软营销的主动方是客户，一切以客户利益和需求为出发点，这才体现了“需求经济”的实质。

二、跨境电商

（一）跨境电商的概念

跨境电商属于电子商务应用的一种交易形式，且是一种比较高级的交易形式，它是指分属不同关境的贸易主体，通过电子商务平台达成交易、进行支付结算，并通过跨境物流送达商品、完成交易的一种国际商业活动。这种新型贸易方式依托互联网平台，具有门槛低、环节少、周期短等方面的优势，通过制定跨境电商综合服务体系以及跨境电商进出口所涉及的在线通关、检验检疫、退税、结汇等基础信息标准和接口规范，实现海关、国税、外管等部门与电子商务企业、物流配套企业之间的标准化信息流通。

跨境电商的分类：(1) 从进出口方向分，可分为跨境电商出口和跨境电商进口。(2) 从交易模式分，可分为企业之间的电子商务交易（B2C）、企业对消费者的零售交易（B2C）和外贸个人对个人网络零售业务（C2C）。目前我国跨境电商出口业务以外贸 B2B 和 B2C 为主；进口模式以外贸 B2C 以及网络海外代购模式为主。

（二）跨境电商的特点

跨境电商是基于网络发展起来的，网络空间具有独特的价值标准和行为模式，而这深刻地影响着跨境电商，使其具有了区别于传统国际贸易方式的特征。基于网络空间的跨境电商有如下特征：

1. 全球性

网络全球性和非中心化的特征使得依附于网络的跨境电商也因此具有了全球性和非中心化的特性。任何人只要具备了一定的技术手段，在任何时候、任何地方都可以让信息进入网络，相互联系进行交易。网络的全球性特征带来的积极影响是信息的最大程度的共享，消极影响是用户必须面临因文化、政治和法律的不同而产生的风险。

2. 无形性

网络的发展使数字化产品和服务的传输盛行。数字化产品和服务基于数字传输活动的特性也必然具有无形性。传统交易以实物交易为主，而在电子商务中，无形产品却可以替代实物成为交易的对象。以书籍为例，传统的纸质书籍，其排版、印刷、销售和购买被看作是产品的生产、销售。在电子商务交易中，消费者只要购买网上的数据权便可以使用书中的知识和信息；而如何界定该交易的性质、如何监督、如何征税等一系列问题也给税务和法律部门带来了新的课题。

3. 匿名性

跨境电商的非中心化和全球性使得人们很难识别电子商务用户的身份和其所处的地理位置。以 eBay 为例，eBay 是美国的一家网上拍卖公司，允许个人和商家拍卖任何物品，到 2019 年为止，eBay 已经拥有 1.74 亿用户，每天拍卖数百万件的物品，2019 年总计营收为 108 亿美元。但是 eBay 的大多数用户很难清楚地界定交易的发生地和交易详细信息。

4. 即时性

网络信息的传输速度和地理距离无关。传统交易模式，信息交流方式如信函、电报、传真等，在信息的发送与接收之间，存在着长短不同的时间差。而电子商务中的信息交流，无论实际时空距离远近，一方发送信息与另一方接收信息几乎是同时的，就如同生活中面对面交谈。某些数字化产品（如音像制品、软件等）的交易，还可以即时清结，订货、付款、交货都可以在瞬间完成。即时性提高了人们沟通和交易的效率，减少了中间环节，使交易更加便利。

5. 无纸化

跨境电商交易过程中涉及的各种信息和凭证以电子化形式保存，颠覆了传统贸易中单证的重要地位，但由于传统法律的许多规范是以规范“有纸交易”为出发点的，因此，无纸化带来了一定程度上法律的混乱，削弱了税务当局获取跨国纳税人经营状况和财务信息的能力，并增加了税务机关掌握纳税人财务信息的难度。例如，世界各国普遍开征的传统税种之一的印花税，其课税对象是交易各方提供的书面凭证，课税环节为各种法律合同、凭证的书立或制作，而在网络交易无纸化的情况下，物质形态的合同、凭证形式已不复存在，因而印花税的合同、凭证贴花（即完成印花税的缴纳行为）便无从下手。

（三）跨境电商营运方式

根据我国跨境电商企业在跨境电商交易流通环节中所处的地位和作用的不同，以及商业模式的不同，可将跨境电商运营模式划分为如下几类：

1. B2B 模式

B2B 是指企业对企业间的营销关系。根据 eBay 发布的《2014 年大中华区跨境电商零售出口产业发展趋势报告》，中国跨境电商零售出口产业发展势头强劲。在出口产品品类方面，交易额最高的五大产品依次为电子类、时尚类、家居园艺类、汽配类和收藏品类。其中，电子类与时尚类是传统出口的拳头产品；而家居园艺类、汽配类成为增长最快的两大产品。据 eBay 平台数据，中国跨境电商的目的地市场趋势明显，美国、英国、澳大利亚是三大主要市场。阿里巴巴就是典型的第三方 B2B 平台。

2. B2C 模式

B2C 是企业对消费者的电子商务，即企业通过互联网为消费者提供一个新型的购物环境——网上商店。消费者通过网络在网上购物、在网上支付。这种形式的跨境电商一般以网络零售业为主，经营各种书籍、化妆品、电子产品、食品等商品。京东全球购、唯品会海外精选等都是这种模式。

3. O2O 模式

O2O 模式是通过互联网平台进行线上的营销推广，继而将另一国或地区的消费者吸引到消费者所在国的线下实体店中，即 Online to Offline；或者通过线下的营销推广，将另一国或地区的消费者从线下转移到线上，即 Offline to Online。它可以提升消费者的用户体验，保证正品，并有利于跨境商品销售。大龙网是目前跨境电子商务 O2O 平台模式的代表。

4. C2C 模式

C2C 是一国或地区的个人与另一国或地区的个人之间通过互联网平台进行的跨境贸易，以小额商务交易为主要特点。该模式与 B2C、B2B、O2O 的区别是参与交易的双方都是个人，而非企业。C2C 模式的优势在于：产品种类更齐全，价格更优惠，参与人数众多，更易吸引顾客。淘宝网和 1 号店属于典型的 C2C 模式。

5. B2B2C 模式

B2B2C 是一种集 B2B、B2C、O2O 等模式于一体的服务范围广的综合电商模式。在该模式中，第一个 B 指的是包括各种种类的商品供应商；第二个 B 是指实现跨境电商的服务平台，即提供该平台的企业。在 B2B2C 模式中，平台将生产和零售的资源进行充分的整合，缩短供应商和消费者之间的距离，使消费者能够直接面对供应商进行选择。由于减少中间环节，成本降低，消费者可以以更低的价格买到满意的商品，供应商可以获得更多利润。

6. 跨境电商平台模式

跨境电商平台是一个为企业或个人提供网上跨境交易洽谈的平台。企业电子商务平台是建立在互联网上进行商务活动的虚拟网络空间和保障商务顺利运营的管理环境，是协调、整合信息流、物质流、资金流有序、关联、高效流动的重要场所。企业、商家可充分利用跨境电商平台提供的网络基础设施、支付平台、安全平台、管理平台等共享资源有效地、低成本地开展自己的国际商业活动。中国跨境电商平台主要有全球速卖通、敦煌网等。

专栏 12—6

跨境电商交易平台：敦煌网

敦煌网是中国创建的第一家 B2B 跨境电商交易平台。目前，敦煌网已经实现 200 多万国内供应商、2 200 多万种商品、遍布全球 222 个国家和地区以及 2 100 万买家的规模。

敦煌网信息流运作模式。敦煌网针对买卖双方分别开设中英文站点，并且提供了相应的翻译工具。敦煌通是为了方便买卖双方即时在线沟通交流的一种聊天工具，让卖家及时了解客户需求及问题，简单快捷地管理买家信息。

敦煌网物流运作模式。敦煌网携手各大第三方物流和货运代理公司，为卖家推出了“仓库发货”物流服务。卖家只需通过在线填写发货预报，就可以将货物线下发货至合作仓库，并在线支付运费，由平台直接提供国际物流的配送。此外，敦煌网在西班牙、俄罗斯、葡萄牙、意大利、德国、法国等国开启了海外仓服务。

敦煌网资金流运作模式。DHpay是敦煌网旗下独立的第三方支付工具，目前已支持全球两百多个国家和地区的买家实现在线跨境支付。除此之外，敦煌网支持Visa、MasterCard信用卡、西联支付等国际化支付方式。

（四）贸易便利化与跨境电商

贸易便利化是指将国际贸易程序化繁为简、统筹协调，包括涉及搜集、上交、流通和处理国际贸易中货物流动的数据和其他信息等环节。跨境电商已成为当今国际热门的新兴贸易方式，而贸易便利化的发展对跨境电商的兴旺产生了促进作用。随着国际贸易的发展，贸易便利化不仅考虑与边境有关的因素，还考虑边境以内的因素。下面将从四个维度分别说明贸易便利化对跨境电商的影响机制。

1. 口岸效率与跨境电商

口岸效率是衡量贸易便利化的重要指标。而公路、铁路、航空、港口等基础设施是跨境电商的主要运输方式，对货物运输效率起着至关重要的作用。由于跨境电商具有多批次、小批量的特点，对运输物流的要求很高，因此需要构建完善的物流体系。在跨境电商的交易过程中，商品从生产者传递至消费者的手中，需要通过物流的配送，而物流基础设施质量的改善一方面会增加物流的供给，提高公路、铁路、航空、港口的覆盖率，从而降低物流的费用，减少贸易成本；另一方面可以提高物流的效率，满足消费者对于跨境电商时效快的需求。从理论上讲，一国的口岸效率越高，会提供更高质量的物流，从而降低物流成本，提高物流效率，有利于跨境电商的发展。

2. 海关效率与跨境电商

海关是跨境电商交易必不可少的环节，因为跨境电商的货物跨境运输需要经过海关办理合法合规的手续。世界银行发布的全球营商环境报告（Doing Business）认为一国的海关效率指标包括申请进出口文件所需的时间、进出口清关的时间。贸易便利化的海关效率主要体现在货物的跨境清关环节。报关、清关所花费的单证填写、核对以及等待清关的时间越长，表明海关效率越低。跨境电商对于高时效的要求，决定了海关效率也必须相应提高。减少清关的单证数量和缩短流程，可以降低进出口商承担的手续费、仓储费等贸易成本，提高流动速度，缩短跨境时间。

3. 规制环境与跨境电商

政府通过制定政策干预经济生活，引导跨境电商走向更为良性的发展。从跨境电商企业的角度来看，跨境电商的发展离不开政策的大力支持。一方面，跨境电商的范围持续扩大，从不断新设跨境电商综合试验区试点，到新增税目商品，提高交易限值；另一方面，政策也在大力推动跨境电商贸易便利化，施行“通道式监管”使得进出口监管的证件不断减少，单一窗口服务增多，主要业务应用率提高，大大提高通关效率。

4. 信息技术与跨境电商

信息技术旨在通过电子技术提高交易效率、缩短交易时间和降低交易成本。跨境电商是通过电子商务平台完成交易的一项活动，例如跨境贸易的线上交易、支付环节是需要通过电子商务平台完成的，信息技术的发展是影响电子商务平台发展和普及的重要因素。另外，跨境电商当中的通关、物流也越来越依赖于信息技术。例如目前的无纸化通关以及先进的物流体系，通过信息技术来控制物流信息，能够有效加快信息交换，降低通关、支付、物流等成本。

(五) 跨境电商的一般流程

对于不同的市场主体，跨境电商操作实务不同。例如，对于跨境电商平台来说，就是做好平台，而做好平台需要一系列强大的配套服务的支撑，包括平台网站本身的稳定性和安全性、收付体系、物流信息系统、沟通服务、保险服务、售后服务、纠纷解决机制等。

1. 选择跨境电商平台并注册

我国著名的外贸第三方电子商务平台有阿里巴巴速卖通、敦煌网、中国制造网和中国诚商网等，国际著名的第三方电子商务平台有 eBay 和亚马逊等。想要开展跨境电商业务的企业可以根据自己的需要和平台提供的服务选择跨境电商平台。

2. 店铺装修

店铺装修主要是指让卖家店铺在众多店铺中脱颖而出，吸引买家，营造良好的购物环境，塑造店铺形象和品牌。

3. 订单处理

订单处理就是对订单所进行的核实、整理、分类、备货、发货和收款等各项工作。跨境电商订单处理过程涉及跨境支付、线上发货、备货和收款等活动。

(1) 跨境支付。以速卖通平台为例，速卖通平台目前支持买家通过 Moneybookers、信用卡、借记卡、TT 汇款等多种方式进行在线支付货款，买家可选任意一种支付方式进行支付。若买家在订单生成后 20 天内逾期不付款，订单将会自动关闭。如果卖家只设置了人民币收款账户，没有设置美元收款账户，则只能收到买家通过信用卡方式支付的货款。只有在卖家设置了美元收款账户的前提下，买家使用 Moneybookers、借记卡、银行汇款方式的货款才能被卖家收取，同时，卖家应在买家付款成功后及时发货。但是买家支付的价款这时候并不会直接打到卖家的账户，而是由跨境电商平台暂时保管，在买家收到货物并确认收货或者有证据表明买家已经收货时，卖家才能收到款项。

(2) 线上发货。以速卖通平台为例，买家支付后，卖家在订单管理中选择“线上发货”，就能创建一个物流订单。线上发货其实是菜鸟物流整合了国内多家优秀第三方物流于一体的物流体系。

(3) 备货。出口贸易备货工作的主要内容是：在签订合同或收到信用证后向生产部门、供货部门或仓储部门安排或催交货物，核实应交货物的品质、规格、数量，进行必要的加工整理、包装、刷唛头以及申请报验和领证工作。在货物备齐后向商品检验部门申报检验，取得商检机构发给的检验合格证书，海关予以放行。

(4) 收款。在全球速卖通平台，卖家需要设置两个收款账户，一个是人民币收款账户，另一个是美元收款账户。平台根据买家不同的支付方式，由不同的收款账户接收交易款项。①买家通过信用卡（人民币通道）进行支付时，国际支付宝会按照买家支付当天的汇率将美元转换成人民币支付到国际支付宝或银行账户中。②买家通过 PayPal、信用卡

（美元通道）、西联、Moneybookers、Bank Transfer（T/T 银行转账）等方式进行支付时，国际支付宝将支付到美元账户。

只有同时满足买家确认收货并同意放款和平台查到货物妥投信息两个条件，平台才会放款给卖家。买家确认放款之后，系统会自动查询订单中货运跟踪号的状态，如状态正常，订单款项将会自动支付给卖家，此时订单结束。

4. 客户服务

客户服务主要可以分为售前服务、售中服务和售后服务三个阶段。三个阶段的服务都非常重要，而其中最容易让客户不满的是售后服务。售后服务是企业对客户在购买产品后提供多种形式的服务的总称。跨境电商售后服务存在操作沟通繁杂、售后人员专业性差、退换货效率低、对物流的依赖性强、维权成本高等问题。因此跨境电商企业一般会通过组建网络小型专家团队、完善退货服务流程、建立售后服务处理数据库等方式进行客户关系处理，提高售后服务处理速度，进而提高客户满意度。

专栏 12—7

跨境进口电商的分类

1. 海外代购平台 C2C

海外代购平台 C2C 模式是指电商提供购物平台，自营或者由第三方卖家入驻平台提供海外商品的销售和跨境物流。一般入驻的卖家都是具有海外采购能力或者跨境贸易能力的个人或商家。跨境物流方面采用直邮或第三方转运模式运送入境。交易平台则收取入驻商户的入场费，或根据订单成交额抽取一定的交易费用。代表电商有淘宝全球购、京东海外购、易趣全球集市等。

2. 电商直邮平台 B2C

电商直邮平台 B2C 模式是指由电商平台直接与海外供应商签订跨境供货协议（批发），消费者在平台下单后，电商平台统一管理订单，通知供货商直接发货给消费者。消费者不需要面对众多的海外供货商，直接在电商平台浏览商品信息，选择下单即可。电商平台的收入来源于供货的批发价和销售时的零售价之间的价差。代表电商有天猫国际、洋码头、苏宁全球购等。

3. 自营 B2C

自营 B2C 模式是由跨境电商平台到海外采购商品，自己备货，自行经营，多采用保税仓模式，保税，直营。代表电商有亚马逊、中粮我买网、寺库网等。

（六）跨境电商风险防范

跨境电商的发展模式多样，因此具体的风险和风险防范措施都不尽相同。对于海淘用户来说，可通过一定的措施进行风险防范；对于跨境电商企业来说，针对操作实务流程的不同环节，也可以采取措施进行风险防范从而降低风险。

1. 国内海淘用户的风险防范

海淘用户需要应对的是一般购物风险，主要有资金风险、功能风险、社会风险、心理风险和身体风险这五种。这些风险是其他购物方式下的消费者也可能会面临的风险，只是在跨境电商交易中，这些风险带有国内电子商务购物不具有的特点。例如，国内交易的产品如果在性能上不能满足消费者的期望或者存在质量缺陷就形成功能风险，而在跨境电商交易中，往往会出现由于商品适用的品质、健康、标识等项目适用标准或与我国标准存在差异而造成的消费者使用效果欠佳的情况。

针对上述的一般购物风险，海淘用户应选择正规的购物网站，在交易达成之前要充分了解交易对方的情况和交易条款，避免盲目相信低价和冲动购物的行为。例如在海淘购物时，消费者应当谨慎地选择海淘网站和海淘网站链接入口，尤其是没有海淘购物经历的消费者，更应该保持警惕，避免误入钓鱼网站。同时，消费者在购物时应购买退运保险等，这样在产品与预期不符时可以由保险公司进行理赔。

2. 跨境电商企业的风险防范

（1）国际结算。

跨境电商采用电子支付方式进行结算，而安全性是电子支付的首要考虑因素。这不仅需要国家对相关支付平台和有跨境支付业务的企业资质等资信状况进行监督和管理；同时也需要办理电子支付的银行或非金融机构加强内部监督和管理。

（2）国际物流。

对于跨境电商企业来说，保证产品质量和货运质量是降低物流风险的前提条件。因此，卖家在发货前要严把质量关，注意产品质检，尽可能避免残次物品的寄出，从源头上控制产品质量；还应加强把控物流环节，认真对待包装，牢固包装，对数量较多、数额较大的易碎品可以将包装发货过程拍照或者录像，留作纠纷处理时的证据；同时还要注意产品的规格、数量及配件要与订单一致，以防漏发引起纠纷；买家下单后，应及时告知买家预计发货及收货时间，及时发货，主动缩短客户购物等待时间；并在物流过程中及时与买家沟通物流状况及信息；购买退运险等转移风险。

（3）电子通关。

当前中国电子口岸及现代海关业务信息化管理系统的搭建等都为跨境电商快速便利通关提供了有利的条件，而作为跨境电商企业，所要做的就是按照相关规定，提前将交易数据等信息传输给海关，做好报关申请等工作，并配合海关部门对货物进行检验，及时缴纳关税，从而提高货物的通关效率。

专栏 12—8

跨境电商海外仓

跨境电商海外仓指在除本国以外的其他地区或者国家建立的海外仓库，其实际含义是指根据跨境进口电商、跨境出口电商及跨境物流服务商等商家的需求，在海外设立的提供仓储、分拣、包装、派送、展示等服务的一站式平台。

海外仓是跨境电商发展的重要布局之一。其最大优势在于通过集中仓储、大规模批量运输可以大大降低物流成本，并且缩短物流所需时间，有利于海外市场的拓展。卖家将货物通过海运、空运、陆运等运输方式提前存储到海外仓，当接到买家的需求订单时，卖家可以在最短的时间内快速对订单做出响应，通知仓库进行货物的分拣、包装，确保货物及时地配送到买家手中。

目前海外仓的建设主要分为自营海外仓以及第三方公共服务海外仓两种模式。其中，自营海外仓模式是指由跨境进口/出口电商企业自身建设并运营的海外仓库，主要目的是为本企业销售的商品提供仓储、配送等物流服务。而第三方公共海外仓模式是指由第三方跨境物流服务企业建设并运营的海外仓库，服务范围更广泛，可以为多家电商企业提供清关、入库、订单分拣、发货等物流服务。与自营海外仓模式相比，第三方公共服务海外仓更适合竞争实力相对较弱的跨境电商使用。

(4) 售后维权。

售后纠纷解决工作需要各个市场主体共同努力。出口电商企业首先要了解交易对象所在国家的消费习惯和市场状况，在备货环节严格控制好产品质量并拍照或者录像作为证据，同时在售前售中售后各个环节做好服务和沟通工作，提高消费者的购物体验；海淘用户则应该在交易过程中注意产品规格和交易条款等信息。在跨境电商平台开展跨境电商活动过程中，在遭遇售后纠纷时，还可以申请跨境电商平台方介入进行纠纷解决。同时，政府可以加入相关的国际公约或者地区组织，推动跨境电商网络纠纷解决机制的建立。网络纠纷解决机制具体流程如下：首先，组建网络专家库，这些专家应该来自不同国家；其次，有争议案情的当事人可在专家库随机选定一名专家；最后，当事人通过网络将争议提交给专家，由专家依据相关案情和条款进行裁决。这个过程保证了专家的独立性和公正性。

本章小结

加工贸易是一种新型贸易方式。加工贸易的形式主要包括来料加工和进料加工两种贸易方式，此外，近年来我国企业在海外投资中开展的境外加工贸易方式，也被视为加工贸易的新形式。在我国，对等贸易包括易货贸易、补偿贸易、互购贸易、转手贸易、抵销贸易等。

电子商务采用数字化电子方式进行商务数据交换和开展贸易活动。跨境电商将成为新兴国际贸易的重要方式之一。21 世纪信息经济时代到来后，国际贸易的模式随之发生改变，许多业务通过电子商务及跨境电商等方式开展。

本章关键术语

来料加工	进料加工	境外加工贸易	对等贸易
易货贸易	补偿贸易	互购贸易	转手贸易
B2B	B2G	B2C	

本章思考题

1. 试比较来料加工与进料加工有哪些异同点？
2. 何谓境外加工贸易？开展境外加工贸易应注意哪些事项？

3. 补偿贸易的做法有哪些？其合同一般包括哪些内容？
4. 简述对等贸易的含义和特点。
5. B2B 的电子商务能给企业带来哪些好处？
6. 电子商务在我国外贸企业中的作用是如何体现的？
7. 如何理解电子商务？
8. 简述跨境电商的运营模式。
9. 如何做好跨境电商的风险防范？

本章练习题

（一）不定项选择题

1. 来料加工与进料加工的相同之处在于（　　）。
A. 都属于“两头在外”的加工贸易的范畴
B. 我方都可获取由原料到成品的附加价值
C. 都有利于发挥我方劳动力资源方面的优势
D. 原料和成品的出入境都发生了所有权的转移

2. 以下关于补偿贸易特征的描述中，错误的有（　　）。
A. 补偿贸易是在信贷的基础上进行的
B. 设备供应方承担回购产品或劳务的义务
C. 设备供应方就是直接的投资方
D. 补偿贸易的当事人之间是买卖关系

3. 在下列贸易方式中，发生了原材料运进和成品运出，但并未发生所有权转移的是（　　）。
A. 易货贸易　　B. 补偿贸易
C. 进料加工　　D. 来料加工

4. 在下列贸易做法中，属于对等贸易范畴的是（　　）。
A. 产品回购　　B. 互购或反购
C. 招标与投标　　D. 进料加工

5. 电子商务包括（　　）两个方面的内容。
A. 电子方式　　B. 商贸活动
C. 贸易组织形式　　D. 商贸组织方式
E. 政府机构

（二）判断题

1. 开展加工贸易时，原料和成品的所有权均未发生转移。（　　）
2. 在加工贸易方式下，原料来自国外，成品又销往国外。（　　）
3. 在来料加工业务中，工缴费的结算均采用成品交付后由委托方汇付的做法。（　　）
4. 对等贸易的各种做法都是在信贷的基础上进行的。（　　）
5. 易货贸易的特点是不使用货币计价和结算。（　　）

6. 补偿贸易是在信贷的基础上进行的，所以引进设备的一方要承担利息。(　　)。

7. 电子商务不能体现在商务活动的多个环节。(　　)

8. 电子商务转变了政府的行政管理方式。(　　)

(三) 案例分析题

某年10月，我国A公司同国外B公司签订了委托代销某种电子元器件的合同，规定代销产品的价格由A公司确定，开具B公司发票，每季度结算一次，代销费为6%，未售出的货物可以退货，合同期为一年。因当时该元器件销路较好，货物很快销完。

次年9月4日，B公司与A公司又签订一份经销合同。该合同规定：A公司向B公司提供20 000套元器件，单价86美元，货到付款，10月底之前交货。签约后不久，市场情况发生变化，该产品由畅销变为滞销，B公司以货未售出为由拖延付款，并要求将存货退回。A公司予以拒绝，双方多次协商未果，A公司提起仲裁。试评析此案。

参考书目

1. 黎孝先. 国际贸易实务（第六版）. 北京：对外经济贸易大学出版社，2016.

2. 国际商会. 国际贸易术语解释通则 2020. 北京：对外经济贸易大学出版社，2019.

3. 冷柏军，周婷. 国际贸易术语. 北京：首都经济贸易大学出版社，2008.

4. 吴百福. 进出口贸易实务教程（第七版）. 上海：上海人民出版社，2015.

5. 冷柏军. 国际贸易理论与实务. 北京：中国财政经济出版社，2000.

6. 中国国际商会中国国家委员会. UCP 600 ICC 跟单信用证统一惯例（2007 年修订本）. 北京：中国民主法制出版社，2007.

7. 姚新超. 国际货物运输与保险（第四版）. 北京：对外经济贸易大学出版社，2016.

8. 杜奇华，冷柏军. 国际技术贸易（第三版）. 北京：高等教育出版社，2016.

9. 冯大同. 国际贸易法. 北京：北京大学出版社，1995.

10. 苏宗祥，徐捷. 国际结算（第五版）. 北京：中国金融出版社，2010.

11. 张祥. 国际商务谈判——原则、方法、艺术. 上海：上海三联出版社，1995.

12. Richard Willsher. *Export Finance: Risks, Structures and Documentation*. London: Macmillan Press Ltd., 1995.

13. Alan E. Branch. *Export Practice and Management*. New York: Chapman & Hall, 2000.

14. Belay Seyoum. *Export-Import Theory, Practices, and Procedures*. New York: International Business Press, 2000.

15. Gerald Albaum. *International Marketing and Export Management*. Addison-Wesley, 1994.

图书在版编目（CIP）数据

国际贸易实务/冷柏军主编. —3 版. —北京：中国人民大学出版社，2020.7

经济管理类课程教材. 国际贸易系列

ISBN 978-7-300-28230-5

Ⅰ. ①国… Ⅱ. ①冷… Ⅲ. ①国际贸易－贸易实务－高等学校－教材 Ⅳ. ①F740.4

中国版本图书馆 CIP 数据核字（2020）第 105199 号

对外经济贸易大学国际贸易教材编写组

经济管理类课程教材·国际贸易系列

国际贸易实务（第三版）

冷柏军 主编

Guoji Maoyi Shiwu

出版发行	中国人民大学出版社		
社　　址	北京中关村大街 31 号	**邮政编码**	100080
电　　话	010－62511242（总编室）		010－62511770（质管部）
	010－82501766（邮购部）		010－62514148（门市部）
	010－62515195（发行公司）		010－62515275（盗版举报）
网　　址	http://www.crup.com.cn		
经　　销	新华书店		
印　　刷	北京七色印务有限公司	**版　　次**	2008 年 1 月第 1 版
规　　格	185 mm×260 mm　16 开本		2020 年 7 月第 3 版
印　　张	20.25	**印　　次**	2022 年 4 月第 4 次印刷
字　　数	467 000	**定　　价**	49.00 元

教学支持说明

1. 教辅资源获取方式

为秉承中国人民大学出版社对教材类产品一贯的教学支持，我们将向采纳本书作为教材的教师免费提供丰富的教辅资源。您可直接到中国人民大学出版社官网的教师服务中心注册下载——http://www.crup.com.cn/Teacher。

如遇到注册、搜索等技术问题，可咨询网页右下角在线 QQ 客服，周一到周五工作时间有专人负责处理。

注册成为我社教师会员后，您可长期根据您所属的课程类别申请纸质样书、电子样书和教辅资源，自行完成免费下载。您也可登录我社官网的" 教师服务中心"，我们经常举办赠送纸质样书、赠送电子样书、线上直播、资源下载、全国各专业培训及会议信息共享等网上教材进校园活动，期待您的积极参与！

2. 赠送“经管之家”论坛币

经管之家(http://www.jg.com.cn)于 2003 年成立，致力于推动经济学科的进步，传播优秀教育资源，做最好的经管教育。目前已经发展成国内最大的经济、管理、金融、统计类在线教育平台，也是国内最活跃和最具影响力的经济类网站。

为了更好地服务于教学一线的任课教师，凡使用中国人民大学出版社经济分社教材的教师，注册成为我社教师会员后，可填写以下信息调查表，发送电子邮件或者邮寄或者传真给我们，我们将会向您赠送经管之家论坛币 200 个。

教师信息表
姓名：
学校：
论坛 ID：
教授课程：
使用教材：
论坛识别码：pinggu_com_1501511_8899768

3. 高校教师可加入下述学科教师 QQ 交流群，获取更多教学服务

经济类教师交流群：140105952
财政金融教师交流群：一群：182073309（已满），或二群：766895628
国际贸易教师交流群：162921240
税收教师交流群：119667851

4. 购书联系方式

网上书店咨询电话：010－82501766
邮购咨询电话：010－62515351
团购咨询电话：010－62513136
中国人民大学出版社经济分社
地址：北京市海淀区中关村大街甲 59 号文化大厦 1506 室 100872
电话：010－62513572　010－62515803
传真：010－62514775
E-mail：jjfs@crup. com. cn